suhrkamp taschenbuch
wissenschaft 1786

Menschen können sich irren. Dieser Gedanke steht am Beginn der modernen Erkenntnistheorie und beinhaltet zugleich ein Problem, an dem sich die Philosophie seit Descartes abarbeitet. Denn wie soll man verstehen, daß jemand, der sich irren kann, gleichwohl etwas wissen kann? Dieses Problem, so die zentrale These dieses Buches, läßt sich nicht lösen, solange man an dem Dogma der Erkenntnistheorie festhält, wonach der Wissensbegriff eine analytische Einheit von Elementen bedeutet, deren Begriffe grundlegender sind als der Begriff des Wissens selbst. Andrea Kern entwirft einen alternativen Wissensbegriff, in dessen Zentrum ein anhand von Aristoteles, Kant und Wittgenstein systematisch entwickelter Begriff der vernünftigen Fähigkeit steht. Wird Wissen als ein Akt vernünftiger Erkenntnisfähigkeit in diesem Sinne verstanden, die ein denkendes Subjekt als solches besitzt, läßt sich auch erklären, wie man sich irren und doch etwas wissen kann.

Andrea Kern, geboren 1968, ist Privatdozentin für Philosophie an der Universität Potsdam. Im Suhrkamp Verlag sind erschienen: *Schöne Lust. Eine Theorie der ästhetischen Erfahrung nach Kant* (2000, stw 1474); *Falsche Gegensätze. Zeitgenössische Positionen zur philosophischen Ästhetik* (2002, stw 1576, hg. zusammen mit Ruth Sonderegger); *Philosophie der Dekonstruktion* (2002, stw 1607, hg. zusammen mit C. Menke).

Andrea Kern
Quellen des Wissens

Zum Begriff vernünftiger Erkenntnisfähigkeiten

Suhrkamp

Bibliografische Information Der Deutschen Bibliothek
Die Deutsche Bibliothek verzeichnet diese Publikation in der Deutschen Nationalbibliografie
http://dnb.ddb.de

suhrkamp taschenbuch wissenschaft 1786
Erste Auflage 2006

Umschlag nach Entwürfen von Willy Fleckhaus und Rolf Staudt
Druck: Druckhaus Nomos, Sinzheim
Printed in Germany
ISBN 3-518-29386-9
ISBN 978-3-518-29386-7

1 2 3 4 5 6 – 11 10 09 08 07 06

Inhalt

Einleitung: »Wir können uns immer täuschen!«

Die moderne Erkenntnistheorie beginnt mit einer Überlegung, die jeder an sich selbst nachvollziehen kann: Blicken wir zurück auf all die Überzeugungen, die wir in unserem Leben schon für wahr gehalten haben, dann stellen wir fest, daß ein nicht unbeträchtlicher Teil von ihnen sich später als falsch herausgestellt hat. Vieles von dem, was uns einmal wahr zu sein schien, hat sich bei genauerer Betrachtung als falsch herausgestellt. Nicht alles, was wir für wahr halten, ist wahr. Fürwahrhalten ist nicht Wahrsein. »Schon vor einer Reihe von Jahren«, so eröffnet Descartes seine *Meditationen*, »habe ich bemerkt, wieviel Falsches ich in meiner Jugend habe gelten lassen und wie zweifelhaft alles ist, was ich hernach darauf aufgebaut, daß ich daher einmal im Leben alles von Grund aus umstoßen und von den ersten Grundlagen an neu beginnen müsse«.[1]

Daß Descartes seine Überlegungen mit dem Hinweis auf eine Erfahrung beginnt, die für jeden nachvollziehbar ist, ist wesentlich für die Gestalt und das Selbstverständnis der Erkenntnistheorie. Sie versucht etwas über *unser* Erkennen auszumachen. Das heißt, sie macht Aussagen über etwas, das für uns alle gleichermaßen charakteristisch ist. Und eines jener Merkmale, das uns als urteilende Wesen offensichtlich charakterisiert, ist, daß wir anfällig für Irrtum sind. Manchmal erkennen wir die Dinge nicht, sondern glauben bloß, sie zu erkennen. Indem Descartes die Erfahrung des Irrtums an den Anfang seiner Überlegungen stellt, artikuliert er indes nicht nur ein wesentliches Merkmal unseres Urteilens, sondern er macht damit zugleich das Motiv jeder Erkenntnistheorie ausdrücklich: Wir versuchen zu verstehen, wie es möglich ist, daß Wesen, die darin unvollkommen sind, daß sie sich irren können, dennoch Wissen haben können. Denn genau das, nämlich die Möglichkeit des Irrtums, macht die Möglichkeit von Wissen zu einer Frage, deren Beantwortung wenigstens nicht offensichtlich ist. Wären wir Wesen, die sich prinzipiell nicht irren können, würde die Frage, wie wir Wissen haben können, gar nicht aufkommen. Die Möglichkeit von Wissen wäre trivialerweise dadurch sichergestellt, daß wir unfehlbar

1 R. Descartes, *Meditationen über die Grundlagen der Philosophie*, S. 15.

sind. Wenn es von vornherein ausgeschlossen ist, daß man sich irren kann, dann ist genau dadurch sichergestellt, daß alles, was man glaubt, etwas ist, das man weiß. Für ein Wesen, für das es keinen Spielraum für *falsche* Urteile gibt, ist die Frage, wie es Wissen haben kann, immer schon beantwortet. Indem Descartes seine erkenntnistheoretischen Überlegungen also mit dem Hinweis auf die Erfahrung des Irrtums beginnt, weist er nicht einfach auf irgendein Merkmal unserer Urteile hin, sondern auf genau dasjenige Merkmal, das seine Überlegungen in Gang bringt und motiviert: unsere Unvollkommenheit, unsere Fehlbarkeit. Denn genau das ist es, was unsere Irrtümer zeigen: Sie zeigen, daß wir unvollkommen, daß wir keine göttlichen, sondern endliche Wesen sind. Unsere »Irrtümer« und »sie allein«, so Descartes, »beweisen irgendeine Unvollkommenheit in [uns]«.[2] Wegen dieser Unvollkommenheit ist für uns die Frage nach der Möglichkeit von Wissen eine *sinnvolle* Frage. Wegen dieser Unvollkommenheit gibt es Erkenntnistheorie. Für unfehlbare Wesen hingegen ist Erkenntnistheorie sinnlos, weil sie die Frage danach, wie Wissen für sie möglich ist, gar nicht sinnvoll aufwerfen können. Wir hingegen müssen Überlegungen anstellen, um uns die Möglichkeit von Wissen verständlich zu machen. Was sind die Quellen des Wissens von Wesen, die in der Weise unvollkommen sind, daß sie sich irren können?

Wenn wir sagen, die Erfahrung des Irrtums sei das Motiv dafür, erkenntnistheoretische Überlegungen anzustellen, dann sagen wir damit freilich nicht, daß diese Erfahrung jeden dazu bringt oder gar bringen sollte, solche Überlegungen anzustellen. Wir behaupten nur, daß aufgrund unserer Unvollkommenheit die Antwort auf die Frage, wie Wissen für uns möglich ist, nicht sogleich auf der Hand liegt. Weil es eine mögliche Kluft gibt zwischen Überzeugungen und Wissen, gibt es hier Raum für die erkenntnistheoretische Frage. Doch daß es Raum für eine Frage gibt, heißt natürlich noch nicht, daß man sich diese Frage auch stellen muß. Indes, wenn wir sagen, die Erfahrung des Irrtums sei das Motiv der Erkenntnistheorie, dann deuten wir damit auf eine Erfahrung hin, die uns nicht erst als Philosophen auf eine Weise irritiert, die uns dazu bringt, erkenntnistheoretische Überlegungen anzustellen. Diese Erfahrung irritiert uns schon im alltäglichen Leben. Denn der Irrtum ist nichts,

2 Ebd., S. 51.

was wir erstreben. Daß jemand sich irrt, heißt vielmehr, daß es ihm nicht gelungen ist, das zu erlangen, was er eigentlich erstrebt hat: nämlich Erkenntnis. »Irrtum ist«, so heißt es bei Descartes, »Beraubtsein oder Mangel einer Erkenntnis, die eigentlich in mir sein sollte.«[3] Wenn wir uns irren, dann sind wir daran *gescheitert*, Wissen zu erwerben. Und dieses Scheitern irritiert uns immer: nicht erst in der Philosophie, wenn wir über die Möglichkeit von Wissen überhaupt nachdenken, sondern wann immer wir den Irrtum in unserem alltäglichen Leben erfahren. Wann immer wir etwas zu wissen beanspruchen und sich dann herausstellt, daß wir uns täuschten, ist diese Täuschung für uns unerwartet, überraschend. Wann immer wir etwas zu wissen beanspruchen und sich dann herausstellt, daß die Dinge anders sind, als wir glaubten, müssen wir etwas anerkennen, womit wir nicht gerechnet haben: nämlich daß uns ein Irrtum widerfahren ist. Nicht, daß wir uns den Irrtum, so er auftritt und entdeckt wird, nicht erklären können. Irrtümer sind keine Rätsel. Doch wenn wir uns irren, dann hat der Irrtum für uns den Charakter einer Widerfahrnis, einer Widerfahrnis, die uns unerwartet trifft. Anders dagegen ist es, wenn wir gar kein Wissen beanspruchen, sondern bloß etwas vermuten. Ich vermute, daß morgen die Sonne scheinen wird, etwa, weil heute auch die Sonne scheint. Doch wenn es dann morgen regnet, werde ich nicht sonderlich überrascht sein. Stellt sich eine bloße Vermutung als falsch heraus, dann sind wir in einem gewissen Sinn darauf vorbereitet. Denn wer etwas bloß vermutet, schließt nicht aus, daß seine Überzeugung falsch ist. Stellt sich hingegen eine Überzeugung, für die wir Wissen beanspruchten, als falsch heraus, sind wir überrascht. Denn wer Wissen beansprucht, schließt aus, daß seine Überzeugung falsch ist.

Indem Descartes seine erkenntnistheoretischen Überlegungen mit dem Hinweis auf ihr Motiv eröffnet, will er also deutlich machen, daß die Frage nach den Quellen unseres Wissens in gewisser Weise ganz natürlich auf uns zukommt. Sie stellt gegenüber dem, was wir tun, wenn wir etwas zu wissen beanspruchen, kein künstliches Unternehmen dar. Wenn wir unser Wissen untersuchen, dann versuchen wir, ein Verständnis von etwas zu gewinnen, das genau deswegen, weil wir uns irren können, für uns zu einer Frage werden kann. Wären wir Wesen, die sich noch niemals in ihrem Leben

3 Ebd., S. 51.

geirrt hätten, ginge mit unserem Wissen immer alles glatt, dann hätten wir keinen Grund, über unser Wissen nachzudenken. Doch mit unserem Wissen geht nicht immer alles glatt. Wie können wir das zusammenbringen? Wie ist Wissen möglich, wenn ein solches Scheitern am Wissen möglich ist? Vor dem Hintergrund des Gedankens, daß wir uns irren können, fragen wir uns also, wie dasjenige Wissen, das wir uns alltäglich zuschreiben – etwa das Wissen, daß ich hier und jetzt mit einem Winterrock bekleidet vor meinem Kamin sitze –, eigentlich möglich ist. Wir fragen, was es heißt, etwas zu wissen, um zu begreifen, ob und wie man die beiden folgenden Gedanken miteinander vereinbaren kann: den Gedanken, daß wir *Wissen* haben können, und den Gedanken, daß wir uns *irren* können.

Dieses Motiv der Erkenntnistheorie erklärt auch, weshalb jede Reflexion auf unser Wissen an irgendeiner Stelle die Gestalt einer Auseinandersetzung mit dem Skeptizismus annimmt. Denn der Skeptiker bestreitet genau dies: Er bestreitet, daß es einen Weg gibt, diese beiden Gedanken miteinander zu vereinbaren. Der Skeptiker sieht keinen Weg, wie wir uns *zugleich* für Wesen halten können, die sich irren können, und für Wesen, die zuweilen etwas wissen. Der Skeptiker bestreitet, daß wir uns durch eine philosophische Reflexion verständlich machen können, wie wir trotz unserer Irrtumsanfälligkeit Wissen haben können. Dieses Selbstverständnis, so der Skeptiker, kommt uns nur so lange vernünftig vor, solange wir nicht darüber nachdenken, was es heißt, etwas zu wissen. Für den Skeptiker gibt es daher nur die folgenden Alternativen: Entweder wir müssen zugeben, daß wir niemals berechtigt sind, uns Wissen zuzuschreiben, oder aber wir müssen bestreiten, daß es ein Merkmal unserer Endlichkeit ist, daß wir uns irren können.

Die innerhalb der Erkenntnistheorie überraschend weit verbreitete Reaktion auf dieses skeptische Problem ist folgende: Der Skeptiker hat ein Scheinproblem, weil er einen Begriff von Wissen stipuliert, der nicht *unser* Begriff von Wissen ist. Der Skeptiker glaubt, Wissen und Fallibilität schließen einander von vornherein aus. Aber unser Begriff von Wissen verlangt nicht, daß es prinzipiell unmöglich sein muß, daß jemand, der etwa sagt, »Ich weiß, daß der nächste Zug nach Potsdam um 14 Uhr fährt«, diesen Satz nicht durch die Aussage korrigieren kann, »Oh, ich glaubte nur, das zu wissen, aber ich wußte es nicht«. Im Gegenteil. Diese Korrekturmöglichkeit gehört gleichsam zum Sinn einer solchen Aussage. Der Skeptiker, so lautet die übliche Reaktion, schließt fälschlicherweise aus dem Umstand, daß wir fehlbar sind, daß wir kein Wissen haben können. Was wir anerkennen müssen, ist in der Tat, daß wir fehlbar sind. Doch dies anzuerkennen, ist etwas anderes, als zu behaupten, Wissen sei für uns unmöglich. Fallibilismus und Skeptizismus sind zwei Paar Schuhe. Der Skeptiker wird nur deswegen zum Skeptiker, so die übliche Reaktion, weil er beides nicht auseinanderhalten kann.[4]

Das Motiv der folgenden Arbeit ist ein Einspruch gegen diese Reaktion auf das skeptische Problem. Denn diese Reaktion auf das skeptische Problem verkennt, *weshalb* der Skeptiker beides nicht auseinanderhalten kann. Für den Skeptiker fallen Fallibilismus und Skeptizismus zusammen, weil er nicht sieht, wie er unsere Fallibilität mit der Möglichkeit von Wissen vereinbaren kann. Der Skeptiker identifiziert beides nicht deswegen, weil er annimmt, daß die Möglichkeit von Wissen nur dann gegeben ist, wenn das Subjekt des Wissens unfehlbar ist. Er identifiziert beides vielmehr einzig und allein deswegen, weil er keinen Weg sieht, wie man die Möglichkeit von Wissen *verstehen* kann, wenn das Subjekt des Wissens fehlbar ist. Die Identifikation von Fallibilismus und Skeptizismus ist nicht die Prämisse seiner Überlegungen, wie die übliche Reaktion annimmt und damit glaubt, sich des Problems mit einem Handstreich erwehren zu können. Sie ist vielmehr das Resultat seiner Überlegungen, in denen er gerade darum ringt, beides miteinander zu verbinden. Die übliche Reaktion auf den Skeptizismus macht es sich damit aber nicht nur zu leicht mit dem skeptischen Problem. Sondern genau deswegen, so wird sich zeigen, weil sie den Skeptiker nicht als jemanden begreift, der daran scheitert, unsere Fallibilität richtig zu verstehen, scheitert auch sie selbst. Wenn der Skeptizismus, wie wir behaupten, Ausdruck der Unfähigkeit ist, unsere Fallibilität auf eine Weise zu verstehen, die sie mit der Möglichkeit von Wissen vereinbar macht, dann ist die übliche Reaktion auf den Skeptizismus selbst eine Gestalt desselben: eine Gestalt, die sich nicht als das erkennt, was sie ist. Das eigentlich skeptische Problem ist das *Problem unserer Fallibilität*. Es hilft daher nicht, zu sagen, daß wir unsere Fallibilität anerkennen müssen. Denn es geht gerade darum zu verstehen, wie wir das, was wir anerkennen *müssen*, anerken-

4 Siehe etwa repräsentativ für diese Art der Reaktion M. Williams, *Problems of Knowledge*, bes. S. 40-42 und 219.

nen *können*, ohne dadurch unfähig zu werden, die Möglichkeit von Wissen zu verstehen. Genau das ist es, was der Skeptiker nicht kann. Und genau das ist es, was auch die übliche Reaktion auf den Skeptiker nicht kann. Die Möglichkeit von Wissen zu verstehen, so wird sich zeigen, geht einher mit einem richtigen Verständnis unserer Fallibilität. Solange man diese falsch versteht, ist man unfähig, Wissen zu verstehen.

Der erste Teil dieser Arbeit wird zunächst den Begriff des Wissens, um dessen Verständnis es geht, genauer fixieren. Was meinen wir mit dem Ausdruck »Wissen«, wenn wir uns fragen, ob wir Wissen haben können? Wir meinen damit, so lautet die Antwort, die die philosophische Tradition seit Platon gegeben hat, daß jemand eine wahre, angemessen gerechtfertigte Überzeugung hat.[5] Die in diesem ersten Teil entwickelte Erläuterung des Wissensbegriffs wird zunächst einen vorläufigen Status haben, weil sie noch nicht zeigt, daß wir damit Wissen wirklich verstehen in dem Sinn, daß wir damit verstehen, wie das geistige Leben eines endlichen Wesens dadurch charakterisiert sein kann, daß es gelegentlich Wissen in diesem Sinn hat. Gleichwohl wird diese vorläufige Erläuterung des Wissensbegriffs unser Leitfaden für alle weiteren Überlegungen sein. So offensichtlich richtig uns diese Erläuterung auch zunächst vorkommen mag, wir werden auf allerlei Schwierigkeiten stoßen, die es uns unmöglich zu machen scheinen, an dieser Erläuterung festzuhalten. Erst am Ende werden wir in der Lage sein, den Sinn dieser Erläuterung einzuholen. Erst dann werden wir verstehen, nicht nur, wie Wissen in diesem Sinn möglich ist, sondern auch, was es heißt, den Wissensbegriff so zu verstehen, wie wir ihn seit Platon verstehen.

Da der Skeptiker bestreitet, daß wir uns die Möglichkeit von Wissen verständlich machen können, können wir die Rechtmäßigkeit unserer Erläuterung von Wissen offenkundig nur dann ausweisen, wenn wir unter anderem in der Lage sind, das Mißverständnis des Skeptikers zu benennen, das ihn blind macht für diese Erläuterung. Der Skeptiker begegnet uns in dieser Arbeit mit zwei Argumenten: Im ersten Teil werden wir das Argument diskutieren, das im Zentrum des sogenannten antiken Skeptizismus steht. Es besagt, daß wir kein Wissen haben können, weil wir uns beim Versuch, Wissen auszuweisen, in einen unvermeidlichen Regreß der Recht-

5 Zu Platons einschlägiger Bestimmung des Wissensbegriffs vgl. Platon, *Theaitetos.*

fertigung verstricken. Die Frage, welchen Grund man dafür hat, etwas Bestimmtes zu glauben, geht endlos weiter, und darum können wir kein Wissen haben.

Es wird sich zeigen, daß das Regreß-Argument, das weite Teile der zeitgenössischen Erkenntnistheorie fraglos als Problembeschreibung akzeptieren, einer Voraussetzung aufruht, die alles andere als selbstverständlich ist. Die Voraussetzung ist, daß es für uns prinzipiell unmöglich ist, Gründe für die Wahrheit einer Überzeugung zu haben, mit denen man ausschließen kann, daß die Überzeugung, die man mit ihnen begründet, falsch ist. Solche Gründe – nennen wir sie wahrheitsgarantierende Gründe – können wir unmöglich haben. Das heißt, es ist nach dieser Voraussetzung prinzipiell unmöglich, die Wahrheit einer Überzeugung beispielsweise dadurch zu garantieren, daß man anführt, daß man das, was man glaubt, wahrgenommen oder von einem anderen erfahren hat. Die Aussage, daß man etwas wahrgenommen oder von einem anderen erfahren hat, so die Voraussetzung, kann prinzipiell keine Gründe beschreiben, die die Wahrheit dessen garantieren, was man glaubt. Weshalb nicht? So jedenfalls scheinen wir in unserem alltäglichen Leben die Wahrheit unserer Überzeugungen zu garantieren. Das Regreß-Argument hingegen setzt voraus, daß eine solche Wahrheitsgarantie unmöglich ist.

Der zweite Teil diskutiert daher zunächst das Argument, das zeigen soll, daß dies in der Tat unmöglich ist. Es ist das sogenannte »Argument from Illusion«: »Wir können uns immer täuschen!« Es ist genau dasjenige Argument, das explizit den sogenannten Cartesischen Skeptizismus begründet. Wenn richtig ist, daß wir fallibel sind, so argumentiert der Skeptiker, dann können wir prinzipiell keine Gründe für unsere Überzeugungen haben, die deren Wahrheit garantieren. Doch wenn wir prinzipiell keine wahrheitsgarantierenden Gründe haben können, dann können wir, so schließt der Skeptiker, prinzipiell kein Wissen haben. Man mag den skeptischen Zweifel von verschiedenen Seiten her attackieren und glauben, ihn entkräften zu können. Wir werden hingegen zeigen, daß, solange dieses Argument in Kraft ist, dem zufolge aus unserer Fallibilität folgt, daß wir keine wahrheitsgarantierenden Gründe haben können, Wissen unverständlich ist. Ob wir Wissen verstehen können, hängt folglich davon ab, ob wir dieses Argument entkräften können. Wir müssen uns daher fragen, von welcher Voraussetzung dieses Argument abhängt. Die Voraussetzung dieses Arguments, so wird sich zeigen, besteht in einer bestimmten Deutung der *Natur der Grundlage* von Überzeugungen. Es ist die Voraussetzung, daß ein Grund für eine Überzeugung etwas sein muß, das von der Wahrheit der Überzeugung unabhängig ist. Es wird sich erweisen, daß wir diese Deutung der Grundlage von Überzeugungen nicht nur zurückweisen können, sondern müssen. Das richtige Verständnis der Natur der Grundlage von Überzeugungen zwingt uns indes zu einer irritierenden Einsicht: Es ist die Einsicht, daß der Begriff des Wissens einen Vorrang vor dem Begriff der Überzeugung hat. Wie können wir diese Einsicht verstehen?

Im dritten Teil werden wir sodann eine Auffassung der Natur des menschlichen Geistes und der Erkenntnis entwickeln, die zeigt, wie diese Einsicht zu verstehen ist. Sie bedeutet, daß die Elemente, in die wir im ersten Teil den Wissensbegriff zerlegt haben, nicht als Elemente einer analytischen Einheit zu verstehen sind: Das heißt, sie sind nicht als Elemente einer Einheit zu verstehen, die wir in Begriffe zerlegen können, die grundlegender als der Wissensbegriff selbst sind und die wir daher erläutern können, ohne auf jene Einheit Bezug zu nehmen, deren Elemente sie sind. Die Beschreibung von Wissen als wahre und angemessen gerechtfertigte Überzeugung müssen wir als die Artikulation einer anderen Art von Einheit verstehen. Um welche andere Art von Einheit handelt es sich hier? Meine zentrale These wird sein, daß es sich hier um die *Einheit einer vernünftigen Fähigkeit* handelt. Wissen, so der Gedanke, können wir genau dann verstehen, wenn wir einsehen, daß die grundlegende Verwendung des Wissensbegriffs, die seine Bedeutung bestimmt, nicht in der Beschreibung eines einzelnen Aktes besteht, sondern in der Beschreibung von etwas Allgemeinem: in der Beschreibung einer vernünftigen Erkenntnisfähigkeit. Die grundlegende Beschreibung von Wissen lautet: Wissen ist ein Akt, der einer vernünftigen Erkenntnisfähigkeit entspringt. Um zu verstehen, was es heißt, Wissen zu haben, müssen wir folglich verstehen, was es heißt, vernünftige Erkenntnisfähigkeiten zu haben.

Indem wir den Begriff einer vernünftigen Fähigkeit ins Zentrum unserer Erläuterung von Wissen stellen, werden wir auf eine philosophische Tradition Bezug nehmen, deren Relevanz für die Erkenntnistheorie und die Philosophie des Geistes bislang nicht erkannt oder wenigstens unterschätzt wurde. Die wichtigsten Überlegungen zu Fähigkeiten verdanken wir Aristoteles. Die entscheidenden Autoren des 20. Jahrhunderts, mit denen wir arbeiten werden, sind L. Wittgenstein, G. Ryle, A. Kenny, J. McDowell und M. Thompson, wobei die vier letzteren ihrerseits direkt an die Aristotelischen Überlegungen anknüpfen. Unsere These lautet somit: Die Quellen des Wissens sind vernünftige Erkenntnisfähigkeiten. Der dritte Teil erläutert dies, indem er zunächst in allgemeiner Weise entwickelt, was vernünftige Fähigkeiten sind, und sodann zeigt, was entsprechend vernünftige Erkenntnisfähigkeiten sind.

Der vierte Teil wird sodann herausarbeiten, daß die Fehldeutung der Natur endlichen Wissens auf einer Fehldeutung der Natur der Subjekte beruht, die Urteile fällen können. Denn unsere Einsicht, daß die grundlegende Bedeutung des Wissensbegriffs in der Beschreibung einer vernünftigen Erkenntnisfähigkeit besteht, hat Konsequenzen für unser Verständnis dessen, was ein urteilsfähiges Lebewesen ist. Aus ihr folgt nämlich, daß nur jemand, der eine vernünftige Erkenntnisfähigkeit hat, überhaupt etwas glauben kann. Daß jemand ein urteilsfähiges Lebewesen ist, schließt als solches ein, daß er erkennen kann, wie die Dinge sind. Wer Überzeugungen darüber haben kann, wie die Dinge sind, kann auch erkennen, wie sie sind, weil nur jemand, der dies erkennen kann, überhaupt Überzeugungen über die Dinge haben kann. Ein urteilsfähiges Wesen ist ein erkennendes Wesen.

Das Projekt der Erkenntnistheorie steht und fällt damit, daß die Frage nach den Quellen des Wissens eine sinnvolle Frage ist und es auf diese Frage eine allgemeine Antwort gibt. In der zeitgenössischen Philosophie ist der Gedanke verbreitet, den in dieser Form erstmals, und aus offensichtlich verschiedenen Richtungen, Quine und Austin formuliert haben,[6] daß diese Frage nicht sinnvoll sein kann. Das Projekt der Erkenntnistheorie ist demzufolge kein durchführbares Unternehmen.[7] Die zeitgenössische Philosophie glaubt sich über sich selbst aufgeklärt zu haben, indem sie erkannt zu haben glaubt, daß Erkenntnistheorie unmöglich sei. Wenn wir dagegen sagen, daß die Quellen des Wissens vernünftige Erkenntnisfähigkeiten sind, dann sagen wir damit, daß diese angebliche Selbst-

6 Vgl. u.a. W. V. O. Quine, »Naturalisierte Erkenntnistheorie«, S. 114; J. Austin, *Sinn und Sinneserfahrung*, S. 134.

7 Vgl. dazu heute R. Rorty, *Der Spiegel der Natur. Eine Kritik der Philosophie*, S. 183, 345 f.; M. Williams, *Problems of Knowledge*, S. 255.

aufklärung der Philosophie ein Mißverständnis ist. Denn wenn vernünftige Erkenntnisfähigkeiten die Quellen des Wissens sind, dann zeigt uns dies nicht nur, daß Erkenntnistheorie möglich ist. Es zeigt uns vor allem auch, was es heißt, sie zu betreiben. Es heißt, daß man genau jene Fähigkeiten, kraft deren man etwas erkennt, ausübt, und zwar so, daß man dabei diese Fähigkeiten selbst zum Inhalt seines Wissens macht.

Erster Teil
Wissen und Vernunft

Wir wollen verstehen, wie Lebewesen von der Art, wie wir Menschen es sind, Wissen haben können. Wir suchen dabei nach einem Verständnis von Wissen, das so allgemein ist, daß es uns nicht nur erklärt, wie jemand diese oder jene Art von Wissen haben kann, sondern Wissen überhaupt. Gleichwohl legt unsere Rede von Arten des Wissens nahe, daß wir über Prinzipien verfügen, anhand deren wir Wissen in verschiedene Arten untergliedern können. Die allgemeinste Unterscheidung von Arten des Wissens, die uns vertraut ist, ist die in empirisches und nicht-empirisches Wissen. In minimaler Weise zeigt sich unser Verständnis dieser Unterscheidung darin, daß es uns nicht schwerfällt, Beispiele für die eine und andere Art von Wissen zu geben. Beispiele für empirisches Wissen wären etwa das Wissen, das ich habe, wenn ich weiß, daß der nächste Zug nach Potsdam um 14 Uhr fährt oder daß es gerade regnet oder daß vor mir eine weiße Teetasse steht. Beispiele für nicht-empirisches Wissen wären etwa das Wissen, das ich habe, wenn ich weiß, daß die Summe aus zwei und zwei vier ist, oder wenn ich weiß, daß im rechtwinkligen Dreieck die Summe der Quadrate über den Katheten gleich dem Quadrat über der Hypotenuse ist.

Nehmen wir einmal für den Moment an, dies seien offenkundige Beispiele, auch wenn wir noch kein artikulierteres Verständnis von der darin zum Tragen kommenden Unterscheidung haben als eben dasjenige, das sich darin zeigt, daß wir diese Beispiele geben können. Nun haben wir gesagt, daß wir nach einem Verständnis von Wissen suchen, das uns in allgemeiner Weise begreiflich macht, wie jemand Wissen haben kann, ganz gleich welcher Art. Wie kommen wir zu einem solchen Verständnis? Wenn sich Wissen in verschiedene Arten untergliedern läßt, dann hat offenkundig niemand Wissen überhaupt, sondern er hat immer eine bestimmte Art von Wissen. Eine solch bestimmte Art von Wissen soll unser Ausgangspunkt sein. Wir werden folglich so vorgehen, daß wir uns das angestrebte allgemeine Verständnis von Wissen dadurch erarbeiten, daß wir eine ganz bestimmte Art von Wissen zu verstehen versuchen: nämlich jene Art von Wissen, die so tief zu unserem Selbstverständnis gehört, daß es unmöglich scheint, ihrer philosophischen Infragestellung in unserem alltäglichen Leben auch nur im mindesten Rechnung zu tragen: Ich meine diejenige Art von Wissen, die wir oben empirisches Wissen genannt haben und auf die wir durch Beispiele hingewiesen haben. *Wenn* wir überhaupt irgendein Wissen haben, dann, so scheint es, ist es *solche*s Wissen. Und wenn wir uns *dieses* Wissen nicht verständlich machen können, dann, so scheint es, können wir uns gar kein Wissen verständlich machen. Unser Anspruch gleichwohl ist es, dadurch, daß wir versuchen, eine bestimmte Art von Wissen zu verstehen, dasjenige grundlegende Prinzip herauszuarbeiten, das es uns erlauben wird, jede andere Art von Wissen zu verstehen. Das bedeutet freilich nicht, daß wir im folgenden einfach voraussetzen, daß wir schon ein Verständnis davon haben, was empirisches Wissen von nicht-empirischem Wissen unterscheidet. Im Gegenteil. Wenn eine solche Unterscheidung, wie sie in obigen Beispielen in Anspruch genommen wird, sinnvoll sein soll, dann müssen wir, wenn wir auf den Wissensbegriff reflektieren, unter anderem auch erläutern können, was diese Unterscheidung bedeutet. Und genau das werden wir auch tun.

In diesem ersten Teil wollen wir hierfür zunächst den Begriff des Wissens, um dessen Verständnis es geht, genauer fixieren. Was meinen wir mit dem Ausdruck »Wissen«, wenn wir uns fragen, wie es möglich ist, Wissen zu haben? Die in diesem ersten Teil entwickelte Erläuterung des Wissensbegriffs hat zunächst einen vorläufigen Status. Denn sie zeigt noch nicht, wie wir verstehen können, daß unser geistiges Leben dadurch charakterisiert sein kann, daß wir gelegentlich Wissen in diesem Sinn haben. Gleichwohl wird diese vorläufige Erläuterung der Leitfaden der folgenden Überlegungen sein. Denn unser Anspruch ist es, die Rechtmäßigkeit dieser Erläuterung dadurch aufweisen zu können, daß wir verständlich machen, wie Wissen in diesem Sinn möglich ist.

I. Endliches Wissen

1. Wer sind »wir«? Eine Kantische Antwort

Das Motiv der Erkenntnistheorie, so haben wir eingangs behauptet, ist eine Irritation darüber, daß wir uns täuschen können. Descartes stellt diesen Umstand an den Anfang seiner Überlegungen zur Natur und den Quellen unseres Wissens. Doch was tun wir da eigentlich, wenn wir unsere Überlegungen mit einer solchen Aussage über uns beginnen? Descartes präsentiert unsere Irrtumsanfälligkeit als etwas, das er schon vor Jahren »bemerkt« habe. Doch wir können freilich nicht einfach behaupten, daß die Erfahrung unserer Irrtumsanfälligkeit die Quelle unseres Wissens von unserer Irrtumsanfälligkeit sei, wenn dieser Umstand der Ausgangspunkt unserer Überlegungen zur Natur und den Quellen unseres Wissens sein soll. Denn stellen wir uns vor, jemand würde bestreiten, daß er sich jemals geirrt habe. Es ist offensichtlich, daß dies kein Einwand gegen Descartes' Behauptung sein könnte. Denn Descartes kann seine Behauptung, daß wir irrtumsanfällige Wesen sind, offensichtlich nicht als eine empirische Behauptung über uns verstehen. Descartes will nicht sagen, daß er aufgrund einer Beobachtung an sich und anderen zu dem Schluß gekommen sei, daß Menschen irrtumsanfällig seien. Wenn wir in der Philosophie sagen, daß *wir* irrtumsanfällig sind, machen wir keine verallgemeinernde empirische Behauptung über uns Menschen, die sich durch die Erfahrung anderer Menschen bestätigen ließe oder durch deren Erfahrung zurückgewiesen werden könnte. Indem wir dies sagen, legen wir vielmehr den Gegenstand unserer Überlegungen fest. Wir machen eine Aussage darüber, welcher Begriff von Wissen es ist, den wir im folgenden zu erläutern versuchen: Es ist der Begriff *endlichen* Wissens als unterschieden vom Begriff *unendlichen* Wissens. Wir sagen damit, daß es ein definierendes Merkmal desjenigen Wissens ist, das wir zu verstehen versuchen, daß das Verhältnis zwischen dem Subjekt dieses Wissens und dem Inhalt dieses Wissens auf eine Weise charakterisiert ist, die Raum für die Möglichkeit des Irrtums hat. Dieses Wissen nennen wir endliches Wissen im Kontrast zu unendlichem Wissen, welches genau diese Möglichkeit des Irrtums nicht enthält.

Unendliches Wissen, wenn es so etwas gibt, wäre ein Wissen, so erläutert es Kant, das in dem Sinn unendlich ist, daß das Subjekt an die Inhalte seines Wissens nicht *gebunden* ist, sondern diese genau dadurch, daß es sie zum Inhalt seines Wissens macht, schafft.[1] Es wäre das Wissen eines schöpferischen Intellekts, für den die Inhalte seines Wissens nicht unabhängig davon da sind, daß er von ihnen weiß, sondern dessen Wissen selbst die Quelle dessen ist, was er weiß. Unendliches Wissen nennt Kant daher auch »ursprünglich«, um damit zu sagen, daß es nicht »von dem Dasein des Objekts abhängig« ist, sondern »selbst das Dasein des Objekts« hervorbringt.[2] Für einen schöpferischen Intellekt ist folglich die Welt, von der er Wissen hat, nichts, was ihn in seinen Akten bindet und woran sich mißt, ob diese wahr oder falsch sind. Das Verhältnis zwischen den Akten eines schöpferischen Intellekts und der Welt ist seiner Natur nach vielmehr derart, daß die Idee, diese Akte könnten falsch sein, *sinnlos* ist. Der schöpferische Intellekt kann sich nur in wahren Akten auf die Welt beziehen, weil die Welt gar nicht der *Maßstab*, sondern das *Produkt* seiner Akte ist. Die Idee des Irrtums hat daher in bezug auf einen schöpferischen Intellekt keine Anwendung.

Wenn wir also sagen, daß das Wissen, das wir untersuchen, ein Wissen von Wesen ist, die sich irren können, dann machen wir damit eine Aussage zum Begriff von Wissen, den wir untersuchen, und keine empirische Aussage über unsere Konstitution. Wir können das auch so ausdrücken, daß wir sagen, wir machen eine Aussage zum Begriff jener Wesen, deren Wissen uns hier interessiert: Uns beschäftigt das Wissen eines endlichen Wesens, d. h. eines seinem Dasein und seinem Wissen nach vom Dasein von Objekten »abhängigen Wesen[s]« im Kontrast zum Wissen eines unendlichen Wesens.[3] Es geht um die Frage, wie ein Wesen Wissen haben kann, das im Kontrast zu einem schöpferischen Intellekt, von dem es logisch ausgeschlossen ist, daß er sich irren kann, wesentlich dadurch charakterisiert ist, sich irren zu können. Das Wissen solcher Wesen wollen wir verstehen, um uns selbst als Menschen zu verstehen. Denn Menschen sind in diesem Sinn abhängige Wesen: Sie hängen ihrem Dasein wie ihrem Wissen nach vom Dasein von Objekten ab. Wenn Menschen also überhaupt Wissen haben können, dann endliches Wissen: Wissen, zu dem die Möglichkeit des Irrtums gehört.

1 Vgl. I. Kant, *Kritik der reinen Vernunft*, B 72.
2 Ebd.
3 Ebd.

Wir versuchen also, uns selbst zu verstehen, indem wir versuchen, das Wissen eines Wesens zu begreifen, in bezug auf dessen Akte die Rede von Irrtum sinnvoll ist. Dies, so haben wir gesehen, setzt voraus, daß die Antwort auf die Frage, ob die hierfür relevanten Akte dieses Wesens wahr oder falsch sind, unabhängig davon festgelegt ist, ob es diese Akte gerade vollzieht. Endliches Wissen zu begreifen heißt also, die Akte eines Wesens zu begreifen, das sich in diesen Akten auf die Welt als einen Maßstab bezieht, der unabhängig von diesen Akten festlegt, ob diese wahr oder falsch sind. Endliches Wissen ist in diesem Sinn *objektives* Wissen. Objektives Wissen ist das Vorrecht endlicher Wesen.

Wenn endliches Wissen durch Akte charakterisiert ist, die sich auf die Welt als einen Maßstab beziehen, dann geht es also darum, etwas zu begreifen, das es überhaupt nur im Leben von Wesen geben kann, die urteilen können. Denn Urteile sind nach Kants Erläuterung, die wir hier aufgreifen wollen, genau jene Akte eines Intellekts, die dadurch definiert sind, daß sie wahr oder falsch sein können. Urteilen ist ein Akt, der als solcher im Spielraum von wahr und falsch steht. Kant kommt zu dieser Erläuterung eines Urteils dadurch, daß er Urteilen zunächst in grundlegender Weise als einen spontanen Akt bestimmt, d. h. als einen Akt, der einem Vermögen entspringt, welches durch »Spontaneität« charakterisiert ist.[4] Und zwar genauer als das Resultat eines Vermögens, dessen Selbsttätigkeit darin besteht, »Vorstellungen selbst hervorzubringen«.[5] Was es heißt, daß ein Subjekt im Besitz eines in diesem Sinn selbsttätigen Vermögens ist, erläutert Kant sodann wie folgt: Er sagt, ein solches Subjekt sei im Besitz eines Vermögens, dessen Ausübung darin bestehe, daß Begriffe verwendet werden, und zwar so, daß diese gemäß einer bestimmten »logischen Form« zu einer »Einheit« miteinander verknüpft werden:[6] nämlich gemäß jener »logischen Form«, die einer solchen Verknüpfung den Charakter einer »Vorstellung« verleiht, die das Subjekt zum Inhalt eines Urteils machen kann.[7] Ein Subjekt, das das Vermögen hat, solche Vorstellungen

4 Ebd., B 75. Für einen guten Überblick über die verschiedenen Erläuterungen, die Kant zur Idee der Spontaneität gibt, vgl. R. Pippin, »Kant on the Spontaneity of Mind«.

5 Ebd., B 75.

6 Ebd., B 106.

7 Ebd., B 106. Siehe auch ebd., B 94f., wo Kant unter dem Abschnitt »Von der lo-

hervorzubringen, verfügt folglich über Begriffe, die es gemäß jener logischen Form miteinander verknüpfen kann, durch die ein Urteil definiert ist. Wir können dies so ausdrücken: Es ist ein Subjekt, das begriffliche Vorstellungen haben kann, mithin Vorstellungen von einer Art, die Kant auch »Gedanken« nennt.[8]

Unter einem Subjekt, das das Vermögen der Spontaneität hat, versteht Kant also ein Subjekt, das etwa darüber nachdenken kann, ob draußen gerade die Sonne scheint oder ob noch genug Apfelsaft im Kühlschrank ist oder wie es wäre, im Sommer nach Italien in den Urlaub zu fahren. Vollzieht nun ein Subjekt, das im Besitz eines solchen Vermögens ist, ein Urteil – es urteilt etwa, »Draußen scheint die Sonne« oder »Es ist noch genug Apfelsaft im Kühlschrank« –, dann bedeutet dies, daß es genau diese Verknüpfung von Begriffen, durch die das Vermögen, in dessen Besitz es ist, definiert ist – nämlich genau die Verknüpfung von Begriffen, die es kraft ihrer logischen Form zum Inhalt eines Urteils machen kann, weil diese Form keine andere als eben die Form des Urteils ist –, in einer bestimmten Weise vollzieht: Es vollzieht diese Verknüpfung von Begriffen *so*, daß es diese Verknüpfung von Begriffen als *wahr bejaht*. Das ist es, was wir im folgenden im Anschluß an Kant unter einem Urteil verstehen werden: Zu urteilen heißt, daß man eine bestimmte begriffliche Vorstellung, die dadurch definiert ist, daß man sie nur haben kann, wenn man über sie auch urteilen kann, als wahr bejaht. Zu urteilen heißt, daß man eine bestimmte Vorstellung von etwas, etwa die, daß noch Apfelsaft im Kühlschrank ist, als wahr bejaht.

Wenn man eine begriffliche Vorstellung als wahr bejaht, dann

gischen Funktion des Verstandes in Urteilen« die Rede von einer bestimmten »logischen Form« der Verknüpfung von Begriffen genau so erläutert, wie wir das oben getan haben. Man beachte: Kant verwendet den Ausdruck »Vorstellung« bekanntlich in einem doppelten Sinn: Manchmal so, daß er darunter den generischen Ausdruck für verschiedene *Akte* des Bewußtseins versteht, und manchmal so, daß er darunter den generischen Ausdruck für die verschiedenen *Inhalte* solcher Bewußtseinsakte versteht. In keinem Sinn meint Kant mit diesem Ausdruck indes so etwas wie ein »geistiges Bild«, das dem Subjekt einer solchen Vorstellung vorschwebt. In beiden Verwendungen dieses Ausdrucks geht es vielmehr darum, zu verstehen, was es heißt, ein Bewußtsein von etwas zu haben. Ich werde im folgenden den Ausdruck »Vorstellung« ebenfalls in dieser zweifachen Weise sowohl für Akte wie auch Inhalte eines Bewußtseins verwenden, jedoch stets so, daß in der jeweiligen Verwendung eindeutig bestimmt ist, welcher Sinn gemeint ist.

8 Ebd., B 94.

heißt das, daß man sie glaubt. Wer etwas glaubt, bejaht das, was er glaubt, als wahr. Dies heißt nicht, daß Urteilen und eine Überzeugung haben nach dieser Erläuterung dasselbe sind. Keineswegs. Wir sagen damit nur, daß der Begriff des Urteils Teil einer Erläuterung des Begriffs der Überzeugung ist. Wenn wir sagen, daß jemand etwas glaubt, dann sagen wir damit, daß er das, was er glaubt, als wahr bejaht. Wir sagen jedoch nicht, daß er hier und jetzt einen Urteilsakt fällt. Daß jemand etwas glaubt, kann sich in ganz unterschiedlicher Weise zeigen. Daß jemand glaubt, daß der Wannsee zugefroren ist, kann sich etwa darin zeigen, daß er mit seinen Schlittschuhen auf dem Wannsee herumtrabt, oder mit einem Spaten versucht, das Eis zu durchbrechen. Etwas zu glauben schließt zu urteilen ein, doch geht darin nicht auf.[9] Wenn wir nun sagen, daß Urteilen darin besteht, daß jemand eine bestimmte Verknüpfung von Begriffen als wahr bejaht, dann schließt dies ein, daß eine solche Verknüpfung von Begriffen falsch sein kann. Andernfalls wäre es sinnlos, davon zu sprechen, daß ein Subjekt, das urteilt, eine bestimmte Verknüpfung von Begriffen, wie etwa die, die es in dem Satz artikulieren könnte »Draußen scheint die Sonne«, als wahr bejaht. Wäre es ausgeschlossen, daß jene Verknüpfung von Begriffen, die das Subjekt in einem Urteil als wahr bejaht, falsch sein kann, dann wäre es widersinnig, die Idee eines Urteils durch die Idee der Bejahung einer solchen Verknüpfung zu erläutern. Auf eine Vorstellung, von der es ausgeschlossen ist, daß sie falsch sein kann, hat die Idee der Bejahung ihrer Wahrheit keine Anwendung. Genau das ist ja der Fall bei einem schöpferischen Intellekt. In bezug auf einen schöpferischen Intellekt ist es daher nicht nur widersinnig, davon zu sprechen, er könne sich irren. Es ist auch widersinnig, davon zu sprechen, er würde Akte vollziehen, in denen er die Wahrheit einer bestimmten begrifflichen Vorstellung bejaht. Die Idee des *Irrtums* und die Idee der *Bejahung* der Wahrheit einer bestimmten begrifflichen Vorstellung gehen Hand in Hand. Die Idee der Bejahung einer bestimmten Verknüpfung von Begriffen setzt voraus, daß eine solche

9 Für die folgenden Überlegungen ist der Unterschied zwischen dem Fällen eines Urteils und dem Bilden einer Überzeugung noch nicht von Bedeutung. Es wird erst ab dem dritten Teil dieser Arbeit verständlich werden, weshalb die traditionelle Analyse, ohne dies durchschauen zu können, den Wissensbegriff stets zu Recht durch den Begriff der Überzeugung und nicht durch den des Urteils erläutert hat. Vgl. dazu auch Fußnote 11.

Verknüpfung falsch sein kann und es also falsch sein kann, sie zu bejahen. Wenn wir also das Urteilen als einen Akt charakterisieren, der in grundlegender Weise darin besteht, daß ein Subjekt eine bestimmte Verknüpfung von Begriffen als wahr bejaht, dann charakterisieren wir das Urteilen damit als einen Akt, der als solches im Spielraum von wahr und falsch steht.

John McDowell hat den Sinn, in dem Urteile nach Kant einem selbsttätigen Vermögen entspringen, in folgender Weise reformuliert: Wenn Kant sagt, daß Urteile dem Vermögen entspringen, »Vorstellungen selbst hervorzubringen«, dann will er damit zunächst einmal sagen, daß Urteilen im Vollzug eines Aktes besteht, für den das Subjekt selbst verantwortlich ist in dem Sinn, daß dieser Akt auf eine bestimmte Weise vom Subjekt dieses Aktes abhängig ist: »Judging«, so McDowells Reformulierung der Idee der Spontaneität, »is making up one's mind about something. How one's mind is made up is one's own doing, something for which one is responsible. To judge is to engage in free cognitive activity, as opposed to having something merely happen in one's life, outside one's control.«[10] Die bestimmte Weise, in der ein Urteil *vom Subjekt* des Urteils *abhängig* ist, erläutert McDowell sodann durch die Idee einer bestimmten Art der Entscheidung: Urteile – und entsprechend die Überzeugungen, in die sie resultieren[11] – sind Akte, die in dem Sinn vom Subjekt solcher

10 J. McDowell, »Hegel's Idealism as Radicalization of Kant«, S. 3. S. Hampshire, an den mir McDowells Formulierung anzuschließen scheint, charakterisiert Überzeugungen entsprechend als jene Gedanken eines Subjekts, die das Subjekt als wahr *bejaht*. »I make up my mind, and decide, when I formulate my beliefs. (...) Beliefs are those thoughts which I endorse as true.« In: *Freedom of the Individual*, S. 98 f. Vgl. zu dieser Charakterisierung im Anschluß an Hampshire auch R. Moran, *Authority and Estrangement*, S. 113 ff.

11 Das, was uns im folgenden zunächst an Urteilen und Überzeugungen interessiert, ist neutral mit Bezug auf eine Unterscheidung zwischen Urteilen und Überzeugungen. Umgangssprachlich hat der Begriff des Urteils den Sinn, einen einzelnen, zeitlich lokalisierbaren Akt zu beschreiben, während der Begriff der Überzeugung etwas beschreibt, das über einen einzelnen Akt hinausgeht. Gewöhnlich wird dies so ausgedrückt, daß man sagt, er beschreibe die Disposition eines Subjekts zu einem bestimmten Urteil. Für unsere obigen Überlegungen spielt diese Unterscheidung noch keine Rolle. Denn worauf es einzig ankommt, ist, daß wir in der Erläuterung des Begriffs der Überzeugung auf den Begriff des Urteils angewiesen sind. Und in diesem Sinn gilt all das, was wir über das Urteilen sagen, auch für Überzeugungen. Wenn wir daher im folgenden erst einmal unterschiedslos von Urteilen und Überzeugungen sprechen, dann wollen wir damit nicht sagen, es

Akte abhängig sind, daß sie das Resultat einer Entscheidung des Subjekts darüber sind, was zu denken über eine bestimmte Sache wahr ist.[12] Überzeugungen sind in der McDowellschen Reformulierung also in dem Sinn vom Subjekt *selbst hervorgebracht*, daß sie das Resultat einer Entscheidung des Subjekts sind, in deren Vollzug das Subjekt von einem bestimmten Maßstab geleitet wird: dem *Maßstab der Wahrheit*. Was einen Akt zu einem Akt der Überzeugung macht, ist, daß er aus einer Entscheidung hervorgeht, in deren Vollzug das Subjekt von der Wahrheit geleitet wird. Ein Subjekt, das etwas glaubt, beansprucht daher, etwas Wahres zu glauben.

McDowell erläutert mit der Idee der Entscheidung den Gedanken, den wir oben durch die Idee der Bejahung zum Ausdruck gebracht haben. Wir können das so miteinander verknüpfen: Wenn ein Subjekt einen bestimmten begrifflichen Inhalt als wahr bejaht, dann heißt das, daß es eine Entscheidung darüber gefällt hat, was zu denken über eine Sache wahr ist. Urteilen, und darauf kommt es an, ist in beiden Formulierungen als ein Akt verstanden, der dadurch charakterisiert ist, daß das Subjekt in seinem Vollzug von der Wahrheit geleitet wird. Urteilen ist ein Antworten auf die Wahrheitsfrage, ein Stellungnehmen. Und indem man das tut, indem man auf die Wahrheitsfrage antwortet, tut man etwas, das intrinsisch im Spielraum von wahr und falsch steht.[13]

gebe keinen Unterschied. Wir sagen damit vielmehr, daß wir von diesen Unterschieden im Moment *abstrahieren*.

12 Vgl. J. McDowell, *Mind and World*, u. a. S. 10 sowie S. 60.

13 Die Idee des Urteilens durch die Idee der Entscheidung zu erläutern, wird manchmal in der Weise mißverstanden, daß man damit sagen wolle, Urteilen sei etwas, das in dem Sinne in unserer Verfügung stehe, daß es im Spielraum unseres Wollens stehe. Der Vorwurf wird dann häufig so ausgedrückt, daß man eine »voluntaristische« Vorstellung von Urteilen und Überzeugungen habe. Doch das ist damit keineswegs gemeint. Wenn wir Urteilen durch die Idee der Entscheidung charakterisieren, dann sagen wir damit keineswegs, man könne urteilen und glauben, was man wolle. Ganz im Gegenteil. Wir sagen damit vielmehr, Urteilen und Überzeugungen seien Akte, die intrinsisch im Spielraum von wahr und falsch stehen, weil sie in einem *Antworten* auf die Wahrheitsfrage *bestehen*. Es ist mit dem Entscheidungsbegriff nichts anderes als eine Erläuterung dessen gemeint, was wir sagen, wenn wir sagen, Urteilen sei ein »Antworten« auf die Wahrheitsfrage oder ein »Stellungnehmen« zur Wahrheitsfrage. Unsere Verwendung des Entscheidungsbegriffs zur Erläuterung von Überzeugungen steht folglich nicht im Kontrast zu B. Williams' Kritik einer voluntaristischen Vorstellung von Überzeugungen, sondern stimmt mit dieser vielmehr überein. Vgl. B. Williams, »Deciding to believe«.

Wenn wir im folgenden also endliches Wissen zu begreifen versuchen, dann geht es uns darum, etwas zu begreifen, das es nur im Leben urteilsfähiger Wesen geben kann und also nur im Leben von Wesen, die über Begriffe verfügen. Denn das Urteilen haben wir als einen Akt bestimmt, bei dem ein Subjekt Begriffe auf eine bestimmte Weise miteinander verknüpft. Dabei ist unsere Behauptung, daß jemand, der urteilen kann, über Begriffe verfügt, indes nicht so zu verstehen, als würden wir damit sagen wollen, jemand, der urteilen kann, würde über zwei verschiedene Fähigkeiten verfügen: die Fähigkeit, Begriffe zu verwenden, und dazu noch die Fähigkeit, zu urteilen. Der Sinn, in dem wir im folgenden von Begriffen reden, ist ein Sinn, dem zufolge die Rede von der Fähigkeit, Begriffe zu verwenden, nichts anderes ist als die Rede von der Fähigkeit zu urteilen. Die Fähigkeit, die wir meinen, wenn wir im folgenden sagen, jemand verfüge über Begriffe, ist wesentlich dadurch charakterisiert, daß sie in Urteilen aktualisiert wird. Kant drückt diesen Gedanken so aus, daß er sagt, »der Verstand«, den Kant als dasjenige Vermögen bestimmt, dessen Handlungen alle Begriffe entspringen, könne »von diesen Begriffen [...] keinen anderen Gebrauch machen, als daß er dadurch urteilt.«[14] Das heißt, über Begriffe zu verfügen und urteilen zu können ist *ein und dieselbe* Fähigkeit. Wer Begriffe nicht zur Form von Urteilen miteinander verknüpfen kann, verfügt nicht in dem für unsere Fragestellung relevanten Sinn über Begriffe.

Das Wissen, das wir betrachten, ist also das Wissen von Wesen, deren Intellekt, wie Kant es ausdrückt, »diskursiv« verfaßt ist.[15] Denn nur Wesen, die einen diskursiven Intellekt haben, können genau jene Akte vollziehen, von denen man sagen kann, daß die Welt der Maßstab dieses Aktes ist, der bestimmt, ob dieser Akt wahr oder falsch ist: nämlich das Urteilen. Wesen, die nicht über das Vermögen verfügen, Urteile über die Welt zu fällen, sind keine Wesen, die das Vermögen haben, sich auf die Welt als den Maßstab der Wahrheit ihrer Akte zu beziehen. Sie haben, um mit Heidegger zu sprechen, nicht in diesem Sinn eine Welt, sondern sind entweder wie die Steine »weltlos« oder, wie die Pflanzen und Tiere, »weltarm«.[16] Wir

14 I. Kant, *Kritik der reinen Vernunft*, B 93.

15 Ebd., B 93.

16 M. Heidegger, *Die Grundbegriffe der Metaphysik. Welt – Endlichkeit – Einsamkeit*, S. 284ff.

versuchen im folgenden also das Wissen von Wesen zu verstehen, deren Leben aufgrund dessen, daß sie über einen diskursiven Intellekt verfügen, durch Akte charakterisiert ist, die einen intrinsischen Bezug auf den Maßstab der Wahrheit haben. Es geht also um das Wissen von Wesen, zu deren Natur es gehört, »endliche denkende Wesen« zu sein.[17] Weder ein Tier noch ein Gott sind solche Wesen. Menschen hingegen sind genau das: Menschen sind endliche denkende Wesen. Wir wollen solche Wesen geistige Lebewesen nennen. Es charakterisiert die Natur des Menschen, so können wir dann sagen, daß er ein geistiges Lebewesen ist.

Wenn wir im folgenden also beanspruchen, das Wissen von endlichen denkenden Wesen zu begreifen, dann ziehen wir damit sowohl eine Unterscheidung nach »oben«, wie auch eine Unterscheidung nach »unten«. Wir sagen damit, daß das Wissen, das wir untersuchen, das Wissen von Wesen ist, die über begriffliche Fähigkeiten verfügen, die es ihnen ermöglichen, sich in Akten auf die Welt zu beziehen, die im Spielraum von wahr und falsch stehen. Wir wollen verstehen, wie Wesen, zu deren Natur es gehört, daß sie Gedanken über die Welt haben können, in denen sie sich irren, Wissen über die Welt haben können.

2. Wissen vom Standpunkt der Vernunft

Wir werden in diesem Abschnitt eine vorläufige Erläuterung des Wissensbegriffs entwickeln. Unsere These wird sein, daß wir endliches Wissen genau dann verstehen, wenn wir verstehen, wie ein endliches Wesen einen Akt vollziehen kann, der unter den so erläuterten Begriff von Wissen fällt. Da auch der Skeptiker von dieser Erläuterung des Wissensbegriffs ausgeht, liegt freilich der Verdacht auf der Hand, daß diese Erläuterung des Wissensbegriffs, statt der Ausgangspunkt für ein Verständnis von Wissen zu sein, der erste Schritt dahin ist, ein solches Verständnis zu verunmöglichen. Unser Anspruch dagegen ist es, zu zeigen, daß diese Erläuterung des Wissensbegriffs eine innere Einheit von Aspekten artikuliert, die zusammen verständlich machen, weshalb jemand, der etwas weiß, unter einen anderen Begriff fällt als jemand, der bloß eine Meinung

17 I. Kant, *Kritik der reinen Vernunft*, B 72.

über etwas hat oder die Wahrheit bloß zufällig errät. Das Anliegen der Überlegungen der folgenden Teile wird es dann sein, ein Verständnis der Quelle endlichen Wissens zu entwickeln, das zeigt, wie ein endliches Wesen Wissen haben kann, das dieser Erläuterung genügt.

Wir haben endliches Wissen oben mit Kant durch einen Akt erläutert, der einen intrinsischen Bezug auf den Maßstab der Wahrheit hat, nämlich den Begriff des Urteils. Zu urteilen heißt, daß man eine Entscheidung über eine begriffliche Vorstellung fällt, bei der man vom Maßstab der Wahrheit geleitet wird. Ein Akt, zu dessen Vollzug es gehört, daß das Subjekt sich dabei einem bestimmten Maßstab unterwirft, ist ein normativer Akt. Es ist ein Akt, den man ohne Bezugnahme auf einen bestimmten Maßstab der Bewertung nicht erläutern kann. Ein Akt, zu dessen Vollzug es überdies gehört, daß das Subjekt in seinem Vollzug von diesem Maßstab geleitet wird, ist nicht nur einfach normativ aus der Perspektive von irgend jemand, sondern er ist normativ aus der Perspektive des Subjekts dieses Aktes selbst. Es ist ein normativer Akt, zu dem gehört, daß das Subjekt selbst ihn als normativ versteht. Daß Urteilen ein in diesem Sinn normativer Akt ist, bedeutet, daß jemand, der nicht in der Lage ist, eine Entscheidung zu fällen, bei der er vom Maßstab der Wahrheit geleitet wird, nicht in der Lage ist, zu urteilen bzw. eine Überzeugung zu haben. Und es bedeutet, daß jemand, der über seine Überzeugung die Aussage macht, sie sei wahr, damit keine Meta-Aussage über seine Überzeugung macht, sondern seine Überzeugung auf redundante Weise zum Ausdruck bringt. Zu glauben, daß das, was man glaubt, wahr ist, ist dasselbe, wie es zu glauben.[18]

Aus diesem Grund hat John Austin zu Recht bemerkt, daß Glaubensaussagen in der ersten Person Präsens einen eigentümlich performativen Zug haben: Wenn jemand in der ersten Person Präsens sagt, »Ich glaube, daß die Koalitionsverhandlungen zur Bildung der Berliner Regierung gescheitert sind«, dann tut er mit dieser Aussage etwas: Er nimmt damit zur Wahrheitsfrage Stellung. Wenn wir etwas glauben, etwa, daß p, dann nehmen wir damit zu der Frage Stellung, ob p wahr ist, und zwar so, daß wir die Wahrheit von p bejahen. Wenn ich daher sage, »Ich glaube, daß die Koalitionsverhandlungen zur Bildung der Berliner Regierung gescheitert sind«,

18 S. Rödl hat diesen Zusammenhang ausführlich entwickelt in *Selbstbezug und Normativität*, S. 68 f.

dann beschreibe ich mit diesen Worten nicht einfach eine solche Stellungnahme, sondern ich vollziehe die Stellungnahme, die ich mit diesen Worten beschreibe, öffentlich:[19] Ich nehme öffentlich Stellung zu der Frage, ob die Koalitionsverhandlungen zur Bildung der Berliner Regierung gescheitert sind.[20] Price drückt den performativen Charakter von Glaubensaussagen in der ersten Person Präsens daher auch so aus, daß er sagt, sie hätten einen »stand-taking character«.[21] In solchen Aussagen sagen wir nicht einfach, daß wir zur Frage, ob p, so oder so Stellung nehmen, sondern in solchen Aussagen tun wir in der Regel genau das: Wir nehmen Stellung zur Frage, ob p.

Daß Ausdrücke wie »Ich glaube«, »Ich vermute«, »Ich denke«, »Ich weiß« einen performativen Charakter haben, heißt freilich nicht, daß diese Ausdrücke performative Verben in dem Sinn sind, in dem »Ich verspreche«, »Ich gratuliere« das sind. Wenn ich (in den richtigen Umständen) sage, »Ich verspreche, x zu tun«, dann verspreche ich damit, x zu tun. Wenn ich (in den richtigen Umständen) sage, »Ich weiß, daß p«, dann konstituiert diese Äußerung freilich nicht mein Wissen, daß p. Während beim Versprechen die Äußerung des Versprechens konstitutiv ist für den Vollzug der Handlung, ist dies beim Wissen offenkundig nicht der Fall.[22] Das heißt, es ist weder so, daß man, um zu wissen, daß p, sagen muß, daß man weiß, daß p; noch ist es so, daß jemand, der nicht weiß, daß p, durch die Äußerung, er wisse, daß p, bewirken kann, daß er das weiß. Der performative Charakter solcher Ausdrücke besteht nicht, wie bei den im Vollsinn performativen Verben, darin, daß der Ausdruck

19 Vgl. J. Austin, »Fremdseelisches«, S. 87 sowie H. Price, *Belief*, S. 30.

20 Austin schreibt entsprechend: »Die Annahme, daß es sich bei ›ich weiß‹ um einen deskriptiven Ausdruck handelt, ist nur ein weiteres Beispiel für den in der Philosophie so verbreiteten *deskriptiven Fehlschluß*. Selbst wenn es zutrifft, daß ein Teil der Sprache jetzt rein und deskriptiv ist, so war es die Sprache doch ursprünglich nicht, und ein großer Teil der Sprache ist es immer noch nicht. Die Äußerung offenkundig ritueller Ausdrücke bedeutet unter den entsprechenden Umständen nicht, daß man die vollzogene Handlung *beschreibt*, sondern daß man sie *ausführt*.« In: J. Austin, »Fremdseelisches«, S. 87.

21 H. Price, *Belief*, S. 35. Daß Price, ganz wie Austin, mit der Betonung genau dieses Merkmals des Überzeugungsbegriffs seine umfassende Untersuchung zur Natur von Überzeugungen *beginnt*, ist um so bemerkenswerter, als dieses Merkmal in einem Großteil der zeitgenössischen Erkenntnistheorie, wie wir noch sehen werden, praktisch unsichtbar geworden ist.

22 Vgl. zu dieser Unterscheidung auch Z. Vendler, »Telling the Facts«, S. 220 f.

eine Handlung bezeichnet, die man nur durch eine Äußerung dieses Ausdrucks vollziehen kann. Er besteht darin, daß jemand, der einen solchen Ausdruck in einer Äußerung verwendet, in der Regel damit genau die Handlung vollzieht, die dieser Ausdruck bezeichnet. Wenn wir daher im folgenden zu verstehen versuchen, was es heißt, daß jemand etwas weiß, dann geht es uns um das Verständnis eines Aktes, der einen wesentlich »stand-taking character« hat.

Betrachten wir vor diesem Hintergrund die sogenannte »Standardanalyse« des Wissensbegriffs.[23] Gemäß der Standardanalyse weiß jemand genau dann und nur dann, daß p, wenn: (1) er glaubt, daß p, (2) p wahr ist und (3) sein Glaube, daß p, angemessen gerechtfertigt ist. Die Standardanalyse sagt zunächst nichts weiter, als daß diese drei Bedingungen erfüllt sein müssen, damit die Aussage »Er weiß, daß p« wahr ist. Wir wollen im folgenden den inneren Zusammenhang dieser drei Bedingungen herausarbeiten:

Beginnen wir mit der Glaubensbedingung. Die Glaubensbedingung macht explizit, daß nur dann, wenn eine Stellungnahme zur Welt vorliegt, überhaupt etwas vorliegt, das Wissen sein kann. Nicht immer, wenn wir etwas glauben, wissen wir das, was wir glauben. Doch immer, wenn wir etwas wissen, dann ist es so, wie wir glauben, daß es ist.[24] Welcher Unterschied liegt nun darin, ob jemand etwas bloß glaubt oder ob er etwas weiß? Eine erste Erläuterung des Unterschieds könnte folgende sein: Jemand, der etwas weiß, ist sich sicher, daß es so ist, wie er glaubt. Man kann nicht sagen: »Ich weiß, daß die Berliner Koalitionsverhandlungen gescheitert sind, aber ich bin mir nicht sicher«. Doch jemand, der etwas glaubt, muß sich nicht sicher sein. Ich kann sagen: »Ich glaube, daß Amsterdam südlicher als Hamburg liegt, aber ich bin mir nicht sicher.« Dies scheint nahezulegen, daß man den Unterschied zwischen Glauben und Wissen als einen Unterschied im *Grad der Gewißheit* charakterisieren kann. Wir würden dann sagen: Wenn ich etwas weiß, dann voll-

23 Ich übernehme die Rede von einer sogenannten »Standardanalyse« von M. Williams, *Problems of Knowledge*, S. 15 ff.

24 Daß wir umgangssprachlich zuweilen den Begriff des Wissens vom Begriff des Glaubens in der Weise abgrenzen, daß wir sagen »Ich glaube es nicht, ich weiß es«, zeigt nicht, daß Wissen nicht Glauben impliziert. Es zeigt vielmehr, daß Wissen ein Glaube ist, der einen ausgezeichneten Status hat: nämlich derjenige, der im Aufstellen einer Behauptung impliziert ist. Zu sagen »Ich glaube, daß p« heißt, die Behauptung, daß p, unter Vorbehalt zu stellen. So L. Wittgenstein in *Über Gewißheit*, § 424.

ziehe ich einen Akt der Bejahung eines begrifflichen Inhalts, der seiner Form nach genau derselbe ist wie der, den ich vollziehe, wenn ich etwas glaube, etwas meine, etwas vermute. Der Unterschied zwischen diesen Akten liegt einzig darin, daß zu einem Akt des Wissens ein Höchstmaß an Gewißheit bezüglich der Wahrheit dessen gehört, was ich glaube. Wissen ist nach dieser Betrachtung auf einer Skala von Graden der Gewißheit sozusagen diejenige Position, die am obersten Ende dieser Skala steht und an deren unterstem Ende etwa die bloße Vermutung steht.

Doch stellen wir uns jemanden vor, der sagt, er sei sich ganz sicher, daß es morgen regnen wird, und es regnet am nächsten Tag nicht. Seine Aussage, daß er sich ganz sicher gewesen sei, wird dadurch nicht falsch. Er war sich ganz sicher, auch wenn das, was er glaubte und dessen er sich so sicher war, falsch war. Er kann sagen: »Obgleich ich mir ganz sicher war, habe ich mich doch getäuscht«. Anders jedoch ist es, wenn er gesagt hätte, er *wisse*, daß es morgen regnen wird. Wenn es am nächsten Tag nicht regnet, muß er sich korrigieren und sagen: »Ich glaubte bloß zu wissen, aber ich wußte es nicht.« An diesem Unterschied können wir sehen, daß sich der Unterschied, auf den es zwischen demjenigen Fall ankommt, da man etwas *bloß glaubt*, und dem, da man etwas weiß, nicht durch den Grad der Gewißheit erläutern läßt, die man jeweils hat. Zwar ist richtig, daß darin, daß jemand etwas weiß, liegt, daß er sich der Wahrheit seiner Überzeugung sicher ist. Doch der Unterschied zwischen »Ich glaube, daß p«, »Ich vermute, daß p«, »Ich bin mir absolut sicher, daß p« auf der einen Seite und »Ich weiß, daß p« auf der anderen Seite ist kein *psychologischer*, sondern ein *logischer* Unterschied. Dieser logische Unterschied besteht darin, daß der Begriff des Wissens, im Unterschied zu den anderen Begriffen für propositionale Einstellungen, nicht einfach eine Relation zwischen einem Subjekt und einer Aussage beschreibt, sondern eine Relation zwischen einem Subjekt und einer Tatsache.[25] Wittgenstein drückt das so aus: »›Ich weiß‹ hat eine primitive Bedeutung, ähnlich und verwandt der von ›Ich sehe‹. [...] ›Ich weiß‹ soll eine Beziehung ausdrücken, nicht zwischen mir und einem Satzsinn (wie ›Ich glaube‹), sondern zwischen mir und einer Tatsache. So daß die Tatsache in mein Bewußtsein aufgenommen wird.«[26]

25 Vgl. L. Wittgenstein, *Über Gewißheit*, § 21.
26 Ebd., § 90.

Wir können dies so reformulieren, daß wir sagen, der Begriff des Wissens habe im Unterschied zu Begriffen wie Glauben, Vermuten, Sich-absolut-sicher-Sein einen *faktiven* Sinn. Jemand, der etwas weiß, hat eine propositionale Einstellung, die die Tatsache, die der propositionale Inhalt dieser Einstellung beschreibt, impliziert. Wenn jemand weiß, daß es regnet, dann impliziert dies, daß es regnet. Daß jemand glaubt, daß es regnet, impliziert hingegen keineswegs, daß es regnet. Wenn ich sage »Ich weiß, daß Berlin die Hauptstadt von Deutschland ist«, dann mache ich folglich eine Aussage, die nicht auf derselben Ebene liegt wie die, die ich mache, wenn ich sage »Ich glaube, daß...«, »Ich bin mir sicher, daß...«. Jemand, der sich selbst oder einem anderen Wissen zuschreibt, springt mit seiner Stellungnahme zu p auf eine logisch andere Ebene als derjenige, der glaubt, meint, sich sicher ist etc.[27] Während es logisch möglich ist, Aussagen, die falsch sind, zu glauben, zu vermuten oder sich ihrer Wahrheit sicher zu sein, ist es logisch unmöglich, etwas Falsches zu wissen.[28] Es ist möglich zu sagen: »Ich glaube, daß die Sitzung am Donnerstag ist, aber es kann falsch sein«, eben weil der Begriff des Glaubens keine Stellungnahme gegenüber p bezeichnet, die impliziert, daß p wahr ist. Weil es jedoch logisch unmöglich ist, etwas Falsches zu wissen, ist es für jemanden, der sagt, »Ich weiß, daß p«, widersinnig, diese Aussage durch den Nachsatz zu ergänzen, »aber p könnte falsch sein«. Wir können die Position desjenigen, der etwas weiß, daher durch folgendes Konditional-Prinzip beschreiben: *Wenn man etwas weiß, dann kann man sich nicht irren.*[29] Zu sagen,

27 Austin schreibt daher: »›Ich weiß‹ sagen« bedeutet im Vergleich zu »›Ich glaube‹ sagen« oder »›Ich bin mir sicher‹ sagen«, »etwas Neues unternehmen«. J. Austin, »Fremdseelisches«, S. 82.

28 An dieser Stelle dürfen freilich zwei Dinge nicht miteinander verwechselt werden: Daß der Wissensbegriff ein faktiver Begriff ist, heißt, daß jemand, der den Wissensbegriff in einer Äußerung verwendet, diesen Begriff faktiv verwendet. Es heißt nicht, daß daraus, daß jemand diesen Begriff faktiv verwendet, folgt, daß die Dinge so sind, wie er durch die Verwendung dieses Begriffs behauptet, daß sie sind. Wittgenstein spinnt den Dialog, der sich um diese Konfusion dreht, wie folgt weiter: »Aber kann ich nicht aus meiner Äußerung ›Ich weiß, etc.‹ schließen ›Es ist so‹? Doch, und aus dem Satz ›Er weiß, daß dort eine Hand ist‹, folgt auch ›Dort ist eine Hand‹. Aber aus seiner Äußerung ›Ich weiß...‹ folgt nicht, er wisse es.« In: L. Wittgenstein, *Über Gewißheit*, § 13.

29 So heißt es entsprechend bei J. McDowell: »If you know something, you cannot be wrong about it. That conditional principle strikes me as obviously correct.« In: J. McDowell, »Knowledge by Hearsay«, S. 420. Austin formuliert das Konditio-

daß der Wissensbegriff einen faktiven Sinn hat und zu sagen, daß jemand, der etwas weiß, unter dieses Konditional-Prinzip fällt, sind zwei Weisen, dasselbe zu sagen: Man sagt damit, daß der Wissensbegriff eine Relation zwischen einem Subjekt und einem propositionalen Inhalt beschreibt, die die Wahrheit dieses Inhalts impliziert.

Machen wir uns den Status unserer Formulierung dieses Prinzips klar. Wenn wir sagen, daß jemand, der etwas weiß, sich nicht irren kann, dann formulieren wir damit keine philosophische Einsicht, sondern nur eine Selbstverständlichkeit.[30] Diese Selbstverständlichkeit hält den logischen Unterschied fest zwischen der Verwendung des Ausdrucks »Ich weiß, daß p« auf der einen Seite und der Verwendung von nicht-epistemischen Ausdrücken für propositionale Einstellungen wie etwa glauben oder vermuten. Die Standardanalyse des Wissensbegriffs bringt diesen faktiven Sinn des Wissensbegriffs dadurch zum Ausdruck, daß sie der Glaubensbedingung für Wissen eine zweite Bedingung hinzufügt: die Wahrheitsbedingung.

Nach der Standardanalyse verlangt der Wissensbegriff nun überdies, daß man nur dann weiß, was man glaubt, wenn man eine angemessene Rechtfertigung für seine Überzeugung hat. Weshalb? Gewöhnlich wird die Rechtfertigungs-Bedingung für Wissen damit begründet, daß, wenn ich etwas weiß, die Wahrheit meiner Überzeugung nicht einfach Glückssache oder Zufall sein kann. So schreibt Peter Bieri: »Ich kann *richtig geraten* haben und damit gewissermaßen über die Wahrheit *gestolpert* sein [...]. Solche Fälle

nal-Prinzip wie folgt: »›Wenn du etwas weißt, so kannst du nicht unrecht haben‹ ist ein ganz sinnvoller Satz. Man kann ebensowenig sagen ›Ich weiß, daß es so ist, aber ich habe vielleicht unrecht‹, wie man sagen kann ›Ich verspreche es zu tun, aber vielleicht gelingt es mir nicht‹. Wenn dir bewußt ist, daß du vielleicht unrecht hast, solltest du ebensowenig sagen, du wüßtest es, wie du etwas versprechen darfst, wenn dir bewußt ist, daß du vielleicht dein Wort brichst.« In: J. Austin, »Fremdseelisches«, S. 81.

30 J. McDowell nennt dieses Prinzip daher auch einen »truism«. Vgl. J. McDowell, »Knowledge by Hearsay«, S. 420 sowie Ch. Peacocke, *Thoughts: An Essay on Content*, S. 135 sowie R. Audi, *Epistemology*, S. 292. Die beiden letzteren glauben indes, daß man dieses Konditional-Prinzip nur »externalistisch« verteidigen kann. Der Status und die Bedeutung des Konditional-Prinzips werden im weiteren Verlauf der Diskussion mehr und mehr ins Zentrum rücken, ja, es wird sich zeigen, daß es den Angelpunkt der Diskussion mit dem Skeptiker darstellt. Darum sei es hier zunächst nur einfach eingeführt.

zählen intuitiv nicht als Wissen.«[31] Stellen wir uns etwa den Kandidaten einer Quiz-Show vor, der gefragt wird, welcher der drei folgenden Flüsse der längste Fluß sei: Donau, Rhein oder Neckar. Unser Kandidat hat keine Ahnung, um welche Flüsse es sich hierbei handelt. Er weiß nicht, wo sie liegen, welche Länge sie haben, ja, er hat noch nicht einmal ihre Namen gehört. Natürlich will er die richtige Antwort geben, doch er kann nicht anders denn aufs Geratewohl zu entscheiden. Er tippt auf die Donau, und die Antwort ist richtig. Obgleich seine Antwort *richtig* war, wäre es unsinnig zu sagen, er habe die Antwort *gewußt*. Jemand, der die Wahrheit bloß glücklich errät, hat kein Wissen. Jemand, der etwas weiß, hat nicht nur eine wahre Überzeugung, sondern er hat eine Überzeugung, deren Wahrheit nicht einfach Glückssache ist. Der Wissensbegriff kann nicht auf den Begriff einer wahren Überzeugung reduziert werden, sondern er enthält die Idee einer bestimmten Erklärung der Überzeugung. Der Sinn der dritten Bedingung für Wissen ist es, diesem Aspekt der Nicht-Zufälligkeit der Wahrheit einer Überzeugung Rechnung zu tragen. Die Standardanalyse von Wissen erläutert den erklärenden Sinn des Wissensbegriffs nun durch die Idee einer Rechtfertigung. Machen wir uns klar, warum:

Eine Rechtfertigung ist eine bestimmte Form der Erklärung. Einen bestimmten Akt zu rechtfertigen heißt allgemein, daß man diesen Akt dadurch verständlich macht, daß man ihn als einen Akt darstellt, mit dem man einen bestimmten normativen Maßstab erfüllt oder dessen Erfüllung nahekommt. Rechtfertigen kann man folglich nur Akte, die einen Bezug auf einen normativen Maßstab haben. Denn ein solch normativer Maßstab ist es, worauf wir Bezug nehmen, wenn wir einen Akt in der Weise erklären, daß wir ihn rechtfertigen. Nun haben wir oben gesagt, daß Überzeugungen dadurch charakterisiert sind, daß sie einen Bezug auf den Maßstab der Wahrheit haben, und zwar nicht einfach aus der Perspektive von irgend jemand, sondern aus der Perspektive des Subjekts der Überzeugung selbst. Denn etwas zu glauben heißt, so haben wir gesagt, eine Entscheidung zu fällen, bei der man vom Maßstab der Wahrheit geleitet wird. Der Begriff der Überzeugung beschreibt folglich einen Akt, für den eine bestimmte Weise der Verknüpfung mit dem Maßstab der Wahrheit konstitutiv ist: nämlich seine Verknüpfung

31 P. Bieri, »Einleitung«, S. 80.

mit dem Maßstab der Wahrheit aus der Perspektive des Subjekts dieses Aktes selbst. Überzeugungen sind folglich etwas, dessen Vorliegen man nur begreiflich machen kann, wenn man auf sie jene Form der Erklärung anwendet, die wir durch den Begriff der Rechtfertigung beschrieben haben: ebenjene Form der Erklärung, bei der das explanandum dadurch verständlich gemacht wird, daß es als etwas dargestellt wird, das eine bestimmte Norm, von der das Subjekt geleitet wird, verwirklicht oder deren Verwirklichung nahekommt.

Wenn wir Überzeugungen dadurch charakterisieren, daß wir sagen, sie gingen aus einer Entscheidung hervor, in der das Subjekt von der Wahrheit geleitet wird, dann verknüpfen wir Überzeugungen in einer solchen Charakterisierung intrinsisch mit einer bestimmten Form der Erklärung: Wir sagen damit, daß Überzeugungen im grundlegenden Fall unter Bezugnahme auf eine Norm erklärt werden – die Norm der Wahrheit –, und zwar so, daß diese Erklärung als solche enthält, daß das Subjekt der Überzeugung eine Vorstellung von dieser Norm hat, so daß diese Erklärung nicht nur aus der Perspektive von irgend jemandem, sondern vom Subjekt der Überzeugung selbst gegeben werden kann. Daß jemand etwas glaubt, heißt im grundlegenden Fall also, daß er über »etwas« verfügt, in dessen Lichte diese Überzeugung als ein Akt erscheint, der die Norm der Wahrheit verwirklicht, oder deren Verwirklichung nahe kommt. Wir wollen dieses »etwas« fortan einen *Grund für eine Überzeugung* nennen. Einen Akt, der in der spezifischen Weise durch dic Norm der Wahrheit erklärt wird, daß diese Norm das Subjekt dieses Aktes *leitet*, können wir dann entsprechend einen Akt nennen, den das Subjekt *aus einem Grund* vollzieht. Ein Akt, der in diesem Sinn aus einem Grund vollzogen wird, ist eo ipso so, daß er vom Subjekt dieses Aktes selbst in dieser normativen Weise erklärt werden kann, indem das Subjekt eben genau den Grund angibt, aus dem es diesen Akt vollzogen hat.

Wenn wir also im Anschluß an Kant das Vermögen, Begriffe zu verwenden, als ein spontanes Vermögen und also Überzeugungen im grundlegenden Fall als spontane Akte verstehen, dann heißt dies, wir bestimmen, was eine Überzeugung ist, indem wir bestimmen, wie man Überzeugungen erklärt. Eine Überzeugung ist etwas, so sagen wir damit, das man in grundlegender Weise dadurch erklärt, daß man zeigt, daß sie auf einem Grund für ihre Wahrheit beruht, den das Subjekt selbst geben kann. Die Idee eines Aktes, der den Gebrauch von Begriffen enthält, so sagen wir damit, ist die Idee eines Aktes, für den ein bestimmter Sinn der Warum-Frage – im Fall einer Überzeugung: »Warum glaubst du das?« – grundlegend ist: ebenjener Sinn der Warum-Frage, den man durch das Angeben eines Grundes beantwortet, der im Fall einer Überzeugung in einem Grund für die Wahrheit derselben besteht. McDowell hat diesen Zusammenhang zwischen Akten, die den Gebrauch von Begriffen enthalten, und dieser Form der Erklärung in allgemeiner Weise wie folgt beschrieben:

> [T]he concepts of the propositional attitudes have their proper home in explanations of a special sort: explanations in which things are made intelligible by being revealed to be, or to approximate to being, as they rationally ought to be. This is to be contrasted with a style of explanation in which one makes things intelligible by representing their coming into being as a particular instance of how things generally tend to happen.[32]

McDowells Gedanken, daß bestimmte Begriffe, nämlich Begriffe für propositionale Einstellungen, ein »proper home in explanations of a special sort« haben, verstehe ich als eine Reformulierung des Kantischen Gedankens, daß eine solche Form der Erklärung ein konstitutives Merkmal von Akten ist, deren Vollzug die Aktualisierung begrifflicher Fähigkeiten impliziert. Die Idee einer Überzeugung, verstanden als das Resultat einer Entscheidung, bei der das Subjekt von der Wahrheit geleitet wird, und die Idee einer Erklärung vom Standpunkt der Vernunft, bei der man die Überzeugung dadurch verständlich macht, daß man sie als einen Akt der Vernunft darstellt, beschreiben zwei Seiten derselben Medaille. Demnach charakterisiert es die Natur von Überzeugungen, daß sie unter eine Form der Erklärung fallen, die durch die beiden folgenden Merkmale charakterisiert ist: Erstens: Es ist eine *normative* Erklärung, d. h. eine Erklärung, bei der man das Vorliegen der Überzeugung unter Bezugnahme auf die Norm der Wahrheit erklärt, indem man sie als einen Akt darstellt, der die Norm der Wahrheit verwirklicht oder deren Verwirklichung nahekommt. Zweitens: Es ist eine dem Subjekt der Überzeugung *selbstbewußte* Erklärung, d. h. eine Erklärung, die das Subjekt der Überzeugung selbst geben kann, weil es

32 J. McDowell, »Functionalism and Anomalous Monism«, S. 328 f.

um die Erklärung eines Aktes geht, den das Subjekt dieses Aktes selbst als einen normativen Akt versteht.

Damit können wir die oben aufgeworfene Frage beantworten, wie der erklärende Sinn genauer zu verstehen ist, der mit dem Wissensbegriff verknüpft ist. Denn wir hatten oben mit dem Gedanken begonnen, daß der Wissensbegriff den Begriff einer Erklärung dafür enthält, warum jemand das glaubt, was er glaubt. Wir hatten uns dann gefragt, welche Art von Erklärung damit gemeint sein kann. Wir sehen nun, welche Art von Erklärung dies sein muß: Wenn der Wissensbegriff den Begriff einer Überzeugung enthält, dann folgt daraus, daß er den Begriff einer solch normativen, selbstbewußten Erklärung der Überzeugung enthält. Die Rechtfertigungsbedingung, die der Wissensbegriff nach der Standardanalyse enthält, bringt genau diesen Zusammenhang zum Ausdruck.[33]

Welchen Charakter nun muß diese Rechtfertigung haben? Stellen wir uns hierfür ein Gerät vor, von dem wir, nehmen wir einmal an in unproblematischer Weise, wissen, daß es in neunundneunzig von hundert Fällen das Ergebnis A produzieren wird, andernfalls B. Etwa ein Roulette-Rad, auf dem neunundneunzig rote Felder und ein weißes Feld sind. Wir sind aufgefordert, die Feldfarbe vorauszusagen, auf der das Rad bei der nächsten Drehung stehenbleiben

33 A. Beckermann glaubt, daß der Grund dafür, weshalb der Wissensbegriff diese Bedingung der Nicht-Zufälligkeit der Wahrheit enthält bzw. wir ein Interesse daran haben, im Wissensbegriff Überzeugungen auszuzeichnen, die nicht-zufällig wahr sind, darin liegt, daß wir, wie er meint, keinen nicht-inferentiellen Zugang zur Wahrheit haben. Wir sind an dem Merkmal der Nicht-Zufälligkeit als »Mittel« zur Wahrheit interessiert. Eine solche Erläuterung setzt voraus, daß Beckermann zeigen kann, daß man den Begriff einer nicht-zufällig wahren Überzeugung verstehen kann, ohne den Begriff eines nicht-inferentiellen Zugangs zur Wahrheit in Anspruch nehmen zu müssen. Andernfalls wäre eine solche Begründung widersinnig. Beckermann glaubt, eine nicht-zufällig wahre Überzeugung wie folgt erläutern zu können: »Eine Überzeugung b ist nicht-zufällig wahr genau dann, wenn b wahr ist und wenn Umstände vorliegen, die es wahrscheinlich machen, daß b wahr ist.« (A. Beckermann, »Läßt sich der Wissensbegriff retten?«, S. 592). Doch dies erläutert nicht den Begriff einer nicht-zufällig wahren Überzeugung. Denn wenn eine Überzeugung, die unter Umständen zustande gekommen ist, die es nur wahrscheinlich machen, daß die Überzeugung wahr ist, wahr ist, dann heißt dies, daß die Umstände ihre Wahrheit nicht erklären können. Denn sie ist ja unter Umständen zustande gekommen, die dadurch definiert sind, daß sie auch hätte falsch sein können. Wenn sie also wahr ist, dann muß sich dies einem Faktor verdanken, der rein zufällig bestanden hat.

wird. Natürlich werden wir rot voraussagen. Nehmen wir also an, wir machen diese Vorhersage, das Rad wird gedreht und das Ergebnis ist rot. Hatte unsere Vorhersage den Status von Wissen? Wußten wir, daß das Ergebnis rot sein wird? Keineswegs. Denn nach allem, was wir wußten, hätte das Ergebnis auch weiß sein können.[34] Und also ist unsere Überzeugung, daß das Ergebnis rot sein wird, nur zufällig wahr. Dabei hängt nichts davon ab, wie hoch die Wahrscheinlichkeit hierbei ist. Selbst wenn wir die Situation so ändern, daß die Wahrscheinlichkeit noch höher wird, ändert dies nichts daran, daß man in einer solchen Situation nicht *wissen* kann, daß das Feld rot sein wird, und zwar deswegen, weil auch in einer solchen Situation nach allem, was man weiß, die Möglichkeit, daß die Kugel auf dem weißen Feld landet, noch besteht. Wenn es auch nur ein einziges weißes Feld unter einer Million roter Felder gibt, kann man den logischen Sprung nicht wagen und sagen, man wisse, daß das Feld rot sein wird.

Wenn wir zugestehen, daß der Wissensbegriff nicht auf seinen faktiven Sinn reduziert werden kann, weil er die Idee einer bestimmten Form der Erklärung der Überzeugung enthält, dann folgt daraus, daß die Erklärung, die einzig mit dem faktiven Sinn des Wissensbegriffs vereinbar ist, eine Rechtfertigung ist, die einen ganz bestimmten Charakter hat: nämlich so zu sein, daß sie *unvereinbar* ist mit der Falschheit der Überzeugung. Wir können auch sagen: Nur eine solche Rechtfertigung ist mit dem faktiven Sinn des Wissensbegriffs vereinbar, die die Wahrheit der Überzeugung garantiert, etabliert, sicherstellt, zwingend ausweist, was alles äquivalente Formulierungen dafür sind, daß es sich um eine Rechtfertigung handelt, mit der das Subjekt ausschließen kann, daß seine Überzeugung falsch ist. Wir können jemanden, der etwas weiß, somit wie folgt charakterisieren: Jemand, der etwas weiß, hat eine Rechtfertigung für seine Überzeugung, die die Wahrheit seiner Überzeugung garantiert.

Austin und Tugendhat drücken das so aus, daß sie sagen, Aussagen, in denen jemand Wissen für eine Überzeugung beansprucht, hätten einen »garantierenden« Charakter.[35] Wenn ich sage, ich weiß,

34 So auch J. McDowell in »Knowledge by Hearsay«, S. 422.

35 J. Austin, »Fremdseelisches«, S. 83; E. Tugendhat, *Vorlesungen zur Einführung in die sprachanalytische Philosophie*, S. 254 ff.

daß p, dann sage ich damit, daß ich durch meine Gründe, die ich für die Wahrheit von p habe, eine Garantie für die Wahrheit von p übernehme. Wittgenstein drückt den Zusammenhang zwischen Wissen und Rechtfertigen entsprechend so aus: »›Ich weiß‹ sagt man, wenn man bereit ist, zwingende Gründe zu geben. ›Ich weiß‹ bezieht sich auf eine Möglichkeit des Dartuns der Wahrheit.«[36] Jemand, der etwas weiß und nicht bloß glaubt, hat nicht einfach irgendeine Rechtfertigung für seine Überzeugung, sondern eine solche, die die Wahrheit seiner Überzeugung garantiert. Der logische Unterschied zwischen jemandem, der etwas weiß, und jemandem, der etwas bloß glaubt, besteht folglich darin, daß ersterer eine Rechtfertigung für seine Überzeugung hat, die ihre Wahrheit garantiert, während letzterer nur eine Rechtfertigung hat, die *weniger* leistet: Er hat eine Rechtfertigung, die kompatibel ist mit der Falschheit der Überzeugung. Das richtige Verständnis der Standardanalyse des Wissensbegriffs, von der wir ausgegangen sind, lautet somit: *Jemand weiß etwas genau dann und nur dann, wenn er eine Überzeugung aus einem Grund hat, der ihre Wahrheit garantiert.*

Diesen Begriff von Wissen werden wir im folgenden auf eine Weise verständlich machen müssen, die es nicht als ein Rätsel erscheinen läßt, wie endliche Wesen, wie wir Menschen es sind, Wissen haben können. Gelingt uns ein solches Verständnis nicht, dann gibt es nur mehr eine einzige Alternative: Dann stimmt, was jeder Skeptiker behauptet: nämlich daß der Wissensbegriff bei näherer Betrachtung sich als eine Chimäre entpuppt, weil er ein Ideal bezeichnet, von dem wir einsehen müssen, daß wir es *niemals* erreichen können.

3. Das Dogma: Rechtfertigung ohne Wahrheit

Die oben entwickelte Erläuterung des Wissensbegriffs soll unser Leitfaden sein. Denn wie wir gesehen haben, beansprucht diese Erläuterung, sich in dem Sinn selbst zu tragen, daß sie Bedingungen für Wissen artikuliert, die nicht einfach in einem Verhältnis der Aufzählung zueinander stehen, in dem sie keinen Bezug zueinander haben. Sie artikuliert vielmehr Bedingungen für Wissen, die sich

36 L. Wittgenstein, *Über Gewißheit*, § 243.

wechselseitig auseinander entwickeln lassen. Die Pointe dieser Erläuterung des Wissensbegriffs besteht darin, wie sie den Zusammenhang zwischen der Rechtfertigungsforderung für Wissen und der Wahrheitsforderung deutet: nämlich so, daß jemand, der eine für Wissen angemessen gerechtfertigte Überzeugung hat, *eo ipso* eine wahre Überzeugung und also Wissen hat. Wer über jene Art der Rechtfertigung für seine Überzeugung verfügt, die man braucht, um Wissen zu haben, erfüllt nicht nur eine notwendige, sondern eine *hinreichende* Bedingung für Wissen. Nun jedoch ist es so, daß die meisten erkenntnistheoretischen Ansätze diese Erläuterung von Wissen nicht nur nicht bestreiten, sondern sie in der Regel noch nicht einmal Gründe dafür anführen, weshalb sie diese Erläuterung gar nicht in Erwägung ziehen. Ihnen zufolge ist es vielmehr so, daß die Rechtfertigungsbedingung für Wissen zwar eine notwendige, doch keine hinreichende Bedingung für Wissen darstellt. Das heißt, sie verstehen die in der Standardanalyse formulierte Rechtfertigungsbedingung für Wissen als eine Bedingung, die erfüllt sein kann, *ohne* daß die Überzeugung, für die man eine solche Rechtfertigung hat, *wahr* ist. »The logical independence of truth and justification«, so bemerkt auch W. Alston, »is a staple of the epistemological literature.«[37]

Die Idee, daß Wahrheit und Rechtfertigung in diesem Sinn voneinander unabhängig sind, werde ich im folgenden das Dogma der Erkenntnistheorie nennen. Ein Großteil der erkenntnistheoretischen Diskussion, so wird sich im Verlauf dieser Arbeit zeigen, ist von dem Gedanken bestimmt, daß man dieses Dogma nicht aufgeben kann. Ich werde zeigen, daß der Grund für das erkenntnistheoretische Dogma der skeptische Zweifel ist, den man mit diesem Dogma zu beseitigen versucht. Meine These wird indes sein, daß

37 W. A. Alston, »Concepts of Epistemic Justification«, S. 70. Alston sieht den Grund für diese unhinterfragte Prämisse der erkenntnistheoretischen Diskussion darin, daß die gesamte Diskussion von einer sogenannten »internalistischen« Auffassung von Rechtfertigung ausgeht. Internalistisch, so seine Prämisse, läßt sich das Konditional-Prinzip für Wissen nicht verteidigen, woraus er dann schließt, daß wir eine externalistische Auffassung von Rechtfertigung brauchen (S. 71 f.). Unser Verständnis von Überzeugungen als spontanen Vollzügen, die einem normativen Maßstab unterstehen, setzt hingegen voraus, daß die Rede von einer Rechtfertigung, die für Wissen einschlägig ist, die Rede von etwas ist, das das Subjekt nicht einfach *hat*, sondern für das konstitutiv ist, daß das Subjekt es selbst *geben* kann. Wir kommen darauf noch ausführlich im dritten Teil zurück.

diese Antwort auf den skeptischen Zweifel nichts anderes als eine Reformulierung des skeptischen Zweifels ist. Um diesen Zusammenhang zwischen Skeptizismus und dem Dogma der Erkenntnistheorie sichtbar zu machen, werde ich zunächst negativ vorgehen und anhand der Diskussion eines verunglückten Versuchs, das Dogma aufzugeben, nämlich der Position von Robert Fogelin, zeigen, daß man das Dogma so lange nicht aufgeben kann, solange man das skeptische Problem nicht versteht, das dieses Dogma motiviert.[38] Fogelins Versuch ist deswegen so erhellend, weil Fogelin zu den wenigen Autoren gehört, die dieses Dogma als die eigentlich falsche Voraussetzung der sogenannten Gettier-Fälle identifiziert haben,[39] vor deren Hintergrund die gesamte zeitgenössische erkenntnistheoretische Diskussion seit Gettiers Aufsatz »Is Justified True Belief Knowledge?« aus dem Jahr 1963 stattgefunden hat.[40] Die Absicht Gettiers in diesem Aufsatz war es, durch Gegenbeispiele zu zeigen, daß Wissen nicht als wahre gerechtfertigte Meinung verstanden werden kann. Eines der beiden Gegenbeispiele, mit denen Gettier zu zeigen versuchte, daß Wissen nicht als wahre gerechtfertigte Meinung analysiert werden kann, ist folgendes:

Stellen wir uns einen Mann namens Smith vor. Smith hat starke Evidenz für folgende verknüpfte Behauptung: (d) Jones ist der Mann, der den Job bekommen wird und Jones hat 10 Pfennig in seiner Jackentasche. Smith' Evidenz für diese Behauptung ist etwa die, daß der Präsident seiner Firma ihm versichert hat, daß Jones gewählt werden würde und daß er, Smith, vor zehn Minuten die Pfennige in Jones' Jackentasche gezählt hat. Behauptung (d) impliziert also die folgende Behauptung: (e) Der Mann, der den Job bekommen wird, hat 10 Pfennig in seiner Jackentasche. Stellen wir uns nun vor, daß Smith sieht, daß die Behauptung (d) die Behauptung (e) impliziert. Und stellen wir uns weiter vor, daß Smith (e) auf der Basis von (d), für die er starke Evidenz hat, akzeptiert. »In diesem Fall«, so Gettier,

38 R. Fogelin, *Pyrrhonian Reflections. On Knowledge and Justification.*

39 Zu den wenigen Ausnahmen siehe R. Almeder, »Truth and Evidence« sowie »On Seeing the Truth: A Reply«; sowie F. Dretske, »Zwingende Gründe«. Auf Dretske werde ich noch in der Diskussion des skeptischen Zweifels zurückkommen (Kap. IV. 3).

40 L. E. Gettier, »Is Justified True Belief Knowledge?«. Dt.: »Ist gerechtfertigte, wahre Meinung Wissen?«. Für einen Überblick über die – in weiten Teilen philosophisch obskure – Diskussion um Gettiers Aufsatz vgl. R. K. Shope, *The Analysis of Knowing.*

»ist Smith offensichtlich darin gerechtfertigt zu glauben, daß (e) wahr ist«.[41] Doch nun stellen wir uns weiter vor, daß, ohne daß Smith das weiß, nicht Jones den Job bekommen wird, sondern er selbst. Und stellen wir uns weiter vor, daß, ebenfalls ohne daß Smith das weiß, er selbst 10 Pfennig in seiner Jackentasche hat. In diesem Fall ist klar, daß Smith nicht *weiß*, daß die Behauptung (e) wahr ist; denn (e) ist wahr aufgrund der Pfennigzahl in Smith' Jackentasche, während Smith nicht weiß, wieviel Pfennige in Smith' Jackentasche sind, sondern seine Überzeugung, daß (e) wahr ist, darin gründet, daß er die Pfennige in Jones' Jackentasche gezählt hat, von dem er fälschlicherweise glaubt, er würde den Job bekommen.

Soweit der Fall. Der Fall soll zeigen, daß die Standardanalyse von Wissen falsch sein muß, weil in diesem Fall jemand eine gerechtfertigte wahre Meinung hat, die kein Wissen ist. Gettier stellt seinem Fall die beiden folgenden Prämissen voran:

(1) Die Rechtfertigungsbedingung für Wissen stellt eine notwendige Bedingung für Wissen dar, jedoch keine hinreichende. Jemand kann daher eine in diesem Sinn gerechtfertigte, jedoch gleichwohl falsche Überzeugung haben.
(2) Wenn ein Subjekt S gerechtfertigt glaubt, daß p, und p q impliziert und S q aus p ableitet, dann ist S gerechtfertigt zu glauben, daß q.

Ein Großteil der Literatur hat seither versucht, die zweite Prämisse zu attackieren und damit die Analyse von Wissen als wahre, gerechtfertigte Überzeugung gegen Gettiers Fälle zu retten, die zeigen sollen, daß die traditionelle Analyse des Wissensbegriffs nicht richtig sein kann.[42] Fogelin erkennt dagegen, daß das Gettier-Problem nur gelöst werden kann, wenn wir die erste Prämisse in Frage stellen, also genau jene Prämisse, die wir das Dogma der Erkenntnistheorie genannt haben. Fogelin fragt sich zunächst, weshalb Gettier – und damit all diejenigen, die sich seither mit dem Gettier-Problem implizit oder explizit beschäftigt haben – glaubt, daß eine Person

41 E. L. Gettier, »Ist gerechtfertigte, wahre Meinung Wissen?«, S. 92.

42 Eine andere Reaktion besteht darin, daß man die Rechtfertigungs-Bedingung für Wissen, statt sie zu modifizieren, ganz aufgibt, was seinerseits voraussetzt, daß man glaubt, die traditionelle Analyse sei nicht zu retten. So etwa der Schluß von A. Beckermann in »Wissen und wahre Meinung«.

eine gerechtfertigte Überzeugung haben kann, die falsch ist. Weder Gettier noch sonst jemand hat eine Begründung dieser Prämisse jemals für nötig gehalten, woran sich nachdrücklich zeigt, daß diese Prämisse den Status eines Dogmas hat. Fogelin rekonstruiert nun folgende implizite Begründung: Würden wir diese Prämisse bestreiten, dann, so scheint es, müßten wir behaupten, daß jemandes Überzeugung nur dann gerechtfertigt ist, wenn er Gründe für sie hat, die deren Wahrheit implizieren. Die Konsequenz dieser Behauptung wäre, daß sogenannte »induktive Gründe« niemals eine für Wissen hinreichende Rechtfertigung liefern könnten, wenn wir darunter Gründe verstehen, die so sind, daß sie die Wahrheit der fraglichen Überzeugung nicht implizieren.[43] Fogelin hingegen teilt mit den Vertretern des Dogmas den Gedanken, daß wir »induktive Gründe« in diesem Sinn zulassen müssen, wenn wir nicht von vornherein ausschließen wollen, daß es so etwas wie empirisches Wissen gibt. Denn wenn es so etwas wie Wissen von empirischen Tatsachen gibt, so argumentiert Fogelin, dann kann dieses nicht das Resultat von deduktiven Gründen sein. Wenn es aber nicht das Resultat von deduktiven Gründen sein kann, dann, so glaubt Fogelin folgern zu müssen, besteht die einzige Weise, wie man empirische Tatsachen zum Bereich des Wißbaren zulassen kann, darin, daß man induktive Gründe zuläßt. Fogelins Strategie folglich ist es, eine Position zu suchen, die es uns erlaubt, das Dogma aufzugeben, d. h. (1) zurückzuweisen, und zugleich induktive Gründe zuzulassen.

Fogelin kommt zu seiner Position in zwei Schritten. Sein erster Schritt besteht in dem Vorschlag, daß wir eine begriffliche Unterscheidung zwischen zwei verschiedenen Bedeutungen des Rechtfertigungsbegriffs einführen müssen. Wir müssen, so Fogelin, zwischen einem *deontologischen* und einem *epistemischen* Sinn des Rechtfertigungsbegriffs unterscheiden. Dann nämlich läßt sich sagen, daß das Gettier-Problem auf dem Mißverständnis beruht, daß Rechtfertigung im deontologischen Sinn ausreichend für Wissen sei, doch in Wahrheit jemand nur dann etwas weiß, wenn er in beiden Hinsichten gerechtfertigt ist.[44] Am Beispiel: Wenn wir behaupten,

43 R. Fogelin, *Pyrrhonian Reflections*, S. 16. Hier wie im folgenden meine Übersetzung, A. K.

44 Ich übernehme diese in der Literatur mittlerweile üblich gewordene terminologische Unterscheidung von W. Alston, »Concepts of Epistemic Justification«. Fogelin selbst verwendet diese Terminologie nicht wörtlich, sondern nur dem Sinn nach.

Smith sei gerechtfertigt zu glauben, daß (e) wahr ist, dann machen wir nach Fogelin damit eine Aussage über Smith' epistemisches Verhalten, und zwar so, daß wir meinen, daß an der Art und Weise, wie Smith zu seiner Überzeugung gekommen ist, nichts tadelnswert war. So hat Smith etwa nicht einfach geraten, sondern ein »induktives Verfahren« verwendet.[45] Er hat auch kein »zweifelhaftes induktives Verfahren« verwendet – »er hat beispielsweise nicht Vogeldreck befragt«.[46] Was Fogelin hier bezeichnenderweise mit »induktivem Verfahren« meint, ist, daß Smith seine Überzeugung einmal dadurch erworben hat, daß ihm sein Chef etwas mitgeteilt hat, und einmal dadurch, daß er in die Jackentasche von Jones gesehen hat. Seine »induktive Evidenz« für (d), so Fogelin, war stark, sein Schluß von (d) zu (e) war tadellos.[47] Wenn wir also in diesem Sinn sagen, daß Smith eine gerechtfertigte Überzeugung hat, dann wollen wir damit sagen, daß Smith seine Überzeugung auf epistemisch verantwortliche Weise gebildet hat. In diesem deontologischen Sinn von Rechtfertigung kann jemand eine gerechtfertigte Überzeugung haben, ohne Wissen zu haben.

Neben diesem deontologischen Verständnis des Rechtfertigungsbegriffs, so Fogelin, gibt es jedoch noch ein zweites Verständnis des Rechtfertigungsbegriffs. Nach diesem zweiten Verständnis hat der Rechtfertigungsbegriff einen epistemischen Sinn. Versteht man den Rechtfertigungsbegriff epistemisch, dann ist die Aussage, eine Überzeugung sei gerechtfertigt, keine wertende Aussage über das *epistemische Verhalten* des Subjekts, sondern eine wertende Aussage über die *Qualität der Gründe*, aus denen das Subjekt eine bestimmte Überzeugung bildet: nämlich darüber, ob es Gründe sind, die die Wahrheit der Überzeugung garantieren, oder, wie Fogelin es ausdrückt, etablieren. Die Rechtfertigungsbedingung für Wissen gemäß der Standardanalyse enthält nach Fogelin folglich zwei verschiedene Komponenten. Die erste verlangt, daß das Subjekt seine Überzeugung verantwortlich bildet. Die zweite verlangt, daß die Gründe, aus denen das Subjekt etwas glaubt, die Wahrheit der Überzeugung etablieren. Nach Fogelin ist die Standardanalyse daher wie folgt zu verstehen: Jemand weiß, daß p genau dann und nur dann, wenn er in gerechtfertigter Weise dazu kam zu glauben, daß p, und zwar aus

45 R. Fogelin, *Pyrrhonian Reflections*, S. 18.
46 Ebd.
47 Ebd.

Gründen, die die Wahrheit von p etablieren.[48] Mit dieser doppelten Bestimmung der Rechtfertigungsforderung können wir, so scheint es, das Gettier-Problem lösen, d. h. die traditionelle Analyse des Wissensbegriffs gegen Gettiers Fälle retten: Denn nach Fogelin stimmt nun zwar, daß Smith, als er (d) glaubte, im deontologischen Sinn gerechtfertigt war – er hat seine epistemische Pflicht getan; doch er war es nicht im epistemischen Sinn – er hatte keine Gründe, die die Wahrheit seiner Überzeugung etablierten.

Doch was heißt es nun nach Fogelin, daß ein Subjekt Gründe hat, die die Wahrheit seiner Überzeugung etablieren? Die Pointe Fogelins, die allererst den Sinn deutlich macht, den für ihn die Unterscheidung dieser zwei Rechtfertigungsbegriffe hat, besteht in seinem zweiten Schritt. In diesem zweiten Schritt erläutert er, was es heißt, Gründe zu haben, die die Wahrheit einer Überzeugung etablieren. Seine zentrale Behauptung ist hier, daß die Idee von Gründen, die die Wahrheit einer Überzeugung etablieren, eine Idee ist, die wir zwar immer *in Anspruch nehmen* müssen, wenn wir uns epistemisch verantwortlich verhalten wollen. Zugleich jedoch sind wir nicht in der Lage, näher zu begreifen, was solche Gründe sind. Aus der Perspektive der ersten Person ist es daher so, daß die Idee von Gründen, die die Wahrheit einer Überzeugung etablieren, und die Idee eines epistemisch verantwortlichen Verhaltens ein und dieselbe Idee sind. Denn, so Fogelin, ein Subjekt kann sich epistemisch nicht verantwortlich verhalten, wenn es seine Überzeugung aus Gründen bildet, die aus seiner Sicht nicht die Wahrheit seiner Überzeugung etablieren. Der Kontrast zwischen einem epistemisch verantwortlichen Verhalten und Gründen, die nicht die Wahrheit einer Überzeugung etablieren, ist ein Kontrast, den wir nicht *auf uns selbst* anwenden können, sondern er hat nur in der Anwendung *auf andere* einen Sinn. In bezug auf andere kann es Fälle geben, die wir so beschreiben können, daß wir einerseits behaupten, daß sie sich epistemisch verantwortlich verhalten haben, und zugleich behaupten, daß ihre Überzeugung Gründen aufruht, die nicht die Wahrheit ihrer Überzeugung etablieren. Und zwar kann es solche Fälle nach Fogelin genau dann geben, wenn eine Person nicht durch deduktives Schließen, sondern durch induktives Schließen zu ihrer

48 Fogelins Formulierung lautet: »S knows that P if and only if S justifiably came to believe that P on grounds that establish the truth of P« (ebd., S. 28).

Überzeugung kommt. Worin besteht nach Fogelin der Unterschied?

Fogelin charakterisiert den Unterschied zwischen deduktiven und induktiven Schlüssen wie folgt: Während es im Fall eines deduktiven Arguments so ist, daß die Hinzufügung zusätzlicher Prämissen aus einem gültigen deduktiven Argument kein ungültiges Argument machen kann, kann die Hinzufügung zusätzlicher Prämissen im Fall des induktiven Schließens dazu führen, daß aus einem starken induktiven Argument ein schwaches wird. Wenn wir im Falle eines deduktiven Arguments zusätzliche Informationen bekommen, dann kann dies dazu führen, daß wir unsere Meinung über die Wahrheit unserer Prämissen revidieren müssen und also behaupten müssen, daß ein Argument, das wir zuvor für gültig erachteten, in Wahrheit kein gültiges Argument war. Wir müssen also in einem solchen Fall eingestehen, daß wir uns epistemisch unverantwortlich verhalten haben, weil unsere Überzeugung auf einem ungültigen Argument beruhte. Im Fall eines induktiven Arguments hingegen ist das anders. Wenn wir bei einem induktiven Argument zusätzliche Informationen erhalten, dann kann dies dazu führen, daß wir unsere Meinung über die Stärke unseres Arguments revidieren müssen, ohne jedoch unsere Meinung über die Wahrheit irgendeiner der zuvor akzeptierten Prämissen revidieren zu müssen.[49]

Und genau dieser Charakter von induktiven Schlüssen, nämlich daß ihre Stärke abhängig davon ist, über welche Informationen das Subjekt des Schlusses verfügt, ist es, der nach Fogelin den Gettier-Fall antreibt. Genau deswegen, weil die Stärke von induktiven Schlüssen informationsabhängig ist, ist es bei Überzeugungen, die auf induktiven Schlüssen beruhen, möglich, daß jemand auf epistemisch verantwortliche Weise etwas aus Gründen glauben kann, die die Wahrheit seiner Überzeugung nicht etablieren. Gegeben die Information, die das Subjekt hatte, war es für dieses Subjekt epistemisch verantwortlich, zu glauben, daß seine Gründe die Wahrheit

49 Dieser Unterschied wird zuweilen so ausgedrückt, daß man sagt, deduktive Schlüsse seien monoton, während induktive Schlüsse nicht-monoton sind. Daß induktive Schlüsse nicht-monoton sind, soll besagen, daß die Stärke von induktiven Schlüssen informationsabhängig ist: Ihre Stärke variiert je nachdem, über welche Informationen das Subjekt verfügt. So etwa M. Williams, *Problems of Knowledge*, S. 44 ff.

von p etablieren, während *wir*, die wir *mehr* Informationen haben, zugleich erkennen können, daß seine Gründe nicht die Wahrheit von p etablieren, obgleich alle Prämissen seines Schlusses wahr sind. Und genau dieser Umstand, nämlich daß wir Zugang zu Informationen haben, die dem Subjekt in Gettiers Fall fehlen – ein sogenannter »informational mismatch« also –, ist es, der nach Fogelin den Gettier-Fall erklärt.[50] Smith' Meinung, daß der Mann, der den Job bekommen wird, 10 Pfennig in seiner Tasche hat, beruhte auf zwei Prämissen: nämlich daß der Präsident ihm zugesichert hatte, daß Jones den Job bekommen wird, und daß er gesehen hatte, daß in Jones' Tasche 10 Pfennig sind. Unter Voraussetzung der Informationen, die Smith hatte, war es für Smith epistemisch verantwortlich, aus diesen Prämissen zu schließen, daß der Mann, der den Job bekommen wird, 10 Pfennig in seiner Tasche hat. Obgleich beide Prämissen wahr sind und er die Wahrheit seiner Überzeugung daraus epistemisch verantwortlich geschlossen hat, können *wir* sagen, daß seine Überzeugung für Wissen nicht angemessen gerechtfertigt ist, weil wir, die wir mehr Informationen haben, erkennen können, daß seine Überzeugung zwar epistemisch verantwortlich gebildet war und also deontologisch gerechtfertigt war, jedoch nicht epistemisch: Seine Gründe waren nicht derart, daß sie die Wahrheit seiner Überzeugung etablierten.[51]

4. Das Rätsel: Wahrheitsgarantierende Gründe

Fogelin will sagen: Die Idee einer Rechtfertigung, die inkompatibel ist mit der Falschheit der Überzeugung – d. h. eine wahrheitsgarantierende Rechtfertigung –, stellt ein wesentliches Element des Wissensbegriffs dar. Diese Idee müssen wir stets in Anspruch nehmen, wenn wir uns selbst oder anderen Wissen zuschreiben. Zugleich jedoch glaubt er, daß wir aus der Perspektive der ersten Person prinzipiell kein positives Verständnis davon haben können, was denn eine wahrheitsgarantierende Rechtfertigung ist. Das ist der Preis, den Fogelin glaubt,[52] dafür zahlen zu müssen, um das erkenntnistheoreti-

50 R. Fogelin, *Pyrrhonian Reflections*, S. 23.

51 Vgl. dazu auch M. Williams, *Problems of Knowledge*, S. 51.

52 Fogelins Position hat für unsere Diskussion exemplarische Bedeutung: Sie stellt ein Beispiel für jeden sozialperspektivistischen Ansatz dar, wie er u. a. auch der

sche Dogma zurückweisen zu können: Wir können dieses Dogma nur dann zurückweisen, wenn uns diese Zurückweisung nicht dazu zwingt, dem Begriff einer wahrheitsgarantierenden Rechtfertigung einen Gehalt zu geben, d. h. zu erläutern, was eine solche Rechtfertigung ist und wie es möglich ist, sie zu haben. Doch das, so werden wir gleich sehen, ist ein Mißverständnis. Solange wir nicht verstehen, was es heißt, eine wahrheitsgarantierende Rechtfertigung für eine Überzeugung zu haben, können wir Wissen nicht verstehen.

Nach Fogelin nimmt ein Subjekt, das einen Wissensanspruch erhebt, an, daß es Gründe hat, die die Wahrheit seiner Überzeugung garantieren. Diese Gründe sollen nun im Fall von empirischen Überzeugungen induktive Gründe sein, welche im Unterschied zu deduktiven Gründen dadurch charakterisiert sind, daß sie die Wahrheit der Überzeugung nicht implizieren. Daraus aber folgt, daß die Annahme eines Subjekts, seine induktiven Gründe seien wahrheitsgarantierend, prinzipiell keinen anderen Status haben kann als den einer bloßen Annahme. Denn es folgt daraus, daß es prinzipiell ausgeschlossen ist, daß das Subjekt die Wahrheit dieser Annahme jemals erkennen kann. Denn dies könnte es nur wiederum durch induktive Gründe erkennen. Daß es aber etwas durch induktive Gründe erkennt, hängt davon ab, daß die induktiven Gründe wahrheitsgarantierend sind. Und das heißt, es hängt von der Wahrheit einer Annahme von genau der Art ab, um deren Wahrheit es gerade geht. Daß man einen induktiven Grund hat, der die Wahrheit einer bestimmten Überzeugung garantiert, ist nach Fogelin also keine Sache, die man *erkennen* kann. Es ist eine Sache, die man nur *annehmen* kann. Nach Fogelin ist daher jeder empirische Wissensanspruch als einer zu beschreiben, der in letzter Instanz auf einer Annahme beruht – der Annahme, daß man einen Grund hat, der die Wahrheit dessen garantiert, was man glaubt –, von der es prinzipiell ausgeschlossen ist, daß das Subjekt, das dies annimmt, jemals erkennen kann, ob sie wahr ist.

Doch diese Konsequenz ruiniert Fogelins Position. Denn die bloße Annahme, daß der Grund, den man für eine Überzeugung

Strategie von R. Brandom in *Making It Explicit. Reasoning, Representing, and Discursive Commitement* sowie A. Wellmer in »Der Streit um die Wahrheit. Pragmatismus ohne regulative Ideen« zugrunde liegt. In bezug auf den Wissensbegriff finden sich die Ausarbeitung dieser Betrachtung und ihre Anwendung auf die klassische Wissensanalyse nirgends so explizit wie bei Fogelin.

hat, wahrheitsgarantierend ist, kann aus einer Überzeugung, die zunächst den Status einer bloßen Annahme hat, keine Überzeugung machen, die einen anderen epistemischen Status als eben den einer bloßen Annahme hat. Wenn eine Überzeugung ohne eine solche Annahme über den Charakter des Grundes kein Wissen ist, dann kann durch das Hinzukommen einer bloßen Annahme über den Charakter des Grundes der epistemische Status dieser Überzeugung um keinen Deut verbessert werden. Denn der epistemische Status einer Überzeugung kann nicht stärker sein als die schwächste Prämisse, auf der sie beruht.[53] Wie die Dinge nach Fogelin stehen, beruhen jedoch unsere Überzeugungen über die Welt auf nicht mehr als der bloßen Annahme, daß wir eine epistemische Rechtfertigung für sie haben. Doch Überzeugungen, die auf der Annahme beruhen, daß man eine epistemische Rechtfertigung für sie hat, sind keine Überzeugungen, die den Status von Wissen haben, sondern eben Überzeugungen, von denen wir annehmen, daß sie diesen Status haben. Doch das wollten wir nicht verstehen: Wir wollten verstehen, was es heißt, etwas zu wissen, nicht, was es heißt, anzunehmen, daß man etwas weiß.

Fogelins Idee ist: Wann immer wir für eine Überzeugung Wissen beanspruchen, dann beruht diese Überzeugung auf der Annahme, daß der Grund unserer Überzeugung die Wahrheit der Überzeugung garantiert. Und genau darum, weil es sich um eine bloße Annahme handelt – und nicht ihrerseits um ein Wissen –, kann diese Annahme sich aus der Perspektive einer dritten Person, der mehr Informationen zugänglich sind als derjenigen Person, die sie macht, auch als falsch herausstellen. So können wir, die wir mehr Informationen als Smith haben, »wissen«, daß der Grund, aus dem Smith glaubte, Jones bekäme den Job, und von dem er annahm, er garantierte die Wahrheit seiner Überzeugung – der Präsident hatte es ihm gesagt –, kein Grund war, der die Wahrheit seiner Überzeugung garantierte. Doch was heißt hier: Wir könnten dies »wissen«? Denn auch wir, die wir mehr Informationen als Smith haben, sitzen mit

53 Zu Recht schreibt F. v. Kutschera: »Man kann nicht zulassen, daß die fundierenden Gründe für ein Wissen selbst kein Wissen darstellen.« In: F. v. Kutschera, *Grundfragen der Erkenntnistheorie*, S. 22. Kutschera glaubt, das Gettier-Problem sei unlösbar und zieht daher die Konsequenz, daß Wissen nicht mehr als wahre Überzeugung bedeuten kann. Doch das heißt: Es gibt keinen Unterschied zwischen glücklichem Raten und Wissen.

Smith im selben Boot: Auch *unsere* Überzeugung, daß nicht Jones, sondern Smith den Job bekommt, und also unsere Überzeugung, daß Smith' Annahme über den wahrheitsgarantierenden Charakter seines Grundes falsch war, beruht auf einem Grund, von dem wir, gegeben die Informationen, die uns zur Verfügung stehen, nicht mehr als bloß annehmen können, daß er die Wahrheit unserer Überzeugung garantiert. Und genau dann, wenn es, wie bei Fogelin, prinzipiell ausgeschlossen ist, daß irgend jemand in einem anderen Verhältnis zu seinem angeblich wahrheitsgarantierenden Grund steht als dem der bloßen Annahme, dann kann niemand jemals in einem anderen Verhältnis zu seinem angeblichen Wissen stehen als dem der bloßen Annahme: »Ich nehme an, daß ich weiß, daß p«.

Fogelin glaubt, er könne das Dogma, auf dem die Gettier-Fälle beruhen, dem zufolge ein Subjekt eine für Wissen hinreichend gerechtfertigte Überzeugung haben kann, die falsch ist, aufgeben, ohne den Begriff einer wahrheitsetablierenden Rechtfertigung entwickeln zu müssen. Seine richtige Einsicht ist, daß wir einen Weg finden müssen, der es uns erlaubt, das erkenntnistheoretische Dogma zu bestreiten, auf dem die Gettier-Fälle beruhen. Fogelins Fehler ist, daß er nicht sieht, worin die eigentliche Aufgabe liegt, wenn man dieses Dogma bestreiten will: Man muß erläutern, was es heißt, daß ein Subjekt etwas aus einem Grund glaubt, der die Wahrheit seiner Überzeugung etabliert.

II. Endliches Rechtfertigen

1. Agrippas Trilemma

Wir hatten im letzten Kapitel den Versuch diskutiert, das erkenntnistheoretische Dogma dadurch aufzugeben, daß man zwischen zwei Verwendungen des Rechtfertigungsbegriffs unterscheidet. Dabei haben wir gesehen, daß man das Dogma der Erkenntnistheorie nicht um den Preis aufgeben kann, daß man nicht erläutert, was es heißt, daß jemand etwas weiß, sondern nur mehr erläutert, was es heißt, daß jemand annimmt, daß er etwas weiß. Denn dies bedeutet nichts anderes, als den skeptischen Zweifel an unserem Wissen zur Prämisse der Erläuterung von Wissen zu machen. Bezeichnenderweise gesteht Fogelin selbst seinen Skeptizismus unumwunden ein, wenn er behauptet, daß es schlichtweg keine Lösung gibt für das älteste aller skeptischen Probleme: nämlich das Problem, das wir im Anschluß an Michael Williams als »Agrippas Trilemma« bezeichnen können, da die späteren antiken Autoren wie etwa Sextus Empiricus oder Diogenes Agrippa als denjenigen nennen, der den skeptischen Einwand erstmals in diese trilemmatische Gestalt gebracht haben soll.[54] Fogelin glaubt, dieses Trilemma sei unlösbar. »Indeed, on its face, the Agrippan problem seems quite unanswerable.«[55] Ich werde im folgenden zeigen, daß man das Dogma, von dem Fogelin zu Recht sieht, daß wir in der Lage sein müssen, es aufzugeben, als einen Versuch verstehen muß, dem Skeptizismus zu entkommen, in den wir ohne das Dogma zu geraten scheinen. Weil Fogelin nicht sieht, daß das Dogma eine Antwort auf den skeptischen Zweifel ist, kann er nicht sehen, daß seine Weise, das Dogma aufzugeben, keine Lösung für das Problem sein kann, auf das das Dogma reagiert, weil sie genau dasjenige Problem wiederholt, dessen Vermeidung das Motiv des Dogmas ist.

Agrippas Trilemma bezeichnet das Muster eines skeptischen Arguments, das so einfach wie bestechend ist und das wir im Anschluß an Sextus Empiricus so beschreiben können:[56] Stellen wir

54 Vgl. M. Williams, *Unnatural Doubts. Epistemological Realism and the Basis of Scepticism*, S. 60 ff. Siehe auch M. Williams, *Problems of Knowledge*, S. 58-68.

55 R. Fogelin, *Pyrrhonian Reflections*, S. 119.

56 Vgl. Sextus Empiricus, *Grundriß der pyrrhonischen Skepsis*, bes. S. 130 f. Eine ande-

uns vor, wir beanspruchen, etwas zu wissen. Und nun stellen wir uns weiter vor, jemand fragt uns nach dem Grund, den wir für unseren Wissensanspruch haben. Er fragt uns, welchen Grund wir dafür haben, das zu glauben, was wir glauben, der erklärt, weshalb wir das, was wir glauben, wissen. Wir antworten, indem wir eine andere Überzeugung als Grund anführen. Nun aber ist klar, daß die Überzeugung, die wir als Grund anführen, nur dann erklären kann, weshalb wir das, was wir glauben, wissen, wenn sie ihrerseits etwas ist, das wir wissen. Damit also die Überzeugung, die wir als Grund für unsere fragliche Überzeugung anführen, erklären kann, daß die fragliche Überzeugung den Status von Wissen hat, müssen wir einen Grund haben, der erklärt, weshalb jene Überzeugung, die wir zur Begründung anführen, ihrerseits etwas ist, das wir wissen. Das aber heißt, die Begründungsforderung geht *unendlich* weiter. Denn die Begründungsforderung wiederholt sich *an jeder Stelle*, an der wir eine Überzeugung zur Begründung einer Überzeugung anführen. Und das bedeutet, daß wir, wann immer wir beanspruchen, etwas zu wissen, aufgrund der Begründungsforderung für Wissen in einer Situation sind, in der wir nur die drei folgenden Dinge tun können:

(1) Wir verweigern uns an irgendeiner Stelle der Begründungsforderung – d. h. wir machen eine dogmatische Voraussetzung (Tropus der Voraussetzung).
(2) Wir wiederholen an irgendeiner Stelle etwas, was wir schon einmal gesagt haben – d. h. wir bewegen uns in einem Zirkel (Tropus der Zirkularität).
(3) Wir versuchen weiter, etwas Neues zu sagen – d. h. wir geraten in einen unendlichen Regreß (Tropus der Unendlichkeit).

Jeder, der etwas zu wissen beansprucht, ist nach Sextus' Darstellung von Agrippas Argument in einer Situation, die durch die Anwendbarkeit dieser drei »Tropen« vollständig beschrieben werden kann, die uns allesamt zwingen, unser Urteil über die fragliche Sache zurückzunehmen. Sie beschreiben ein Trilemma, weil alle drei Möglichkeiten gleichermaßen unbefriedigend sind. Denn sie beschreiben nichts anderes als drei verschiedene Möglichkeiten des Schei-

re Quelle für dieses antike skeptische Argument bietet u. a. auch Diogenes Laertius, *Lives of the Philosophers* IX, 79-88. Zu weiteren Fundstellen der antiken Tropen vgl. J. Annas/J. Barnes (Hrsg.), *The Modes of Scepticism*, S. 19-30.

terns unserer Rechtfertigung. Darin besteht das Problem, das Agrippas Trilemma behauptet: Wann immer wir versuchen, unseren Wissensanspruch zu rechtfertigen, haben wir nicht mehr als die Wahl zwischen drei Möglichkeiten, mit unserem Rechtfertigen zu scheitern. Denn wir müßten entweder das Unmögliche möglich machen, nämlich eine unendliche Kette von Rechtfertigungen durchlaufen, oder aber uns mit den beiden anderen Optionen begnügen, nämlich unsere Überzeugung entweder auf eine unbegründete Annahme gründen oder uns im Kreis drehen und genau jene Überzeugung als Begründung anführen, die wir zu begründen suchen.

Agrippas Trilemma konfrontiert uns mit einem Problem, das wir nicht ignorieren können, wenn wir verstehen wollen, wie ein endliches Wesen Wissen haben kann. Teil einer jeden Erläuterung von Wissen muß es daher sein, eine Lösung für dieses Problem zu haben.[57] Eine Erkenntnistheorie, die hingegen Agrippas Problem von vornherein für unlösbar hält, ist ein Unding. Denn wenn wir behaupten, daß Agrippas Trilemma unlösbar ist, dann behaupten wir, daß es sinnlos ist, das zu tun, wovon der Skeptiker glaubt, daß es uns nicht gelingen wird: nämlich uns den Gedanken *verständlich* zu machen, daß endliche Wesen, deren Überzeugungen falsch sein können, gelegentlich Wissen haben. Vielleicht ist es in der Tat unmöglich. Vielleicht gelingt es uns nicht, uns diesen Gedanken verständlich zu machen. Doch eine solche Behauptung kann nicht die Voraussetzung einer Erläuterung von Wissen sein. Sie kann stets nur die skeptische Konsequenz sein, die man aus dem Scheitern einer solchen Erläuterung zieht.

Nun wird Agrippas Trilemma von den antiken Autoren in der Regel im Zusammenhang mit (mindestens) einem weiteren Tropus der Überzeugungssuspension präsentiert, nämlich dem »Tropus des Widerstreits«. Dieser beruft sich auf das Faktum, daß wir Menschen über zahlreiche Dinge unterschiedlicher Meinung sind. Dieser Umstand könnte die Versuchung mit sich bringen, dem Trilemma einen kurzen Prozeß machen zu wollen: Man könnte glauben, die Geltung des Trilemmas sei auf Fälle beschränkt, in denen tatsächlich zwei Subjekte verschiedener Meinung sind. Wann immer sich zwei über eine Sache uneins sind, können sie sich wechselseitig durch das

57 Vgl. R. Fogelin, *Pyrrhonian Reflections*, S. 121: »A theory of epistemic justification, as I understand it, is an attempt to solve the Agrippa problem.«

hartnäckige Einklagen immer weiterer Begründungen in die Situation bringen, in der jeder nur mehr die Wahl zwischen den drei trilemmatischen Möglichkeiten hat. Die Reichweite von Agrippas Trilemma wäre dann immerhin begrenzt: Das Trilemma würde dann lediglich zeigen, daß solche Meinungsverschiedenheiten unmöglich gelöst werden können.

Doch die Einschränkung des Trilemmas auf Fälle, in denen eine Meinungsverschiedenheit besteht, würde die eigentliche Pointe des Trilemmas mißverstehen. Das Trilemma ist unabhängig davon, daß ein tatsächlicher Meinungskonflikt zwischen verschiedenen Parteien vorliegt. Das Trilemma beansprucht vielmehr, diejenige Situation zu beschreiben, in der jeder ist, der nur überhaupt beansprucht, etwas zu wissen, und zwar ganz gleich, ob es in dieser Situation eine zweite Person gibt, die ihn zu einer expliziten Begründung seiner Behauptung herausfordert oder nicht.[58] Wollte man das Trilemma auf Fälle tatsächlicher Meinungskonflikte einschränken, dann würde man behaupten, der Sinn des Begründens sei *dialektisch* zu verstehen. Wir müßten unsere Überzeugungen deswegen und nur dann begründen, wenn andere diese Überzeugungen in Frage stellen. Doch damit würde man von vornherein den Sinn des Begründens mißverstehen. Denn der Sinn des Begründens ist, wie wir oben gezeigt haben, kein dialektischer, sondern ein *konstitutiver*: Diese Form der Erklärung – die Erklärung durch Gründe für die Wahrheit dessen, was man auf diese Weise erklärt – ist ein konstitutives Element dessen, was eine Überzeugung ist. Das Begründen gehört deswegen zu einer Überzeugung, weil eine Überzeugung ein Akt ist, in dessen Vollzug sich ein Subjekt einem Maßstab unterwirft: dem Maßstab der Wahrheit. Und das heißt, daß Überzeugungen Akte sind, die als solche mit einer bestimmten Form der Erklärung verknüpft sind: eben einer normativen Erklärung, bei der man das explanandum – hier: warum man etwas Bestimmtes glaubt – dadurch verständlich macht, daß man sichtbar macht, daß es genau jenen Maßstab erfüllt (oder dessen Erfüllung nahekommt), durch den dieser Akt definiert ist. Indem man seine Überzeugung rechtfertigt, tut man folglich nicht etwas, das zum Haben einer Überzeugung äußerlich hinzukommt und etwa nur dann Sinn macht, wenn es jemanden gibt, der die Überzeugung in Frage stellt oder einen zu

58 So auch M. Williams, *Problems of Knowledge*, S. 64.

einer Rechtfertigung auffordert. Indem man seine Überzeugung rechtfertigt, tut man vielmehr etwas, das ein konstitutives Element dessen ist, was es heißt, eine Überzeugung zu haben.

Die Frage, in deren Zusammenhang wir auf die Notwendigkeit des Begründens stoßen, ist also die Frage danach, was es heißt, daß jemand etwas glaubt – und nicht, was ein Subjekt tun muß, um in einer öffentlichen Auseinandersetzung mit seinen Meinungen durchzukommen. Und unsere Antwort lautet: Ein Subjekt muß nur etwas glauben, um der Forderung ausgesetzt zu sein, Gründe für die Wahrheit seiner Überzeugung anzugeben. Und Agrippas Punkt ist: Weil keine Begründung in der Lage ist, die Wahrheit der Überzeugung zu garantieren, sondern jeder derartige Begründungsversuch uns nur in einen endlosen Regreß verstrickt, ist das Erheben von Wissensansprüchen *unmöglich*. Das ist das Ergebnis, zu dem jeder Skeptiker kommt. Und die Entdeckung von Agrippas Trilemma ist ein erster Weg, der einen zu diesem Ergebnis führen kann.

2. Zwei Antworten auf das Trilemma

Es gibt zwei mögliche Antworten auf Agrippas Trilemma: Die erste besteht darin, daß man bestreitet, daß Agrippas Trilemma ein *echtes* Trilemma darstellt. Man glaubt statt dessen, daß man sich mit einer der drei Optionen arrangieren kann. Da das Fortschreiten in einer unendlichen Rechtfertigung offenkundig keine solche Option darstellt, bleiben nur die beiden anderen Optionen. Fogelins Strategie war es, sich mit dem »Tropus der Voraussetzung« zu arrangieren. Wir haben gesehen, weshalb dies keine Lösung erbringt. Eine andere Strategie besteht darin, sich mit dem »Tropus der Zirkularität« zu arrangieren. Das tun die klassischen Kohärenztheorien des Wissens, deren zeitgenössische Vertreter u. a. etwa D. Davidson und L. BonJour sind.[59] So begründet BonJour seine Erkenntnistheorie explizit

59 Zu Davidson vgl. programmatisch »Eine Kohärenztheorie der Wahrheit und der Erkenntnis«. Zu L. BonJour vgl. *The Structure of Empirical Knowledge*. Bemerkenswert ist, daß BonJour seinen in diesem Buch offensiv begründeten Kohärentismus in jüngster Zeit widerrufen hat und nun statt dessen eine Position vertritt, die er selbst »foundationalism« nennt. In: L. BonJour, »The Dialectic of Foundationalism and Coherentism«. Mit direktem Bezug auf Agrippas Trilemma vgl. hierzu auch die Position von W. Spohn, »How to Understand the Foundations of Empirical Belief in a Coherentist Way«.

durch ein sogenanntes »argument by elimination«, bei dem er durch eine schrittweise Eliminierung der je schlechteren Option diejenige Option des Trilemmas zu bestimmen versucht, die weniger schlecht als die beiden anderen ist.[60] Das heißt, ganz wie in Agrippas Trilemma hält auch er die logischen Möglichkeiten, die wir für eine Theorie der epistemischen Rechtfertigung haben, durch Agrippas drei Optionen für vollständig erschöpft.[61] Der Tropus der Zirkularität, so BonJours Schluß, ist die beste dieser drei Optionen. Wir können Wissen durch eine Kohärenztheorie der Rechtfertigung verstehen. Diese behauptet, daß die grundlegende Einheit der Rechtfertigung nicht eine einzelne Überzeugung ist, sondern ein geschlossenes und endliches System von Überzeugungen, welches kohärent ist. Eine einzelne Überzeugung kann daher stets nur derivativ gerechtfertigt werden, nämlich dadurch, daß gezeigt wird, daß sie Teil eines kohärenten Systems von Überzeugungen ist. Der Kohärenztheorie der Rechtfertigung zufolge beschreiben Agrippas drei Optionen folglich kein echtes Trilemma, d. h. eine Situation der Wahl zwischen drei Optionen, die es uns gleichermaßen unmöglich machen, zu verstehen, wie endliche Wesen Wissen haben können. Vielmehr glaubt sie, daß es möglich ist, den »Tropus der Zirkularität« auf eine Weise zu verstehen, die Wissen verständlich macht.

Die zweite Antwort auf das Trilemma ist radikaler. Während die erste Antwort glaubt, einen Ausweg *innerhalb* des Trilemmas finden zu können, glaubt die zweite, daß Agrippas Trilemma genau dann, wenn es das Spektrum der Alternativen vollständig beschreibt, ein echtes skeptisches Trilemma ist. Das heißt, wir können es nur dann auflösen, wenn es uns gelingt, es als eine *reductio ad absurdum* einer

60 L. BonJour, *The Structure of Empirical Knowledge,* S. 88. BonJours These ist, daß das Regreßproblem das zentrale Problem jeder Theorie des Wissens ist. Daher besteht jede Theorie des Wissens, so BonJour, im wesentlichen darin, daß sie eine Antwort auf dieses Problem entwickelt. Vgl. dazu auch L. BonJour, »Can Empirical Knowledge Have a Foundation?«.

61 *Prima facie* besteht nach BonJour noch eine weitere, vierte Option, nämlich die Idee, daß der Regreß an ein Ende kommt, weil empirische Überzeugungen erreicht werden, die einen Grad an epistemischer Rechtfertigung besitzen, »which is not inferentially dependant on other empirical beliefs and thus raises no further issues of empirical justification.« In: *The Structure of Empirical Knowledge*, S. 21. Doch diese Option, so behauptet BonJour, besteht nur *zum Schein*, da er glaubt, zeigen zu können, daß es keine solche empirischen Überzeugungen geben kann (ebd., S. 32).

seiner Voraussetzungen zu verstehen.[62] Darin, so der Gedanke, liegt die skeptische Kraft von Agrippas Trilemma. Es ist ein Trilemma, das wir nur dann auflösen können, wenn wir es unterlaufen können, obgleich es uns *prima facie* als zwingend erscheint, weil es in seinen expliziten Schritten nur Überlegungen in Anspruch nimmt, denen wir selbst zustimmen. Denn Agrippas Trilemma nimmt in seinen expliziten Schritten nicht mehr in Anspruch als den Gedanken, daß eine Überzeugung begründet werden muß, damit sie den Status von Wissen haben kann, und daß keine Überzeugung, die nicht ihrerseits den Status von Wissen hat, ein Grund für eine Überzeugung sein kann, die dieser den Status von Wissen verleiht. Nach allem, was wir bislang über Wissen gesagt haben, müssen wir diesem Gedanken zustimmen. Denn ein Subjekt, das zur Begründung einer Überzeugung eine Überzeugung anführt, die nicht ihrerseits den Status von Wissen hat, hat keinen Grund für seine Überzeugung, der die Wahrheit der fraglichen Überzeugung garantiert. Das aber heißt: Es gibt keine Lösung für das Trilemma innerhalb des Trilemmas. Wir können der skeptischen Kraft von Agrippas Trilemma nur entkommen, wenn wir in der Lage sind, eine implizite Voraussetzung zu identifizieren, die Agrippas Trilemma überhaupt erst ermöglicht, und von der wir zugleich zeigen können, daß wir zu ihr nicht gezwungen sind.

Wenn es eine Lösung für das Trilemma gibt, dann, so die Idee, muß diese Lösung *vor* dem Trilemma liegen. Auf welcher Voraussetzung beruht das Trilemma? Unter welcher Voraussetzung sind unendlicher Regreß, Zirkel und dogmatische Annahme die drei einzigen Optionen, zwischen denen wir wählen können, wenn wir versuchen, unsere Überzeugung zu rechtfertigen? Nun, das Trilemma beruht auf der Voraussetzung, daß die *einzige* Weise, in der wir die Wahrheit einer fraglichen Überzeugung rechtfertigen können, darin besteht, daß wir auf der Grundlage einer anderen Überzeugung auf ihre Wahrheit *schließen*. Genau dann nämlich ist es in der Tat so,

62 So etwa J. L. Pollock, der schreibt: »In typical skeptical arguments, we invariably find that we are more certain of the knowledge seemingly denied to us that we are of some of the premises. Thus it is not reasonable to adopt the skeptical conclusion that we do not have that knowledge. The rational stance is instead to deny one or more of the premises. In other words, a typical skeptical argument is best viewed as a *reductio ad absurdum* of its premises, rather than a proof of its conclusion.« In: J. L. Pollock, *Contemporary Theories of Knowledge*, S. 6.

daß sich in bezug auf das, was wir als Grund für unsere Überzeugung anführen, die Forderung nach einer Begründung wiederholen muß, eben weil das, was wir als Grund anführen, *von derselben Art* wie das zu Begründende ist. Wenn Überzeugungen dadurch definiert sind, daß die grundlegende Form ihrer Erklärung im Rechtfertigen besteht,[63] dann folgt aus der Voraussetzung, daß das Anführen von Überzeugungen die einzige Weise ist, durch die eine fragliche Überzeugung gerechtfertigt werden kann,[64] genau das, was Agrippas Trilemma illustriert: nämlich daß es prinzipiell unmöglich ist, eine Überzeugung zu haben, deren Wahrheit man garantieren kann.

Wir können uns dies dadurch klarmachen, daß wir uns die allgemeine Form vergegenwärtigen, die das Begründen hat, wenn wir eine Überzeugung mit einer anderen Überzeugung begründen: Wenn wir eine Überzeugung mit einer anderen Überzeugung begründen, dann heißt dies, daß wir ausgehend von einer bestimmten Behauptung q, die den Inhalt der begründenden Überzeugung darstellt, auf die Wahrheit einer anderen Behauptung p schließen, die sodann den Inhalt unserer begründeten Überzeugung darstellt. Und Agrippas tiefe Einsicht an dieser Stelle lautet, daß wir genau dann, wenn wir glauben, daß nur Überzeugungen Gründe für Überzeugungen sein können, wir niemals in der Lage sein werden, einen einzigen solchen Schluß zu begründen. Das Trilemma beruht folglich auf der Prämisse, daß nur Überzeugungen Gründe für Überzeugungen sein können. Es beruht damit auf der Identifikation der beiden folgenden Behauptungen:

(1) Überzeugungen werden durch Gründe für ihre Wahrheit erklärt.
(2) Nur Überzeugungen können Gründe für Überzeugungen sein.

Wenn wir die erste Behauptung bejahen, dann muß es möglich sein, die zweite Behauptung zu bestreiten, wenn eine Lösung für Agrippas Trilemma möglich sein soll. Identifiziert man hingegen beide

63 Vgl. auch L. BonJour, *The Structure of Empirical Knowledge*, der den Gedanken so ausdrückt: »Only beliefs [...] are [...] candidates for epistemic justification« (S. 6).

64 Jede Kohärenztheorie muß davon ausgehen, daß diese Voraussetzung des Trilemmas unbestreitbar ist. Vgl. dazu etwa Davidsons fraglose Formulierung dieser Prämisse: »Alles, was als Evidenz oder Rechtfertigung für eine Meinung gilt, [muß] aus der Gesamtheit der Meinungen kommen [...], der auch die zu rechtfertigende Meinung angehört.« In: D. Davidson, »Eine Kohärenztheorie der Wahrheit und der Erkenntnis«, S. 288.

Behauptungen miteinander, dann ist klar, daß es auf der Basis dieser Voraussetzung nur zwei Formen des Rechtfertigens geben kann: nämlich deduktives und induktives Rechtfertigen. Die einzige Weise, wie man sich unter dieser Voraussetzung daher empirisches Wissen verständlich machen kann, besteht darin, daß man es als das Resultat induktiven Rechtfertigens versteht.[65]

Blicken wir von diesem Ergebnis her zurück auf die Diskussion der Position Fogelins, dann verstehen wir damit, weshalb Fogelins Diskussion vollständig durch diese beiden Formen des Rechtfertigens bestimmt ist. Fogelins These ist ja, daß wir, wenn empirisches Wissen verständlich sein soll, in der Lage sein müssen, das Dogma der Erkenntnistheorie auf eine Weise aufzugeben, die es uns zugleich erlaubt, induktive Gründe für Wissen zuzulassen. Den Gedanken, daß man induktive Gründe zulassen muß, um empirisches Wissen zu verstehen, kann man indes nur haben, wenn man die oben identifizierte Prämisse fraglos teilt, von der Agrippas Trilemma abhängig ist. Nur die Prämisse, daß nur Überzeugungen Gründe für Überzeugungen sein können, zwingt einen zu glauben, daß empirisches Wissen nur als das Resultat einer induktiven Rechtfertigung verständlich sein kann. Und genau dann muß man glauben, daß man den Begriff eines wahrheitsgarantierenden Grundes, von dem Fogelin gegen das Dogma ganz richtig erkennt, daß er einzig mit dem faktiven Sinn des Wissensbegriffs vereinbar ist, in bezug auf empirisches Wissen nicht erläutern kann. Denn ein induktiver Grund ist im Unterschied zu einem deduktiven Grund ja gerade nicht kraft dessen, was er ist, wahrheitsgarantierend. Darum kann Fogelin trotz seiner richtigen Einsicht, daß zu Wissen die Idee einer wahrheitsgarantierenden Rechtfertigung gehört, nicht erläutern, was es heißt, daß jemand etwas weiß, sondern nur, was es heißt, daß jemand annimmt, er wisse etwas.

65 Genau diese Voraussetzung ist es auch, so können wir nun sehen, die BonJours Argumentation gegen die vierte Option trägt, der zufolge der Begründungsregreß bei sogenannten grundlegenden Überzeugungen an ein Ende kommen könnte, die epistemisch gerechtfertigt sind, ohne daß diese Rechtfertigung inferentiell abhängig ist von anderen empirischen Überzeugungen. Denn die Argumentation gegen diese Option setzt voraus, was erst noch zu zeigen wäre: nämlich daß die einzige Weise, eine empirische Überzeugung, daß p, zu rechtfertigen, darin besteht, daß wir eine andere Überzeugung, etwa daß q, anführen, aus der wir dann die Wahrheit der Behauptung p schließen können.

3. Die Kategorie des wahrheitsgarantierenden Grundes

Der Begriff eines wahrheitsgarantierenden Grundes ist unser Rätsel. Wir haben gezeigt, daß und weshalb dieser Begriff zu einer Erläuterung von Wissen gehört. Ob wir einen solchen Begriff verstehen können, ist bislang noch völlig offen. Bislang haben wir nur gesehen, wie wir diesen Begriff *nicht* verstehen können: Wir können ihn nicht verstehen, solange wir glauben, daß nur Überzeugungen Gründe für Überzeugungen sein können. Das Rätsel, ob und wie es möglich ist, diesen Begriff zu verstehen, wird uns noch bis zum Ende dieser Arbeit beschäftigen. Das Ergebnis unserer bisherigen Überlegungen ist, daß wir Raum schaffen müssen für den Begriff eines Grundes, der keine Überzeugung beschreibt.

Unsere bislang entwickelte formale Erläuterung einer für Wissen hinreichenden Begründung lautet: Eine für Wissen hinreichende Begründung ist ein bestimmter Typus von Begründung, nämlich derjenige Typus von Begründung, der die Frage: »Warum glaubst du, daß p?« *so* beantwortet, daß die Frage nach der Wahrheit von p *nicht mehr offen* ist. Wir haben dies eine wahrheitsgarantierende Begründung genannt. Die Frage, die durch eine wahrheitsgarantierende Begründung beantwortet wird, können wir die epistemische Warum-Frage nennen. Eine Warum-Frage fragt nach einer Erklärung. Die epistemische Warum-Frage fragt nach einer Erklärung dafür, weshalb jemand eine bestimmte Überzeugung hat. Die typische Antwort auf diese Frage enthält daher ein »Weil …«. »Warum glaubst du, daß in Afghanistan Krieg ausgebrochen ist?« »Weil ich es in den Nachrichten gehört habe«. Es handelt sich um eine *epistemische* Warum-Frage, weil es um die Erklärung einer Überzeugung geht und damit um die Erklärung von etwas, das genau dann, wenn die entsprechende Erklärung vorliegt, den Status von Wissen hat. Daß die Antwort auf diese Warum-Frage in der Angabe von Gründen für die Wahrheit besteht, heißt, daß die Idee von Erklärung, um die es bei dieser Frage geht, einen *normativen Sinn* hat. Dies wird zuweilen so ausgedrückt, daß man sagt, die epistemische Warum-Frage frage nicht nach den Ursachen einer Überzeugung, sondern nach deren Gründen.[66] Diese Charakterisierung des Unterschieds ist richtig, wenn man unter dem Angeben von Ursachen die

66 Siehe hier exemplarisch U. Steinvorth, *Was ist Vernunft?*, S. 52-63.

Angabe von etwas versteht, das einem bestimmten Typus von Erklärung zugehört: nämlich jenem Typus von Erklärung, der die Dinge dadurch verständlich macht, wie McDowell es ausdrückt, daß er deren Wirklichkeit als eine bestimmte Instanziierung dessen vorstellt, wie die Dinge im allgemeinen geschehen, also jener Typus von Erklärung, den etwa die Naturwissenschaften exemplifizieren.[67]

Doch damit hat man den Unterschied zwischen zwei Typen von Erklärung nur einfach in den Begriff der Ursache eingebaut. Und indem man dies tut, schließt man es von vornherein aus, daß Gründe Ursachen für Überzeugungen sein können. Doch weshalb? Welchen Grund gibt es, den Begriff der Ursache auf einen bestimmten Erklärungstyp zu restringieren? Diese Restriktion ist nicht nur nicht selbstverständlich, sondern steht auch in der Gefahr, mißverstanden zu werden. Denn sie legt nahe, daß jemand, der Gründe zur Beantwortung der epistemischen Warum-Frage gibt, damit eine Antwort gibt, die das Vorliegen dieser Überzeugung nicht *vollständig* erklärt. Eine solche Restriktion legt nahe, daß Erklärungen vom Standpunkt der Vernunft niemals vollständige Erklärungen sein können, da von vornherein behauptet wird, daß sie die Frage nach der Ursache einer Überzeugung stets offenlassen. Doch wenn ich auf die Frage, weshalb ich glaube, daß in Afghanistan Krieg ausgebrochen ist, die Antwort gebe »weil ich es in den Nachrichten gehört habe«, in welchem Sinn ist diese Erklärung unvollständig? Es wird eine der zentralen Ergebnisse dieser Arbeit sein, daß diese Antwort *in jedem Sinn* vollständig ist, wenn das Subjekt mit dieser Antwort genau dasjenige angibt, was es zu seiner Überzeugung geführt hat. Es ist nicht so, daß ich, wenn ich mein Hören der Nachrichtenmeldung als den Grund meiner Überzeugung anführe, damit meine Überzeugung noch nicht vollständig erklärt habe, weil ich zwar den Grund, aber nicht die Ursache angegeben habe. Meine Überzeugung ist vollständig erklärt genau deswegen, weil dieser Grund die Ursache dafür ist, daß ich diese und nicht eine andere Überzeugung gebildet habe.[68] Wir müssen daher nicht Grund und Ursache,

67 J. McDowell, »Functionalism and Anomalous Monism«, S. 328 f.

68 D. Davidson hat diesen Gedanken exemplarisch mit Bezug auf die Erklärung von Handlungen entwickelt in »Handlungen, Gründe und Ursachen«. Ebenso G. E. M. Anscombe in *Absicht*, §§ 5-19 und in »The Causation of Action« sowie in »Memory, ›Experience‹ and Causation«. Ebenso auch J. McDowell, der diesen Gedanken so ausdrückt, daß er sagt, Zustände, die unter Begriffe für propositionale Ein-

sondern zwei Typen von Erklärung auseinanderhalten, um jenem Unterschied Rechnung zu tragen, der mit dieser Unterscheidung eingeholt werden soll. Tun wir dies, dann können wir sagen, daß das Begründen in der Tat eine Form der kausalen Erklärung ist. Indem ich die Gründe angebe, aus denen ich etwas glaube, gebe ich eine kausale Erklärung dafür, weshalb ich das glaube, und zwar eine Erklärung, die sichtbar macht, weshalb diese Überzeugung vom Standpunkt der Vernunft aus zu bejahen ist, weil die Gründe, die ich habe, Gründe für ihre Wahrheit sind.

Wir hatten gesagt, eine für Wissen hinreichende Rechtfertigung sei diejenige Antwort auf die epistemische Warum-Frage, die diese Frage so beantwortet, daß die Frage nach der Wahrheit der Überzeugung nicht mehr offen ist. Dies heißt, nicht jede Antwort auf die epistemische Warum-Frage ist für Wissen hinreichend. Andernfalls würden wir von vornherein ausschließen, daß jemand eine begründete Überzeugung haben kann, die nicht den Status von Wissen hat. Das heißt, wir würden all das ausschließen, was wir bloße Meinungen, Vermutungen, Annahmen, Hypothesen nennen. Wir unterscheiden also zwischen zwei Typen von Antworten auf die epistemische Warum-Frage: solche, die die Wahrheit einer Überzeugung garantieren, und solche, die sie nicht garantieren, sondern weniger leisten. Während erstere für Wissen hinreichend sind, weil sie ausschließen, daß die Überzeugung falsch ist, sind letztere nicht hinreichend für Wissen, weil sie nicht ausschließen, daß die Überzeugung falsch ist. Diese Bestimmung des Begriffs einer für Wissen hinreichenden Rechtfertigung ist rein formal, da sie nichts darüber sagt, worin eine solche Rechtfertigung besteht, sondern allein etwas darüber sagt, was es heißt, eine solche Rechtfertigung zu haben. Sie sagt, daß jemand, der eine solche Rechtfertigung hat, eine Antwort auf die epistemische Warum-Frage gibt, die ausschließt, daß die Überzeugung falsch ist.

Agrippas Trilemma will nun sagen: Es ist unmöglich für uns, eine solche Rechtfertigung für unsere Überzeugungen zu haben. Wir hatten sodann behauptet, daß wir das Trilemma als eine *reductio* ei-

stellungen fallen, seien intrinsisch mit einer Form von kausaler Erklärung verknüpft, die darin *sui generis* ist, daß sie einen normativen Charakter hat. Exemplarisch in J. McDowell, »Functionalism and Anomalous Monism«, bes. S. 328 f. So auch P. Strawson, »Causation and Explanation«. Die Bedeutung dieses Gedankens werde ich im Laufe dieser Untersuchung noch ausführlich entwickeln.

ner seiner Voraussetzungen verstehen sollten. Die Voraussetzung, die wir identifiziert haben, lautet, daß das Trilemma nur besteht, wenn gilt, daß das einzige, was wir als Grund zur Begründung einer Überzeugung anführen können, eine Überzeugung ist. Genau dann nämlich läßt sich die Frage, die der Grund beantworten soll, wiederum an den Grund stellen. Und wenn jeder Grund derart ist, daß sich die Frage, von der wir ausgegangen sind – warum p glauben? –, wiederum an diesen Grund stellen läßt, dann heißt dies, daß die Frage »warum p glauben?« an keiner Stelle so beantwortet werden kann, daß damit ausgeschlossen ist, daß p falsch ist. Wir schließen daraus, daß diese Prämisse falsch sein muß: die Prämisse, daß man eine Überzeugung nur dadurch begründen kann, daß man sie aus einer anderen Überzeugung erschließt. Wenn Wissen möglich sein soll, dann muß es Antworten auf die epistemische Warum-Frage geben, die diese Frage *so* beantworten, daß die Frage nach der Wahrheit nicht mehr offen ist. Eine notwendige Bedingung einer solchen Antwort, so haben wir in der Auseinandersetzung mit Agrippas Trilemma gesehen, besteht darin, daß ausgeschlossen ist, daß die epistemische Warum-Frage an sie wiederholt werden kann. Denn andernfalls hieße dies, daß die Frage nach der Wahrheit weiterhin offen wäre.

Machen wir uns den Status unserer bisherigen Überlegungen klar: Wir behaupten an dieser Stelle weder, daß wir gezeigt haben, daß es wahrheitsgarantierende Gründe gibt, noch, wie wir solche Gründe verstehen können. Wir behaupten an dieser Stelle nur, daß die Kategorie solcher Gründe notwendig ist, wenn die Idee des Wissens Sinn machen soll. Rein begriffliche Überlegungen bringen uns an dieser Stelle dahin, die Notwendigkeit einer bestimmten Kategorie von Gründen zu behaupten, wenn der Begriff des Wissens sinnvoll sein soll.[69] Die Gründe, die zu dieser Kategorie ge-

69 In diesem Sinn verstehe ich Wittgenstein, wenn er schreibt: »Das Raisonnement, das zu einem endlosen Regreß führt, ist nicht darum aufzugeben, weil wir so nicht das Ziel erreichen können, sondern, weil es hier ein Ziel nicht gibt; so daß es gar keinen Sinn hat, zu sagen ›wir können es nicht erreichen‹. Wir meinen leicht, wir müßten den Regreß ein paar Stufen weit durchlaufen und ihn dann sozusagen in Verzweiflung aufgeben. Während seine Ziellosigkeit [...] aus der Anfangsposition zu entnehmen ist.« In: L. Wittgenstein, *Zettel*, § 693. Wenn der Grund und das Begründete von derselben Art sind, dann ist es aus der »Anfangsposition« dieser Betrachtung zu entnehmen, daß kein Grund jemals die Frage, auf die er eine Antwort sein soll, beantworten kann.

hören, müssen durch die beiden folgenden Merkmale charakterisiert sein:

(1) Es sind Gründe, die die Wahrheit des Begründeten garantieren.
Eine notwendige Bedingung für (1) ist:
(2) Es sind Gründe, auf die die epistemische Warum-Frage nicht anwendbar ist.

Stellen wir uns einmal vor, es gebe Gründe dieser Kategorie. Wenn es Gründe dieser Kategorie gibt, dann heißt dies, daß es Gründe gibt, die von anderer Art als das Begründete sind. Wie muß ein solcher Grund beschaffen sein? Stellen wir uns hierfür zum Kontrast noch einmal die Form vor, die unser Begründen dann hat, wenn wir eine Überzeugung mit einer anderen Überzeugung begründen: Wenn ich als Antwort auf die Frage »Warum glaubst du p?« sage »weil ich q glaube«, und auf die Frage »Warum glaubst du q?« sage »weil ich r glaube«, und auf die Frage »Warum glaubst du r?« sage »weil ich s glaube«, dann ist das Wesen dieser Antworten dadurch bestimmt, daß ich in diesen Antworten einerseits den *Inhalt* meiner propositionalen Einstellung *wechsle* – p begründe ich mit q und q mit r und r mit s – und andererseits den *Nexus* zwischen mir und dem jeweiligen Inhalt *konstant* halte: Es ist jedesmal ein *Nexus des Glaubens*. Und eben darum kann in bezug auf den Inhalt q genau dieselbe Frage wiederholt werden wie in bezug auf den Inhalt p.

Wir schließen daraus, daß es nur dann wahrheitsgarantierende Gründe geben kann, wenn es Gründe gibt, die wie folgt beschaffen sind: Es muß sich um Akte handeln, die dadurch charakterisiert sind, daß wir, wenn wir sie als Antwort auf die Frage »Warum glaubst du p?« anführen, dabei nicht einen anderen Inhalt als eben den anführen, den es zu begründen gilt, sondern einen anderen *Nexus zu diesem Inhalt*: nämlich einen solchen, der die Warum-Frage so beantwortet, daß ausgeschlossen ist, daß der Inhalt, zu dem wir ein solches Verhältnis haben, falsch sein könnte.

4. Kennen wir Gründe dieser Kategorie?

Agrippas Trilemma setzt voraus, daß Gründe, die zu jener Kategorie gehören, die wir im letzten Abschnitt beschrieben haben, für uns unmöglich sind. Was zeigen die obigen Überlegungen? Nun, sie zeigen zunächst einmal nicht mehr, als daß wir Gründe dieser Kategorie brauchen, wenn für uns begreiflich sein soll, wie wir Wissen haben können. Sie zeigen jedoch nicht, daß wir solche Gründe haben. Die obigen Überlegungen behaupten nur: *Wenn* wir keine solchen Gründe haben, *dann* können wir kein Wissen haben. Man könnte nun glauben, daß genau dann, wenn begriffliche Überlegungen nicht in der Lage sind, uns zu zeigen, daß wir Gründe haben, die unter diese Kategorie fallen, das skeptische Trilemma gilt. Doch dieser Schluß ist falsch. Denn wie könnten begriffliche Überlegungen uns zeigen, daß wir Gründe haben, die unter eine bestimmte Kategorie fallen? Begriffliche Überlegungen können uns nur zeigen, daß wir solche Gründe haben *müssen*, nicht jedoch, daß wir sie tatsächlich *haben*. An dieser Stelle helfen uns begriffliche Überlegungen nicht weiter. Wir müssen die Frage nun vielmehr *an uns selbst* richten. Wir müssen uns fragen: Kennen *wir* solche Gründe? Finden wir in unserem Denken Ausdrücke vor, die einen Nexus bezeichnen, der der obigen Charakterisierung entspricht? Da wir uns tagtäglich als Wissende charakterisieren, ist zu vermuten, daß wir tatsächlich über solche Ausdrücke verfügen. Wir finden die folgenden Ausdrücke: »Ich nehme wahr, daß …« (sehen, hören, riechen, fühlen etc.); »Ich erinnere mich, daß …«; »Ich habe von jemandem erfahren, daß …«; »Ich habe bewiesen, daß…«. Diese Ausdrücke scheinen wenigstens prima facie einen Nexus zu einem propositionalen Inhalt zu bezeichnen, der unter die Kategorie eines wahrheitsgarantierenden Grundes fällt. Wenn jemand auf die Frage »Warum glaubst du, daß p« antwortet: »Weil ich sehe, daß p«, dann bringt er zur Begründung seiner Überzeugung, daß p, keinen neuen Inhalt ins Spiel, sondern einen neuen Nexus zu dem fraglichen Inhalt. Und zwar bringt er einen Nexus ins Spiel, der die epistemische Warum-Frage so beantwortet, daß ausgeschlossen ist, daß der Inhalt, zu dem wir in einem solchen Verhältnis stehen, falsch sein könnte.

Wir können diesen Gedanken an dieser Stelle so formulieren, daß er nicht mehr als eine Selbstverständlichkeit zum Ausdruck bringt. Wenn jemand sieht, daß p, dann hat er einen Grund für die Überzeugung, daß p, der garantiert, daß diese Überzeugung wahr ist. Und zwar hat er genau deswegen einen solch wahrheitsgarantierenden Grund, weil gemäß einer bestimmten Verwendung des Ausdrucks »S sieht, daß p« es so ist, daß darin, daß jemand sieht, daß p, logisch impliziert ist, daß p. Es gibt eine Verwendung von »S sieht, daß p«, der zufolge dies ein faktiver Ausdruck ist. Gemäß dieser Verwendung könnte jemand nicht sehen, daß p, wenn p nicht der Fall wäre. Wenn p nicht der Fall wäre, könnte er bestenfalls den visuellen Eindruck haben, daß p. Dasselbe gilt für die anderen oben aufgezählten Ausdrücke. Wenn jemand von einem anderen erfährt, daß p, dann hat er einen Grund für seine Überzeugung, der garantiert, daß seine Überzeugung wahr ist. Und zwar hat er genau deswegen einen solchen Grund für seine Überzeugung, weil darin, daß er von einem anderen erfährt, daß p, impliziert ist, daß p. Wie bei »sehen, daß p« gibt es eine Verwendung des Ausdrucks »von einem anderen erfahren, daß p«, der zufolge dies ein faktiver Ausdruck ist. Gemäß dieser Verwendung könnte jemand nicht von einem anderen erfahren, daß p, wenn p nicht der Fall wäre. Wenn p nicht der Fall wäre, könnte er bestenfalls den anderen haben sagen hören, daß p.

Im Anschluß an Simon Blackburn können wir die Positionen, die Ausdrücke wie wahrnehmen, daß..., von einem anderen erfahren, daß ..., beweisen, daß ..., sich erinnern, daß ..., beschreiben, »garantierende« epistemische Positionen nennen.[70] Jemand, der eine Position einnimmt, die unter einen dieser Ausdrücke fällt, hat einen Grund für seine Überzeugung, der die Wahrheit seiner Überzeugung garantiert. Wenn jemand seine Überzeugung damit begründet, daß er eine durch diese Ausdrücke bezeichnete Position anführt, dann führt er damit einen wahrheitsgarantierenden Grund für seine Überzeugung an, auf den die epistemische Warum-Frage nicht anwendbar ist. Man kann fragen: »Warum glaubst du, daß da vorne eine Teetasse steht?« Aber man kann nicht in demselben Sinn fragen: »Warum siehst du, daß da vorne eine Teetasse steht?« Man kann dies nicht in dem Sinn fragen, in dem die Frage darauf abzielt, herauszufinden, ob der propositionale Inhalt, um den es geht, wahr ist. Ebenfalls kann man fragen: »Warum glaubst du, daß Gregor Gysi der neue Wirtschaftssenator von Berlin ist?« Aber man kann nicht in demselben Sinn fragen: »Warum hast du von deinem Nachbarn erfahren, daß Gregor Gysi der neue Wirtschaftssenator von Berlin ist?«

Ich habe gesagt, daß diese Formulierungen eine Selbstverständlichkeit ausdrücken. Daß sie eine Selbstverständlichkeit aus-

70 S. Blackburn, »Knowledge, Truth and Reliability«, S. 176 f. Entsprechend auch J. McDowell, »Knowledge by Hearsay«, S. 428, sowie »Knowledge and the Internal«, S. 397 f.

drücken, soll besagen, daß sie nicht mehr zu tun beanspruchen, als genau dasjenige Verständnis dieser Ausdrücke zu fixieren, um deren Erläuterung es nun gehen wird. Eine Selbstverständlichkeit zu formulieren heißt nicht schon, einen philosophischen Gedanken zu formulieren. Indem wir eine Selbstverständlichkeit formulieren, versuchen wir vielmehr, uns den Boden zu bereiten für Überlegungen, die philosophisch sind in genau dem Maße, wie sie nicht einfach zum Ausdruck bringen, wie wir bestimmte Begriffe verwenden, sondern die versuchen, diese Verwendung von Begriffen zu begreifen und damit das Phänomen zu begreifen, das wir beschreiben, wenn wir sie *so* verwenden.

Die Behauptung, daß wir uns dadurch, daß wir eine Selbstverständlichkeit formulieren, den Boden für philosophische Überlegungen bereiten, mag suspekt klingen. Man möchte vielleicht sagen: Es gibt keine Selbstverständlichkeiten in der Philosophie, sondern jede Selbstverständlichkeit ist selbst schon eine philosophische Konstruktion. Die Idee, daß es Selbstverständlichkeiten gibt, auf die wir uns in der Philosophie berufen können, ist die Phantasie, man könne in der Philosophie einen voraussetzungslosen Anfang haben, einen Anfang, der nicht seinerseits schon eine bestimmte philosophische Position zum Ausdruck bringt. Indes, der Einwand beruht auf einem Mißverständnis. Wenn man eine Selbstverständlichkeit formuliert, dann formuliert man nicht etwas, auf das man sich in der philosophischen Betrachtung als Prämisse eines Arguments berufen kann, um daraus dann weitere philosophische Einsichten abzuleiten, ohne diese Prämisse jemals zu rechtfertigen. Das wäre in der Tat Unsinn. Wäre eine Selbstverständlichkeit die ungerechtfertigte Prämisse sogenannter Einsichten, könnten diese keine Einsichten sein. Indem wir eine Selbstverständlichkeit formulieren, formulieren wir nicht die Prämisse eines Arguments, sondern wir versichern uns des gemeinsamen Gebrauchs eines bestimmten Begriffs, ohne den es gar kein philosophisches Problem mit diesem Begriff geben kann. Denn ohne einen gemeinsamen Gebrauch eines bestimmten Begriffs kann es keine philosophische Frage danach geben, wie man diesen Gebrauch verstehen *muß*. Die philosophische Erläuterung beruht darauf, daß es ein solch gemeinsames Verständnis von Begriffen gibt, um überhaupt in Gang zu kommen. In diesem Sinn ist die Philosophie in der Tat nicht voraussetzungslos. Ihre Voraussetzung ist, daß wir ein solch gemeinsames Verständnis von Begriffen haben, das wir in der philosophischen Betrachtung dann seinerseits zu verstehen versuchen. Die Möglichkeit, eine Selbstverständlichkeit zu formulieren, ist eine Voraussetzung für die Philosophie, und genau deswegen ist die Formulierung einer Selbstverständlichkeit selbst noch keine Philosophie.[71]

Aus diesem Grund kann die Formulierung einer Selbstverständlichkeit in der Philosophie auch nicht dazu verwendet werden, eine bestimmte philosophische Position damit zurückzuweisen. Darin besteht das Mißverständnis der sogenannten Philosophie der gewöhnlichen Sprache. Die sogenannte Philosophie der gewöhnlichen Sprache mißversteht (in der Regel) den Status, den jene Formulierungen in der Philosophie haben, in denen wir unser gemeinsames Begriffsverständnis festhalten. Sie verwendet diese Formulierungen als ein Argument zur Zurückweisung bestimmter philosophischer Positionen. Doch diese Rolle können Selbstverständlichkeiten in der Philosophie genau dann, wenn sie Selbstverständlichkeiten sind, gerade nicht spielen. Daß eine bestimmte Formulierung eine Selbstverständlichkeit ausdrückt, schließt den Gedanken ein, daß keine philosophische Position diese bestreitet. Nur dann kann man sagen, man habe eine Selbstverständlichkeit formuliert.[72] Wenn wir in der Philosophie eine Selbstverständlich-

71 Vgl. zu diesen meta-philosophischen Überlegungen sehr erhellend S. Cavell, »Aesthetic Problems of Modern Philosophy«, bes. S. 77, 89, 95.

72 Dieses Mißverständnis über die Rolle von Selbstverständlichkeiten in der Philosophie kommt etwa in Austins Kritik an der u. a. von Ayer und Price formulierten Analyse unserer Wahrnehmungsverben zum Ausdruck. Ayer und Price zufolge haben unsere Wahrnehmungsverben in unserer gewöhnlichen Sprache eine zweifache Verwendung, nämlich sowohl eine faktive wie auch eine nicht-faktive. Ayers These nun ist, daß die nicht-faktive Verwendung dieser Verben die epistemologisch grundlegende Verwendung ist (vgl. A. Ayer, *The Foundations of Empirical Knowledge*, S. 20). Austin glaubt nun, Ayers Position mit dem Argument kritisieren zu können, daß dieser sich über unsere Verwendung von Wahrnehmungsverben täusche. Denn nach unserer gewöhnlichen Verwendung von Wahrnehmungsverben, so will Austin sagen, hätten diese nur einen einzigen, nämlich faktiven Sinn (vgl. J. Austin, *Sinn und Sinneserfahrung*, S. 114 ff.). Doch Austins Versuch, Ayers Behauptung zurückzuweisen, unsere Wahrnehmungsverben hätten einen zweifachen Sinn, ist für die erkenntnistheoretische Frage vollkommen irrelevant. Denn die für die Erkenntnistheorie entscheidende Frage lautet einzig, wie wir jene Verwendung dieser Verben zu verstehen haben, in der wir in einem faktiven Sinn über jemanden sagen, daß er sieht, daß p. Um Ayers epistemologische Behauptung zu bestreiten, daß die nicht-faktive Verwendung von Wahrneh-

keit formulieren – eben wenn wir sagen: darin, daß jemand wahrnimmt, daß p, ist impliziert, daß p –, dann beanspruchen wir damit noch keine philosophische Analyse dieses Ausdrucks und folglich des damit beschriebenen Phänomens, sondern wir fixieren allein den Gegenstand unserer Analyse. *Dieses* Phänomen ist es, das wir verstehen wollen.

Auf die skeptische Fragestellung bezogen, haben wir mit diesen Überlegungen so viel erreicht: Wir haben gezeigt, daß Agrippas Trilemma für sich genommen noch kein skeptisches Problem formuliert, da es genau das voraussetzt, was ein skeptisches Argument zu zeigen hätte: nämlich daß es unmöglich ist, einen geistigen Akt zur Begründung einer Überzeugung anzuführen, der die Wahrheit einer Überzeugung garantiert. Agrippas Trilemma muß von vornherein ausschließen, daß jemand seine Überzeugung begründen kann, indem er sagt »weil ich sehe (oder gesehen habe), daß p« oder indem er sagt »weil ich von meinem Nachbarn erfahren habe, daß p«. Es muß voraussetzen, daß diese Antworten prinzipiell keine Überzeugung begründen können. Und genau das, so können wir nun sehen, müssen auch Fogelin und der Kohärenztheoretiker der Rechtfertigung voraussetzen. Da beide glauben, daß eine echte Lösung von Agrippas Trilemma unmöglich ist, sondern wir nichts anderes tun können, als uns innerhalb des Trilemmas mit einer seiner Optionen zu arrangieren, müssen beide glauben, daß es unmöglich ist, zu erläutern, was es heißt, daß jemand etwas weiß, indem man sagt: Jemand weiß etwas unter anderem dann, wenn er das, was er glaubt, dadurch begründen kann, daß er das, was er glaubt, sieht. Doch daß eine solche Erläuterung unmöglich und also die Voraussetzung von Agrippas Trilemma richtig ist, zeigt Agrippas Trilemma

mungsverben die epistemologisch grundlegende ist, ist es nicht nur nicht ausreichend, nachzuweisen, daß es gemäß unseres gewöhnlichen Sprachgebrauchs falsch ist, Wahrnehmungsverben auf Zustände der Halluzination etc. anzuwenden. Es ist vielmehr so, daß ein solcher Nachweis dafür noch nicht einmal nötig ist. Dies sieht man etwa daran, wie Anscombe versucht hat, diesen Streit aufzulösen. So hat Anscombe *gegen* Austin behauptet, daß man sehr wohl sagen kann, beispielsweise, daß Hamlet seinen Vater sieht oder daß Macbeth seinen Dolch sieht, obgleich gar kein Dolch vor seinen Augen ist. Und sie hat zugleich *gegen* Ayer behauptet, daß es falsch ist, daraus zu schließen, daß die direkten Gegenstände der Wahrnehmung genau dann, wenn wir dies zulassen, keine materiellen Gegenstände, sondern Sinnesdaten sein müssen. In: G. E. M. Anscombe, »The Intentionality of Sensation«.

nicht. Agrippas Trilemma formuliert folglich erst dann ein skeptisches Problem, wenn wir ein zwingendes Argument haben, das von genau diesen Gründen, d. h. von Gründen, die im Licht unseres alltäglichen Selbstverständnisses unter die oben formulierte Kategorie zu fallen *scheinen*, zeigt, daß es wider den ersten Anschein *unmöglich* ist, daß sie unter diese Kategorie fallen.

5. Sinnlichkeit als Quelle von Wissen

Wir haben bislang so argumentiert, als müßten wir die Voraussetzung des Trilemmas deswegen aufgeben, weil andernfalls das epistemologische Problem, mit dem es uns konfrontiert, unlösbar ist. Doch die Unlösbarkeit des epistemologischen Problems, mit dem uns diese Voraussetzung konfrontiert, ist nicht der tiefste Grund, der uns zwingt, diese Voraussetzung aufzugeben. Wir müssen diese Voraussetzung des Trilemmas aufgeben, nicht, weil wir andernfalls das epistemologische Problem nicht lösen können, sondern weil wir andernfalls nicht verstehen können, wie wir überhaupt solche Akte vollziehen können, von denen das Trilemma behaupten möchte, daß wir sie niemals *so* rechtfertigen können, daß man sagen kann, man wisse etwas: nämlich Akte der Überzeugung, die einen objektiven Inhalt in dem Sinn haben, daß seine Wahrheit davon *abhängig* ist, *wie die Dinge in der Welt sind*.[73] Auf diese Weise haben wir oben in allgemeiner Weise den Begriff der Überzeugung eingeführt: Überzeugungen sind spontane Akte eines »endlichen denkenden Wesens«, deren Inhalt in dem Sinn objektiv ist, daß die Welt der Maßstab seiner Wahrheit ist. Das Bilden von Überzeugungen ist nach dieser Bestimmung also das Vorrecht endlicher denkender Wesen. Weder Tiere noch Götter haben Überzeugungen über die Welt. Das Trilemma setzt nun voraus, daß wir solche Akte vollziehen können und in diesem Sinn Überzeugungen haben können. Denn nur, wenn man dies voraussetzt, kann man das Problem formulieren, dessen Unlösbarkeit das Trilemma behauptet: nämlich wie man bestimmte Akte, die dadurch definiert sind, daß sie die Frage nach ih-

73 Niemand bestreitet, daß Agrippas Trilemma den Anspruch hat, die Unmöglichkeit der Rechtfertigung *empirischer* Überzeugungen aufzuzeigen. Vgl. explizit dazu L. BonJour, *The Structure of Empirical Knowledge*, S. 21; R. Fogelin, *Pyrrhonian Reflections*, S. 116.

rer Wahrheit aufwerfen können, normativ erklären kann. Denn die Frage nach der Wahrheit eines Aktes kann sich weder stellen, wenn der Akt, um den es geht, gar keinen Inhalt hat, noch, wenn die Wahrheit seines Inhalts ein Produkt dieses Aktes ist. Um also behaupten zu können, daß es unmöglich für uns ist, Überzeugungen so begründen zu können, daß wir dadurch ausschließen können, daß sie falsch sind, muß man voraussetzen, daß wir überhaupt Überzeugungen haben können. Fragen wir uns also, ob diese Voraussetzung des Trilemmas erfüllt sein kann, wenn wir zugleich an der anderen Voraussetzung des Trilemmas festhalten, der zufolge nur Überzeugungen Gründe für Überzeugungen sein können.[74]

Stellen wir uns also vor, Überzeugungen seien die einzigen geistigen Akte, die für ein Subjekt Gründe dafür sein können, genau das zu tun, was es tut, wenn es eine Überzeugung bildet: sich dazu zu entscheiden, einen bestimmten begrifflichen Inhalt als wahr zu bejahen. Dies würde bedeuten, daß die einzigen geistigen Akte, die normativ erklären können, weshalb jemand etwas glaubt, ihrerseits dadurch charakterisiert sind, daß ihr begrifflicher Inhalt das Resultat einer von der Wahrheit geleiteten Entscheidung des Subjekts ist. Indes, wenn Überzeugungen die *einzigen* Kandidaten für eine normative Erklärung von Überzeugungen sind, dann heißt dies, daß *nichts* von dem, was das Subjekt in der Bildung einer Überzeugung leiten kann, von der Art ist, daß dies reflektiert, daß die Wahrheit seiner Überzeugung *abhängig* davon ist, *wie die Dinge in der Welt sind.* Vielmehr ist alles, was es leitet, von einer Entscheidung des Subjekts abhängig. Wenn aber das so ist, dann macht dies den Gedanken unmöglich, daß ein Subjekt Akte vollziehen kann, die es als etwas versteht, dessen Wahrheit davon abhängig ist, wie die Dinge in der Welt sind. Doch dann gibt es das Problem nicht, welches das Trilemma formuliert. Denn das Trilemma beruht darauf, daß ein Subjekt Akte vollziehen kann, in denen es sich auf die Welt als ihrem Maßstab bezieht, der bestimmt, ob diese Akte wahr oder falsch sind.

Dies zeigt, daß der Gedanke, daß wir Überzeugungen im Sinne von Akten mit einem objektiven Inhalt haben, ganz gleich, ob sie nun wahr oder falsch sind, keineswegs voraussetzungslos ist. Damit

74 Mein Einwand gegen Davidsons Kohärenztheorie (u. a. in D. Davidson, »Eine Kohärenztheorie der Wahrheit und der Erkenntnis«) ist folglich ein Einwand gegen eine falsche Lesart des Regreß-Problems: nämlich seine Reduktion auf ein epistemologisches Problem.

dieser Gedanke überhaupt *verständlich* sein kann, müssen wir vielmehr über geistige Akte als Gründe für Überzeugungen verfügen, deren begrifflicher Inhalt nicht das Resultat einer Entscheidung ist, sondern der abhängig davon ist, wie die Dinge in der Welt sind. Damit wir Überzeugungen haben können, deren Wahrheit wir als abhängig von der Welt verstehen, müssen wir über Gründe für Überzeugungen verfügen, die genau diese Abhängigkeit von der Welt reflektieren. Das bedeutet, daß wir über Gründe verfügen müssen, die, Kantisch ausgedrückt, nicht dem Vermögen der Spontaneität entspringen, sondern einem Vermögen, welches durch »Rezeptivität« charakterisiert ist.[75] Und zwar genauer einem Vermögen, dessen Rezeptivität darin besteht, daß seine Aktualisierungen einem Subjekt ebenjene Art von Gründen liefern, ohne die es nicht verstehen kann, wie es Überzeugungen haben kann, deren Wahrheit abhängig davon ist, wie die Dinge in der Welt sind. Es muß folglich geistige Akte geben, die einem Vermögen entspringen, welches nicht dadurch charakterisiert ist, »Vorstellungen selbst hervorzubringen«, sondern dadurch, »Vorstellungen zu empfangen«, wie Kant es ausdrückt.[76] Unser Vermögen der Sinnlichkeit ist ein solch rezeptives Vermögen.[77] Denn unsere Sinnlichkeit, so formuliert es Kant, ist die Fähigkeit, »Vorstellungen durch die Art, wie wir von Gegenständen affiziert werden, zu bekommen.«[78] Ein Subjekt, das einen Grund für eine Überzeugung hat, der seiner Sinnlichkeit entspringt, hat eine Vorstellung von etwas, die das Resultat seiner Fähigkeit ist, von den Gegenständen in der Welt affiziert zu werden. Es hat folglich eine Vorstellung von etwas, die intrinsisch dadurch bestimmt ist, daß ihr begrifflicher Inhalt nicht das Resultat der *Entscheidung* eines Subjekts ist, sondern das Resultat einer *Einwirkung* der Welt auf die Sinnlichkeit eines Subjekts. Damit ein Subjekt Überzeugungen haben kann, deren Wahrheit abhängig davon ist, wie die Dinge in der Welt sind, muß es Gründe für Überzeugungen haben, die seiner Sinnlichkeit entspringen.

Was zeigen uns diese Überlegungen zur Frage, wie Überzeugungen möglich sind, deren Inhalt in dem Sinn objektiv ist, daß seine Wahrheit abhängig davon ist, wie die Dinge in der Welt sind?

75 I. Kant, *Kritik der reinen Vernunft*, B 33.

76 Ebd.

77 Ebd.

78 Ebd.

Nun, sie zeigen uns, daß, wenn es geistige Akte geben sollte, die zur Kategorie eines wahrheitsgarantierenden Grundes gehören, wir bestimmte von ihnen von vornherein auszeichnen können: nämlich jene geistigen Akte, deren Nexus nicht nur *begründend*, sondern auch *rezeptiv* ist. Der grundlegende Fall der Begründung von Überzeugungen muß ein geistiger Akt sein, in dem ein rezeptiver Nexus zwischen dem Subjekt dieses Aktes und einem bestimmten Inhalt besteht.[79] Denn nur, wenn es geistige Akte gibt, in denen ein sowohl begründender wie auch rezeptiver Nexus zu einem Inhalt besteht, können wir erklären, wie ein Subjekt Überzeugungen haben kann, deren Wahrheit abhängig davon ist, wie die Dinge in der Welt sind. Um solche Überzeugungen haben zu können, müssen wir Akte vollziehen können, deren begrifflichen Inhalt wir nicht in dem Sinn selbst hervorbringen, daß er abhängig von einer Entscheidung von uns ist, sondern deren begrifflichen Inhalt wir von der Welt vermittels unserer Sinnlichkeit *empfangen*.[80]

Wir werden im folgenden Überzeugungen, die auf einen solch rezeptiven Grund zurückgehen, empirische Überzeugungen nennen und die ihnen entsprechende Art von Wissen empirisches Wissen. Von jenen Ausdrücken, die wir vorhin als Ausdrücke für angebliche Instanzen von geistigen Akten identifiziert haben, die unter die Ka-

79 Die Idee eines rezeptiven Nexus ist, so die Konsequenz, nötig, um aus der Idee einer inferentiellen Rechtfertigung für empirische Überzeugungen überhaupt Sinn machen zu können, d. h. die Idee der Begründung einer empirischen Überzeugung dadurch, daß man sie aus einer anderen empirischen Überzeugung ableitet. Denn es gibt andernfalls keine Überzeugungen, die einen empirischen Inhalt haben, aus denen wir die Wahrheit eines anderen empirischen Inhalts ableiten könnten.

80 D. Davidson und M. Williams glauben, diese Auszeichnung des rezeptiven Nexus sei das Resultat einer epistemologischen Überlegung, nämlich das Resultat des Versuchs, auf diese Weise das Regreßproblem zu lösen, und nicht, wie wir argumentiert haben, das Resultat einer transzendentalen Überlegung. McDowell argumentiert so gegen Davidsons (Miß-)Verständnis des Motivs jener Theorien, die den sogenannten »Mythos des Gegebenen« vertreten. In: J. McDowell, *Mind and World*, S. 14 ff. L. Wingert argumentiert in derselben Weise gegen die von M. Williams in *Unnatural Doubts. Epistemological Realism and the Basis of Scepticism* vertretene Position. Williams sehe nicht, so Wingert, daß es in der Auszeichnung eines solchen Nexus darum geht, Gründe als etwas zu begreifen, das erklärt, wie »der Wissende in die für Aussagewissen wesentliche Beziehung der Weltverbundenheit kommt oder bleibt.« In: L. Wingert, »Die eigenen Sinne und die fremde Stimme. Über den mehrfachen Grund unserer Wissensansprüche«, S. 227.

tegorie eines wahrheitsgarantierenden Grundes fallen, gehören die Ausdrücke »wahrnehmen, daß p« und »von einem anderen erfahren, daß p« offenkundig in die Klasse jener Ausdrücke, die genau einen solchen Nexus zu bezeichnen scheinen: einen begründenden Nexus, der rezeptiv ist. Denn wenn jemand etwas wahrnimmt, dann schließt dies ein, daß er einen sinnlichen Eindruck von etwas hat. Daß er einen sinnlichen Eindruck hat, etwa den, daß es gerade schneit, aber heißt, daß er einen geistigen Akt vollzieht, der sich dadurch von einer Überzeugung unterscheidet, daß dieser nicht als solcher schon impliziert, daß man den begrifflichen Inhalt dieses Eindrucks bejaht. Daß sinnliche Eindrücke rezeptiv sind, heißt, daß sie nicht als solche schon genau jenen Akt des Stellungnehmens implizieren, der Überzeugungen charakterisiert. Nachdrücklich zeigt sich dies etwa daran, daß man selbst dann den sinnlichen Eindruck hat, ein ins Wasser getauchter Stab sei krumm, wenn man längst weiß, daß er gerade ist. Richtig ist natürlich, daß man eine Entscheidung darüber fällen kann, ob man hier und jetzt in dieser Situation überhaupt seine Augen öffnen soll oder will, oder ob man das Licht anmachen soll oder will, etwa um besser zu sehen, oder ob man aufmerksam hinschauen soll oder will, oder nur kurz und flüchtig. Doch wenn man – nachdem man dies entschieden hat – sodann die Augen öffnet und sieht, was zu sehen ist, dann ist das, *was* man sieht, nicht das Resultat einer Entscheidung.

Ebenso ist es, wenn man von einem anderen etwas erfährt. Wenn man etwas von einem anderen erfährt, dann schließt dies ein, daß man die Mitteilung eines anderen versteht. Und eine Mitteilung zu verstehen heißt, daß man einen geistigen Akt vollzieht, der nicht als solcher schon impliziert, daß man den begrifflichen Inhalt dieses Aktes bejaht. Das Verstehen einer Mitteilung ist zunächst einmal ein Akt des Empfangens: Man empfängt von einem anderen eine bestimmte begriffliche Vorstellung. Natürlich ist auch hier richtig, daß ich prinzipiell eine Entscheidung darüber fällen kann, ob ich in dieser Situation hier und jetzt überhaupt die Zeitung lesen soll oder will, oder darüber, von wem ich diese Mitteilung empfangen soll oder will. Doch wenn ich – nachdem ich dies entschieden habe – die Zeitung aufschlage und lese, daß Gregor Gysi der neue Wirtschaftssenator für Berlin ist, dann ist das, *was* die Zeitung mir mitteilt, nicht abhängig davon, daß ich in einer bestimmten Weise dazu Stellung genommen habe. Was sich auch hier daran zeigt, daß ich selbst dann noch von der Zeitung die Mitteilung empfange, daß Gregor Gysi der neue Wirtschaftssenator für Berlin ist, wenn ich längst weiß, daß er dies nicht ist.

Agrippas Trilemma beruht auf der Prämisse, daß die einzigen geistigen Akte, die Überzeugungen begründen können, Überzeugungen sind. Wenn diese Voraussetzung richtig ist, dann heißt dies, so legen unsere Überlegungen nahe, daß Agrippas Trilemma ein skeptisches Problem formuliert, das tiefer geht, als es bislang den Anschein hat. Es wirft dann nicht nur ein epistemologisches, sondern auch ein transzendentales Problem auf. Denn es bedeutet, daß wir dann nicht nur nicht verstehen können, wie wir Wissen von der Welt haben können, sondern wir können dann noch nicht einmal verstehen, wie wir Überzeugungen über die Welt haben können. Wir sagen: *wenn* die Voraussetzung von Agrippas Trilemma richtig ist. *Daß* sie richtig ist, dafür liefert das Trilemma selbst kein Argument. Vielmehr haben wir gesehen, daß wir in unserem Denken Ausdrücke vorfinden, die vorgebliche Instanzen von geistigen Akten bezeichnen, die zur Kategorie eines wahrheitsgarantierenden Grundes gehören, der rezeptiv ist. Die Ausdrücke »wahrnehmen, daß p« und »von einem anderen erfahren, daß p« scheinen geistige Akte zu beschreiben, die Instanziierungen eines begründenden, rezeptiven Nexus sind. Agrippas Trilemma ist folglich abhängig davon, daß es Überlegungen gibt, die uns zeigen, daß jene beiden Ausdrücke, die wir in unserem Denken für Instanzen eines Nexus identifiziert haben, der sowohl begründend als auch rezeptiv ist, in Wahrheit keine Ausdrücke für solche Instanzen sind. Wir werden im nächsten Teil diese Überlegungen identifizieren, die zu zeigen beanspruchen, daß die Ausdrücke »wahrnehmen, daß p« und »von einem anderen erfahren, daß p« keine Ausdrücke für Instanzen eines solchen Nexus sind. Wir werden also die Frage, ob es Gründe jener Kategorie gibt, von der wir gezeigt haben, daß wir sie zur Erklärung von Wissen benötigen, anhand dieser beiden Instanzen erörtern.

An dieser Stelle könnte man geneigt sein, schon im Vorfeld einen Einwand gegen unsere Diskussion dieser beiden Instanzen vorzubringen. Es sei von vornherein irrig zu glauben, der Ausdruck »von einem anderen erfahren, daß p« könnte die Instanziierung eines Grundes für Wissen beschreiben. Das Verstehen der Mitteilung eines anderen, so der Einwand, stellt keine Quelle für Wissen dar.[81] Der Einwand will sagen, daß von den beiden vorgeblichen Quellen, die wir identifiziert und für unsere Diskussion ausgewählt haben, nur die Wahrnehmung tatsächlich eine Quelle von Wissen ist. Er will dagegen bestreiten, daß das Verstehen der Mitteilung eines anderen eine Quelle von Wissen sein kann. Auch wenn wir in unserer alltäglichen Praxis ständig so tun, als sei dies eine Quelle von Wissen und wir allerlei Dinge auf der Grundlage dessen glauben, daß wir einen anderen dies und das haben sagen hören, so sollten wir dies doch bei Licht betrachtet besser nicht tun: Etwas auf der Grundlage dessen zu glauben, daß wir einen anderen dies haben sagen hören, ist, so schreibt etwa Jonathan Barnes, nicht mehr als »a rotten way of acquiring beliefs«: »No doubt we all do pick up beliefs in that second fashion, and I fear that we often suppose such scavengings yield knowledge. But that is only a sign of our colossal credulity: [it is] a rotten way of acquiring beliefs and it is no way at all of acquiring knowledge.«[82]

Ein großer Teil der philosophischen Tradition hingegen hat bei-

81 Man möchte vielleicht noch einen anderen Einwand machen: Unsere Beschreibung von vorgeblichen Quellen für empirisches Wissen, so der Einwand, sei nicht vollständig, da es noch eine dritte vorgebliche Quelle geistiger Akte gibt, die ebenfalls wesentlich dadurch ausgezeichnet sind, daß wir sie von der Welt empfangen: unser Erinnerungsvermögen. Das ist richtig. Jemand, der sich erinnert, daß er gestern bei strahlendem Sonnenschein im Garten gesessen hat, vollzieht einen Akt, dessen begrifflicher Inhalt nicht das Resultat einer Entscheidung ist, sondern den er von der Welt der Vergangenheit vermittels seines inneren Sinns empfängt. Doch erstens beansprucht unsere Beschreibung der Quellen des Wissens gar nicht, vollständig zu sein. Uns geht es allein um das Ausarbeiten der logischen Struktur, die solche Quellen charakterisieren muß. Hat man diese verstanden, dann wird man leicht sehen können, wie man das Erinnerungsvermögen verstehen muß, um es als eine Quelle von Wissen verstehen zu können. Zweitens unterscheidet sich nach unserer Auffassung eine Erinnerung von einem sinnlichen Eindruck und dem Verstehen einer Mitteilung dadurch, daß wir durch sie kein Wissen über die Welt *erwerben*, sondern daß sie einen Inhalt hat, der derart ist, daß wir um ihn schon in einer anderen Weise gewußt haben mußten, damit die Erinnerung an diesen Inhalt möglich ist. Wenn Erinnern eine Quelle für Wissen ist, dann ist es keine Quelle, durch die wir Wissen *erwerben*, sondern es ist eine Quelle, durch die wir Wissen *bewahren*. So u. a. auch G. Evans, *The Varieties of Reference*, S. 122-129; R. Audi, *Epistemology. A contemporary introduction to the theory of knowledge*, S. 67. Nichts von dem indes, was wir über die logische Struktur einer Quelle von Wissen erarbeiten werden, hängt davon ab, daß man dieser Unterscheidung zwischen dem Bewahren und dem Erwerb von Wissen zustimmt.

82 J. Barnes, »Socrates and the Jury«, S. 200.

de vorgeblichen Quellen von Wissen auf die gleiche Stufe gestellt. Wenn sinnliche Eindrücke als eine Quelle von Wissen erkannt wurden, dann in der Regel auch die Mitteilungen anderer. Wenngleich freilich unsere sinnlichen Eindrücke stets im Zentrum der Aufmerksamkeit stehen, unter anderem deswegen, weil man die Möglichkeit von Wahrnehmungswissen ganz offenkundig schon begreifen und ins Spiel bringen muß, um die Möglichkeit von Wissen vom Hörensagen überhaupt thematisieren zu können. Denn damit es überhaupt die Art von Mitteilung geben kann, durch die man etwas von einem anderen über die Welt erfahren könnte, nämlich eine Mitteilung, in der dieser andere sein Wissen über die Welt zum Ausdruck bringt, muß an irgendeiner Stelle der Kette von Mitteilungen von einem zum anderen jemand gewesen sein, der das Wissen über die Welt, das er einem mitteilt, direkt von der Welt selbst erworben hat, nämlich dadurch, daß er einen sinnlichen Eindruck von ihr hatte.

Das »Denken eines Menschen«, so schreibt etwa Hobbes, kann auf drei Weisen beginnen:[83] nämlich entweder »mit Definitionen« oder, wenn es nicht mit Definitionen beginnt, »so beginnt es entweder mit eigenen Erwägungen und wird dann immer noch Meinung genannt, oder aber es beginnt mit einer Behauptung eines anderen, an dessen Fähigkeit, die Wahrheit zu wissen, und Ehrlichkeit man nicht zweifelt.«[84] Ebenso bemerkt auch Hume, daß es »keine so allgemeine, so nützliche und selbst zu unserem Leben so notwendige Art der Vernunfttätigkeit gibt, wie die, welche von dem menschlichen Zeugnis und den Berichten von Augenzeugen und Zuschauern ausgeht.«[85] Gewiß. Denn ganz alltägliche und doch gleichwohl so wichtige Dinge sind offenkundig nur auf diese Weise zugänglich. Etwa kann ich nur wissen, wann ich geboren wurde, indem mir das jemand, der es weiß, mitteilt.

Thomas Reid hat nachdrücklich die Analogie hervorgehoben, die zwischen dem Empfangen sinnlicher Eindrücke und dem Empfangen der Mitteilungen anderer besteht: Beide liefern einem Subjekt »evidences« dafür, etwas über die Welt zu glauben, d. h. Gründe.[86] Und zwar liefern beide Evidenzen, die in einer wichtigen Hin-

83 T. Hobbes, *Leviathan*, S. 50.

84 Ebd.

85 D. Hume, *Eine Untersuchung über den menschlichen Verstand*, S. 130.

86 »We give the name of evidence«, so Reid, »to whatever is a ground of belief«. In: T. Reid, *Inquiries and Essays*, S. 199.

sicht »analog« sind: »There is«, so Reid, »no doubt, an analogy between the evidence of the senses and the evidence of testimony. Hence, we find, in all languages, the analogical expression of the *testimony of sense*, of giving *credit* to our senses, and the like.«[87] Die Evidenzen, die sie uns liefern, sind nach Reid darin analog, daß sie uns eine »immediate conviction« für das geben, wofür sie Evidenzen sind.[88]

Auch Kant beschreibt das Wissen, das man durch sinnliche Eindrücke erwirbt, analog zu dem, das man durch die Mitteilungen anderer erwirbt. So bestimmt er Wissen allgemein als »Fürwahrhalten aus einem Erkenntnisgrunde, der sowohl objektiv als subjektiv zureichend ist«.[89] Die Form der Gewißheit, die ein Subjekt in bezug auf die Wahrheit einer von ihm gewußten empirischen Behauptung hat, bestimmt er sodann als »empirische Gewißheit«, weil sie sich »auf *Erfahrung*« gründet, und zwar »die eigene sowohl als die fremde mitgeteilte«.[90] Die eigene Erfahrung wie auch die fremde mitgeteilte Erfahrung sind, so Kant, beides gleichermaßen »Quellen«, aus denen unsere empirische Erkenntnis »geschöpft wird«.[91] Das heißt, es gibt nach Kant zwei verschiedene Formen empirischer Erkenntnis: nämlich »eine ursprüngliche (originarie empirica), sofern ich von etwas *aus eigener* Erfahrung, und eine abgeleitete (derivative empirica), sofern ich durch *fremde* Erfahrung wovon gewiß werde.«[92] Nach Kant »können« wir folglich »mit derselben Gewißheit eine empirische Wahrheit auf das Zeugnis anderer annehmen, als wenn wir durch Facta der eigenen Erfahrung dazu gelangt wären.«[93] Das bedeutet unter anderem, so Kant, daß es so etwas wie historisches Wissen geben kann. Denn dies steht offenkundig mit auf dem Spiel, wenn wir bestreiten, daß wir Wissen durch die Mitteilungen anderer erwerben können. »Der historische Glaube z. B. von dem Tode eines großen Mannes, den einige Briefe berichten,« so Kant, »*kann ein Wissen werden*, wenn die Obrigkeit des Orts denselben, sein Begräbnis, Testament u.s.w. meldet. Daß daher etwas historisch

87 Ebd., S. 203.
88 Ebd.
89 I. Kant, *Logik*, A 107.
90 Ebd.
91 Ebd.
92 Ebd., A 107f.
93 Ebd., A 111 (Anmerkung).

bloß auf Zeugnisse für wahr gehalten, d. i. geglaubt wird, z. B. daß eine Stadt Rom in der Welt sei; und doch derjenige, der niemals da gewesen, sagen kann: *ich weiß*, und nicht bloß: *ich glaube*, es existiere ein Rom: das steht ganz wohl beisammen.«[94]

Auch Heidegger bemerkt, daß wir auch dann, wenn wir uns nicht in »originärer Erfahrung vor das Seiende selbst [...] bringen«, wir »doch entsprechend in einem Sein zu diesem [bleiben]«, nämlich dann, wenn uns dieses »durch Hörensagen« zugetragen wird.[95] Und er versäumt es nicht, hinzuzufügen, daß diese Weise, zu Wissen zu kommen, äußerst häufig ist.[96] »Die Entdecktheit«, so schreibt er, »wird in weitem Ausmaß nicht durch je eigenes Entdecken, sondern durch Hörensagen des Gesagten zugeeignet.«[97] Austin nennt entsprechend dasjenige Wissen über die Welt, das wir nicht durch eigene Erfahrung, sondern durch fremde Erfahrung erwerben, »Wissen aus zweiter Hand«.[98] Wenn ich gefragt werde, woher ich weiß, daß die Perser bei Marathon besiegt wurden und meine Antwort lautet »Herodot sagt es ausdrücklich«, dann wird, so Austin, der Ausdruck »wissen« ganz zu Recht gebracht: »Wir wissen, ›aus zweiter Hand‹, wenn wir eine Autorität anführen, die (möglicherweise auch nur aus zweiter Hand) zu wissen imstande ist.«[99]

Alle diese Autoren der philosophischen Tradition anerkennen also explizit, daß es so etwas wie Wissen vom Hörensagen gibt. Doch indem wir sie hier anführen, wollen wir keineswegs behaupten, daß überall dort, wo dieses Wissen anerkannt wird, es auch begriffen und verständlich gemacht werden kann. Weder Hume noch Austin, wie sich zeigen wird, können die Möglichkeit von Wissen

94 I. Kant, »Was heißt: sich im Denken orientieren?«, A 319. In bezug auf Kants schrankenlose Anerkennung der Möglichkeit, Wissen durch andere zu erwerben, hat O. R. Scholz zu Recht betont, daß die Idee der Autonomie bei Kant ganz offenkundig nicht bedeuten kann, daß man nicht auf Weisen zu seinen Überzeugungen kommt, in denen man von anderen Subjekten abhängig ist. Vgl. O. R. Scholz, »Autonomie angesichts epistemischer Abhängigkeit. Kant über das Zeugnis anderer«. Wir werden unter anderem zeigen, daß Autonomie mit Bezug auf den Erwerb von Überzeugungen die Idee einer Abhängigkeit nicht nur nicht ausschließt, sondern ein wesentliches Merkmal derselben ist.

95 M. Heidegger, *Sein und Zeit*, S. 224.

96 Ebd.

97 Ebd.

98 J. Austin, »Fremdseelisches«, S. 61.

99 Ebd.

vom Hörensagen begreifen.[100] Vielleicht hat Barnes ja recht. Vielleicht ist das Verstehen der Mitteilungen anderer »no way at all of acquiring knowledge«. Der Skeptiker wird genau das behaupten: Die Idee, daß wir Wissen dadurch erwerben können, daß uns ein anderer etwas mitteilt, ist eine Chimäre. Ich will an dieser Stelle nicht mehr tun, als Barnes' Skepsis zu radikalisieren: Wenn es unmöglich ist, zu verstehen, wie wir Wissen dadurch erwerben können, daß uns ein anderer etwas mitteilt, dann ist es auch unmöglich, zu verstehen, wie wir Wissen dadurch erwerben können, daß wir eine sinnliche Erfahrung machen. Denn ich werde im folgenden zeigen, daß diejenige Voraussetzung, die es uns unmöglich macht, zu begreifen, daß wir Wissen durch die Mitteilung eines anderen erwerben können, genau dieselbe ist wie diejenige, die es uns unmöglich macht, zu begreifen, daß wir Wissen durch sinnliche Eindrücke erwerben können. Wer an der Möglichkeit von Wissen vom Hörensagen zweifelt, stellt damit zugleich die Möglichkeit von Wahrnehmungswissen in Frage. Wenn wir erkennen, daß es ein und dieselbe Voraussetzung ist, die es unmöglich macht, zu verstehen, wie Wahrnehmungswissen und Wissen vom Hörensagen möglich sind, dann müssen wir entweder schließen, daß wir *beide Quellen* nicht verstehen können, oder aber wir finden einen Weg, diese Voraussetzung aufzugeben. Um ein richtiges Verständnis der Natur von Wissen zu gewinnen, ist es daher sinnvoll, auf beide vorgeblichen Wissensquellen zugleich zu reflektieren. Denn gerade in ihrer gemeinsamen Diskussion wird jene Voraussetzung nachdrücklich sichtbar, die es uns unmöglich macht, Wissen überhaupt zu verstehen.

100 Der Umstand, daß es in der zeitgenössischen erkenntnistheoretischen Literatur zu einem verstärkten Interesse am Wissen vom Hörensagen gekommen ist, wo es ebenfalls durchgängig anerkannt wird, ist daher ebensowenig als ein Zeichen dafür zu werten, daß die Möglichkeit von Wissen vom Hörensagen nun durchsichtig geworden ist. Ich werde zeigen, daß das Gegenteil der Fall ist. Zur zeitgenössischen Literatur seien an dieser Stelle nur ein paar exemplarische Titel genannt, auf die wir noch ausführlich eingehen werden, vor allem das einschlägige Buch von C. A. J. Coady, *Testimony. A Philosophical Study* sowie u. a. J. McDowell, »Knowledge by Hearsay«; K. Lehrer, »Testimony, Justification and Coherence«; E. Sosa, »Testimony and Coherence«; E. Fricker, »The Epistemology of Testimony«; M. Welbourne, »Testimony, Knowledge and Belief«; A. Ross, »Warum glauben wir, was man uns sagt?«; T. Burge, »Content Preservation«; R. Moran, »Getting Told and Being Believed«.

Zweiter Teil
Der Vorrang des Wissens

Der antike Skeptizismus, der sich in Gestalt von Agrippas Trilemma ausdrückt, will sagen, daß es unmöglich ist, über Gründe für eine Überzeugung zu verfügen, die deren Wahrheit garantieren. Die Frage, warum man etwas glaubt, kann an keiner Stelle so beantwortet werden, daß man dadurch ausschließen kann, daß die Überzeugung falsch ist. Die antiken Skeptiker haben daraus den Schluß gezogen, daß wir über alle Dinge, in bezug auf die unsere Urteile im Spielraum von wahr und falsch stehen, unser Urteil suspendieren müssen.[1] Wir haben nun im ersten Teil erkannt, daß Agrippas Trilemma nur dann unausweichlich ist, wenn jene Lösung, die uns einen Ausweg aus dem Trilemma wiese, unmöglich ist: Wenn es unmöglich ist, jemanden, der etwas wahrnimmt oder von einem anderen etwas erfährt, als jemanden zu verstehen, der einen wahrheitsgarantierenden Grund für eine Überzeugung hat. Agrippas Trilemma liefert uns selbst kein Argument gegen diese Lösung, sondern setzt ein solches vielmehr voraus. In diesem Teil soll nun gezeigt werden, welches Argument der antike Skeptizismus hier implizit in Anspruch nehmen muß: Es ist genau dasjenige Argument, das explizit den sogenannten Cartesischen Skeptizismus begründet. Der antike Skeptizismus, so wird sich damit erweisen, ruht implizit genau demselben Argument auf, das der Cartesische Skeptizismus sodann explizit als die Grundlage seines Zweifels formuliert.[2]

Wenn richtig ist, daß antiker und moderner Skeptizismus in die-

1 Die antiken Skeptiker erweisen sich darin als konsequent, weil sie genau gesehen haben, daß ihr Argument gegen die Möglichkeit von Wissen in eins ein Argument gegen die Möglichkeit von Überzeugungen ist, deren Inhalt objektiv ist. Wir werden diesen Zusammenhang erst in Kap. V.3 ausdrücklich herausarbeiten. Unsere Behauptung, daß die antiken Skeptiker konsequent darin waren, den Zusammenhang zwischen der Infragestellung der Möglichkeit von Wissen und der Möglichkeit von Überzeugungen zu sehen, bezieht sich dagegen nicht auf die praktische Frage, ob man mit dieser Konsequenz *ernst* machen und sie in diesem Sinn »konsequent« ins Leben umsetzen kann. Vgl. zu letzterer Frage M. F. Burnyeat, »Can the Skeptic Live His Skepticism?«.

2 Ich widerspreche damit Michael Williams, der den antiken Skeptizismus und den Cartesischen Skeptizismus für zwei grundlegend verschiedene Formen des Skeptizismus hält. Siehe M. Williams, *Unnatural Doubts*, S. 47-88 sowie *Problems of Knowledge*, S. 61 f.

ser Weise miteinander verknüpft sind, wie ich es behaupten werde, dann kann man Hegels Urteil, dem zufolge der antike Skeptizismus dem modernen überlegen sei, nicht mehr uneingeschränkt teilen. Hegel hielt den antiken Skeptizismus für überlegen, weil er ihn für konsequenter hielt. Der antike Skeptizismus, so Hegel, sei dadurch charakterisiert, daß er eine »rein negative Haltung« einnehme.[3] Während der antike Skeptizismus – und darin besteht die eigentliche Pointe der Tropen – »sich überhaupt zurückhält, eine Gewißheit und ein Sein auszusprechen«,[4] um damit »gegen den Dogmatismus des gemeinen Bewußtseins« vorzugehen, versteht Hegel den modernen Skeptizismus nur mehr als Ausdruck einer »Barbarei«.[5] Denn dieser sei dadurch bestimmt, daß für ihn »das gemeine Bewußtsein mit seinem ganzen Umfang unendlicher Tatsachen [...] eine unleugbare Gewißheit« hat.[6] Darum glaubt Hegel, der moderne Skeptizismus sei nichts weiter als eine Gestalt von Dogmatismus und damit ohne großes »Verdienst«.[7]

Diese Lesart des Verhältnisses von antikem und modernem Skeptizismus übersieht, daß der antike Skeptizismus implizit die Geltung jenes Arguments voraussetzen muß, welches im Zentrum des modernen Skeptizismus steht. Wir wollen im folgenden zunächst dieses skeptische Argument herausarbeiten und dann unter dem Titel »Positionen der Ermäßigung« die generelle Strategie diskutieren, mit der weite Teile der zeitgenössischen Erkenntnistheorie auf das so etablierte skeptische Problem reagieren. Positionen der Ermäßigung sind dadurch charakterisiert, daß sie das skeptische Argument für gültig erachten und gleichwohl glauben, Wissen begreiflich machen zu können. Es wird sich jedoch zeigen, daß dies unmöglich ist. Man kann das skeptische Argument gegen unseren vermeintlichen Ausweg aus Agrippas Trilemma nicht akzeptieren, ohne sich dadurch unfähig zu machen, zu verstehen, wie das geistige Leben eines endlichen denkenden Wesens gelegentlich dadurch charakterisiert sein kann, daß es Wissen hat.

3 G. W. F. Hegel, »Verhältnis des Skeptizismus zur Philosophie. Darstellung seiner verschiedenen Modifikationen und Vergleichung des neuesten mit dem alten«, S. 249.

4 Ebd., S. 248.

5 Ebd., S. 250.

6 Ebd.

7 Ebd. S. 250 f. Hegel spricht daher auch von einem »dogmatischen Skeptizismus« (ebd.).

III. Der Zweifel am Wissen

1. Die Vernünftigkeit des Zweifels

Skeptische Überlegungen im Hinblick auf Wissen beanspruchen zu zeigen, daß wir es uns nicht verständlich machen können, wie es für endliche Wesen möglich ist, Wissen zu haben. Wenn Erkenntnistheorie darin besteht, zu erläutern, wie Wissen möglich ist, dann ist der Skeptizismus identisch mit der Behauptung, daß jede Erkenntnistheorie notwendig zum Scheitern verurteilt ist. Aus diesem Grund habe ich auch zu Anfang gesagt, daß es keine Erkenntnistheorie geben kann, die sich nicht mit skeptischen Überlegungen auseinandersetzt. Wenn das Projekt der Erkenntnistheorie durchführbar sein soll, dann muß der Skeptizismus falsch sein.

Die skeptischen Überlegungen konfrontieren die Erkenntnistheorie allerdings nur unter einer Voraussetzung mit einem Problem: nur dann, wenn der skeptische Zweifel an der Möglichkeit von Wissen als das Ergebnis einer philosophischen Überlegung erscheint, die zwingend ist. Das heißt derjenige Skeptiker, der für jede Erkenntnistheorie eine Herausforderung darstellt, muß seinen Zweifel an der Möglichkeit von Wissen als einen Zweifel verstehen, der für jeden, der nur vernünftig über Wissen nachdenkt, unvermeidlich ist.[8] Er muß ihn als das Resultat von Überlegungen verstehen, die, wie Hume schreibt, allein »durch Vernunfttätigkeit« bestimmt sind.[9] »Der skeptische Zweifel«, so Hume, ist »das natürliche Ergebnis jedes gründlichen und intensiven Nachdenkens über die dabei in Betracht kommenden Fragen«.[10] Die Behauptungen des Skeptikers sind nichts anderes als »die klaren, gebieterischen Aussagen der Vernunft.«[11] Descartes hebt dies gerade *ex negativo* hervor, wenn er zu Beginn seiner *Meditationen* erwägt, aus der Einsicht, daß uns unsere Sinne über zu kleine und entfernte Gegenstände bisweilen täuschen können, nun den Schluß zu ziehen, daß es angemessen

8 Dies hat S. Cavell in *The Claim of Reason* immer wieder betont (vgl. S. 130-144). Dieses Merkmal ist wichtig, um zu begreifen, weshalb der Skeptizismus ein ernsthaftes Problem ist und nicht einfach ein Gedanken-Rätsel.

9 D. Hume, *Eine Untersuchung über den menschlichen Verstand*, S. 178.

10 D. Hume, *Ein Traktat über die menschliche Natur*, S. 287.

11 D. Hume, *Eine Untersuchung über den menschlichen Verstand*, S. 178.

sei, an *allen* Gegenständen der Sinne zu zweifeln, etwa auch daran, daß er gerade hier mit einem Winterrock bekleidet am Kamin sitze, daß er Papier mit den Händen betaste und ähnliches.[12] Letzteres einfach geradewegs aus ersterem zu schließen, ohne diesen Schluß durch einen weiteren Schritt der Argumentation zu vermitteln, käme, so Descartes, nur einem »Wahnsinnigen« in den Sinn, d. h. einem, dessen Überlegungen gerade kein »Beispiel« für vernünftige Überlegungen sind.[13] Wenn der skeptische Zweifel auf einem solch unvernünftigen Schluß beruhte, dann hinge er buchstäblich in der Luft. Er wäre dann weder für die Erkenntnistheorie eine Herausforderung, noch für diejenigen, die sich selbst alltäglich als Wissende verstehen.

Der skeptische Zweifel lebt davon, daß unsere Vernunft selbst es ist, die uns zu ihm zwingt. Aus diesem Grund haben wir gesagt, daß wir erst dann und genau dann ein ernsthaftes skeptisches Problem haben, wenn wir ein Argument haben, das uns zwingt zu bestreiten, daß jemand, der etwas wahrnimmt oder von einem anderen erfährt, als jemand zu verstehen ist, der in einem begründenden, rezeptiven Nexus zu einem Inhalt steht. Ich werde dieses Argument das »eigentlich« skeptische Argument nennen, weil es nicht nur die implizite Voraussetzung von Agrippas Trilemma ist, sondern weil sich zeigen wird, daß weite Teile der zeitgenössischen Erkenntnistheorie – wider Willen – sich als zutiefst skeptische Positionen entpuppen, weil sie die Geltung dieses Arguments fraglos voraussetzen.

2. Objektivität und die Möglichkeit des Irrtums

Wir haben uns im ersten Teil gefragt, ob wir in unserem Denken Ausdrücke vorfinden, die geistige Akte zu beschreiben scheinen, die unter die Kategorie des wahrheitsgarantierenden Grundes fallen, und zwar solche, die überdies rezeptiv sind. Wir sind auf die Ausdrücke »S nimmt wahr, daß p« und »S hat von einem anderen erfahren, daß p« gestoßen. Diese Ausdrücke scheinen einen Nexus zu bezeichnen, der zugleich begründend und rezeptiv ist. Denn gemäß einer bestimmten Verwendung dieser Ausdrücke haben diese Ausdrücke einen faktiven Sinn. Gemäß dieser Verwendung können wir

12 R. Descartes, *Meditationen*, S. 16.
13 Ebd.

daher sagen, daß jemand, der sieht, daß p oder von einem anderen erfahren hat, daß p, einen wahrheitsgarantierenden Grund dafür hat, zu glauben, daß p. Wir haben betont, daß wir mit dem Hinweis auf eine solche Verwendung dieser Ausdrücke nicht mehr als eine Selbstverständlichkeit formulieren, also etwas, das neutral ist gegenüber jeder philosophischen Theorie. Das eigentlich skeptische Argument stellt daher auch keineswegs diese Selbstverständlichkeit in Frage, sondern beruht vielmehr auf ihr. Das Argument beansprucht zu zeigen, daß es für ein endliches Wesen unmöglich ist, diese Ausdrücke jemals in einem faktiven Sinn auf sich oder andere anzuwenden.

Das Argument, das dies zeigen soll, ist das traditionell sogenannte »Argument from Illusion«. Ich werde dieses Argument das Irrtums-Argument nennen, um das Motiv dieses Arguments hervorzuheben. Denn das Argument hat sein Motiv darin, einer begrifflichen Notwendigkeit Rechnung zu tragen, die sich daraus ergibt, daß der Begriff von Wissen, um dessen Verständnis es geht, der Begriff endlichen Wissens ist. Dies bedeutet, daß es um das Verständnis eines Begriffs von Wissen geht, der durch Urteile erläutert wird, die dadurch charakterisiert sind, daß sie wahr oder falsch sein können. Das heißt, es geht um einen Begriff von Wissen, zu dem der Irrtum als eine *notwendige Möglichkeit* gehört. Denn mit dem Begriff endlichen Wissens, im Unterschied zu unendlichem Wissen, meinen wir Akte, deren Inhalte in dem Sinn objektiv sind, daß sie nicht das Produkt dieser Akte sind, sondern etwas, das sich auf die Welt als einen normativen Maßstab bezieht, der bestimmt, ob dieser Akt wahr oder falsch ist. Urteilen, so haben wir gesagt, ist genau ein solcher Akt. Ein Urteil ist ein Akt, der dadurch definiert ist, im Spielraum von wahr oder falsch zu stehen. Daß der Begriff endlichen Wissens durch Akte erläutert wird, zu denen die Möglichkeit des Irrtums intrinsisch gehört, ist ein Aspekt der Objektivität der Inhalte endlichen Wissens.

Das Motiv des skeptischen Arguments ist es nun, in der Erläuterung von Wissen dieser Möglichkeit des Irrtums Rechnung zu tragen. Das Argument soll zeigen, daß wir genau dann, wenn wir der Möglichkeit des Irrtums Rechnung tragen, bestreiten müssen, daß der Sinn einer Aussage der Form »S nimmt wahr, daß p« oder »S hat von jemandem erfahren, daß p« darin bestehen kann, einen wahrheitsgarantierenden Grund zu beschreiben. Ich werde das Irrtums-

Argument im folgenden so allgemein formulieren, daß sichtbar wird, daß es ein und dasselbe Argument ist, das die Möglichkeit von Wahrnehmungswissen wie auch des Wissens vom Hörensagen in Frage stellt. Dadurch wird deutlich, daß jede Art von endlichem Wissen durch ein solches Argument in Frage gestellt werden kann.[14] Das Argument beruht auf den folgenden Überlegungen:

Ein Subjekt, das wahrnimmt, wie die Dinge sind, hat den sinnlichen Eindruck, die Dinge seien so und so, aufgrund dessen es glaubt, daß sie so sind. Und ein Subjekt, das von einem anderen erfährt, wie die Dinge sind, hat einen anderen sagen hören, die Dinge seien so und so, aufgrund dessen es glaubt, daß sie so sind. Nun soll es möglich sein, daß dieses Subjekt sich irrt. Wenn ein Subjekt sich irrt, dann heißt dies, daß ein Fall vorliegt, der so beschaffen ist, daß dieses Subjekt den sinnlichen Eindruck hat (oder einen anderen sagen hört), die Dinge seien so und so, *ohne* daß sie so sind, welcher für dieses Subjekt jedoch *ununterscheidbar* ist von jenem Fall, in dem die Dinge so sind, wie sein sinnlicher Eindruck sie vorstellt. Wenn es möglich sein soll, daß das Subjekt sich irrt, dann müssen wir solche für das Subjekt ununterscheidbaren Fälle zulassen. Denn stellen wir uns vor, das Subjekt könnte solche Fälle voneinander unterscheiden, etwa dadurch, daß es über so etwas wie ein Kriterium verfügt. Wenn das Subjekt über ein Kriterium verfügen würde, das es ihm ermöglicht, alle Fälle, in denen es den sinnlichen Eindruck hat (oder einen anderen sagen hört), die Dinge seien so und so, ohne daß sie so sind, von jenen zu unterscheiden, in denen sie so sind, dann wäre es prinzipiell ausgeschlossen, daß es sich aufgrund eines sinnlichen Eindrucks (oder eines Hörensagens) jemals irren könnte. Wenn wir Irrtum zulassen wollen, dann müssen wir solche Fälle zulassen. Indes, wenn wir solche Fälle zulassen, dann folgt daraus, daß wir die geistige Grundlage, die ein Subjekt, das wahrnimmt (oder von einem anderen erfährt), wie die Dinge sind, dafür hat, das zu glauben, was es wahrnimmt (oder von einem anderen erfährt), in folgender Weise beschreiben müssen: Es heißt, daß es eine geistige

14 Vgl. dazu auch J. McDowell, »Criteria, Defeasibility, and Knowledge«, S. 386 sowie »Knowledge and the Internal«, S. 396. Zur Generalisierung dieses Arguments nicht nur mit Bezug auf die verschiedenen Formen von Wissen, sondern auch für ein Verständnis des Handlungsbegriffs, vgl. J. Dancy, »Arguments from Illusion«; T. Williamson, *Knowledge and its Limits*, S. 54-60 sowie R. Stout, *Things that happen because they should*, S. 23-28.

Grundlage für seine Überzeugung hat, die mit der Falschheit seiner Überzeugung *vereinbar* ist. Um die Möglichkeit des Irrtums einräumen zu können, müssen wir behaupten, daß die *bestmögliche* geistige Grundlage, die ein Subjekt für eine Überzeugung haben kann, darin besteht, daß es einen sinnlichen Eindruck hat (oder einen anderen etwas sagen hört), den das Subjekt *sowohl* in dem Fall haben kann, in dem es wahrnimmt (oder von einem anderen erfährt), wie die Dinge sind, *als auch* in dem Fall, in dem es dies nicht tut, sondern es ihm bloß so vorkommt, als würde es etwas wahrnehmen.[15]

Soweit das Argument. Ich habe oben behauptet, daß das Irrtums-Argument die explizite Grundlage des modernen Skeptizismus ist. Damit soll natürlich nicht gesagt werden, daß das Irrtums-Argument erstmals durch Descartes formuliert wurde. Ganz im Gegenteil war es ein ganz und gar gängiges Argument in der antiken Philosophie. Als ein solches wird es etwa von Platon im *Theaitetos* präsentiert,[16] wo Sokrates es als einen »Einwurf« einbringt, von dem er annimmt, daß Theaitetos ihn sicher schon »oft gehört« habe.[17] Und als ein solch gängiges Argument diskutiert es auch Aristoteles im IV. Buch der *Metaphysik*.[18] Damit soll vielmehr gesagt werden, daß erst der moderne Skeptizismus, wie er mit Descartes beginnt, dieses Argument als die eigentliche Grundlage des skeptischen Zweifels verwendet hat.

Descartes formuliert das skeptische Argument in bezug auf Wahrnehmungswissen wie folgt: Es kommt vor, so Descartes, daß wir uns während der Nachtruhe bestimmte Dinge einbilden, etwa, daß wir, mit unserem Rock bekleidet, am Kamin sitzen, während wir doch entkleidet im Bett liegen. Denken wir darüber »aufmerksamer [...] nach«, dann müssen wir, so Descartes, »ganz klar« erkennen, daß Wachsein und Träumen »niemals durch sichere Kennzeichen« unterschieden werden können.[19] Daß Wachsein und Träumen niemals durch »sichere Kennzeichen« unterschieden wer-

15 Vgl. zu dieser Rekonstruktion des Arguments J. Dancy, *Introduction to Contemporary Epistemology*, S. 12 ff.

16 Vgl. Platon, *Theaitetos* 157e.

17 Ebd., 158b.

18 Aristoteles, *Metaphysik*, IV, 1009-10. Zu einer ausgezeichneten Diskussion des Arguments bei Aristoteles siehe A. Kenny, »The Argument from Illusion in Aristotle's Metaphysics«.

19 R. Descartes, *Meditationen*, S. 17.

den können, soll heißen, daß es für uns Fälle gibt, in denen wir nichts wahrnehmen – nämlich die, in denen wir träumen –, die wir nicht vermittels eines phänomenalen Kriteriums von jenen Fällen unterscheiden können, in denen wir etwas wahrnehmen, weil beide Fälle in phänomenaler Hinsicht gerade gleich sind. Wenn aber eine solche Unterscheidung für das Subjekt vermittels eines phänomenalen Kriteriums unmöglich ist, dann heißt dies, so Descartes, daß wir, und zwar nicht aus »Unbesonnenheit oder Leichtsinn«, sondern »aus triftigen und wohlerwogenen Gründen«, zugestehen müssen, daß es unbegreiflich wird, wie wir jemals vermittels unserer Sinne irgend etwas wissen können.[20] Denn wenn es für ein Subjekt so sein kann, daß es Fälle gibt, in denen es nichts wahrnimmt und die es nicht durch ein phänomenales Kriterium von jenen Fällen unterscheiden kann, in denen es etwas wahrnimmt, dann heißt dies, daß die bestmögliche geistige Grundlage dieses Subjekts dafür, etwas zu glauben, darin besteht, daß es ihm so vorkommt, als nähme es etwas wahr. Und das heißt, es kann *niemals* eine Grundlage für eine Überzeugung haben, die ausschließt, daß seine Überzeugung falsch ist.

Descartes sagt: Wir verfügen in dem Fall, in dem wir träumen, über kein phänomenales Kriterium, mit dem wir einen solchen Fall von einem Fall des Wachseins unterscheiden können. Er sagt dies so, als sei die Unfähigkeit zu einer solchen Unterscheidung eine unumstößliche Tatsache des menschlichen Lebens. Dies könnte den Eindruck erwecken, als wolle er damit sagen, daß wir umwillen der phänomenologischen Angemessenheit dieser Tatsache in der Erkenntnistheorie Rechnung tragen müssen. Doch dies ist freilich nicht der Status, den Descartes' Hinweis auf diese Unfähigkeit hat, die uns Menschen in der Tat charakterisiert. Descartes führt sie deswegen an, weil sie für die Beschreibung der Natur von Wissen aus begrifflichen Gründen wesentlich ist und von der die Erkenntnistheorie daher nicht abstrahieren darf. Denn wenn es so etwas wie endliches Wissen gibt, dann, so haben wir argumentiert, muß es Fälle geben können, in denen das Subjekt nichts wahrnimmt und die es nicht von jenen Fällen unterscheiden kann, in denen es etwas wahrnimmt. Der Hinweis darauf, daß es solche Fälle gibt, drückt daher nicht einfach eine unumstößliche Tatsache des menschlichen

20 Ebd., S. 19.

Bewußtseins aus, sondern sie drückt ein Merkmal des Begriffs endlichen Wissens aus.[21]

Die Fälle, auf die sich Descartes bei der Formulierung des Irrtums-Arguments beruft, sind die, daß er träumt oder auch, daß ein böser Dämon ihn manipuliert. Man könnte nun einwenden wollen, daß die Berufung auf solche Fälle doch unvernünftig ist, um zu einer philosophisch angemessenen Beschreibung der Grundlage unserer Überzeugungen zu kommen. Denn schließlich hatte ich ja oben gesagt, daß der skeptische Schluß nur dann Gewicht für uns hat, wenn er sich Überlegungen verdankt, die vernünftig sind. Und wie, so möchte man meinen, kann uns das Erwägen eines völlig abwegigen Falls wie etwa, daß ein böser Dämon uns manipuliert oder daß wir Gehirne im Tank sind, zu verstehen helfen, was es heißt, endliches Wissen zu haben? Der Einwand will sagen: Der skeptische Zweifel verdankt sich bloß dem Umstand, daß er sich in seiner Beschreibung der Grundlage unserer Überzeugungen an abwegigen Fällen orientiert. Um zu einer angemessenen Beschreibung zu kommen, müssen wir uns jedoch an Fällen aus dem alltäglichen Leben orientieren. Nehmen wir diesen Einwand einmal – umwillen des Arguments – ernst und stellen uns andere Fälle vor: Wir wollen verstehen, was es heißt, Wissen vom Hörensagen zu haben. Stellen wir uns hierfür zunächst einen gelingenden Fall vor: Wir stellen uns einen Touristen vor, der nach Berlin kommt und wissen möchte, wo die Schaubühne ist. Er fragt auf der Straße jemanden, der sich in der Stadt gut auskennt und weiß, wo die Schaubühne ist, nach dem Weg. Die befragte Person gibt ihm eine Wegbeschreibung, die unser Tourist versteht. Dieser macht sich auf den Weg und findet die Schaubühne genau dort, wo sein Informant ihm gesagt hat, daß sie sei. In einem solchen Fall sagen wir, er hat Wissen vom Hörensagen erworben.[22]

21 Kathrin Glüer schreibt, es sei eine Aufgabe jeder Wahrnehmungstheorie, die Ununterscheidbarkeit von Wahrnehmung und Sinnestäuschung zu erklären. Vgl. K. Glüer, »Putnam, James und die Wahrnehmung«, S. 162 ff. Dies ist aus zwei Gründen falsch: Weder ist die Ununterscheidbarkeit eine Tatsache, die die Erkenntnistheorie zu *erklären* hat, noch ist sie einfach eine *Tatsache*. Sie ist eine begriffliche Notwendigkeit, und genau deswegen etwas, für das die Erkenntnistheorie Raum machen muß. Aus demselben Grund irrt daher auch J. Dancy, wenn er meint, die Idee einer Ununterscheidbarkeit von sogenannten »günstigen« und »ungünstigen« Fällen sei zwar empirisch richtig, aber nicht wesentlich für die Formulierung des skeptischen Arguments. Vgl. J. Dancy, »Arguments from Illusion«, S. 435.

22 Vgl. zu dieser Beschreibung eines exemplarischen Falls von Wissen vom Hörensa-

Nun variieren wir die Situation etwas: Stellen wir uns vor, daß der Informant selbst bloß ein Tourist ist und sich nicht besonders gut auskennt, aber gleichwohl so tut, als kennte er sich sehr gut aus. Auf die Frage unseres Touristen, wo die Schaubühne sei, gibt er ohne Zögern mit selbstsicherem Gesichtsausdruck eine Antwort, ohne daß er selbst einen Grund für diese Antwort hat, der garantiert, daß seine Antwort richtig ist. Er äußert eine bloße Vermutung, doch ohne, daß unser Tourist dies erkennen kann. In einem solchen Fall kann unser Tourist von unserem Informanten kein Wissen erwerben, weil die Mitteilung des Informanten ihm keinen Grund liefert, der garantiert, daß die Überzeugung über den Ort der Schaubühne, die er durch den anderen erwirbt, wahr ist. In einem solchen Fall erwirbt der Tourist kein Wissen, sondern nur eine Überzeugung, von der er allenfalls glaubt, sie hätte den Status von Wissen. Da nun aber – *ex hypothesi* – dieser zweite Fall für das Subjekt ununterscheidbar ist vom ersten Fall, müssen wir schließen, so der Skeptiker, daß die Grundlage, die das Subjekt in beiden Fällen für seine Überzeugung hat, *ein und dieselbe* ist. Und das heißt, wir müssen schließen, daß das Subjekt in keinem Fall eine Grundlage hat, die die Wahrheit seiner Überzeugung etabliert. Und also kann auch das Subjekt im ersten Fall kein Wissen erworben haben.

Nun könnte man an dieser Stelle abermals einwenden wollen, daß wir immer noch keinen Fall ausgewählt haben, der exemplarisch für Wissen vom Hörensagen ist, und wir nur deswegen gezwungen waren, einen skeptischen Schluß zu ziehen. Denn wir hatten schon von vornherein einen ungünstigen Fall gewählt, nämlich einen, in dem die Person ihren Informanten überhaupt nicht kennt. Gestehen wir einmal – abermals um des Arguments willen – auch noch diesen Einwand zu. Stellen wir uns also einen besseren Fall von angeblichem Wissen vom Hörensagen vor:[23] Stellen wir uns eine Person vor, die wir schon seit Jahren kennen, vielleicht einen Freund, eine geliebte Person, mit der wir zusammen leben und von der wir wissen, daß sie in der Regel ehrlich und kompetent ist in bezug auf die Dinge, die sie einem mitteilt. Stellen wir uns vor, wir

gen E. Fricker, »The Epistemology of Testimony«; E. Sosa, »The Analysis of Knowledge that p.«

23 Zur Bedeutung der sogenannten »best-cases« für die skeptische Diskussion vgl. S. Cavell, *The Claim of Reason*, S. 134ff. sowie M. Williams, *Unnatural Doubts*, S. 135-139.

wollen von ihr wissen, ob die Waschmaschine ausgestellt war, ehe wir uns auf den Weg in die Ferien gemacht hatten. Unser Freund antwortet, ohne zu zögern, mit sicherem Gesichtsausdruck, daß die Waschmaschine aus war, als wir das Haus verließen. Doch ist es nicht immer möglich, daß uns jemand, selbst wenn wir ihn noch so gut kennen, aus welchen Gründen auch immer, hier anlügt? Oder daß er nicht die leiseste Ahnung hat, ob die Waschmaschine aus war, aber so tut, als ob er das wüßte, etwa, weil er uns nicht beunruhigen möchte, oder einfach, weil er das Nachdenken über ausgestellte Waschmaschinen zu blöd findet? Doch wenn dies in einem *solchen* Fall möglich ist, dann können wir in *keinem* Fall wissen, daß unser angeblicher Informant uns nicht anlügt!

Man mißversteht die Pointe des Irrtums-Arguments, wenn man glaubt, es hinge davon ab, daß wir uns bestimmte abwegige Irrtumsmöglichkeiten ausmalen. Denn es beansprucht nicht mehr und nicht weniger, als eine begriffliche Notwendigkeit festzuhalten: die Möglichkeit von Irrtum überhaupt. Der Skeptiker betrachtet exemplarische Fälle von angeblichem Wissen und behauptet sodann, daß wir um der Objektivität der Inhalte unseres Wissens willen eine Klasse von Fällen einräumen müssen, die für das Subjekt eines solchen Falls von den angeblichen Wissensfällen ununterscheidbar sind. Es ist daher nicht einfach so, daß die Berufung auf Fälle, in denen wir von angeblichen Informanten getäuscht werden, weil wir auf jemanden treffen, der inkompetent ist, aber dies nicht zu erkennen gibt, oder uns zum Narren hält, eine Berufung auf »kinds of things that happen« darstellt, wie Simon Blackburn es ausdrückt.[24] Es ist vielmehr so, daß die Berufung auf solche Fälle den Anspruch hat, eine begriffliche Notwendigkeit festzuhalten.

Dies macht umgekehrt deutlich, worin der Sinn der sogenannten skeptischen Hypothesen (Traumhypothese, Dämonhypothese etc.) besteht. Ihr Sinn besteht nicht darin, uns mit einer einzelnen bestimmten Möglichkeit zu konfrontieren, etwa der, daß wir träumen oder daß ein böser Dämon uns manipuliert, sondern darin, ein Beispiel für einen Umstand zu geben, der genau dann, wenn er bestünde, verhindern würde, daß wir auf der Grundlage, sei es eines sinnlichen Eindrucks oder der Mitteilung eines anderen, Wissen erwerben könnten und für dessen Möglichkeit wir in unserer Beschreibung

24 S. Blackburn, »Knowledge, Truth and Reliability«, S. 185.

der Grundlage unserer Überzeugungen Raum machen müssen. Darin liegt der Sinn von Descartes' Dämon-Hypothese: Sie ist ein Stück Literatur, ein Stück Erfindung, um zu einer philosophisch angemessenen Beschreibung der Grundlage unserer Überzeugungen zu kommen.

Daher geht man auch von vornherein in die Irre, wenn man glaubt, man könne sich der skeptischen Infragestellung unseres Wissens dadurch erwehren, wie dies manche Autoren versucht haben, daß man nach einem Argument sucht, mit dem man diese sogenannten skeptischen Hypothesen a priori ausschließen kann: etwa einem Argument, das zeigt, daß die Hypothese, daß wir alle Gehirne im Tank sind, falsch sein muß.[25] Das Mißverständnis, das solche Versuche kennzeichnet, apriorische Argumente gegen das Bestehen eines skeptischen Umstands zu formulieren, wird nirgends deutlicher, als wenn man sich fragt, wie Wissen vom Hörensagen möglich ist. Denn das skeptische Räsonnement, so haben wir gesehen, stellt die Möglichkeit von Wissen vom Hörensagen ganz einfach dadurch in Frage, daß es darauf aufmerksam macht, daß es Fälle geben können muß, in denen Informanten unehrlich oder schlichtweg falsch informiert sind, ohne daß solche Fälle für das Subjekt von jenen Fällen unterscheidbar sind, in denen sie uns ihr Wissen mitteilen. Der skeptische Zweifel lebt nicht davon, daß wir nicht die Wahrheit einer einzelnen, vielleicht abwegigen Behauptung ausschließen können, wie etwa der, daß wir alle Gehirne in einem Tank sind. Der Umstand, daß ein böser Dämon uns manipu-

25 Vgl. dazu prominent H. Putnam, *Vernunft, Wahrheit und Geschichte*, S. 15-40 sowie – im Anschluß an Putnam – u. a. A. Brueckner, »Semantic Answers to Skepticism« und »Brains in a Vat«. Auch Davidsons Position, die er in seinem Aufsatz »Eine Kohärenztheorie der Wahrheit und der Erkenntnis« entwickelt hat, lebt an zentraler Stelle von diesem Mißverständnis: Davidson glaubt, das skeptische Problem bestünde in dem Gedanken, daß *alle* unsere Überzeugungen falsch sein könnten. Um zu zeigen, daß seine eigene Position nicht-skeptisch ist, glaubt Davidson, zeigen zu müssen, daß der Gedanke, daß die Gesamtheit unserer Überzeugungen falsch sein könnte, aufgrund des internen Zusammenhangs von Bedeutung und Überzeugung ein inkohärenter Gedanke ist, ein Gedanke, den niemand denken kann, wie die Gedankenfigur des allwissenden Interpreten zeigen soll. Doch dies ist nicht das skeptische Problem. Das skeptische Problem ist das Problem, daß wir von *keiner einzelnen* Überzeugung wissen können, ob sie wahr ist. Vgl. dazu auch A. Brueckner, »The Omniscient Interpreter Rides Again«, sowie E. Craig, »Davidson and the Sceptic: the Thumbnail Version«.

liert, ist ein Beispiel für unendlich viele Umstände, die wir deswegen in der Erkenntnistheorie erwägen, weil wir die Möglichkeit des Irrtums einräumen wollen.

Aus demselben Grund kann man sich der skeptischen Argumentation auch nicht dadurch erwehren, wie Austin geglaubt hat, daß man ihr einen Fehlschluß der folgenden Art vorwirft: Der Skeptiker, so Austin, schließt unzulässigerweise daraus, daß wir uns in *manchen* Fällen irren, darauf, daß wir uns in *allen* Fällen irren können.[26] Denn das skeptische Argument beruht nicht auf einem Schluß von manchen Fällen auf alle Fälle, weder daraus, daß wir uns in manchen Fällen schon geirrt haben, noch daraus, daß wir uns in manchen Fällen irren können. Das Irrtums-Argument etabliert vielmehr eine philosophische Beschreibung der Grundlage unserer Überzeugungen angesichts dessen, daß es überhaupt möglich sein soll, daß wir uns irren. Der skeptische Zweifel beruht auf dem Gedanken, daß genau dann, wenn wir dies *überhaupt* zulassen, was wir um der Objektivität der Inhalte unseres Wissens willen zulassen müssen, wir schließen müssen, daß der begründende Nexus zwischen einem Subjekt und einem bestimmten begrifflichen Inhalt in jeder Situation *schwächer* sein muß, als es nötig wäre, um die Wahrheit einer Überzeugung über die Welt zu garantieren. Die Behauptung des Skeptikers, daß wir in keinem Fall Wissen haben können, beruht daher nicht auf einer Verallgemeinerung von einem bestimmten Fall auf alle Fälle.[27] Es ist vielmehr so, daß alles, was in dem Fall gilt, den der Skeptiker beschreibt, genau deswegen für alle Fälle gilt, weil dieser Fall *exemplarisch* für alle Fälle ist.

3. Die Aporie des Wissens

Was ist die Konsequenz des Irrtums-Arguments? Der Skeptiker schließt daraus, daß uns der Begriff endlichen Wissens in eine Aporie treibt. Er zwingt uns dazu, zwei Charakterisierungen von Urteilen miteinander zu verknüpfen, die einander wechselseitig auszuschließen scheinen: die Anfälligkeit für Irrtum und die Möglichkeit, Gründen aufzuruhen, die deren Wahrheit garantieren. Um einräu-

26 So J. Austin in »Fremdseelisches«, S. 69.

27 Der Schluß des Skeptikers, so drückt Cavell es gegen Austin aus, ist ein *trivialer* Schluß, und kein Fehlschluß. In: S. Cavell, *The Claim of Reason*, S. 134 ff.

men zu können, daß sinnliche Eindrücke uns täuschen können, scheint es, müssen wir behaupten, daß der Begriff eines sinnlichen Eindrucks einen begründenden Nexus zwischen einem Subjekt und einem begrifflichen Inhalt beschreibt, der prinzipiell schwächer ist, als er sein müßte, um zur Kategorie des wahrheitsgarantierenden Grundes zu gehören. Der Begriff endlichen Wissens enthält eine Aporie, die, exemplarisch am Fall von Wahrnehmungswissen formuliert, in der Unvereinbarkeit der beiden folgenden Behauptungen besteht:

(1) Sinnliche Eindrücke müssen die Wahrheit der auf sie gegründeten Urteile garantieren, wenn diese Urteile Wahrnehmungswissen sein sollen.
(2) Sinnliche Eindrücke müssen mit der Falschheit der auf sie gegründeten Urteile kompatibel sein, wenn diese Urteile für Irrtum anfällig sein sollen.

Die erste Behauptung zu bejahen, so der Skeptiker, schließt es aus, die zweite bejahen zu können. Und die zweite zu bejahen, schließt es aus, die erste bejahen zu können. Diese Aporie, so der Skeptiker, ist unauflösbar. Der Begriff endlichen Wissens ist in sich aporetisch verfaßt. Das heißt: Es ist unmöglich, zu verstehen, wie ein Subjekt Wissen haben kann, wenn das Verhältnis dieses Subjekts zu den Inhalten dieses Wissen dadurch charakterisiert sein soll, daß Irrtum möglich ist.

Nach den Überlegungen des ersten Teils müssen wir sagen, daß der Skeptiker soweit recht hat: Wenn daraus, daß wir die zweite Behauptung bejahen, folgt, daß wir keinen Sinn machen können aus dem Begriff eines sinnlichen Eindrucks, der einen geistigen Akt beschreibt, der zur Kategorie eines wahrheitsgarantierenden Grundes gehört, dann heißt dies, daß wir den Begriff endlichen Wissens nicht verstehen können.

4. Ist Philosophie notwendig skeptisch?

Ich hatte gesagt, daß ich das Irrtums-Argument für das tiefste skeptische Argument in bezug auf Wissen halte. Alle anderen Formen skeptischer Argumente müssen letzten Endes auf dieses Argument rekurrieren. In der zeitgenössischen Diskussion ist indes – insbesondere durch Barry Stroud – die Idee aufgekommen, der skeptische Zweifel beruhe gar nicht auf einem bestimmten philosophischen Argument, sondern sei die unvermeidliche Kehrseite jeder Bemühung um ein Verständnis von Wissen, das philosophisch ist.[28] Sollte unsere Deutung der Wurzel des Skeptizismus richtig sein, dann muß Strouds Behauptung falsch sein. Es müßte sich dann vielmehr zeigen lassen, daß Strouds Beschreibung dessen, was ein philosophisches Verständnis ist, seinerseits schon die Geltung des Irrtums-Arguments voraussetzt. Die Geltung dieses Arguments müßte von ihm gleichsam als ein Merkmal der philosophischen Haltung selbst verstanden werden. Ich werde genau dies im folgenden zeigen. Die Möglichkeit, endliches Wissen zu verstehen, so können wir daraus schließen, steht und fällt daher mit der Möglichkeit, dem Irrtums-Argument zu widerstehen.

Stroud will sagen, daß der skeptische Zweifel nicht das Resultat eines bestimmten philosophischen Arguments ist, sondern intern mit der Idee von Philosophie verknüpft ist. Der skeptische Zweifel beruht auf nicht mehr und nicht weniger als der Idee eines philosophischen Verständnisses unseres Wissens, so Stroud. Diese Charakterisierung stimmt zum einen mit jener überein, die ich oben vom skeptischen Selbstverständnis gegeben habe: nämlich daß der Skeptiker seinen Zweifel als die Konsequenz von Überlegungen versteht, die philosophisch sind und die uns deswegen ernsthaft beschäftigen, weil sie uns nicht dahin führen, uns nun kraft dieser Überlegungen

28 Es sind noch zwei andere philosophische Argumente für den Skeptizismus aufgekommen: Einmal das Argument über das Prinzip der epistemischen Geschlossenheit, und einmal das Argument über den Begriff der Objektivität, mit dem wir den Status der Inhalte unserer Urteile charakterisieren. Letzteres behaupten etwa Th. Nagel, *The View from Nowhere*, Kap. V und VI, sowie B. Williams, *Descartes. The Project of Pure Enquiry*, S. 32-71, bes. S. 64ff. Beide Begründungen halte ich für verfehlt, da sie, wie ich im folgenden zeigen möchte, entweder das Irrtums-Argument seinerseits schon voraussetzen, oder aber nicht in der Lage sind, einen Zweifel zu formulieren, der eine rationale Kraft für uns haben kann. Die Behauptung, daß das Prinzip der epistemischen Geschlossenheit die Prämisse des skeptischen Zweifels ist, werden wir in Kapitel IV. 3 diskutieren und zeigen, daß sie das Irrtums-Argument voraussetzt. Daß der Begriff der Objektivität als solcher keinen skeptischen Zweifel begründen kann, wie dies Bernard Williams und Thomas Nagel behaupten, habe ich gezeigt in A. Kern, »Einsicht ohne Täuschung. McDowells hermeneutische Konzeption von Erkenntnis«. Vgl. auch die Kritik von J. McDowell in »Aesthetic Value, Objectivity, and the Fabric of the World«.

besser zu verstehen, sondern dazu, uns *nicht mehr* zu verstehen. Betrachten wir nun jedoch, wie Stroud die Natur von philosophischen Überlegungen genauer charakterisiert:

What we seek in the philosophical theory of knowledge is an account that is completely general in several respects. We want to understand how any knowledge at all is possible – how anything we currently accept amounts to knowledge. Or less ambitiously, we want to understand with complete generality how we come to know anything in a certain specified domain.[29]

Nehmen wir an, dieser Bereich, den wir zu verstehen versuchen, sei Wissen von der uns sinnlich affizierenden Welt. Was versteht nun Stroud darunter, daß dieses Verständnis philosophisch ist? Stroud charakterisiert dieses Verständnis durch das Merkmal der »complete generality«. Wir versuchen, mit »complete generality« zu verstehen, wie wir dazu kommen, Wissen von der uns sinnlich affizierenden Welt zu haben. Dieser Ausdruck ist jedoch zunächst noch unbestimmt und für mehrere Deutungen offen. Man kann ihn wie folgt verstehen: Daß wir in der Philosophie unser Wissen mit »complete generality« verstehen wollen, heißt, daß wir ein Verständnis der Quellen und der Natur unseres Wissens haben wollen. Dies impliziert unter anderem, daß wir ein Verständnis der Natur der Gründe haben wollen, die wir für solches Wissen haben. Daß dieses Verständnis allgemein ist, heißt dann, daß es unabhängig davon ist, welcher bestimmte Inhalt der Inhalt unseres Wissens ist. Die einzige Beschränkung, die wir machen, ist die, daß es Wissen von der uns sinnlich affizierenden Welt ist, sei sein Inhalt nun, daß da ein Stuhl steht oder daß es draußen regnet oder daß Gregor Gysi der neue Wirtschaftssenator von Berlin ist. Wir wollen nicht verstehen, wie ein ganz bestimmter Grund verfaßt ist, den wir für eine ganz bestimmte Überzeugung haben, sondern wir wollen verstehen, wie unsere Gründe überhaupt verfaßt sind.

Stroud dagegen versteht den Ausdruck »complete generality« anders, nämlich wie folgt: Das, wonach wir nach Stroud suchen, wenn wir nach einem Verständnis unseres Wissens mit »complete generality« suchen, ist ein »assessment of all our knowledge of the world at once, and it takes the form of a judgment on that knowledge from what looks like a detached ›external‹ position«.[30] Daß es

29 B. Stroud, »Understanding Human Knowledge in General«, S. 32.

30 B. Stroud, *The Significance of Philosophical Scepticism*, S. 209.

um ein allgemeines Verständnis geht, soll nach Stroud also heißen, daß es darum geht, unser Wissen von einem externen Standpunkt aus zu beurteilen. Und das soll heißen, daß es darum geht, die Frage zu beantworten, ob diejenigen Gründe, die wir von einem internen Standpunkt *vermeintlich* für Wissensgründe halten, *tatsächlich* Gründe sind, auf deren Basis man Wissen über die Welt haben kann, und dies soll man feststellen, ohne schon vorauszusetzen, daß diese Gründe Wissensgründe sind. Die einzige Weise nun, wie man diese Frage beantworten kann ist die, daß man versucht, unser Wissen über die Welt auf Gründe *zurückzuführen*, über die wir auch dann noch verfügen würden, wenn sich im Zuge unserer Untersuchung herausstellen sollte, daß wir kein Wissen über die Welt haben. Das heißt, die einzige Weise, wie man diese Fragestellung durchführen kann, ist die, daß man behauptet, daß die grundlegenden geistigen Akte, auf denen unser Wissen über die Welt beruht, dadurch charakterisiert sind, daß wir sie auch dann noch vollziehen könnten, wenn wir kein Wissen über die Welt haben. Strouds Idee folglich ist, daß unser Streben nach einem philosophischen Verständnis unseres Weltwissens ein Streben nach einer Begründung unseres Weltwissens in geistigen Akten ist, welche auch dann noch möglich sind, wenn wir kein Weltwissen haben.

So gesehen ist diese Idee nicht mehr als eine Aussage über die Ordnung des *philosophischen* Rechtfertigens. In der Philosophie, so die Idee, suchen wir nach einer legitimierenden Erklärung unseres Weltwissens durch etwas, das nicht schon impliziert, daß wir Weltwissen haben. So beschreibt etwa auch Michael Williams das Projekt der Erkenntnistheorie:

> Only a legitimating account of our beliefs about the world will give an understanding of our knowledge of the world. This means that an account of our knowledge of the world must trace it to something that is *ours*, and that is knowledge, but that is not *knowledge of the world*.[31]

31 M. Williams, »Epistemological Realism and the Basis of Scepticism«, S. 246. Es ist interessant zu sehen, daß Williams, der hier Strouds Position charakterisiert, selbst an keiner Stelle überlegt, ob ein solches Projekt überhaupt *sinnvoll* sein kann. Vgl. dazu auch M. Williams, *Unnatural Doubts*, S. 92. Aus diesem Grund kann Williams auch glauben, dies sei die stärkste Begründung des skeptischen Zweifels. Und aus ebendiesem Grund kann er auch fälschlicherweise glauben, das Irrtums-Argument führe »lediglich« in den Fallibilismus, nicht in den Skeptizismus. In: M. Williams, *Problems of Knowledge*, S. 61. Ich werde dies noch ausführlich diskutieren.

Nehmen wir einmal an, dies wäre ein sinnvolles Projekt. Was aber würde daraus für die Ordnung des Rechtfertigens von einem »internal standpoint« aus folgen? Die Antwort ist einfach: überhaupt nichts. Wenn die Idee, daß wir unser Weltwissen durch Gründe erklären müssen, die nicht schon voraussetzen, daß wir Weltwissen haben, in *nichts anderem* gründet als in einem »methodological constraint«,[32] den wir uns in der Philosophie auferlegen, und das Ergebnis unserer Überlegungen sodann ist, daß wir unser Weltwissen auf diese Weise nicht begründen können, dann kann der einzige Zweifel, der an dieser Stelle begründet aufkommen kann, kein Zweifel an unserem Weltwissen sein, sondern ein Zweifel am Sinn einer solch methodologischen Beschränkung.

Verteidiger dieser methodologischen Beschränkung werden an dieser Stelle sagen wollen: Diese methodologische Beschränkung ist keine künstliche Erfindung, sondern sie beschreibt das, wonach wir suchen, wenn wir eine befriedigende philosophische Erklärung für unser Wissen von der Welt suchen. Doch stellen wir uns einmal vor, jemand würde ein philosophisches Projekt durchführen, in dem er unter anderem zeigen würde, daß man keine geistigen Akte vollziehen kann, ohne Weltwissen zu haben. Wir kämen also dazu, philosophisch zu erkennen, daß jene methodologische Beschränkung, von der Stroud glaubt, daß wir uns ihr unterwerfen, wenn wir nach einer befriedigenden philosophischen Erklärung für Weltwissen suchen, eine inkohärente Beschränkung ist. Wir kämen also dazu, zu erkennen, daß wir statt dessen unser Wissen auf eine Weise erläutern müssen, die diese methodologische Beschränkung zurückweist. Was wäre dann? Stroud sagt nun, daß wir dann nicht glauben sollen, wir hätten eine befriedigende Erklärung für Wissen: »If we did come to see how and why the epistemological enterprise is not fully valid, or perhaps not even fully coherent«, dann sollen wir nach Stroud nicht glauben, »we would then possess a satisfactory explanation of how human knowledge in general is possible. We would have seen, at best, that we cannot have such a thing. And that too, I believe, would leave us dissatisfied.«[33]

32 So M. Williams über Strouds Charakterisierung des erkenntnistheoretischen Projekts in *Unnatural Doubts*, S. 57 f., S. 90 ff., S. 103 f., S. 113 ff. Vgl. zu diesem Verständnis des erkenntnistheoretischen Projekts auch M. Williams, »Understanding Human Knowledge Philosophically«.

33 B. Stroud, »Understanding Human Knowledge in General«, S. 49. Vgl. zu Strouds

Nach Stroud wären wir dann also in folgender Situation: Wir hätten dann zwar ein Verständnis davon, wie wir Wissen von der Welt haben können, doch wir hätten nicht dasjenige Verständnis, nach dem wir suchten. Doch weshalb? Aus dem bloßen Umstand, daß unser Verständnis von Weltwissen ein Verständnis mit »complete generality« sein soll, folgt keineswegs, daß ein befriedigendes Verständnis nur dann erreicht ist, wenn diese methodologische Beschränkung gilt. Erst recht nicht, wenn wir erkennen sollten, daß diese methodologische Beschränkung inkohärent ist. Ein skeptischer Zweifel, dessen einzige Kraft daher rührt, daß er das Resultat einer methodologischen Prämisse ist, die wir spätestens dann als unvernünftig aufgeben müssen, wenn wir ihre Inkohärenz erkennen, ist kein Zweifel, von dem man sagen kann, daß Überlegungen unserer Vernunft uns zu ihm zwingen. Ein skeptischer Zweifel an unserem Weltwissen kann nur dann erweckt werden, wenn wir die Behauptung, daß wir unsere Überzeugungen mit nichts besserem als geistigen Akten begründen können, die mit der Falschheit der Überzeugung kompatibel sind, aus einem Merkmal ableiten, das intrinsisch zum Begriff des Wissens gehört. Und genau das ist es, was das Irrtums-Argument zu leisten beansprucht. Stroud muß folglich die Geltung dieses Arguments schon fraglos voraussetzen, um dann behaupten zu können, es sei ein Merkmal der philosophischen Haltung als solcher, daß sie nach einem solchen Verständnis unseres Weltwissens suche: einem Verständnis, das auf dem Boden des Irrtums-Arguments steht.

Stroud möchte sagen, daß wir dann, wenn wir eine Erklärung ohne diese methodologische Doktrin haben, etwas haben, das uns nicht befriedigen könnte. Aber warum nicht? Müßte man dazu nicht erst abwarten, ob eine solche Erläuterung einen befriedigen würde? Was es heißt, eine philosophisch befriedigende Erläuterung zu haben, ist zweifellos schwer zu beantworten und wohl kaum in allgemeiner Weise zu beschreiben. Doch zu antizipieren, daß keine Erläuterung, die Strouds methodologische Beschränkung nicht akzeptiert, einen je befriedigen würde, hieße doch, den Kopf eigenhändig in den Sand zu stecken und zu behaupten, daß nichts getan

Skepsis gegenüber transzendentalen Argumenten auch seine Aufsätze »Transcendental Arguments« sowie »Kant and Skepticism«. Zu meiner Kritik an Strouds Verständnis der Kantischen Position und ihrem Verhältnis zum Skeptizismus vgl. A. Kern, »Philosophie und Skepsis. Hume – Kant – Cavell«, bes. S. 28-35.

werden könne, um ihn wieder herauszubekommen. Das aber scheint keine Position zu sein, von der man behaupten kann, unsere Vernunft würde uns zu ihr zwingen.

IV. Das Dilemma der Erkenntnistheorie

1. Die allgemeine Rettungsstrategie: Weniger ist mehr!

Wir haben den skeptischen Zweifel an der Möglichkeit von Wissen sowie die Frage nach der tiefsten Begründung des Zweifels bislang ins Zentrum unserer Überlegungen zur Natur endlichen Wissens gestellt, weil der skeptische Zweifel in bezug auf Wissen genau das in Frage stellt, was jede Erkenntnistheorie zu tun beansprucht: nämlich die Natur endlichen Wissens auf eine Weise zu erfassen, kraft der wir begreifen können, wie diejenigen Subjekte, die wir selber sind, solches Wissen haben können. Die Zurückweisung dieses Zweifels ist daher nicht einfach einer der zahlreichen Gegenstände, mit denen sich die Erkenntnistheorie unter anderem auch beschäftigt, sondern die Erkenntnistheorie als solche steht und fällt damit, daß sie diesen Zweifel zurückweisen kann.

Es gibt im wesentlichen zwei philosophische Strategien, den skeptischen Zweifel zurückzuweisen: Man kann ihn durch eine *transzendentale* Kritik zurückweisen, oder aber durch eine *diagnostische* Kritik. Unter einer transzendentalen Kritik verstehe ich die exemplarisch von Kant verfolgte Strategie eines Nachweises der folgenden Art:[34] Eine transzendentale Kritik der skeptischen Position beansprucht zu zeigen, daß der Skeptiker zur Formulierung seines skeptischen Arguments eine Prämisse in Anspruch nehmen muß, zu der er nicht berechtigt ist, weil man zu dieser Prämisse nur

34 Es geht mir hierbei nicht um die Frage, welchen Status dieses Argument bei Kant hat, d. h., ob es zentral für seine Argumentation ist oder nicht. Auch beanspruche ich mit obiger Charakterisierung dessen, was ein transzendentales Argument ist, offenkundig nicht, damit ein umfassendes Verständnis der Natur transzendentaler Argumente zu geben. Für einen Überblick über die Diskussion vgl. das ausgezeichnete Buch von R. Stern, *Transcendental Arguments and Scepticism. Answering the Question of Justification*. Zur Kontroverse dazu siehe auch Th. Grundmann, *Analytische Transzendentalphilosophie*. Ich halte obige Bestimmung – sofern ein transzendentales Argument in der Auseinandersetzung mit dem Skeptiker verwendet wird – für eine minimale Bestimmung. Die Pointe eines solchen Arguments in bezug auf die skeptische Problematik ist leicht verständlich, wenn man sie mit der diagnostischen Auseinandersetzung vergleicht. Mir geht es im folgenden vor allem um diesen Kontrast.

dann berechtigt ist, wenn man die Wirklichkeit genau desjenigen Phänomens zugesteht, von dem das skeptische Argument zeigen will, daß es unmöglich ist. Eine transzendentale Kritik widerlegt somit den Skeptiker in folgendem Sinn: Sie weist auf, daß die skeptische Position *sich selbst unterminiert*. Sie erweist sie als eine Position, die niemand vernünftigerweise einnehmen kann.

Das allgemeine Problem jeder transzendentalen Zurückweisung des skeptischen Zweifels – etwa in bezug auf empirisches Wissen – besteht darin, daß sie stets nur zeigt, daß man die Wirklichkeit dieses Wissens nicht *bestreiten* kann. Doch sie zeigt für sich nicht, *wie* das möglich ist, was der Skeptiker bestreitet: etwa, wie ein Wesen empirisches Wissen haben kann. Jede transzendentale Zurückweisung des Skeptikers ist daher so lange unzureichend, wie sie diese als ein selbstgenügsames Geschäft betreibt. Man kann nicht beanspruchen, den Skeptiker zurückgewiesen zu haben, solange man nicht zugleich die Natur von Wissen auf eine Weise erläutern kann, die begreiflich macht, wie ein endliches denkendes Wesen Wissen haben kann. Ohne ein solches Verständnis ist der Nachweis der Instabilität der skeptischen Position eine wenig befriedigende philosophische Übung.[35] Die grundlegende Frage in der Auseinandersetzung mit dem Skeptizismus ist nicht: Kann man den Skeptiker zurückweisen? Sondern: Kann man die Natur von Wissen auf eine Weise erläutern, die dem skeptischen Zweifel seinen Angriffspunkt entzieht?

Eine diagnostische Kritik umgeht dieses Problem von vornherein: Unter einer diagnostischen Kritik verstehe ich eine Form der Auseinandersetzung mit dem Skeptiker, die den Skeptiker dadurch zurückweist, daß sie eine Voraussetzung des skeptischen Zweifels diagnostiziert, von der sie glaubt zeigen zu können, daß sie nicht *zwingend* ist. Gemäß einer diagnostischen Kritik des Skeptikers gibt es in den Überlegungen des Skeptikers über die Natur von Wissen

35 J. Conant unterscheidet daher in seinem Aufsatz »Varieties of Skepticism« zwischen einem Cartesischen Skeptizismus, der sich fragt, ob Wissen etwas ist, das überhaupt *wirklich* ist, und einem Kantischen Skeptizismus, der sich fragt, ob so etwas wie Wissen überhaupt *möglich* ist. Und es ist klar, daß der sogenannte Cartesische Skeptizismus nicht allein durch den Aufweis beantwortet werden kann, daß Wissen möglich ist, es sei denn, dieser Aufweis enthält selbst schon eine Erläuterung dessen, was es hieße, die Frage nach der Wirklichkeit von Wissen zu beantworten.

eine bestimmte – je nach Diagnose andere – Prämisse in seiner Erläuterung von Wissen, die wir aufgeben können. Geben wir diese Prämisse auf, dann läßt sich verstehen, wie ein endliches denkendes Wesen Wissen haben kann. Im Unterschied zur transzendentalen Kritik fallen in einer diagnostischen Kritik die Zurückweisung des Skeptikers und die Vorstellung eines nicht-skeptischen Verständnisses von Wissen in eins. Die Zurückweisung des Skeptikers geschieht gerade vermittels einer alternativen Erläuterung der Natur von Wissen, die beansprucht, nicht-skeptisch zu sein.[36]

Wir werden zwei diagnostische Antworten auf den Skeptizismus diskutieren, die beide einem gemeinsamen Gedanken aufruhen. Von diesem Gedanken wird leicht zu sehen sein, daß er der Mehrheit der zeitgenössischen erkenntnistheoretischen Positionen zugrunde liegt. Positionen, die durch diesen Gedanken charakterisiert sind, werden wir »Positionen der Ermäßigung« nennen. Von beiden Antworten wird sich zeigen, daß sie, statt den skeptischen Zweifel außer Kraft zu setzen, ihrerseits ein anderer *Ausdruck* des skeptischen Zweifels sind. Denn beide Antworten eint der Gedanke, daß es möglich ist, eine nicht-skeptische Position zu formulieren, die das Irrtums-Argument nicht zurückweist, sondern akzeptiert. Es wird im folgenden also nicht um eine einzelne bestimmte Position gehen, sondern um die Struktur der Argumentation, die ganz verschiedene Positionen miteinander verbindet.[37] Dies erlaubt es uns, von allen –

36 M. Williams charakterisiert die vor allem von ihm prominent gemachte Form diagnostischer Kritik wie folgt: »The idea is to put sceptical doubts in a wholly new light: to make them appear, not as natural doubts, but as an unwanted consequence of dispensable theoretical ideas«. In: *Unnatural Doubts*, S. 318. C. Wright hat eingewendet, daß eine diagnostische Kritik niemals ausreichen könne, um den Skeptiker zurückzuweisen. Um den Skeptiker zurückzuweisen, müsse man zeigen, daß seine Position *falsch* ist, und nicht nur, daß sie nicht *zwingend* ist. In: »Facts and Certainty«, S. 461. Doch in bezug auf die skeptische Position ist diese Forderung falsch. Denn es gibt eine Asymmetrie zwischen einer philosophischen Position, die zu einem skeptischen Zweifel führt, und einer Position, in der dieser Zweifel keinen Platz hat. Denn der Skeptiker kann den Zweifel, auf den er stößt, nicht als einen *möglichen* Zweifel verstehen. Er muß seinen Zweifel als einen *unvermeidlichen* Zweifel verstehen. L. Wittgenstein drückt diese Asymmetrie so aus: »In der Philosophie muß man sich immer fragen: Wie muß man dieses Problem ansehen, daß es lösbar wird?« In: *Bemerkungen über die Farben*, § 11, S. 36. So auch M. Williams, *Problems of Knowledge*, S. 146 f.

37 In der zeitgenössischen Philosophie ist die Auffassung weit verbreitet, Wittgenstein habe ebenfalls eine Strategie der Ermäßigung verfolgt, insbesondere in *Über*

zum Teil gravierenden – Unterschieden zwischen diesen Positionen abzusehen. Der einzige Unterschied, den wir beachten werden, ist der zwischen einer sogenannten »internalistischen« und einer »externalistischen« Variante dieser Position.

Das Irrtums-Argument, so haben wir gezeigt, konfrontiert uns mit dem Problem, daß der Begriff des Wissens aporetisch zu sein scheint. Denn er verlangt von uns, in seiner Erläuterung zwei Behauptungen zugleich zu bejahen, die, so der Skeptiker, einander wechselseitig ausschließen: Die Behauptung, daß sinnliche Eindrücke einem Subjekt Gründe für Urteile liefern müssen, die deren Wahrheit garantieren, und die Behauptung, daß sie einem Subjekt Gründe für Urteile liefern müssen, die mit der Falschheit des Urteils vereinbar sind. Der Begriff des Wissens zwingt uns dazu, ihn durch diese beiden Behauptungen zu erläutern, und damit etwas zu tun, was wir sinnvoll nicht tun können. Darum, so der Skeptiker, ist er für uns ein aporetischer Begriff. Die allgemeine Strategie, mit der Positionen der Ermäßigung versuchen, diese Aporie des Wissens aufzulösen, besteht darin, daß sie die erste Behauptung bestreiten. Die erste Behauptung artikuliert ihnen zufolge keine Bedingung, die sinnliche Eindrücke erfüllen müssen, damit sie Gründe für Wissen sein können. Denn Gründe müssen nicht wahrheitsgarantierend sein, um Gründe für Wissen zu sein. Wissen, so die Idee, läßt sich ohne die Idee eines wahrheitsgarantierenden Grundes erläutern.[38] Indes, wenn unsere Überlegungen zum Wissensbegriff im ersten Teil richtig waren, dann muß dieser Gedanke falsch sein. Denn diesen Überlegungen zufolge ist der Begriff eines wahrheitgarantierenden Grundes ein zwingender Bestandteil einer Erläuterung von Wissen. Genau dies wird sich im folgenden auch bestätigen. Wir werden sehen, daß es unmöglich ist, Wissen durch den Begriff eines Grundes zu erläutern, der weniger als wahrheitsgarantierend ist.

Betrachten wir hierfür zunächst die allgemeine Form der Dia-

Gewißheit. Ich halte dies für ein Mißverständnis, das sich mir nur daraus erklärt, daß man diese Strategie für so offensichtlich richtig hält.

38 Der Grundgedanke einer ermäßigenden Antwort auf den Skeptiker ist, daß der Skeptiker, wie Putnam schreibt, »cannot provide a valid argument from premisses I must accept to the conclusion that knowledge is impossible.« Und zwar kann er deswegen kein solches Argument liefern, weil er eine Prämisse in Anspruch nimmt, die wir nicht akzeptieren *müssen*. In: H. Putnam, »Skepticism«, S. 255.

gnose, die diese Positionen charakterisiert, ehe wir dann zeigen, welche bestimmte Gestalt sie in den beiden Versionen annimmt. Positionen der Ermäßigung reformulieren die skeptische Argumentation in folgender Weise:

(1) Um etwas zu wissen, brauche ich eine Grundlage, die jeden Umstand ausschließt, in dem es falsch wäre, das zu glauben, was ich glaube.
(2) Ich kann jedoch niemals eine Grundlage haben, die jeden Umstand ausschließt, in dem es falsch wäre, das zu glauben, was ich glaube.
(3) Also kann ich niemals etwas wissen.

Wird die skeptische Überlegung auf diese Weise reformuliert, dann lautet die gemeinsame Diagnose aller Positionen der Ermäßigung: Die Prämisse, von der die skeptische Konklusion abhängig ist, ist die Prämisse, nach der jemand, der etwas weiß, eine Grundlage haben muß, die *jeden* Umstand ausschließt, in dem es falsch wäre, das zu glauben, was man glaubt. Doch diese Prämisse müssen wir nicht akzeptieren, so der Gedanke. Der Skeptiker mißversteht vielmehr den Wissensbegriff, weil er *zu viel* von jener Grundlage verlangt, die ein Subjekt haben muß, um etwas zu wissen. Die Rechtfertigungsbedingung für Wissen muß sinnvoller Weise wie folgt lauten: Jemand hat genau dann eine für Wissen hinreichende Rechtfertigung, wenn diese Rechtfertigung alle *relevanten* Umstände ausschließt, in denen es falsch wäre, das zu glauben, was er glaubt.

Diese allgemeine diagnostische Kritik des skeptischen Zweifels, deren Pointe in einer Ermäßigung der Rechtfertigungsbedingung für Wissen besteht, läßt sich in zwei verschiedenen Varianten formulieren. Beide Varianten unterscheiden sich darin, wie sie die Natur jener Faktoren beschreiben, die verantwortlich dafür sind, ob ein Umstand relevant ist oder nicht. Die internalistische Variante bestimmt diese Faktoren ausschließlich durch internalistische Faktoren, unter denen sie solche versteht, von denen das Subjekt ein Bewußtsein hat.[39] Die externalistische Variante bestimmt sie im we-

39 Wenn man, wie etwa H. Putnam, eine internalistische Position voraussetzt, dann wird man die ermäßigende Position in der Regel unter Bezugnahme auf den Begriff des Zweifels formulieren. So schreibt Putnam: »When we say ›I know‹, what we mean is that we can rule out certain relevant ›doubts‹, but not all possible

sentlichen durch externalistische Faktoren, unter denen sie solche versteht, die dem Bewußtsein des Subjekts äußerlich sind.[40]

2. Die internalistische Variante

Positionen der Ermäßigung wollen sagen: Das Subjekt muß nicht alle Umstände ausschließen, sondern nur die relevanten. Das, was einen Umstand relevant und also ausschlußbedürftig macht, ist nach der internalistischen Variante dieser Position als eine Funktion der Gründe zu verstehen, die das Subjekt, um dessen angebliches Wissen es geht, hat. Darin besteht die exemplarisch von J. Austin verfolgte Strategie, auf das skeptische Problem zu antworten. Sie wird derzeit u. a. von R. Brandom, M. Williams und H. Putnam vertreten. Ob ein Umstand, der, wenn er bestünde, es ausschließen würde, daß meine Überzeugung wahr wäre, relevant ist und daher von meiner Grundlage für meine Überzeugung ausgeschlossen werden muß, ist nach der internalistischen Variante davon abhängig, ob ich einen Grund dafür habe, diesen Umstand anzunehmen. Internalistisch ist die Rechtfertigungsbedingung für Wissen somit wie folgt zu beschreiben: Ein Subjekt hat genau dann eine Rechtfertigung, die hinreichend für Wissen ist, wenn die Grundlage seiner Überzeugung jene Umstände, in denen diese Überzeugung falsch wäre, ausschließen kann, von denen es Grund hat, sie anzunehmen.

›doubts‹. Which ›doubts‹ depends on the circumstances; there is no rule that we can give once and for all that covers all the occasions on which we might use the word ›know‹. In: »Skepticism«, S. 249. Vgl. dazu auch K. DeRose, »Contextualism and Knowledge Attributions«. Unsere obige Formulierung der ermäßigenden Position ist demgegenüber die allgemeinere, da sie neutral ist gegenüber der Unterscheidung zwischen internalistischen und externalistischen Positionen.

40 Meine Unterscheidung zwischen internalistischen und externalistischen Varianten ist gemeint als eine idealtypische Unterscheidung, anhand der sich das generelle Prinzip sämtlicher Spielarten dieser Positionen durchsichtig machen läßt. Es liegt auf der Hand, daß es hier auch solche Spielarten des Externalismus gibt, die die Bestimmung dessen, ob ein Umstand relevant ist und also ausgeschlossen werden muß, überhaupt nicht von kognitiven Faktoren abhängig machen. Und es ist ebenso offenkundig, daß es noch andere Mischformen der externalistischen und internalistischen Betrachtung geben kann als diejenige, die wir gleich diskutieren werden. Es ist die Pointe des Arguments, das wir entwickeln werden, daß es überhaupt nicht darauf ankommt, welche Spielart dieser Varianten oder welche besondere Gestalt einer Mischform dieser Varianten man sich vorstellt.

Alle anderen Umstände müssen nicht ausgeschlossen werden. Austin erläutert die Pointe dieser Bestimmung einer für Wissen hinreichenden Rechtfertigung an folgendem Fall: Stellen wir uns vor, ich behaupte, da sei ein Stieglitz im Garten. Damit meine Behauptung den Status von Wissen haben kann, so Austin, muß ich in der Lage sein, auf die Frage »Warum glaubst du, daß da ein Stieglitz ist?« eine Antwort zu geben, die ausschließt, daß es sich hier um einen Spatz, eine Drossel oder eine Amsel handelt. Ich muß also Merkmale nennen können, die solche alternativen Identifizierungsmöglichkeiten des fraglichen Gegenstands ausschließen. Habe ich solche Merkmale zur Rechtfertigung meiner Behauptung angeführt, dann habe ich eine Rechtfertigung gegeben, die, so Austin, für Wissen »genug« ist, und das soll heißen:

Genug ist genug – es bedeutet nicht alles. Genug bedeutet, daß es (in vernünftigem Rahmen und unter Berücksichtigung unserer Absichten und Zwecke) ausreicht zu zeigen, daß es sich um gar nichts anderes handeln »kann«, daß es keine Möglichkeit einer alternativen, konkurrierenden Beschreibung gibt. Es bedeutet z. B. *nicht*, daß es ausreicht zu zeigen, daß es sich nicht um einen *ausgestopften* Stieglitz handelt.[41]

Eine für Wissen hinreichende Grundlage zu haben heißt nach Austin also *nicht*, daß ich eine Grundlage habe, die ausschließt, daß der Gegenstand, über den ich etwas behaupte, nicht so ist, wie ich es behaupte. Ich behaupte, daß da ein Stieglitz sei. Aber die Grundlage, die ich für diese Behauptung haben muß, damit diese den Status von Wissen hat, ist so, daß sie *offen*läßt, ob da ein Stieglitz ist oder nur die Attrappe eines Stieglitzes. Meine Grundlage für die Behauptung, daß da ein Stieglitz sei, muß diesen Umstand, nämlich daß es sich hier um eine Stieglitzattrappe handelt, nicht ausschließen. Diesen Umstand müßte ich nur dann ausschließen, wenn er relevant wäre. Und relevant wird er erst dann, wenn ich Grund habe anzunehmen, daß er besteht. So die Pointe der internalistischen Variante der Ermäßigung: »Der Zweifel oder die Frage ›Aber ist es wirklich eins?‹ hat immer eine spezielle Grundlage (muß sie haben); es muß einen ›Grund zu der Annahme‹ geben, daß es nicht wirklich ist.«[42]

41 J. Austin, »Fremdseelisches«, S. 64.
42 Ebd., S. 67 f.

Die internalistische Variante beschreibt den Erwerb von Wissen als einen Prozeß, der durch etwas *reguliert* ist, das wir eine *epistemische Regel* nennen können. Nennen wir diese Regel die »Regel des begründeten Verdachts«. Diese Regel reguliert den Prozeß des Erwerbs von Wissen in dem Sinn, daß ihre Befolgung eine notwendige Bedingung dafür ist, daß ein Subjekt als eines zählen kann, das etwas weiß.[43] Williams und Brandom drücken das so aus, daß sie sagen, das Rechtfertigen von Wissensansprüchen habe eine sogenannte »default-and-challenge«-Struktur:[44] Ein Wissensanspruch ist etwas, das man nur dann rechtfertigen muß, wenn man Grund für Zweifel an der Wahrheit der Überzeugung hat. Solange das Subjekt keinen Grund für Zweifel an ihr hat, genießt sein Wissensanspruch den Status eines »default-entitlements«. Das heißt: Das Subjekt ist zu diesem Wissensanspruch *per default* berechtigt und nicht dadurch, daß es Gründe für die Wahrheit seiner Überzeugung hat.

Austin – als exemplarischer Vertreter der internalistischen Variante der ermäßigenden Position – will also sagen: In all jenen Situationen, die sich der klassische Erkenntnistheoretiker vorstellt, um sich die Möglichkeit von Wissen klar zu machen – Descartes, wenn er am Kamin sitzt und das Papier in seinen Händen betastet; Price, wenn er seine Tomate betrachtet; wir selbst, wenn wir auf unsere weiße Teetasse starren etc. – und in deren Betrachtung er auf seinen skeptischen Zweifel stößt, gibt es keinen Grund für die Annahme, daß ein Umstand besteht, der, wenn er bestünde, es ausschließen würde, daß die jeweils fragliche Überzeugung wahr ist. Der Erkenntnistheoretiker meint nun jedoch, daß wir gleichwohl eine Grundlage brauchen, die einen solchen Umstand ausschließt, um Wissen zu haben. Doch das, so Austin, ist »dumm«, ja, einfach »empörend«.[45] Bei Putnam heißt es entsprechend, daß die Kriteri-

43 Eine exemplarische Formulierung dieser epistemischen Regel bezogen auf Wissen vom Hörensagen findet sich bei Price. Price beschreibt die »policy for forming beliefs« bezogen auf Wissen vom Hörensagen wie folgt: »Accept what you are told, unless you have specific reasons for doubting it«. In: H. Price, *Belief*, S. 127.

44 M. Wiliams, *Problems of Knowledge*, bes. S. 150-158; R. Brandom, *Making It Explicit*, S. 176-184; S. 204-206; S. 238-242. Die internalistische Version der Ermäßigungsstrategie wird im Anschluß an Austin und Williams auch von M. Willaschek vertreten in *Der mentale Zugang zur Welt*, S. 182-205.

45 J. Austin, »Fremdseelisches«, S. 64. Siehe dazu auch S. Cavell, *The Claim of Reason*, S. 52.

en, die der Skeptiker für Wissen in Anschlag bringt, schlichtweg »absurd« seien.[46]

Stanley Cavell hat nun an dieser Stelle folgenden Einwand gegen Austins ermäßigende Position formuliert: Indem sie verlangt, daß die auszuschließenden Umstände begründet sein müssen, kann sie genau das nicht leisten, was sie leisten will: nämlich eine Zurückweisung des skeptischen Zweifels. Sie kann es deswegen nicht, weil die Frage, *ob* wir einen Grund für die Annahme haben, daß ein bestimmter Umstand besteht, gerade die Frage ist, deren Antwort auf dem Spiel steht. Austin glaubt zu wissen, daß es in diesen Situationen keinen Grund für die Annahme gibt, daß irgendein solcher Umstand besteht. Cavell wirft nun die Frage auf, wie wir das denn wissen, was Austin hier zu wissen glaubt. Und mehr noch, wie wir denn wissen, was überhaupt als ein solcher Grund zählen würde. »How do we know what would count as ›a reason to think so‹«?[47] Cavells Einwand ist dabei nicht, gegen Austin zu bestreiten, daß wir das wissen. Ganz im Gegenteil: »Anybody who can speak knows these things.«[48] Sein Einwand ist ein methodischer: Wenn Vertreter einer Position der Ermäßigung behaupten, daß in jener Situation, die der Erkenntnistheoretiker untersucht, kein Grund für die Annahme eines Umstands besteht, der, wenn er bestünde, es ausschließen würde, daß seine Überzeugung wahr ist, dann muß die Evidenz, die er für die Richtigkeit dieser Behauptung hat, derart sein, daß jeder kompetente Sprecher seiner Sprache sich in dieser Behauptung *wiedererkennen* kann. Es kann nicht die Privatmeinung des Ermäßigungstheoretikers sein, daß hier kein Grund für die Annahme eines solchen Umstands besteht. Denn er will ja gerade sagen, daß für niemand hier ein Grund für diese Annahme besteht. Doch genau das ist es, was der Skeptiker bestreitet. Das Problem der Ermäßigungsstrategie ist nach Cavell daher ein methodisches Dilemma der folgenden Form: Entweder die Behauptung »hier gibt es keinen Grund für die Annahme eines solchen Umstands« wird von *niemandem* bestritten. Dann aber gibt es keinen Skeptiker und die Behauptung geht ins Leere. *Oder* aber es gibt jemanden, der diese Behauptung bestreitet. Dann aber ist sie falsch:

46 Vgl. H. Putnam, »Skepticism«, S. 256 f.
47 S. Cavell, *The Claim of Reason*, S. 56.
48 Ebd., S. 51.

»If the epistemologist does not *accept* such a statement as ›There is no reason to ask‹, *that* fact must count as evidence that the statement is false.«[49]

Wir werden im weiteren Verlauf sehen, daß Cavells Hinweis auf ein methodisches Dilemma der ermäßigenden Position nicht deren tiefstes Problem beschreibt. Denn dieses methodische Problem besteht nur für die internalistische Variante. Die externalistische Variante hat dieses Problem nicht, da in ihrer Betrachtung das, was einen Umstand relevant macht, nicht im wesentlichen unter Bezugnahme auf Gründe des Subjekts entschieden wird. Das tiefste Problem dieser Position ist eines, von dem wir sehen werden, daß es für beide Varianten besteht. Doch betrachten wir zunächst die externalistische Variante.

3. Die externalistische Variante

Nach der externalistischen Variante der Ermäßigung der Rechtfertigungsbedingung wird das, was einen Umstand relevant und damit ausschlußbedürftig macht, nicht dadurch bestimmt, ob das Subjekt Gründe hat zu glauben, dieser Umstand könnte bestehen. Es ist im wesentlichen von Faktoren abhängig, die außerhalb des Bewußtseins des Subjekts liegen.[50] Das ist der gemeinsame Gedanke u. a. von Autoren wie A. Goldman, F. Dretske und D. Lewis. Eines von Dretskes Beispielen, an denen er seine diagnostische Kritik des skeptischen Problems entwickelt, ist folgendes: Wir gehen mit unserem Sohn in den Zoo, sehen verschiedene Zebras und erzählen unserem Sohn, daß das hier Zebras seien. Wir glauben zu wissen, daß das Zebras sind. Sie sehen aus wie Zebras, sie sind in einem Käfig, an dem ein Schild mit der Aufschrift »Zebras« hängt, und wir befinden uns im Zoo. Doch nun überlegen wir: Ein Zebra ist kein Maultier, auch keines, das raffiniert verkleidet ist und wie ein Zebra aussieht. Dies indes, nämlich daß die von uns als Zebras identifizierten Gegenstände keine raffiniert verkleideten Maultiere sind, die wie Zebras aussehen, so Dretske, wissen wir nicht. Was folgt daraus? In den Augen Dretskes schließt der Skeptiker daraus, daß wir nicht wissen,

49 Ebd., S. 57.

50 Ich sage »im wesentlichen«, da manche externalistische Versionen auch internalistische Faktoren ins Spiel bringen.

daß die Gegenstände, die wir vor uns im Zoo sehen, keine raffiniert verkleideten Maultiere sind, daß wir nicht wissen, daß es Zebras sind.[51] Dretske will nun sagen, daß das ein Fehlschluß sei. Denn dieser Schluß gelte nur unter der Voraussetzung, daß jemand nur dann etwas weiß, wenn die Grundlage seiner Überzeugung *alle* Umstände ausschließt, in denen diese Überzeugung falsch wäre. Diese Behauptung aber können wir bestreiten. Jemand kann etwas wissen, wenn er eine Grundlage für seine Überzeugung hat, die alle relevanten Umstände ausschließt. Im Kontext des obigen Beispiels heißt dies für Dretske zunächst genau dasselbe wie bei Austin: nämlich daß die Grundlage, die jemand dafür hat, zu glauben, daß in dem Käfig Zebras seien, zwar sicherstellen muß, daß der Gegenstand richtig identifiziert wurde, d. h., sie muß ausschließen, daß die Tiere Gazellen, Löwen oder Antilopen sind. Doch sie muß nicht solche Umstände wie etwa die ausschließen, daß es sich um raffiniert verkleidete Maultiere handelt.

Dretskes Vorschlag zur Lösung des skeptischen Problems ist also in einem ersten Schritt ganz analog zu Austins Vorschlag. Er analysiert diesen Vorschlag nun wie folgt: Wenn jemand etwas weiß, dann ist es so, daß es eine Reihe von Behauptungen gibt, die logische Konsequenzen der Wahrheit der gewußten Behauptung sind. Diese Behauptungen, die logische Konsequenzen jener Behauptung sind, die der Inhalt des Wissens ist, müssen wir nun jedoch, so der Vorschlag, in zwei verschiedene Klassen einteilen: in solche, um deren Wahrheit das Subjekt des Wissens seinerseits wissen muß, und in solche, um deren Wahrheit es nicht wissen muß, sondern die den Status von »Voraussetzungen« (*presuppositions*) haben.[52] Einige der logischen Konsequenzen von Behauptungen, um deren Wahrheit wir wissen, so die Idee, müssen wir als Behauptungen verstehen, die selbst kein behaupteter Wissensinhalt sind, sondern den Status von Voraussetzungen haben. Und genau dann können wir verstehen, wie wir wissen können, daß in dem Käfig Zebras sind. Die logischen Konsequenzen einer Behauptung, »although their truth is entailed by the truth of the statement, are not part of what is operated on

51 F. Dretske, »Epistemic Operators«, S. 138.

52 Dretske drückt das so aus, daß er sagt, zu dieser Klasse von Behauptungen würden die »epistemischen Operatoren«, also Ausdrücke wie »S weiß, daß ...«, nicht »durchdringen« (»do not penetrate to«). In: F. Dretske, »Epistemic Operators«, S. 137.

when we operate on the statement with one of our epistemic operators.«[53]

Wir können also einerseits *mit* dem Skeptiker sagen, daß es in jedem Fall, in dem jemand etwas weiß, eine Reihe von Behauptungen gibt, die wahr sein müssen, damit das Subjekt das fragliche Wissen haben kann. Doch wir müssen zugleich *gegen* den Skeptiker sagen, daß man um ihre Wahrheit nicht ihrerseits wissen muß, um das fragliche Wissen zu haben. Zu diesen Behauptungen, die wahr sein müssen, damit man ein bestimmtes Wissen haben kann, doch von denen wir bestreiten müssen, daß man um ihre Wahrheit ihrerseits *wissen* muß, gehört im Fall von visuellem Wahrnehmungswissen, so Dretske, etwa die Behauptung »es herrschen normale Lichtbedingungen«: In einer bestimmten Situation, in der ein Subjekt auf der Grundlage seines sinnlichen Eindrucks etwa urteilt, daß eine bestimmte Wand rot sei, gehört nach Dretske die Behauptung »es herrschen normale Lichtbedingungen« zur Klasse jener Behauptungen, die wahr sein müssen, aber um die das Subjekt nicht ihrerseits wissen muß, um zu wissen, daß die Wand rot ist. Denn wenn das Urteil, daß die Wand rot ist, wahr ist, dann impliziert dies, daß es sich nicht um eine weiße Wand handelt, die raffiniert beleuchtet wird, so daß sie rot aussieht. Doch daß es sich nicht um eine weiße Wand handelt, die raffiniert beleuchtet wird, so daß sie rot aussieht, können wir nach Dretske aufgrund des sinnlichen Eindrucks einer roten Wand, den wir haben, nicht wissen. Wenn die Wand raffiniert beleuchtet wäre, so daß sie rot aussieht, hätten wir *genau denselben sinnlichen Eindruck*. Unser sinnlicher Eindruck schließt das also nicht aus. Dann aber, so Dretske, gibt es für uns nur eine Möglichkeit, zu verstehen, wie ein Subjekt aufgrund seines sinnlichen Eindrucks wissen kann, daß die Wand rot ist. Wir müssen bestreiten, daß jemand dies nur dann wissen kann, wenn seine sinnliche

53 F. Dretske, »Epistemic Operators«, S. 137. Vgl. zu dieser Strategie auch den einschlägigen Aufsatz von A. Goldman, »Discrimination and Perceptual Knowledge«, der Szenarien wie das obige – in seinem Fall sind es Scheunen-Fassaden – ursprünglich als Einwand gegen eine rein kausalistische Bestimmung von Wahrnehmungswissen formuliert hat. Exemplarisch entwickelt ist diese externalistische Ermäßigungs-Position in ihrem Zusammenhang mit dem Prinzip epistemischer Geschlossenheit bei G. Stine, »Skepticism, Relevant Alternatives, and Deductive Closure«; K. DeRose, »Solving the Skeptical Problem«; sowie P. Yourgau, »Knowledge and Relevant Alternatives«.

Grundlage dafür, zu glauben, daß die Wand rot ist, es ausschließt, daß hier keine normalen Lichtbedingungen herrschen. Wir müssen bestreiten, daß jemand *wissen* muß, daß die Lichtbedingungen normal sind, um aufgrund seines sinnlichen Eindrucks wissen zu können, daß die Wand rot ist. Wir müssen der Behauptung »es herrschen normale Lichtbedingungen« den Status einer Voraussetzung zusprechen, die das Subjekt des Wissens voraussetzen darf, ohne einen Grund dafür zu haben.

Dretskes Antwort auf das skeptische Problem hat ihre systematische Pointe in dem Gedanken, daß wir die Behauptungen, deren Wahrheit logische Konsequenzen jener Behauptung sind, die der Inhalt unseres angeblichen Wissens ist, in zwei Klassen unterteilen müssen: in solche, die unsere Grundlage ausschließen muß, und solche, die sie nicht ausschließen muß. Doch auf welcher Grundlage nehmen wir eine solche Unterscheidung vor? Auf welcher Grundlage entscheiden wir, welche Behauptung gewußt sein muß und welche den Status einer Voraussetzung hat, um deren Wahrheit man nicht wissen muß? Die externalistische Lesart hat an dieser Stelle ein systematisches Problem, das die internalistische Lesart nicht hat: nämlich daß sie in der Weise, wie etwa Dretske diese Position formuliert, über kein Kriterium für diese Einteilung verfügt. Ohne ein Kriterium für diese Einteilung scheint diese indes bloß willkürlich. Die internalistische Variante hat ein solches Kriterium. Sie unterscheidet relevante und irrelevante Umstände durch die internalistische epistemische Regel, nach der Umstände genau dann relevant sind und vom Subjekt ausgeschlossen werden müssen, wenn das Subjekt Grund hat anzunehmen, daß sie bestehen. Um ein Kriterium der Unterscheidung zwischen relevanten und irrelevanten Umständen formulieren zu können, muß die externalistische Variante eine entsprechende epistemische Regel formulieren.

Es überrascht nicht, daß verschiedene externalistische Theoretiker an dieser Stelle auf verschiedene und verschieden viele epistemische Regeln stoßen. Doch die Unterschiede zwischen diesen Regeln sind nicht bedeutsam für die allgemeine Frage, ob die Formulierung solcher Regeln uns eine Antwort auf das skeptische Problem geben kann. Es ist das Verdienst von David Lewis, daß er die Struktur dieser Konzeption von Wissen vollkommen durchsichtig gemacht hat, indem er eine Liste all jener Regeln aufstellte und verteidigte, von denen die externalistische Literatur – zum Teil ohne darauf zu reflektieren – in ihrer Erläuterung des Wissensbegriffs Gebrauch macht.[54] Wir werden eine einzige dieser Regeln diskutieren, nämlich jene, die im Zentrum aller externalistischen Wissenstheorien steht und unmittelbar das skeptische Problem berührt: Es ist dies die Regel der Verläßlichkeit (»rule of reliability«). Die Regel der Verläßlichkeit besagt, daß wir in fast allen Kontexten zu Recht die Möglichkeit ignorieren, daß diejenigen »causal processes«,[55] denen wir die empirischen Inhalte unserer Überzeugungen verdanken – Lewis meint damit: unser Wahrnehmen sowie das Verstehen der Mitteilungen von Informanten –, nicht so ablaufen, wie sie *in der Regel* ablaufen: nämlich so, daß sie uns zur Bildung einer wahren Überzeugung führen. Gemäß der Regel der Verläßlichkeit dürfen wir in fast allen Kontexten voraussetzen, daß diese »kausalen Prozesse« genau so ablaufen, wie sie in der Regel ablaufen, d. h. so, daß sie uns zur Bildung einer wahren Überzeugung führen.

Die Möglichkeit, die wir nach der externalistischen Regel der Verläßlichkeit also in den meisten Kontexten ignorieren dürfen, ist offenkundig genau jene Möglichkeit, in bezug auf die die internalistische Variante der Ermäßigung ihre einzige epistemische Regel formuliert: nämlich die Möglichkeit, daß wir uns täuschen, etwa, weil wir halluzinieren oder weil wir eine Attrappe sehen oder weil wir doppelt sehen, etc. Für die skeptische Problematik ist nun entscheidend, daß die Regel der Verläßlichkeit nicht besagt, daß wir die Möglichkeit eines regelwidrigen Ablaufens der für unsere Überzeugungsbildung einschlägigen »kausalen Prozesse« in *allen* Kontexten ignorieren dürfen. Nein, wir dürfen diese Möglichkeit nur in den *meisten* Kontexten zu Recht ignorieren. Wir dürfen diese Möglichkeit nämlich nur in jenen Kontexten ignorieren, in denen sie nicht aktualisiert ist. Sprich: Ich darf nur dann die Möglichkeit ignorieren, daß ich halluziniere, wenn ich nicht halluziniere. Ich darf nur dann die Möglichkeit ignorieren, daß mich der andere belügt, wenn er mich nicht belügt, etc.

Der externalistische Ermäßigungstheoretiker behauptet somit in bezug auf eine Irrtumsmöglichkeit wie etwa die, daß ich halluziniere, folgendes: Er behauptet *mit* dem Skeptiker, daß wir eine solche Irrtumsmöglichkeit *niemals* ausschließen können: »Of course it is

54 Siehe D. Lewis, »Elusive Knowledge«, S. 225.
55 Ebd.

possible to hallucinate – even to hallucinate in such a way that all my perceptual experiences [...] would be just as they actually are. That possibility never can be eliminated.«[56] Das einzige, was wir tun können, ist, sie zu ignorieren. Und genau dies, so behauptet er sodann *gegen* den Skeptiker, tun wir in manchen Kontexten *zu Recht*, nämlich in genau den Kontexten, in denen diese Möglichkeit nicht aktualisiert ist. »[I]t can be ignored. And if it is properly ignored – as it mostly is – then vision gives me knowledge.«[57] Externalistisch ist dieses Verständnis von Wissen, weil ihm zufolge die Antwort auf die Frage, ob ein Subjekt eine Möglichkeit in einem bestimmten Kontext zu Recht ignoriert, nicht (oder nicht nur) von Überlegungen des Subjekts über diese Möglichkeit abhängig ist und damit eine Frage darstellt, über deren Antwort das Subjekt vollständig verfügt, sondern davon, ob diese Möglichkeit aktualisiert ist.[58] Und diese Frage, nämlich ob eine bestimmte Möglichkeit aktualisiert ist, kann nach dieser Betrachtung das Subjekt prinzipiell nur so beantworten, wie es jede Frage beantworten kann: nämlich so, daß es nicht ausschließen kann, daß seine Antwort auf diese Frage falsch ist. Die Frage, ob man eine bestimmte Möglichkeit, in der es falsch wäre, das zu glauben, was man glaubt, zu Recht ignoriert und man also das, was man glaubt, erkennt, ist nach der externalistischen Betrachtung daher eine Frage, deren Beantwortung sich prinzipiell dem Bewußtsein des Subjekts *entzieht*.

56 Ebd., S. 229.

57 Ebd.

58 Es liegt auf der Hand, daß es verschiedene Spielarten des Externalismus geben kann, etwa auch solche, die die Bestimmung dessen, ob eine Möglichkeit relevant ist und also ausgeschlossen werden muß, *auch* von kognitiven Faktoren abhängig machen. Das ist die Version der externalistischen Variante, wie sie u. a. von D. Lewis, M. Williams und R. Fogelin vertreten wird. Zu Lewis vgl. »Elusive Knowledge«, S. 230. Zu Williams vgl. das Schlußkapitel aus *Unnatural Doubts*, S. 350 ff. Zu Fogelin vgl. *Pyrrhonian Reflections*, S. 83 f.

4. Die Aporie kehrt wieder

Beide Varianten einer Position der Ermäßigung konzedieren folgenden Gedanken: Ein Subjekt kann in einer bestimmten Situation prinzipiell nicht alle Umstände, in denen es falsch wäre, etwas Bestimmtes zu glauben, ausschließen. Positionen der Ermäßigung setzen diesen Gedanken in der Regel fraglos voraus. Sie argumentieren nicht dafür. Das aber heißt, sie setzen die Geltung genau desjenigen Arguments voraus, das beansprucht, dies zu zeigen: das Irrtums-Argument. Denn diesem Argument zufolge kann ein Subjekt dies prinzipiell deswegen nicht, weil wir andernfalls bestreiten müßten, daß ein Subjekt sich über die Inhalte, von denen es Wissen zu erlangen versucht, irren kann. Wenn wir zulassen, daß ein Subjekt auf der Grundlage eines sinnlichen Eindrucks eine falsche Überzeugung bilden kann, dann müssen wir behaupten, so das Argument, daß sinnliche Eindrücke niemals eine Grundlage für die Überzeugung eines Subjekts sein können, die alle Umstände, in denen es falsch wäre, das zu glauben, was es glaubt, ausschließt.

Der Skeptiker schließt aus diesem Argument, daß der Wissensbegriff aporetisch ist. Doch das ist in den Augen der Ermäßigungstheoretiker ein Fehlschluß. Denn die angebliche Aporie des Wissens ist in ihren Augen von dem Gedanken abhängig, daß der Wissensbegriff nur dann sinnvoll verwendet werden kann, wenn man ihn *so* versteht, daß ihm zufolge nur dann jemand etwas weiß, wenn er eine Grundlage hat, die genau das leistet, was *keine* Grundlage leisten kann: eben alle Umstände, in denen es falsch wäre, das zu glauben, was er glaubt, auszuschließen. Dies, so der Einwand, können wir bestreiten. Wir können die Rechtfertigungsbedingung für Wissen *ermäßigen*. Die erste Variante ermäßigt sie dadurch, daß sie eine internalistische epistemische Regel formuliert, die Regel des begründeten Verdachts. Deren Sinn ist es, die Umstände, in denen die Überzeugung des Subjekts falsch wäre und die ein Subjekt kraft seiner Grundlage ausschließen muß, zu begrenzen, indem sie diese abhängig davon macht, daß das Subjekt Gründe hat, anzunehmen, daß ein bestimmter solcher Umstand besteht. Die zweite Variante ermäßigt sie dadurch, daß sie eine externalistische epistemische Regel formuliert, die Regel der Verläßlichkeit. Diese begrenzt die Umstände, die ein Subjekt kraft seiner Grundlage ausschließen muß, dadurch, daß sie diese von ihrem Bestehen abhängig macht. In allen anderen Fällen, d. h. in denen, in denen dieser Umstand nicht besteht, muß das Subjekt keinen dieser Umstände ausschließen, um etwas zu wissen.

Die Vertreter beider Varianten glauben, daß wir die Aporie des Wissens dadurch auflösen können, daß wir die erste Behauptung dieser Aporie bestreiten, nach der ein Subjekt nur dann Wissen hat, wenn es einen wahrheitsgarantierenden Grund für seine Überzeugung hat. Ich werde im folgenden zeigen, daß dieser Gedanke falsch ist. Indem man die erste Behauptung der Aporie bestreitet, kommt man nicht aus der Aporie des Wissens heraus, sondern nur auf eine andere Weise in sie hinein.

Die internalistische Variante will sagen, daß jene Umstände, in denen es falsch wäre, das zu glauben, was ein Subjekt glaubt, und von denen das Subjekt der Überzeugung keinen Grund hat anzunehmen, daß sie bestehen, von der Grundlage seiner Überzeugung nicht ausgeschlossen werden müssen. Das bedeutet, daß jemand einen Grund haben kann, der hinreichend für Wissen ist, und gleichwohl ein solcher Umstand bestehen kann. Denn daraus, daß wir keinen Grund haben zu glauben, daß der Stieglitz ausgestopft ist, folgt ja nicht, daß er nicht ausgestopft ist. Auch dann also, wenn wir nach dieser Auffassung *von unserer Seite aus* alles getan haben, was wir tun müssen, um jene Grundlage für eine Überzeugung zu haben, die hinreichend für Wissen ist, haben wir unsere Überzeugung nur auf eine Grundlage gestellt, die *vereinbar* damit ist, daß die Dinge anders sind, als wir glauben. Denn das, so ja die Prämisse, ist das Merkmal jeder Grundlage für Überzeugungen: daß sie nicht ausschließen kann, daß die Dinge nicht so sind, wie wir auf ihrer Grundlage glauben. Die bestmögliche Grundlage, die wir für unsere Überzeugungen haben können, ist so, daß sie vereinbar damit ist, daß wir eine falsche Überzeugung haben. Wenn aber das so ist, dann folgt daraus, daß nach dieser Auffassung die Wahrheit unserer Überzeugungen prinzipiell eine Sache des Glücks in folgendem Sinn ist: Sie ist etwas, das wir prinzipiell nicht durch etwas, das wir selbst tun können, garantieren können. Selbst in dem Fall, in dem wir alles getan haben, was wir für die Wahrheit unserer Überzeugung tun müssen, um Wissen haben zu können, ist es so, daß dies vereinbar damit ist, daß sie falsch ist. Die Wahrheit unserer Überzeugungen ist folglich eine Sache, die stets ein Element des Zufalls in dem Sinn involviert, daß dasjenige, durch das wir unsere Überzeugungen erklären, nämlich durch Gründe für ihre Wahrheit, prinzipiell derart ist, daß wir dadurch ihre Wahrheit nicht garantieren können, sondern unsere Gründe vielmehr vereinbar damit sind, daß die Überzeugung falsch ist.

Die externalistische Variante will sagen, daß die Antwort auf die Frage, ob das Subjekt einen Grund hat, der hinreichend für Wissen ist, keine Frage ist, über deren Beantwortung das Subjekt selbst verfügt. Denn es ist eine Frage, deren Antwort nicht (oder: nicht nur) von kognitiven Faktoren abhängig ist, sondern (auch) von nicht-kognitiven Faktoren, d. h. davon, wie die Dinge sind. Ob mein sinnlicher Eindruck, daß da vorne ein Stieglitz ist, hier und jetzt hinreichend für Wissen ist, kann ich nicht selbst beantworten, weil die Regel der Verläßlichkeit nur besagt, daß mein sinnlicher Eindruck in den meisten Kontexten ein hinreichender Grund ist, aber nicht in allen. Man könnte nun – im Stile Fogelins – behaupten, daß die Frage, ob mein Grund hinreichend ist, eben nur ein externer Beobachter beantworten kann. Ein externer Beobachter kann wissen, daß da vorne ein Stieglitz ist, und also erkennen, daß mein sinnlicher Eindruck ein hinreichender Grund für Wissen ist. Doch was sollte es heißen, ein externer Beobachter könne das »wissen«? Wenn *er* es wissen kann, dann kann er das nur in genau derselben Weise wissen, wie *ich* es wissen kann: nämlich so, daß auch er die Frage, ob *sein* sinnlicher Eindruck, daß da vorne ein Stieglitz ist, hier und jetzt ein hinreichender Grund für Wissen ist, nicht beantworten kann, sondern diese Frage nur ebenfalls an einen anderen externen Beobachter weitergeben kann, etc. Wir geraten also in einen unendlichen Regreß von externen Beobachtern, von denen jeder dem anderen die Frage an die Hand gibt, ob sein sinnlicher Eindruck hier und jetzt ein ausreichender Grund für Wissen ist.

Die Konsequenz daraus ist genau dieselbe, die sich auch für die internalistische Variante ergibt: Es bedeutet, daß es *für jedes Subjekt prinzipiell offen* ist, ob die Überzeugung, die es auf der Grundlage eines sinnlichen Eindrucks bildet, *wahr* ist. Aus der geistigen Perspektive des Subjekts ist es auch hier prinzipiell so, daß die Grunde, die es für Überzeugungen haben kann, stets vereinbar damit sind, daß die Dinge nicht so sind, wie es glaubt. Wir sehen damit, daß es in bezug auf das skeptische Problem keinen Unterschied macht, ob wir die Position der Ermäßigung internalistisch oder externalistisch verstehen. In beiden Positionen ist es für das Subjekt prinzipiell offen, ob seine Überzeugung wahr ist. Und in beiden Positionen gibt es nichts, was das Subjekt tun kann, um aus dieser Situation herauszukommen.

Fragen wir uns nun: Worin besteht der Unterschied zwischen der skeptischen Beschreibung von Wissen und der ermäßigenden Beschreibung? Ihnen gemeinsam ist, daß in beiden Beschreibungen die *beste* Antwort auf die Frage »Warum glaubst du, daß p?« eine Antwort ist, die damit vereinbar ist, daß wir eine falsche Überzeugung haben. Aus der Prämisse, daß ich den sinnlichen Eindruck habe, daß p, und ich keinen Grund habe anzunehmen, daß nicht-p, folgt nicht, daß p. Und aus der Prämisse, daß ich den sinnlichen Eindruck habe, daß p, und meine sinnlichen Eindrücke selten irreführend sind, folgt auch nicht, daß p. Der bestmögliche Grund, den ich anführen kann, garantiert nicht die Wahrheit meiner Überzeugung. Zwischen meinem *Grund* dafür, eine bestimmte Tatsache zu glauben, und der *Tatsache*, die ich glaube, liegt prinzipiell eine Kluft. Daraus jedoch, daß zwischen meinem Grund und der geglaubten Tatsache prinzipiell eine Kluft besteht, folgt nicht, so die Idee der Positionen der Ermäßigung, daß wir nicht verstehen können, wie jemand Wissen haben kann. Wenn wir die Rechtfertigungsbedingung für Wissen anders verstehen, als der Skeptiker dies tut, nämlich so, daß eine für Wissen hinreichende Rechtfertigung nicht verlangt, daß man einen Grund hat, der unvereinbar damit ist, daß man eine falsche Überzeugung hat, dann können wir die Möglichkeit des Irrtums mit der Möglichkeit von Wissen verbinden.

Der ermäßigende Vorschlag also ist, daß wir, um Wissen zu verstehen, genau das behaupten müssen, was ich im ersten Teil das Dogma der Erkenntnistheorie genannt habe: Das Dogma besteht in dem Gedanken, daß jemand eine für Wissen hinreichende Rechtfertigung haben kann und gleichwohl eine falsche Überzeugung haben kann. In diesem Gedanken besteht die zentrale Pointe aller Positionen der Ermäßigung, durch den sie glauben, die Aporie des Wissens auflösen zu können. Als wir im ersten Teil dieser Arbeit zum ersten Mal auf das erkenntnistheoretische Dogma gestoßen sind, habe ich behauptet, daß wir den Sinn dieses Dogmas erst dann wirklich verstehen, wenn wir es als eine Reaktion auf das skeptische Problem verstehen. Wir erkennen nun, an welcher Stelle das erkenntnistheoretische Dogma in das skeptische Bild eingreift: Es verändert das skeptische Bild an der Stelle, an der der Skeptiker es so aussehen läßt, als sei jede Überzeugung, die wir auf einen sinnlichen Eindruck oder die Mitteilung eines anderen stützen, gleichermaßen unzureichend begründet. Der Skeptiker behauptet: Wenn kein sinnlicher Eindruck in der Lage ist, die Wahrheit unserer Überzeugung zu garantieren, dann kann ich vermittels eines sinnlichen Eindrucks niemals zu Wissen kommen. Das erkenntnistheoretische Dogma ist ein Einspruch nicht gegen das Antezedens dieses Konditionals, sondern gegen das Konditional selbst. Diesen Schluß können wir vermeiden, wenn wir den Zusammenhang zwischen der Rechtfertigungsforderung und der Wahrheitsforderung für Wissen, den der Skeptiker behauptet, aufbrechen. Wir müssen einsehen, daß von einer für Wissen hinreichenden Rechtfertigung nicht verlangt werden kann, daß jemand, der eine solche Rechtfertigung hat, dadurch ausschließen kann, daß die Überzeugung, die er so rechtfertigt, falsch ist.

Unseren Überlegungen zum Wissensbegriff im ersten Teil zufolge ist dagegen der Begriff eines wahrheitsgarantierenden Grundes eine zwingende Erläuterung dessen, was ein für Wissen hinreichender Grund ist. Wir haben dies daraus abgeleitet, daß der Wissensbegriff sich dadurch von anderen Begriffen für propositionale Einstellungen unterscheidet, daß er sowohl einen faktiven wie auch einen erklärenden Sinn hat. Vertreter des Dogmas glauben nun, den faktiven Sinn des Wissensbegriffs anerkennen zu können und *zugleich* bestreiten zu können, daß die Überzeugung, die er beschreibt, logisch nur eine einzige Form ihrer Erklärung zuläßt: eben eine Erklärung durch einen wahrheitsgarantierenden Grund. Sie glauben, daß der Wissensbegriff vereinbar ist mit der Idee einer Erklärung, die *weniger* leistet als die Garantie der Wahrheit der Überzeugung. Doch genau das ist er nicht.

Wenn man glaubt, der Wissensbegriff sei mit der Idee einer solchen Erklärung vereinbar, dann sagt man, daß jemand, der sagt »Ich weiß, daß p«, die beiden folgenden Behauptungen zugleich machen muß:

(1) P ist wahr.
(2) Nach allem, was ich weiß, kann p falsch sein.

Die erste Behauptung mache ich deswegen, weil der Wissensbegriff einen faktiven Sinn hat. Wenn er diesen Sinn hat, dann behaupte ich mit einer Aussage der Form »Ich weiß, daß p« die Wahrheit von p. Wenn nun überdies gilt, daß der Wissensbegriff einen erklärenden Sinn hat, dann enthält eine Aussage der Form »Ich weiß, daß p« nicht nur, daß ich die Wahrheit von p behaupte, sondern auch, daß ich behaupte, eine Erklärung dafür zu haben, weshalb ich die Wahrheit von p behaupte. Indes, legen wir diesen erklärenden Sinn nun so aus, wie die Vertreter des Dogmas dies tun, dann folgt daraus, daß jemand, der sagt »Ich weiß, daß p«, zugleich die zweite Behauptung macht. Denn dem Dogma zufolge soll es ja so sein, daß der bestmögliche Grund, den jemand für eine Überzeugung haben kann, prinzipiell derart ist, daß er damit vereinbar ist, daß die Überzeugung, die er begründet, falsch ist. Das aber heißt, er macht eine zweite Behauptung, mit der er genau das *widerruft,* was er mit der ersten Behauptung *getan* hat: nämlich das Behaupten der Wahrheit von p. Er macht eine zweite Behauptung, mit der er die erste Behauptung für ungültig erklärt. Das Dogma der Erkenntnistheorie zwingt uns also zu dem Gedanken, daß jemand, der sich oder einem anderen Wissen zuschreibt, etwas tun muß, das man *unmöglich* tun kann: Er muß (1) und (2) *zugleich* behaupten.[59]

Der Gedanke, man könne die Aporie des Wissens dadurch auflösen, daß man bestreitet, der Begriff eines wahrheitsgarantierenden Grundes sei ein notwendiges Element der Erläuterung des Wissensbegriffs, erweist sich als Illusion. Wenn der Begriff eines Grundes zu einer Erläuterung von Wissen gehört, dann kann es nur der Begriff eines wahrheitsgarantierenden Grundes sein. Einzig dieser ist mit dem faktiven Sinn des Wissensbegriffs vereinbar. Der Unterschied zwischen der skeptischen Position und den ermäßigenden Positionen ist nur ein scheinbarer: Der Skeptiker behauptet, der Begriff endlichen Wissens sei als solcher aporetisch verfaßt, weil seine Erläuterung verlangt, daß wir zwei Dinge im geistigen Leben eines Wesens miteinander verknüpfen, die, so scheint es, miteinander

59 Vgl. zu meiner Kritik an Positionen der Ermäßigung auch A. Kern, »Warum kommen unsere Gründe an ein Ende? Zum Begriff endlichen Wissens«. Ich zeige dort, daß diese Inkohärenz der Positionen der Ermäßigung ihre Kehrseite in einer instabilen Diagnose des skeptischen Problems hat, welche davon lebt, daß sie zwischen zwei verschiedenen Deutungen desselben schwanken muß. Daß diese Instabilität von den Positionen der Ermäßigung nicht durchschaut wird, erklärt, weshalb ihre Diagnose für sie wenigstens den Anschein haben kann, als verspräche sie eine befriedigende Lösung.

unvereinbar sind: die Möglichkeit, wahrheitsgarantierende Gründe zu haben, und die Möglichkeit, sich zu irren. Ermäßigende Positionen versuchen dagegen, den Begriff eines wahrheitsgarantierenden Grundes in der Erläuterung von Wissen durch den Begriff eines Grundes zu ersetzen, der weniger als eine Garantie der Wahrheit leistet. Dies mündet in einer Erläuterung von Wissen, dem zufolge ein Subjekt genau dann, wenn es diesen Wissensbegriff auf sich oder andere anwendet, sich in eine Aporie verstrickt, weil die Verwendung dieses Begriffs es dazu zwingt, zwei einander ausschließende Behauptungen zu machen.[60] Während der Skeptiker also geradewegs behauptet, der Begriff des Wissens sei als solcher aporetisch, erkennen ermäßigende Positionen nicht, daß ihr Versuch, die Aporie dieses Begriffs zu vermeiden, sie nur dazu bringt, sie auf der Ebene der Verwendung dieses Begriffs zu reformulieren. Nicht der Begriff als solcher ist aporetisch, aber seine Verwendung. Und das freilich ist kein Weg aus der Aporie des Wissens hinaus-, sondern nur eine andere Weise, in sie hineinzukommen.

Positionen der Ermäßigung wollen sagen, die skeptische Charakterisierung der Rechtfertigungsforderung sei »an artifact of theoretical preconceptions that we can reasonably dispense with.«[61] Unsere Überlegungen legen das Gegenteil nahe. Wenn wir die Idee auf-

60 Vertreter einer Ermäßigungsstrategie drücken ihre Position daher auch so aus, daß sie sagen, der Skeptiker sei nicht in der Lage, zu sehen, wie man anerkennen kann, daß wir fallibel sind, und zugleich begreifen kann, daß wir Wissen haben können. Vgl. S. Cohen »Contextualism and Skepticism« sowie »How to Be a Fallibilist«. Daß der Skeptiker nicht in der Lage ist, unsere Fallibilität mit der Möglichkeit von Wissen zu vereinbaren, ist zwar richtig. Doch was wir gezeigt haben, ist, daß der Ermäßigungstheoretiker dazu ebensowenig in der Lage ist.

61 M. Williams, *Problems of Knowledge*, S. 197. Vgl. dazu u. a. S. Schiffer, »Contextualist Solutions to Scepticism« sowie S. Cohen, »Knowledge, Context, and Social Standards«. Der skeptische Zweifel kann uns demzufolge nur dann betreffen, wenn er aus Annahmen geboren wird, die, wie Barry Stroud es ausdrückt, nichts weiter als »platitudes« ausdrücken, »we would all accept«. In: *The Significance of Philosophical Scepticism*, S. 82. Richtig hier ist, daß der Maßstab, an dem unsere »epistemischen Praktiken« gemessen werden, diesen immanent sein muß. Was in einer philosophischen Reflexion jedoch aufgezeigt werden muß, ist die *Notwendigkeit* dieser Charakterisierung des Maßstabs, indem der *wesentliche Zusammenhang* der einzelnen Bestimmungen des Maßstabs aufgezeigt wird. Und dies zu zeigen, hat nichts damit zu tun, daß uns der Maßstab als trivial vorkommt oder unmittelbar einleuchtet, etc. Dies kann allenfalls eine Konsequenz dieser Notwendigkeit sein.

geben, daß jemand nur dann Wissen hat, wenn er einen Grund für seine Überzeugung hat, der deren Wahrheit garantiert, dann wird die Rechtfertigungsforderung selbst zu einem »artifact« des Wissensbegriffs, das wie ein fünftes Rad am Wagen aussieht. Denn wenn wir diese Idee aufgeben, dann bedeutet dies, daß wir folgende Möglichkeit zulassen müssen: Wir müssen zulassen, daß wir zwei Subjekte haben, deren kognitive Situation in der Hinsicht identisch ist, daß beide eine Überzeugung aus einem Grund haben, der für Wissen hinreichend ist, und der einzige Grund dafür, weshalb wir dem einen Subjekt Wissen zuschreiben und dem anderen absprechen, darin besteht, daß nur die Überzeugung des einen Subjekts wahr ist und die Überzeugung des anderen nicht. Doch wenn dies der Fall sein kann, d. h., wenn es der Fall sein kann, daß die kognitive Situation zweier Subjekte hinsichtlich ihrer Gründe *identisch* ist, doch nur der eine von ihnen Wissen hat, weil nur die Überzeugung des einen wahr ist, dann fragt sich, weshalb unser Maßstab für Wissen überhaupt so aussieht, wie er auch in der dogmatischen Auslegung aussieht: nämlich so, daß jemand nur dann Wissen hat, wenn er in der Lage ist, Gründe für seine Überzeugung anzuführen. Wenn der einzige Unterschied in der kognitiven Situation dieser Subjekte, der uns dazu bringt, dem einen Wissen zuzuschreiben und dem anderen abzusprechen, in der Wahrheit ihrer Überzeugung besteht, dann fragt sich, weshalb wir überhaupt Gründe als eine Bedingung für Wissen verlangen.[62]

Wenn es die Natur unserer Gründe charakterisiert, daß es zwischen unseren *besten* Gründen und der Wahrheit unserer Überzeugung stets einen Spalt gibt, dann ist nicht zu verstehen, weshalb das Haben von Gründen überhaupt bedeutsam sein sollte für die Frage, ob jemand etwas weiß. Auf der einen Seite möchte man behaupten, daß für urteilsfähige Wesen die Rechtfertigung ihrer Überzeugung eine notwendige Bedingung für Wissen ist, und zugleich soll behauptet werden, daß sinnliche Eindrücke oder die Mitteilungen eines anderen uns niemals bessere Gründe als solche liefern können, die mit der Falschheit unserer Überzeugung vereinbar sind. Die instabile Rolle des Rechtfertigungsbegriffs in dieser Beschreibung be-

62 Aus genau diesem Grund kommt etwa F. v. Kutschera in seiner Kritik solcher Positionen zu dem Schluß, daß die Rechtfertigungsbedingung für Wissen nicht sinnvoll aufrechtzuerhalten ist. Wissen ist einfach »wahre Überzeugung«. In: F. v. Kutschera, *Grundfragen der Erkenntnistheorie*, S. 22 ff.

steht darin, daß sie dem Begriff der Rechtfertigung einerseits ein *epistemisches Gewicht* geben will. Andererseits aber kann ihre Beschreibung dessen, was diese Rechtfertigung im besten Fall leistet, genau dieses Gewicht nicht verständlich machen. Selbst die besten Gründe sind derart, daß sie nicht garantieren können, daß eine bestimmte Überzeugung wahr ist. Die Forderung, daß unsere Überzeugungen überhaupt gerechtfertigt werden müssen, wenn wir mit einer solchen Rechtfertigung doch niemals zur Wahrheit vorstoßen, bleibt in dieser Betrachtung rätselhaft.

Gegeben die beiden erkenntnistheoretischen Alternativen, die wir haben, sind wir demnach in folgendem Dilemma gefangen: Entweder wir stimmen dem Skeptiker zu und behaupten, daß Wissen nur derjenige hat, der eine Grundlage für seine Überzeugung hat, die deren Wahrheit garantieren. Wir brauchen wahrheitsgarantierende Gründe. Im Anschluß an Blackburns Formulierung können wir auch sagen, daß wir »guaranteeing states« als Gründe für unsere Überzeugung brauchen, d. h. Zustände, die, wie Blackburn es formuliert, »as a matter of necessity, could not have existed had not the beliefs formed in the light of them been true.«[63] Zustände also, die dadurch charakterisiert sind, daß es logisch unmöglich ist, daß ein solcher Zustand vorliegt, und die Tatsache, die wir auf seiner Grundlage glauben, doch nicht besteht.[64] Dann aber ist nicht zu sehen, wie wir jemals solche Gründe für unsere Überzeugungen haben können, wenn wir zugleich einräumen, daß endliche Wesen sich irren können. Darin besteht die Aporie des Wissens, in die uns das Irrtums-Argument führt. Oder aber wir bestreiten, daß wir wahrheitsgarantierende Gründe brauchen, und ermäßigen die Begründungsanforderung so, daß es genügt, Gründe anzuführen, die weniger leisten.[65] Diese Gründe sind, ganz gleich wie hoch wir die Anforderungen nun an die epistemische Reichweite dieser Gründe stellen, wesentlich negativ bestimmt: dadurch, daß sie nicht jene Bedingung erfüllen, durch die die garantierenden Zustände ausgezeichnet

63 So S. Blackburn in: »Knowledge, Truth, and Reliability«, S. 170.

64 Ebd.

65 Blackburn nennt die Zustände, durch die diese Gründe bestimmt sind, im Kontrast zu »guaranteeing states« entsprechend »indicating states« (ebd.). Wir können diese als Zustände verstehen, die uns zwar einen Hinweis darauf geben, wie die Dinge in der Welt sind, aber eben *nicht mehr* als das: ein Hinweis, der in eine Richtung zeigt, die falsch sein kann.

sind. Es sind Gründe, die damit vereinbar sind, daß die Überzeugungen, für die sie Gründe sind, falsch sind. Dann aber ist nicht zu sehen, wie wir die Position desjenigen, der sich selbst oder einem anderen Wissen zuschreibt, als eine kohärente Position beschreiben können.

Das Dilemma, in dem wir uns befinden, ist, daß wir nur mehr die Wahl zu haben scheinen zwischen dem Gedanken, daß der Begriff des Wissens als solcher aporetisch ist – das ist die Position des Skeptikers –, oder dem Gedanken, daß der Wissensbegriff von einem Subjekt etwas Widersinniges verlangt, nämlich zwei Behauptungen zugleich zu machen, deren eine die andere für ungültig erklärt. Das ist die ermäßigende Position. Wir scheinen folglich nur mehr die Wahl zu haben zwischen zwei verschiedenen Weisen, zu sagen, daß wir den Wissensbegriff *nicht verstehen*.

V. Was sind Gründe?

1. Die rigorose Lesart: Hume und Kant

Zu Beginn des zweiten Teils hatten wir zwischen zwei Strategien unterschieden, die skeptische Position zurückzuweisen: eine diagnostische und eine transzendentale. Den Vorteil, den eine diagnostische gegenüber einer transzendentalen Kritik der skeptischen Position hat, hatten wir folgendermaßen charakterisiert: Während uns eine transzendentale Kritik zwar zeigt, *daß* die skeptische Position falsch sein muß, uns aber keinen Hinweis darauf gibt, *wie* das zu verstehen ist, was dem Skeptiker wie ein Rätsel vorkommt, liefert uns eine diagnostische Kritik zugleich ein solches Verständnis. Der Vorteil einer transzendentalen Kritik liegt dagegen darin, daß ihr jenes Schicksal nicht widerfahren kann, welchem die oben diskutierte diagnostische Kritik zum Opfer gefallen ist: nämlich daß sie, statt die skeptische Position zurückzuweisen, sich selbst nur als eine Gestalt derselben erweist. Die folgenden Abschnitte dieses Teils werden nun zeigen, daß die richtige Diagnose der skeptischen Position diese auf eine Voraussetzung zurückführt, die sich zugleich transzendental kritisieren läßt. Diagnostische und transzendentale Kritik fallen damit in eins: Von der Voraussetzung, die verantwortlich ist für das skeptische Problem, läßt sich zeigen, daß sie sich selbst unterminiert. Diese Voraussetzung, so werden wir sehen, besteht in einer Fehldeutung der Natur von Gründen. Es wird sich zeigen, daß man genau jene Deutung von Gründen, die uns zum Skeptizismus zwingt, nicht kohärent durchdenken kann. Denkt man diese Deutung zu Ende, dann löst sie sich selbst auf.

Um zu verstehen, wie jemand etwas wissen kann, so haben wir argumentiert, müssen wir verstehen, wie jemand wahrheitsgarantierende Gründe für seine Überzeugungen haben kann. Wahrheitsgarantierende Gründe für Überzeugungen kann es nur dann geben, wenn es einen Nexus zwischen einem Subjekt und einem propositionalen Inhalt gibt, der dadurch charakterisiert ist, daß ein Subjekt, das einen *solchen* Nexus zur Beantwortung der epistemischen Warum-Frage anführen würde, diese damit *so* beantworten könnte, daß die Frage nach der Wahrheit der fraglichen Überzeugung nicht mehr offen wäre. Die Ausdrücke »S nimmt wahr, daß p« und »S hat von jemandem erfahren, daß p« scheinen in unserem Denken einen solchen Nexus zwischen einem Subjekt und einem propositionalen Inhalt zu bezeichnen. Um Wissen zu verstehen, so haben wir daher argumentiert, müssen wir verstehen, was es heißt, ein Subjekt durch diese Ausdrücke zu beschreiben.

Das Irrtums-Argument beansprucht nun zu zeigen, daß es unmöglich ist, diese Ausdrücke *so* zu verstehen, daß sie einen Nexus zwischen einem Subjekt und einem propositionalen Inhalt beschreiben, der unter die Kategorie eines wahrheitsgarantierenden Grundes fällt. Die Analyse dieser Ausdrücke, so das Argument, verstrickt uns vielmehr in eine Aporie, die, so scheint es, unauflösbar ist: Denn entweder wir behaupten, daß jemand, der auf der Grundlage eines sinnlichen Eindrucks (bzw. auf der Grundlage der Mitteilung eines anderen) etwas glaubt, sich prinzipiell nicht täuschen kann. Dann können wir begreifen, wie jemand, der auf der Grundlage eines sinnlichen Eindrucks (bzw. der Mitteilung eines anderen) etwas glaubt, eine Überzeugung erwirbt, für die er eine Wahrheitsgarantie hat. Doch dies können wir unmöglich behaupten, weil die Möglichkeit des Irrtums ein wesentliches Merkmal der Objektivität jener Akte ist, durch die wir endliches Wissen erläutern. Oder aber wir gestehen zu, daß jemand, der auf der Grundlage eines sinnlichen Eindrucks (bzw. der Mitteilung eines anderen) etwas glaubt, etwas Falsches glauben kann. Dann aber müssen wir zugestehen, daß jemand, der auf der Grundlage eines sinnlichen Eindrucks (bzw. der Mitteilung eines anderen) etwas glaubt, prinzipiell keine Überzeugung haben kann, für die er eine Wahrheitsgarantie hat.

Ist diese Aporie unüberwindbar, dann bedeutet dies, daß wir die obigen faktiven Ausdrücke niemals anders denn problematisch zur Charakterisierung unseres geistigen Lebens verwenden können. Denn wenn diese Aporie unüberwindbar ist, dann bedeutet dies, daß wir mit diesen Ausdrücken eine Behauptung machen, nämlich die, daß p, deren Wahrheit der *beste* Grund, den wir für diese Behauptung haben können, nicht garantieren kann. Die Schwierigkeit, die wir haben, uns begreiflich zu machen, wie es einen Nexus zwischen einem Subjekt und einem propositionalen Inhalt geben kann, der unter die Kategorie eines wahrheitsgarantierenden Grundes fällt, rührt nach unseren Überlegungen folglich daher, daß wir nicht in der Lage sind, die Möglichkeit wahrheitsgarantierender

Gründe mit der Möglichkeit des Irrtums zu verbinden. Darin, so unsere These, liegt unsere grundlegende Schwierigkeit.

Diese Charakterisierung unserer Schwierigkeit, Wissen zu verstehen, mag irritieren. Man wird vielleicht einwenden wollen, daß diese Schwierigkeit ihre Wurzel in einer noch grundlegenderen Schwierigkeit hat. Die grundlegende Schwierigkeit, die wir haben, Wissen zu verstehen, so der Einwand, rührt nicht daher, daß wir nicht verstehen, wie wir die Möglichkeit des Irrtums einräumen können, ohne damit die Möglichkeit wahrheitsgarantierender Gründe preiszugeben. Sie rührt vielmehr daher, daß der Begriff eines wahrheitsgarantierenden Grundes als solcher widersinnig ist. Denn er verlangt von uns, einen geistigen Akt zu denken, der kraft seiner intrinsischen Natur *begründend* ist, ohne selbst *begründungsbedürftig* zu sein. Die Kategorie eines wahrheitsgarantierenden Grundes, so der Einwand, ist nicht deswegen unverständlich, weil wir sie nur dann verstehen könnten, wenn wir die Möglichkeit des Irrtums ausschließen würden. Sie ist deswegen unverständlich, weil diese Kategorie ein begriffliches Unding ist. Autoren wie u. a. W. Sellars, D. Davidson, L. BonJour und R. Chisholm argumentieren so. Das Argument gegen die Kategorie eines wahrheitsgarantierenden Grundes lautet wie folgt: Entweder wir behaupten, daß sinnliche Eindrücke keinen propositionalen Inhalt haben, weil sie *kausale* Zustände sind, d.h. Zustände, die das Wirkungselement eines Kausalverhältnisses darstellen. Dann können wir nicht nur, sondern dann müssen wir behaupten, daß sinnliche Eindrücke nicht begründungsbedürftig sind, und zwar deswegen, weil die Idee der Begründung auf sie gar keine Anwendung hat. Doch dann ist es ausgeschlossen, daß sie Überzeugungen begründen können. Denn nur sinnliche Eindrücke, die einen propositionalen Inhalt haben, können für ein Subjekt etwas sein, mit dem es normativ erklären kann, weshalb es einen bestimmten propositionalen Inhalt als wahr bejaht. Oder aber wir behaupten, daß sinnliche Eindrücke einen propositionalen Inhalt haben. Dann aber sind sie selbst nichts anderes als Überzeugungen. Dann können sie Überzeugungen zwar begründen, doch nur so, daß sie ihrerseits begründet werden müssen.[66]

66 Obige Formulierung des Einwands gegen die Kategorie als solche findet sich beinahe wörtlich bei L. BonJour, *The Structure of Empirical Knowledge*, S. 69. BonJour spricht von einem unlösbaren »dilemma« (ebd.), sowie in ders., »Can Empirical Knowledge Have a Foundation?«, S. 269 f. Chisholm formuliert den Einwand

Betrachten wir den Einwand genauer: Der Einwand will sagen, daß *alle* Akte, die einen propositionalen Inhalt haben, prinzipiell begründungsbedürftig sind. Was ist der Grund für diese Behauptung? Weder BonJour argumentiert für diese Behauptung noch Chisholm, noch Davidson, noch Sellars. Doch diese Behauptung verlangt ein Argument. Denn aus dem bloßen Umstand, daß ein Akt einen propositionalen Inhalt hat, kann man *nicht ohne weiteres* ableiten, daß er begründungsbedürftig ist. Dies macht folgende Überlegung klar: Stellen wir uns vor, wir hätten ein infallibles Wahrnehmungsvermögen. Ein Subjekt mit einem infalliblen Wahrnehmungsvermögen wäre ein Subjekt, das, wann immer es einen sinnlichen Eindruck von den Dingen hat, es die Dinge *so* vorstellen würde, *wie sie sind.* Für ein Subjekt mit einem infalliblen Wahrnehmungsvermögen wären sinnliche Eindrücke folglich Gründe für Überzeugungen, die es prinzipiell nicht begründen muß. Wenn man prinzipiell keinen sinnlichen Eindruck haben kann, der die Dinge nicht so vorstellt, wie sie sind, dann bedeutet das, daß man sinnliche Eindrücke hat, die begründend sind, ohne ihrerseits begründungsbedürftig zu sein.

Diese Überlegung zeigt, daß die Behauptung, daß wir die Kategorie eines wahrheitsgarantierenden Grundes noch nicht einmal denken können, zunächst einmal falsch ist. Freilich möchte man nun sogleich einwenden, daß die Idee eines infalliblen Wahrnehmungsvermögens für uns doch gar keine Bedeutung haben kann, da es uns ja um die Erläuterung endlichen Wissens geht, d. h. um jenes

analog wie BonJour, doch zieht daraus einen anderen Schluß, nämlich den, daß die Grundlage unseres Wissens in Überzeugungen bestehen muß, die *sich selbst rechtfertigen* (»self-justifying beliefs«), in: R. M. Chisholm, »The Myth of the Given«, S. 112 ff. Und Davidson muß für seine Behauptung, daß nur Überzeugungen Überzeugungen begründen können bzw. es »nutzlos« sei, »nach einer Quelle der Rechtfertigung außerhalb der anderen für wahr gehaltenen Sätze zu suchen«, ein Argument wie jenes, das wir oben rekonstruiert haben, als so selbstverständlich voraussetzen, daß er noch nicht einmal glaubt, es anführen zu müssen. In: D. Davidson, »Eine Kohärenztheorie der Wahrheit und der Erkenntnis«, S. 278. Der Gedanke, daß Rezeptivität und Normativität miteinander unvereinbar sind, ist auch die zentrale Prämisse für Sellars' ab dem § 45 von *Der Empirismus und die Philosophie des Geistes* unternommenen Versuch, die Idee zu verteidigen, daß wir, um verstehen zu können, wie unser angebliches Wissen von der Welt nicht bloß ein leeres Kreisen in Begriffen ist, sondern durch die Welt selbst bestimmt sein kann, an irgendeiner Stelle in unserer Erklärung dieses Wissens auf sinnliche Eindrücke rekurrieren müssen, die keinen begrifflichen Inhalt haben.

Wissen, das durch Urteile erläutert wird, für die die Möglichkeit des Irrtums konstitutiv ist. Doch was bedeutet das? Was wir gesucht haben, war ein Argument für die Behauptung, daß wir den Begriff eines Nexus zwischen einem Subjekt und einem propositionalen Inhalt, der die Wahrheit einer Überzeugung garantiert, ohne seinerseits begründbar zu sein, nicht verstehen können. Das Argument, das wir formuliert haben, hat die Form einer *reductio*: Wir könnten diesen Begriff nur verstehen, wenn er einen Nexus beschreibt, der einer infalliblen Wissensquelle entspringt. Da die Idee einer infalliblen Wissensquelle jedoch den Irrtum prinzipiell ausschließen würde, was wir nicht dürfen, wenn es darum geht, endliches Wissen zu verstehen, können wir diesen Begriff nicht verstehen. Doch was ist nun passiert? Die Argumentation, die dem Einwand gegen die Kategorie eines wahrheitsgarantierenden Grundes implizit zugrunde liegen muß, ist genau die Argumentation, die die Aporie formuliert. Denn die Alternative, vor der uns diese Aporie stellt, lautet ja, daß wir entweder bestreiten müssen, daß sinnliche Eindrücke uns täuschen können oder daß wir zugeben müssen, daß jemand, der auf der Grundlage eines sinnlichen Eindrucks etwas glaubt, prinzipiell keine Überzeugung haben kann, für die er eine Wahrheitsgarantie hat. Den Einwand gegen die Kategorie eines wahrheitsgarantierenden Grundes, dem zufolge diese ein begriffliches Unding sei, kann man folglich nur formulieren, wenn man seinerseits schon implizit das Irrtums-Argument voraussetzt.

Das aber bedeutet, daß unser eigentliches Problem in der Aporie des Wissens besteht, in die uns das Irrtums-Argument verstrickt. Dem Irrtums-Argument zufolge müssen wir, um die Möglichkeit des Irrtums einräumen zu können, die Idee aufgeben, daß sinnliche Eindrücke wahrheitsgarantierende Gründe sein können. Doch wenn wir bestreiten, daß sinnliche Eindrücke wahrheitsgarantierende Gründe sein können, dann ist der Skeptizismus unvermeidlich. Denn dann behaupten wir, daß sinnliche Eindrücke prinzipiell nur den Status von Prämissen haben können, aus denen wir vermittels eines Arguments die Antwort auf die Frage ableiten müssen, wie die Dinge in der Welt sind. Und genau dann, wenn wir diese Antwort prinzipiell nicht anders denn vermittels eines Arguments aus dieser Prämisse ableiten können, dann ist es prinzipiell ausgeschlossen, daß wir jemals in der Lage sind, diese Frage *so* zu beantworten, daß diese Frage *nicht mehr offen* ist.

Das ist die Hume und Kant gemeinsame rigorose Lesart des skeptischen Problems. Sowohl Hume als auch Kant haben das skeptische Problem in bezug auf Wahrnehmungswissen, und bei Hume auch ganz analog in bezug auf Wissen vom Hörensagen, in die Gestalt eines einzigen Konditionals gebracht: *Wenn* wir unser angebliches Wissen von der uns sinnlich affizierenden Welt prinzipiell als das Resultat eines Schlusses verstehen, den ein Subjekt ausgehend von einem sinnlichen Eindruck als Prämisse vermittels bestimmter Überlegungen vornehmen muß, *dann* ist es unmöglich für uns, jemals Wissen über die uns sinnliche affizierende Welt zu haben. Denn dann ist es unmöglich für uns, jemals über ein Argument zu verfügen, das die Wahrheit einer Überzeugung garantiert.[67]

Die Pointe des Irrtums-Arguments ist es, so haben wir gesehen, genau das zu zeigen: nämlich daß wir unser angebliches Wissen von der uns sinnlich affizierenden Welt als das *Resultat eines Schlusses* verstehen müssen, dessen Prämisse ein sinnlicher Eindruck ist. Die Hume und Kant gemeinsame Beschreibung des skeptischen Problems ist deswegen rigoros, weil sie behauptet, daß es unter der Voraussetzung, daß wir das Irrtums-Argument akzeptieren, unmöglich ist, empirisches Wissen zu verstehen. Wenn empirisches Wissen im grundlegenden Fall inferentielles Wissen ist, dann ist empirisches Wissen unmöglich. Und zwar ist dies deswegen unmöglich, so die Hume und Kant gemeinsame Begründung, weil ein Subjekt nur dann über ein wahrheitsgarantierendes Argument für eine Überzeugung verfügen könnte, wenn es *wissen* könnte, daß jener sinnliche Eindruck, der die Prämisse seines Arguments ist, durch genau jenen Gegenstand verursacht sei, den sein sinnlicher Eindruck vorstellt. Und das heißt, wenn das Subjekt schon genau dasjenige empirische Wissen hätte, das wir vermittels eines solchen Arguments gerade zu erklären versuchen.

Hume kommt aufgrund dieser Überlegungen dazu, den skeptischen Zweifel als unvermeidlich zu bejahen. Weil ein Subjekt dieses Wissen über die Ursachen seiner sinnlichen Eindrücke prinzipiell nicht haben kann, ist empirisches Wissen unmöglich. Denn »[d]urch welche Begründung«, so fragt Hume, »läßt sich beweisen, daß die Auffassungen des Geistes durch äußere Gegenstände verur-

67 D. Hume argumentiert so in: *Eine Untersuchung über den menschlichen Verstand*, S. 179 f. Zum Wissen von Hörensagen vgl. ebd., S. 128 ff. I. Kant argumentiert so in: *Kritik der reinen Vernunft*, B 276 f.

sacht sein müssen, die von ihnen ganz verschieden, ihnen doch ähnlich sind [...], und daß sie nicht aus der Energie des Geistes selbst entspringen, oder aus der Eingebung irgendeines unsichtbaren und unbekannten Geistes oder aus einer uns noch weniger bekannten Ursache sonst?«[68] Da es eine »Tatsachenfrage« ist, ob überhaupt und wenn ja, durch welchen äußeren Gegenstand dieser oder jener sinnliche Eindruck des Subjekts erzeugt wurde, von dem ausgehend es zu erschließen versucht, was zu glauben über die Welt wahr ist, könnte eine solche Frage, so Hume, nur »durch Erfahrung« entschieden werden.[69] Doch genau diese muß, wenn es darum geht, zu erklären, wie wir durch eine »Erfahrung« Wissen von der Welt haben können, zu dieser Frage notwendig »schweigen«.[70] Wenn empirisches Wissen im grundlegenden Fall inferentielles Wissen ist, dann kann der »Geist« »unmöglich« durch eine Erfahrung eine Antwort auf die Frage erhalten, wie eine solche Erfahrung mit den Gegenständen in der Welt verknüpft ist.[71] »Die Annahme einer solchen Verknüpfung« zwischen seinen Erfahrungen und den Gegenständen in der Welt ist daher »ohne jede Grundlage in der Vernunfttätigkeit.«[72]

Kant greift die Humesche Diagnose auf und formuliert sie so: Wenn wir davon ausgehen, daß »die einzige unmittelbare Erfahrung die innere sei«, dann bedeutet dies, daß »auf äußere Dinge nur *geschlossen*« werden kann.[73] Wenn man aber »aus gegebenen Wirkungen auf *bestimmte* Ursachen schließt«, dann kann ein solcher Schluß stets »nur unzuverlässig« sein, »weil auch in uns selbst die Ursache der Vorstellungen liegen kann, die wir äußeren Dingen, vielleicht fälschlich, zuschreiben.«[74] Unter der Voraussetzung, daß unser Wissen von der uns sinnlich affizierenden Welt in den grundlegenden Fällen die Form eines Schlusses hat, so die Hume und Kant gemeinsame rigorose Lesart des skeptischen Problems, ist der Skeptizismus unvermeidlich.

Für Hume und Kant ist klar, daß das für einen solchen Schluß

68 D. Hume, *Eine Untersuchung über den menschlichen Verstand*, S. 179.
69 Ebd.
70 Ebd.
71 Ebd.
72 Ebd.
73 I. Kant, *Kritik der reinen Vernunft*, B 276.
74 Ebd.

erforderliche Argument in einer kausalen Überlegung bestehen muß: d. h. in einer Überlegung über die Ursache unseres sinnlichen Eindrucks. Denn nur dann, so die Hume und Kant gemeinsame Idee, können wir das, was wir über die Welt glauben, als etwas verstehen, dessen Wahrheit davon abhängig ist, wie die Dinge in der Welt sind, d. h., dessen Wahrheit von etwas abhängig ist, das wir nicht in dem Sinn selbst hervorgebracht haben, in dem wir unsere Überzeugung selbst hervorgebracht haben. Wenn die inferentialistische Betrachtung empirischen Wissens zwingend ist, dann heißt dies folglich, daß, wann immer ich auf der Grundlage eines sinnlichen Eindrucks dazu komme zu glauben, etwa, daß da vorne eine weiße Teetasse steht, meine Überzeugung als das Resultat eines Schlusses der folgenden Art zu rekonstruieren ist:

(1) Ich habe den sinnlichen Eindruck, daß da vorne eine weiße Teetasse steht.
(2) Eine da vorne stehende weiße Teetasse ist die Ursache dafür, daß (1).
(3) Also ist es wahr zu glauben, daß da vorne eine weiße Teetasse steht.

Da jedoch (2) eine Prämisse ist, um deren Wahrheit wir niemals wissen können, es sei denn, wir könnten, wie Davidson es formuliert, »aus unserer Haut heraus«,[75] hängt der Schluß auf (3) *stets* in der Luft. Und genau darum glauben Hume und Kant, daß innerhalb der inferentialistischen Betrachtung von empirischem Wissen der Skeptizismus unvermeidlich ist.[76] Der Skeptizismus ist die unver-

75 D. Davidson, »Eine Kohärenztheorie der Wahrheit und der Erkenntnis«, S. 278.

76 Manche Autoren indes glauben, daß die rigorose Lesart von Hume und Kant über das Ziel hinausschießt. Denn sie glauben, daß das skeptische Problem, mit dem wir konfrontiert sind, allein daher rührt, daß wir glauben, wir müßten den Schluß von (1) auf (3) durch *kausale* Überlegungen vermitteln, d. h. durch Überlegungen über die Ursache von (1). Das ist die Position des Phänomenalismus etwa von A. Ayer in: *The Foundations of Empirical Knowledge*, vgl. bes. S. 38 f., 82 f. und 123. Doch das ist ein fatales Mißverständnis. Wenn die Überzeugung, zu der wir durch sinnliche Eindrücke kommen, in den grundlegenden Fällen auf einem *Schluß* beruht, dann muß der Gedanke, den auch Ayer bejaht, nämlich daß dieser Schluß weniger leistet als eine Garantie der Wahrheit der Überzeugung, uns zutiefst beunruhigen. Für die Geltung des skeptischen Arguments ist es also ganz gleich, ob wir die Überlegungen, denen sich der Schluß von unseren sinnlichen Eindrücken auf

meidliche Kehrseite jeder inferentialistischen Position. Denn innerhalb der inferentialistischen Position haben wir nur die beiden folgenden Möglichkeiten: Entweder wir folgern daraus, daß man prinzipiell nicht über ein Argument verfügen kann, aus dem man seine Überzeugung darüber, wie die Dinge in der Welt sind, auf eine Weise ableiten kann, die deren Wahrheit garantiert, daß man kein empirisches Wissen haben kann. Das ist die Position des Skeptikers. Oder wir bestreiten, daß jemand nur dann Wissen hat, wenn er einen wahrheitsgarantierenden Grund für seine Überzeugung hat. Für Wissen genügt eine Rechtfertigung, die weniger leistet. Das ist die Position der Ermäßigung.

Es ist diese Konstellation von Optionen, die meines Erachtens der Grund dafür ist, daß eine Position der Ermäßigung einem nicht nur als eine attraktive Position vorkommen kann, sondern die einzige zu sein scheint, die man sinnvollerweise überhaupt einnehmen kann. Wir haben jedoch gesehen, daß eine Position der Ermäßigung nichts anderes als ein verschleierter Ausdruck des Skeptizismus ist. Diese Konstellation von Optionen macht überdies deutlich, weshalb es völlig verfehlt ist, die skeptische Position – wie es von den Positionen der Ermäßigung nahegelegt wird – etwa als das Resultat eines ungebremsten Gewißheitsstrebens zu deuten oder als Ausdruck eines Strebens nach infalliblen Urteilen.[77] Denn der Skeptiker versucht nicht mehr und nicht weniger, als an der Idee festzuhalten, daß, *wenn jemand etwas weiß, er sich nicht irren kann*. Dies haben wir so ausgelegt, daß wir gesagt haben, daß jemand nur dann etwas weiß, wenn er eine Überzeugung aus einem Grund hat, der ausschließt, daß die Überzeugung falsch ist. Dann aber kann es uns nur gelingen, Wissen zu verstehen, wenn es uns gelingt, die Voraussetzung aufzugeben, die die Wahl zwischen diesen beiden Optionen unvermeidlich zu machen scheint.

die Wahrheit unserer Überzeugungen über die Welt verdankt, als kausale Überlegungen verstehen oder nicht.

77 So etwa A. Ayer, *The Foundations of Empirical Knowledge*, S. 39. So auch R. Brandom, »Knowledge and the Social Articulation of the Space of Reasons«, S. 426. Gegen Brandom ist zu sagen: Daß eine Rechtfertigung, die hinreichend für Wissen ist, die Möglichkeit der Falschheit des Urteils ausschließen muß, ist die einzig *richtige* Behauptung sowohl des Skeptikers wie auch des von Brandom so genannten Dogmatikers.

2. Gründe und Tatsachen

Ich werde im folgenden beginnen, die Voraussetzung des Gedankens zu beschreiben, dem zufolge sowohl Wahrnehmungswissen wie auch Wissen vom Hörensagen als eine Form inferentiellen Wissens zu verstehen sind. Wenn ich sage, daß ich damit beginne, dann, um damit hervorzuheben, daß sich diese Voraussetzung auf verschieden tiefen Ebenen beschreiben läßt, die ich im folgenden gleichsam zwiebelartig herausschälen werde. Ich werde diese Voraussetzung zunächst auf der Ebene beschreiben, auf der sie durch ein bestimmtes Verständnis der Natur von Gründen charakterisiert ist. Im nächsten Teil werden wir dann sehen, daß dieses Verständnis der Natur von Gründen seine Wurzel in einem grundlegenden Mißverständnis der Natur von Wissen hat. Ich werde diese Voraussetzung – d. h. die erste Schicht ihrer Beschreibung – zunächst exemplarisch am Fall von Wahrnehmungswissen herausarbeiten. Im Verlauf wird sich indes zeigen, daß diese Voraussetzung ganz analog für Wissen vom Hörensagen gilt.

Inferentialistische Theorien sind dadurch charakterisiert, daß sie den folgenden Gedanken teilen: Sie glauben, daß der bestmögliche Nexus eines Subjekts zur Welt prinzipiell schwächer ist, als er sein müßte, um die Wahrheit einer Überzeugung über die Welt zu garantieren. Die bestmögliche geistige Grundlage, die ein Subjekt hat, um zu einem Urteil zu kommen, ist prinzipiell damit vereinbar, daß das Subjekt auf dieser Grundlage zu einem falschen Urteil über die Welt kommt. Das wahre und das falsche Urteil über die Welt haben ein und dieselbe geistige Grundlage. Wir wollen dies die These von der *gemeinsamen Grundlage* nennen.[78]

Inferentialistische Theorien halten diesen Gedanken aufgrund des Irrtums-Arguments für zwingend. Doch dieser Gedanke ist nicht voraussetzungslos. Denn diesen Gedanken kann man nur bejahen, wenn die Voraussetzung richtig ist, von der er abhängig ist.

78 S. Rödl hat in seinem Buch *Selbstbezug und Normativität* den Zusammenhang zwischen einem bestimmten Verständnis der Natur der Grundlage unserer Urteile und einem bestimmten Verständnis der Natur unseres Bezugs zu diesen Zuständen herausgearbeitet und die Aporie aufgewiesen, zu der diese Deutung des Selbstbezugs führt. Wenn unsere Deutung der Aporie des Wissens richtig ist, dann ist die von Rödl aufgewiesene Aporie des Selbstbezugs die unvermeidliche Kehrseite derselben. Vgl. dazu insbesondere Kap. 3 und 4 bei Rödl.

Die Voraussetzung dieses Gedankens ist folgende: Es ist die Voraussetzung, daß Gründe für Überzeugungen etwas sein müssen, dessen *Vorliegen* von den *Tatsachen in der Welt*, die der begriffliche Inhalt der Überzeugungen sind, *prinzipiell unabhängig* ist. Denn nur, wenn man Gründe für Überzeugungen als etwas versteht, das man prinzipiell auch dann *haben* können muß, wenn die Dinge nicht so sind, wie man auf ihrer Grundlage glaubt, kann man behaupten, daß die bestmögliche geistige Grundlage, die ein Subjekt je für ein Urteil haben kann, derart ist, daß sie mit der Falschheit dieses Urteils vereinbar ist. Inferentialistische Theorien stehen und fallen mit dieser Voraussetzung: mit der Voraussetzung, daß es die Natur von Gründen charakterisiert, in diesem Sinn weltunabhängig zu sein. Nehmen wir dem Dogma der Erkenntnistheorie, dem zufolge ein Subjekt, das eine für Wissen hinreichende Rechtfertigung hat, eine falsche Überzeugung haben kann, seine äußerste Schale ab, so erkennen wir, daß es auf einem anderen Dogma beruht: dem Dogma der *weltunabhängigen Grundlage*.

Ich will die Bedeutung dieser Beschreibung der Voraussetzung inferentialistischer Theorien herausarbeiten, indem ich sie von einer scheinbar verwandten Kritik am Inferentialismus abgrenze, wie sie u. a. T. Burge und D. Davidson formuliert haben.[79] Burge hat die Voraussetzung inferentialistischer Theorien empirischen Wissens so charakterisiert, daß nach dieser Auffassung sinnliche Erfahrungen intrinsisch weltunabhängige geistige Zustände seien. Den Gedanken, daß sinnliche Erfahrungen intrinsisch weltunabhängig sind, versteht er dabei so: Nach Burge betrachten inferentialistische Auffassungen sinnliche Erfahrungen in dem Sinn als intrinsisch weltunabhängig, daß sie glauben, die Begriffe, die den Gehalt unserer Überzeugungen bestimmen, seien von der Umgebung, in denen ein Subjekt diese Begriffe anwendet, vollkommen unabhängig. Doch diese Voraussetzung, so Burge, ist falsch. Es ist vielmehr so, daß die Bedeutung unserer Begriffe teilweise durch die Natur der Gegenstände, die in unserer Umgebung normalerweise unter diese Begrif-

79 Vgl. T. Burge, »Other Bodies« sowie »Cartesian Error and the Objectivity of Perception«. Mir geht es darum, zu zeigen, daß auch diese Kritik des Inferentialismus (der, wenn er nicht erkenntnistheoretisch diskutiert wird, wie wir das hier tun, gewöhnlich Cartesianismus genannt wird), wie sie vor allem von Burge und Davidson prominent gemacht wurde, noch von Grund auf verfehlt ist, weil sie gerade nicht die entscheidende Prämisse desselben aufdeckt und los wird.

fe fallen, bestimmt ist. Im Beispiel gesprochen heißt das: Wenn ich die sinnliche Erfahrung einer weißen Teetasse habe, deren Inhalt ich wiedergebe, wenn ich sage »Ich habe den sinnlichen Eindruck einer weißen Teetasse«, dann unterscheidet sich der Inhalt dieser sinnlichen Erfahrung von jener sinnlichen Erfahrung, die mein Doppelgänger auf der Zwillings-Erde mit denselben Worten wiedergibt. Und zwar unterscheidet er sich deswegen von jener, weil die Bedeutung des Begriffs »Teetasse« für meinen Doppelgänger auf der Zwillings-Erde nicht durch jene Gegenstände bestimmt ist, die normalerweise in der Umgebung von Erdenbewohnern vorkommen, wenn sie diesen Begriff verwenden. Die Bedeutung des Begriffs »Teetasse« ist bei meinem Doppelgänger auf der Zwillings-Erde vielmehr durch jene Gegenstände bestimmt, die normalerweise in der Umgebung von Zwillings-Erde-Bewohnern vorkommen, wenn sie diesen Begriff verwenden.

Davidson hat die Voraussetzung des Inferentialismus in bezug auf empirisches Wissen entsprechend so charakterisiert: Inferentialistische Theorien setzen voraus, daß empirische Überzeugungen in dem Sinn intrinsisch weltunabhängige kognitive Zustände sind, daß man sie identifizieren kann, etwa als diese oder jene bestimmte Überzeugung, ohne dabei anzunehmen, daß die Tatsache, auf die man sich mit ihr bezieht, *in den meisten Fällen* die Ursache dieser Überzeugung ist.[80] Der Gedanke, daß empirische Überzeugungen in dieser Weise weltunabhängig sind, so Davidson, ist falsch. Wir müssen vielmehr einsehen, daß es zum Begriff einer Überzeugung gehört, daß die meisten Überzeugungen, die jemand bildet, von genau jenen Tatsachen, auf die er sich mit ihnen bezieht, verursacht werden und also wahr sind.

Doch Burge und Davidson beschreiben die Voraussetzung, von der der Inferentialismus abhängig ist, unzureichend. Denn ihre Beschreibung löst das Problem des Inferentialismus keineswegs. Denn nach Burge und Davidson ist es nicht jene Tatsache in der Welt, die ich hier und jetzt *aktual* sehe, die den intrinsischen Charakter meiner sinnlichen Erfahrung oder meiner Überzeugung spezifiziert, sondern nur jene Tatsache in der Welt, die *in den meisten Fällen* die

80 So D. Davidson unter anderem in »Eine Kohärenztheorie der Wahrheit und der Erkenntnis«, »Der Mythos des Subjektiven« sowie »Subjektiv, Intersubjektiv, Objektiv«.

Ursache meiner sinnlichen Erfahrung oder Überzeugung ist. Nach Burge und Davidson gibt es daher keine intrinsische Differenz zwischen jener sinnlichen Erfahrung, die ich habe, wenn ich eine weiße Teetasse sehe, und jener, die ich habe, wenn ich eine weiße Teetasse bloß halluziniere. Die Differenz, die zwischen beiden Erfahrungen besteht, nämlich daß im einen Fall eine weiße Teetasse die Ursache meiner Erfahrung ist und im anderen Fall nicht, ist eine, die der Erfahrung selbst äußerlich ist. Doch wenn diese Differenz der sinnlichen Erfahrung selbst äußerlich ist, d. h., wenn es keine intrinsische Differenz gibt zwischen jener sinnlichen Erfahrung, die ich habe, wenn ich etwas sehe, und jener, die ich habe, wenn ich etwas bloß halluziniere, dann hilft die Einsicht, daß sinnliche Erfahrungen und Überzeugungen intrinsisch weltabhängig sind, uns keinen Schritt aus dem Problem hinaus, das wir zu lösen versuchen: nämlich das Problem, wie wir uns begreiflich machen können, daß ein Subjekt eine Überzeugung aus einem Grund bilden kann, der ausschließt, daß sie falsch ist. Dieses Problem wird durch die Einsicht, daß die meisten unserer Überzeugungen wahr sein müssen, überhaupt nicht berührt. Die allgemeine Einsicht, daß die meisten unserer Überzeugungen wahr sein *müssen*, kann uns nicht beruhigen, solange das Problem nicht gelöst ist, *wie* wir wissen können, ob eine gegebene Überzeugung wahr *ist*. Wenn wir dies aber verstehen, dann wird auch die allgemeine beruhigende Einsicht überflüssig, die uns die Strategie Davidsons immerhin erlaubt: nämlich daß, sofern wir überhaupt Überzeugungen haben, die meisten von ihnen von genau jenen Tatsachen verursacht sein müssen, die ihr begrifflicher Inhalt sind.

Die entscheidende Voraussetzung des Inferentialismus ist daher nicht durch den allgemeinen Gedanken zu beschreiben, daß sinnliche Eindrücke dem Inferentialismus zufolge weltunabhängig sind. Wie man an Burge und Davidson sieht, kann man diesen Gedanken *so* aufgeben, daß man zugleich an der entscheidenden These des Inferentialismus festhält: eben an der These, daß die bestmögliche geistige Grundlage, die wir für unsere Überzeugungen haben können, *vereinbar* damit ist, daß wir ein falsches Urteil über die Welt fällen. Es muß darum gehen, diese These, die wir die These von der gemeinsamen Grundlage genannt haben, zu verunmöglichen. Und um dies zu tun, muß man die Weltunabhängigkeit sinnlicher Eindrücke, die der Inferentialismus annimmt, in einem grundlegenderen Sinn bestimmen, nämlich so, wie wir das oben getan haben.[81]

Die entscheidende Voraussetzung der inferentialistischen Betrachtung, so können wir unsere Diagnose zusammenfassen, ist folglich, daß sie den Raum der Gründe, durch den wir zu Wissen gelangen, in folgendem Sinn entweltlicht: Sie entweltlicht den Raum der Gründe, indem sie Gründe als etwas versteht, das man prinzipiell unabhängig davon haben können muß, wie die Dinge in der Welt sind.[82] Die unvermeidliche Konsequenz dieser Entweltlichung des Raums der Gründe ist, daß wir dann nur mehr die Wahl zwischen einer skeptischen Position haben, die die Aporie des Wissens für unvermeidlich hält, weil sie an der Idee festhält, daß jemand nur dann Wissen haben kann, wenn er einen wahrheitsgarantierenden Grund hat, und einer Position, die glaubt, bestreiten zu können, daß man nur durch einen wahrheitsgarantierenden Grund Wissen erwerben kann, ohne dabei zu sehen, daß sie damit die Aporie des Wissens nur auf eine andere Ebene verschiebt.

3. Ein transzendentales Argument

Das Dilemma der Erkenntnistheorie, so das Ergebnis unserer Diagnose, ist abhängig davon, daß eine bestimmte Deutung der Natur von Gründen richtig ist. Ich habe diese Deutung das Dogma der weltunabhängigen Grundlage genannt. Es gibt drei Strategien aufzuzeigen, daß dieses Dogma falsch ist: eine *phänomenologische*, eine *diagnostische* und schließlich ein *transzendentale*. Ich werde behaupten, daß nur eine Verknüpfung der beiden letzteren befriedigend ist.

Exemplarisch für die phänomenologische Strategie ist das Vorgehen Heideggers. Vertreter dieser Strategie berufen sich in der Regel auf das, was sie einen »vortheoretischen Blick« oder auch »common sense« nennen,[83] welcher uns das fragliche Phänomen unverstellt zeigen soll. So fordert uns Heidegger an einer zentralen Stelle seiner

81 So auch die These von W. Child, »Vision and Experience«, S. 303.

82 Man muß daher auch sagen, daß die Rede davon, daß Urteile sich »auf Erfahrungen stützen« oder Urteile aus Gründen gebildet werden, die »in Erfahrungen bestehen«, innerhalb dieser Konzeptionen nur »geliehen« ist.

83 Vgl. zur ersten Formulierung M. Heidegger, *Die Grundprobleme der Phänomeno-*

Analyse der Wahrnehmung auf, das Phänomen der Wahrnehmung doch einmal »ohne alle Theorie, ohne alle vorgefaßte Meinung über das Verhältnis von Subjekt zu Objekt« zu betrachten.[84] Wir sollen uns dann fragen, worauf denn die konkrete Wahrnehmung, die wir haben, ihrem »eigenen Auffassungssinn« nach »gerichtet« sei.[85] Schieben wir einmal alle Theorie beiseite und fragen uns, worauf wir denn, wenn wir etwas wahrnehmen – etwa wenn wir im Vorlesungssaal umhergehen und Wand und Fenster wahrnehmen –, gerichtet sind, dann erkennen wir nach Heidegger folgendes: Wir erkennen, daß es »pure Theorie« ist, zu sagen, wir seien hier auf Inhalte einer Art gerichtet, die von den Tatsachen verschieden sind, zu denen wir in unserem Wahrnehmungsurteil Stellung nehmen.[86] Die Wahrnehmung ist ihrem Richtungssinn nach vielmehr auf das »vorhandene Seiende selbst« gerichtet.[87] Die Idee, die gemeinten Inhalte unserer Wahrnehmungen seien subjektive Entitäten und nicht materielle Gegenstände, so will Heidegger sagen, erweist sich als etwas, das wir bloß von außen an dieses Phänomen herantragen. Sie erweist sich als eine Idee, die dieses Phänomen nicht *so* darstellt, wie es wirklich *ist*.

Diese Argumentation ist unbefriedigend. Denn die Berufung auf einen sogenannten »vortheoretischen« Blick kann in der Philosophie nicht selbst schon eine philosophische Frage entscheiden. Der sogenannte vortheoretische Blick kann in der Philosophie vielmehr nur das sein, was er in einer solchen Berufung zu sein beansprucht, nämlich ein *unverstellter* Blick auf das Phänomen, wenn wir *philosophisch* zeigen können, daß er diejenige Betrachtung des fraglichen Phänomens ist, die uns dieses – hier das Phänomen der Wahrnehmung – so zeigt, wie es ist, und also nicht verstellt. Darum gestehen die Autoren inferentialistischer Wahrnehmungstheorien auch stets sofort zu – und sind damit völlig im Recht –, daß ihre Analyse der Wahrnehmung keine Analyse dessen sein soll, wie ein Subjekt das Wahrnehmen bewußt erlebt. Sie wollen nicht behaupten, daß ein Subjekt, wenn es etwas wahrnimmt, einen bewußten Schluß auf die

logie, S. 88 sowie zur zweiten Formulierung P. F. Strawson, »Perception and its Objects«, S. 51.

84 M. Heidegger, *Die Grundprobleme der Phänomenologie*, S. 88.

85 Ebd.

86 Ebd.

87 Ebd. Vgl. ebenso P. F. Strawson, »Perception and its Objects«, bes. S. 51, 53.

Welt vornimmt. Keineswegs. Unsere Wahrnehmung eines Autos und die Überzeugung, daß da ein Auto sei, so behaupten auch die Autoren inferentialistischer Wahrnehmungstheorien stets, stellen keine zwei Akte dar, die wir in unserem Bewußtsein zeitlich auseinandernehmen können.[88] Sie stellen vielmehr zwei Akte dar, die wir in der begrifflichen Analyse der Wahrnehmung unabhängig voneinander bestimmen müssen. In dieser Analyse müssen wir jemanden, der etwas wahrnimmt, als jemanden verstehen, der eine Grundlage für eine bestimmte Überzeugung hat, die derart ist, daß er diese Grundlage auch dann haben könnte, wenn die Dinge nicht so sind, wie er auf dieser Grundlage glaubt, daß sie sind. Und da es die begriffliche Analyse ist, um die es in der Philosophie geht, kann die Berufung auf unsere vortheoretische Erfahrung des fraglichen Phänomens nicht das letzte Wort haben.

Die zweite Strategie argumentiert diagnostisch. Exemplarisch für diese Strategie ist Paul Snowdon. Snowdon hat sich in mehreren Aufsätzen darum bemüht, nachzuweisen, daß die in der Literatur im Anschluß an Grices Definition so genannte »kausale Wahrnehmungstheorie«[89] – d.h. jene, deren allgemeine Form wir oben rekonstruiert haben und deren entscheidender Gedanke darin besteht, daß sie das Phänomen der Wahrnehmung in einen sinnlichen Eindruck, der dem wahren wie dem falschen Urteil gemeinsam ist, und eine davon unabhängige Ursache zerlegt – nicht rein begrifflich argumentieren kann. Die sogenannte kausale Wahrnehmungstheorie, so Snowdon, ist nicht das Resultat einer rein begrifflichen Analyse der Wahrnehmung. Damit aber kann sie ihre eigene Richtigkeit nicht zwingend ausweisen. Dies zeigt sich unter anderem daran, daß sie nicht in der Lage ist, Snowdons alternative Wahr-

88 Dieses Zugeständnis findet sich explizit etwa bei A. Ayer, »Replies«, S. 292 f.; oder bei C. I. Lewis, *Mind and the World Order*, u. a. S. 54, 61, 66.

89 Grice hat die Idee einer »kausalen Wahrnehmungstheorie« durch den Gedanken einer solchen Zerlegbarkeit des Wahrnehmungszustands in Ursache und subjektiven Zustand *definiert*. In: P. Grice, »The Causal Theory of Perception«. Diese Terminologie ist äußerst unglücklich, weil sie nahelegt, daß jede Wahrnehmungstheorie, die den Gedanken einer solchen Zerlegbarkeit zurückweist, eo ipso nicht kausal sei. Es geht in der Kritik der »kausalen Wahrnehmungstheorie« nicht darum, die Kausalität der Wahrnehmung zu bestreiten, sondern darum, diese Kausalität *richtig zu verstehen*. Vgl. dazu auch W. Child, »Vision and Experience: The Causal Theory and the Disjunctive Conception«, S. 305 ff. Ich komme darauf noch ausführlich zurück.

nehmungstheorie mit einem begrifflichen Argument zurückzuweisen.[90]

Um die kausale Wahrnehmungstheorie zu kritisieren, so lautet die diagnostische Strategie, muß man zeigen, daß es kein begriffliches Argument dafür gibt, das Phänomen der Wahrnehmung in einen sinnlichen Eindruck und eine davon unabhängige Ursache zu zerlegen. Man muß zeigen, daß man das Phänomen der Wahrnehmung auch ohne die Idee einer solchen Zerlegbarkeit verstehen kann.[91] Fragen wir uns zunächst: Wie befriedigend wäre ein solcher Nachweis? Gewiß, so viel haben wir gesehen: Wir müssen in der Lage sein zu zeigen, daß man, wenn man bestreitet, daß es ein Merkmal von Gründen ist, daß ihr Vorliegen prinzipiell davon unabhängig ist, ob die Dinge so sind, wie man auf ihrer Grundlage glaubt, daß sie sind, gleichwohl begreifen kann, wie ein Subjekt sich auf der Grundlage eines sinnlichen Eindrucks irren kann. Doch stellen wir uns einmal vor, wir hätten eine solche Erläuterung. Sicher, was wir erreicht hätten, wäre eine Erläuterung von Wahrnehmungswissen, die uns verständlich macht, wie es möglich ist, solches Wissen zu haben. Da der Skeptiker bestreitet, daß wir ein solches Verständnis haben können, wäre nach dieser Hinsicht das skeptische Problem gelöst. Dennoch ist diese Strategie unbefriedigend. Das Unbefriedigende jeder ausschließlich diagnostischen Strategie liegt darin, daß sie die philosophische Situation so erscheinen läßt, als ginge es um eine Entscheidung für oder gegen eine Prämisse, deren Gültigkeit wir nicht durch eine begriffliche Analyse ausweisen können, sondern bestenfalls dialektisch gegen den Skeptiker verteidigen können. Sie stellt die philosophische Situation so dar, als bestünde der einzige Ausweis der Richtigkeit der vorgeschlagenen Erläuterung von Wahrnehmung darin, daß man nur kraft dieser Erläuterung die Möglichkeit von Wahrnehmungswissen verstehen kann.

90 P. Snowdon, »The Objects of Perceptual Experience«, S. 135. Vgl. dazu auch die beiden Aufsätze »How to interpret ›direct perception‹« sowie »Perception, Vision, and Causation«, in denen er dieselbe Strategie verfolgt, seine eigene Wahrnehmungstheorie dadurch zu verteidigen, daß er den nicht-zwingenden Charakter der »kausalen Wahrnehmungstheorie« aufzeigt.

91 In derselben Weise versteht etwa auch W. Child das Verhältnis zwischen der »kausalen Wahrnehmungstheorie« (in dem von Grice bestimmten Sinn) und der dieser gegenüber alternativen Wahrnehmungstheorie. Vgl. W. Child, »Vision and Experience«.

Snowdon sagt, die sogenannte kausale Wahrnehmungstheorie habe kein begriffliches Argument gegen die von ihm vorgeschlagene alternative Wahrnehmungstheorie. Wenn diese alternative Wahrnehmungstheorie richtig ist, muß es freilich unmöglich sein, ein begriffliches Argument gegen sie zu formulieren. Doch eine rein diagnostische Strategie läßt es so aussehen, als gebe es zwei verschiedene Wahrnehmungstheorien, die beide das gleiche Schicksal teilen: nämlich daß sie beide nicht das Resultat einer rein begrifflichen Analyse sind. Doch das ist zu schwach. Es kann nicht sein, daß jene Wahrnehmungstheorie, die wir gegen den Skeptiker verteidigen, ihren einzigen Geltungsgrund darin hat, daß sie das skeptische Problem löst. Daß sie dieses Problem löst, muß vielmehr eines der willkommenen Resultate dessen sein, daß diese Theorie richtig und die sogenannte kausale Wahrnehmungstheorie falsch ist. Die kausale Wahrnehmungstheorie ist daher nicht einfach deswegen falsch, weil sie uns nicht begreiflich machen kann, wie wir Wahrnehmungswissen haben können. Sondern daß sie dies nicht kann, ist für uns ein nachdrücklicher Hinweis dafür, daß sie falsch sein *muß*. Doch philosophisch zu erkennen, daß sie falsch sein muß, verlangt mehr: Es verlangt eine Überlegung, die zeigt, daß man aus begrifflichen Gründen gezwungen ist, diese Wahrnehmungstheorie aufzugeben.

In einem solchen Nachweis liegt der richtig verstandene Sinn einer transzendentalen Argumentation, die die dritte Strategie darstellt und die wir oben wie folgt charakterisiert haben: Eine transzendentale Argumentation gegen die skeptische Position beansprucht zu zeigen, daß der Skeptiker zur Formulierung seines skeptischen Arguments eine Prämisse in Anspruch nehmen muß, zu der er nicht berechtigt ist. Denn das Argument zeigt, daß man zu dieser Prämisse nur dann berechtigt ist, wenn man die Möglichkeit genau desjenigen Phänomens zugesteht, von dem das skeptische Argument zeigen will, daß es unmöglich ist. In unserem Fall besteht diese Prämisse darin, daß der Skeptiker, um sein Argument gegen die Möglichkeit von empirischem Wissen formulieren zu können, die Möglichkeit von empirischen Überzeugungen voraussetzen muß, seien diese wahr oder falsch. Unser Argument beansprucht sodann zu zeigen, daß die Entweltlichung der Gründe dazu führt, daß es genau das Phänomen, das der Skeptiker zur Artikulation seines Zweifels in Anspruch nehmen muß – nämlich Überzeugungen mit einem empirischen Inhalt –, unmöglich geben kann. Das Argument besteht aus drei Schritten:

Der erste Schritt: Der Begriff eines Urteils und entsprechend der einer Überzeugung – ganz gleich, welcher Art ihr Inhalt ist – beschreibt einen spontanen Akt. Zu urteilen heißt, einen spontanen Akt zu vollziehen in dem Sinn, daß Urteilen im paradigmatischen Fall darin besteht, daß ein Subjekt eine Entscheidung fällt, bei der es von der Wahrheit geleitet wird. Wenn wir den Begriff des Urteils auf diese Weise verstehen, dann sagen wir damit, daß Urteile Akte sind, zu denen intrinsisch eine bestimmte Form der Erklärung gehört: nämlich eine normative, selbstbewußte Erklärung. Wir haben diesen Zusammenhang zwischen der Idee des Urteils und der Idee einer solchen Form der Erklärung auch so ausgedrückt, daß wir gesagt haben, Urteile seien dadurch charakterisiert, daß ein ganz bestimmter Sinn der Warum-Frage für ihren Begriff konstitutiv sei: nämlich jener Sinn, dessen Beantwortung darin besteht, daß man Gründe für ihre Wahrheit anführt. Von genau diesem Begriff des Urteils gehen auch jene Positionen aus, die im erkenntnistheoretischen Dilemma zwischen Skeptizismus und Ermäßigung gefangen sind. Denn dieses Dilemma besteht in einem Streit in bezug auf die Frage, ob eine bestimmte Art von Begründung für Wissen notwendig ist: nämlich eine Begründung, die die Wahrheit der Überzeugung *garantiert*. Der Skeptiker beharrt darauf, daß eine solche Art von Begründung notwendig zur Erläuterung von Wissen gehört. Der Ermäßigungstheoretiker dagegen glaubt, sie sei zur Erläuterung von Wissen verzichtbar, weil er es sich andernfalls nicht verständlich machen kann, wie jemand Wissen haben kann.

Der zweite Schritt: Eine Überzeugung, die ein Subjekt hat, ist im paradigmatischen Fall folglich als das Resultat von Gründen zu verstehen, die ein Subjekt dafür hat, einen bestimmten begrifflichen Inhalt als wahr zu bejahen. Wenn nun die Überzeugung, um deren Erklärung es geht, in dem Sinn einen objektiven Inhalt haben soll, daß ihre Wahrheit davon abhängig sein soll, wie die Dinge in der Welt sind, dann bedeutet dies, daß ein Subjekt nur dann eine solche Überzeugung haben kann, wenn es seine Entscheidung durch einen geistigen Akt begründen kann, in dem es rezeptiv auf die Welt bezogen ist. Ein Subjekt kann nur dann in diesem Sinn objektive

Überzeugungen haben, wenn es über geistige Akte als Gründe verfügt, die genau diese *Abhängigkeit von der Welt* reflektieren. Um also zu verstehen, wie ein Subjekt in diesem Sinn objektive Überzeugungen haben kann, müssen wir das Subjekt einer solchen Überzeugung als ein sinnliches Subjekt begreifen, das über Gründe verfügt, die das Resultat einer *Einwirkung* der Welt auf seine Sinnlichkeit sind. Es braucht rezeptive Gründe. Sinnliche Eindrücke, die einen begrifflichen Inhalt haben, haben wir dadurch definiert, genau das sein zu können: rezeptive Gründe für ein Subjekt, etwas zu glauben. Überzeugungen, die solchen Gründen aufruhen, haben wir empirische Überzeugungen genannt.

Entscheidend nun ist, wie wir die Rede davon, daß sinnliche Eindrücke Gründe sein können, genau verstehen. Die Erläuterung, die den beiden Positionen des Dilemmas zwischen Skeptizismus und Ermäßigung gemeinsam ist, lautet: Ein sinnlicher Eindruck, der ein Grund für ein Subjekt ist, etwas zu glauben, ist mit der Tatsache, die sein begrifflicher Inhalt ist, *prinzipiell* in genau derselben Weise verknüpft wie die Überzeugung, die er erklären soll: nämlich so, daß diese Tatsache *entweder* bestehen *oder* nicht bestehen kann. Darin besteht die Pointe der These von der gemeinsamen Grundlage. Wenn aber das so ist, dann kann der sinnliche Eindruck eines Subjekts uns keine Erklärung für das Vorliegen einer Überzeugung geben. Denn wenn sinnliche Eindrücke prinzipiell in genau derselben Weise mit den Dingen in der Welt verknüpft sind wie die Überzeugung, die wir auf ihrer Grundlage bilden, dann haben wir mit dieser Antwort die Erklärung des Vorliegens einer Überzeugung nur verschoben: Denn nun müssen wir uns fragen, wie wir uns das Vorliegen eines sinnlichen Eindrucks erklären können, der genau jenen objektiven Inhalt hat, um dessen Erklärung es geht. Das heißt, die Frage, die wir ursprünglich in bezug auf Überzeugungen gestellt haben – wie können wir das Vorliegen von Überzeugungen erklären, deren Wahrheit abhängig davon sein soll, wie die Dinge in der Welt sind? –, *wiederholt* sich nun unvermeidlich in bezug auf jene sinnlichen Eindrücke, die uns diese Frage beantworten sollten. Wie können wir uns das Vorliegen eines sinnlichen Eindrucks erklären, der einen begrifflichen Inhalt hat, dessen Wahrheit abhängig davon sein soll, wie die Dinge in der Welt sind? Und auf diese Frage können wir nun prinzipiell keine Antwort mehr geben, die uns vom Standpunkt der Vernunft aus zugänglich wäre. Wenn wir sinnliche Eindrücke als etwas verstehen, das mit der Tatsache, die ihr begrifflicher Inhalt ist, in genau derselben Weise verknüpft ist wie ein Urteil, dann haben wir vom Standpunkt der Vernunft aus keine Mittel mehr an der Hand, die Frage zu beantworten, wie wir uns das Vorliegen von sinnlichen Eindrücken erklären können, deren Inhalt davon abhängig sein soll, wie die Dinge in der Welt sind. Wir geraten vielmehr in einen unendlichen Regreß.

Der dritte Schritt: Die inferentialistische Auffassung von Wissen kann nicht verständlich machen, wie jene geistigen Akte, von denen sie behauptet, daß sie der rezeptive Grund für Überzeugungen seien, möglich sind. Doch wenn sie das nicht erklären kann, dann heißt das, sie kann nicht erklären, wie ein Subjekt überhaupt rezeptive Gründe für Überzeugungen haben kann. Da aber rezeptive Gründe dasjenige sind, das erklären soll, wie ein Subjekt Überzeugungen haben kann, deren Wahrheit davon abhängig sein soll, wie die Dinge in der Welt sind, folgt daraus, daß die inferentialistische Auffassung es nicht begreiflich machen kann, wie ein Subjekt empirische Überzeugungen haben kann. Beziehen wir dieses Ergebnis auf den ersten Schritt unserer Überlegungen zurück, dann folgt daraus, daß sie nicht berechtigt sind, die Idee in Anspruch zu nehmen, daß das Subjekt, von dem sie sagen wollen, daß die Wahrheit seiner Überzeugungen für es immer nur problematisch sein kann, überhaupt Überzeugungen haben kann, deren Wahrheit davon abhängig ist, wie die Dinge in der Welt sind.

Damit ist gezeigt, daß der Inferentialismus in bezug auf empirisches Wissen sich selbst unterminiert. Der Inferentialismus ist nicht einfach deswegen zurückzuweisen, weil er empirisches Wissen nicht erklären kann. Er ist vielmehr deswegen zurückzuweisen, weil er aus systematischen Gründen genau jene Phänomene nicht erklären kann, die er zu seiner Erklärung von Wissen – oder, wenn er sich selbst konsequent skeptisch versteht, zur Bestreitung der Möglichkeit dieses Wissens – in Anspruch nehmen muß. Wenn der bestmögliche sinnliche Eindruck, auf dessen Grundlage jemand eine Überzeugung erwerben kann, ein Eindruck ist, dessen Vorliegen von der Tatsache, die sein begrifflicher Inhalt ist, unabhängig ist, dann ist es unbegreiflich, wie ein Subjekt eine Überzeugung haben kann, deren Wahrheit davon abhängig ist, wie die Dinge in der Welt sind. Der Inferentialismus ist nicht berechtigt, die Möglichkeit von in diesem Sinn objektiven Überzeugungen in Anspruch zu nehmen, von denen er glaubt, behaupten zu müssen, daß ihre Wahrheit für das Subjekt prinzipiell problematisch sei. Der Inferentialismus erweist sich damit als eine Position, die man vom Standpunkt der Vernunft aus unmöglich einnehmen kann.

4. Wahrnehmen, was der Fall ist

Unsere Argumentation enthält zugleich eine Diagnose der skeptischen Position und ihre transzendentale Widerlegung. Die Pointe einer solchen Verknüpfung von Diagnose und Widerlegung besteht darin, daß sie nicht nur zeigt, daß die inferentialistische Position sich selbst unterminiert, sondern auch, weshalb: Sie unterminiert sich deswegen, weil sie ein bestimmtes Verständnis der Natur von Gründen voraussetzt. Unser transzendentales Argument gegen dieses Verständnis der Natur von Gründen zeigt, daß es ein Mißverständnis sein muß. Die Natur von Gründen richtig zu verstehen, heißt also, daß wir genau jene Charakterisierung von Gründen aufgeben müssen, durch die die inferentialistischen Auffassungen definiert sind: Wir müssen die Vorstellung aufgeben, daß ein Grund für eine Überzeugung etwas ist, dessen Vorliegen von der Tatsache, die der begriffliche Inhalt der von ihm begründeten Überzeugung ist, prinzipiell unabhängig ist. Denn wie wir oben gesehen haben, kann ein bestimmter sinnlicher Akt nur dann das Vorliegen einer Überzeugung in normativer Weise erklären, wenn dieser Akt die Frage danach, wie er selbst jenen Inhalt haben kann, durch den er die Überzeugung zu erklären beansprucht, nicht weiter offenläßt, sondern beantwortet. Und ein sinnlicher Akt, dessen Vorliegen davon *abhängig* ist, daß die Dinge so sind, wie das Subjekt dieses Aktes sie glauben würde, würde es den begrifflichen Inhalt dieses Aktes als wahr bejahen, ist genau so, daß er diese Frage beantwortet. Denn insofern es ein *sinnlicher* Akt ist, können wir die Weltabhängigkeit, durch die dieser Akt charakterisiert ist, als eine Form kausaler Abhängigkeit verstehen. Das heißt, wir können ihn als einen Akt verstehen, der nur dann vorliegt, wenn er von genau der Tatsache, die der begriffliche Inhalt dieses Aktes ist, *verursacht* wurde. Und damit erhalten wir genau das, was wir benötigen: nämlich den Begriff eines sinnlichen Aktes, der intrinsisch eine bestimmte Form seiner Erklärung enthält: nämlich eine Erklärung durch die Tatsache, die sein begrifflicher Inhalt ist.

Wir kommen damit zu folgendem Verständnis von Gründen: Der paradigmatische Fall eines Grundes für eine empirische Überzeugung, d. h., jener Fall eines Grundes, ohne den wir die Idee von empirischen Überzeugungen nicht verstehen können, besteht in einem sinnlichen Akt, der von genau der Tatsache verursacht wurde, die sein begrifflicher Inhalt ist.

Unsere Frage war: Wie sind Überzeugungen möglich, deren Wahrheit abhängig davon ist, wie die Dinge in der Welt sind? Unsere Antwort lautet: Sie sind dadurch möglich, daß ein Subjekt über sinnliche Akte als Gründe verfügt, die *denselben begrifflichen Inhalt* wie die zu erklärenden Überzeugungen haben, die sich von den Überzeugungen jedoch dadurch unterscheiden, daß diese sinnlichen Akte *nur dann vorliegen*, wenn sie – in der für den jeweiligen sinnlichen Akt charakteristischen Weise – dadurch verursacht werden, daß die Dinge so sind, wie das Subjekt eines solchen Aktes sie vorstellt. Beziehen wir diese Einsicht nun auf die Frage zurück, die wir am Ende des ersten Teils dieser Arbeit gestellt haben, nämlich was es heißt, jemanden durch einen Ausdruck der Form »S nimmt wahr, daß p« zu beschreiben, dann berechtigt sie uns zu der folgenden Behauptung: Sie berechtigt uns zu der Behauptung, daß der grundlegende Sinn dieses Ausdrucks darin besteht, einen solchen Grund zu beschreiben. Jemand, der etwas begrifflich wahrnimmt, ist als jemand zu verstehen, der über den paradigmatischen Fall eines Grundes für eine empirische Überzeugung verfügt. Jemand, der etwas begrifflich wahrnimmt, hat eine begriffliche Vorstellung davon, wie die Dinge sind, die in der für eine Wahrnehmung charakteristischen Weise dadurch verursacht wurde, daß die Dinge so und so sind. Er hat eine begriffliche Vorstellung, die ihm von der Tatsache, von der er eine Vorstellung hat, *kausal aufgenötigt* wird.[92]

In diesem kausalen Aufgenötigtsein der begrifflichen Vorstellung liegt der zentrale Unterschied, der zwischen jenem Verhältnis besteht, den das Subjekt eines sinnlichen Eindrucks zum Inhalt seines Eindrucks hat, und jenem, den das Subjekt einer Überzeugung zum Inhalt derselben hat. Denn wenn ein Subjekt etwas glaubt, dann ist

92 Vgl. zu dieser Formulierung im Anschluß an Sellars auch J. McDowell, »Having the World in View: Sellars, Kant and Intentionality«, S. 440.

das Verhältnis zwischen dem Subjekt und der begrifflichen Vorstellung, die der Inhalt seiner Überzeugung ist, ein spontanes Verhältnis. Wenn jemand eine Überzeugung hat, dann hat er eine begriffliche Vorstellung, die das Resultat einer Entscheidung ist. Wenn jemand dagegen einen sinnlichen Eindruck hat, dann hat er eine begriffliche Vorstellung, die das Resultat einer kausalen Nötigung ist. Der wesentliche Unterschied zwischen einer rezeptiven Erfahrung und einem Urteil, kraft dessen eine rezeptive Erfahrung erklären kann, wie eine empirische Überzeugung möglich ist, liegt somit darin, daß in einer rezeptiven Erfahrung die begrifflichen Fähigkeiten eines Subjekts nicht, wie beim Urteilen, durch eine Entscheidung des Subjekts aktualisiert werden, sondern genau dann, wenn die Erfahrung nicht täuschend ist, durch genau jene Tatsache, die beides zugleich ist: der *begriffliche Inhalt* und die *Ursache* dieser Erfahrung. Dies erklärt, weshalb jemand, der einen sinnlichen Eindruck hat, Subjekt eines Aktes ist, auf den ein bestimmter Sinn der Warum-Frage nicht anwendbar ist. Es ist widersinnig, ein Subjekt zu fragen, welchen Grund es dafür hat, den sinnlichen Eindruck zu haben, etwa, daß noch Apfelsaft im Kühlschrank ist, wenn es für den Umstand, daß es diesen sinnlichen Eindruck hat, in dem Sinn nicht selbst verantwortlich ist, daß die Aktualisierung seiner begrifflichen Fähigkeiten in einem solchen Fall nicht das Resultat einer Entscheidung ist.

Damit haben wir mit dem Begriff der Wahrnehmung den Begriff eines Aktes gewonnen, der begreiflich macht, wie jemand eine empirische Überzeugung haben kann. Doch wir haben noch mehr damit gewonnen. Denn genau dieser oben entwickelte Begriff der Wahrnehmung, der uns begreiflich macht, wie jemand eine empirische Überzeugung haben kann, ist genau derjenige, der uns zugleich begreiflich macht, wie jemand auf der Grundlage einer Wahrnehmung Wissen erwerben kann. Denn mit dem oben entwickelten Begriff der Wahrnehmung haben wir den Begriff eines Aktes gewonnen, der genau so ist, wie er sein muß, um unter die Kategorie eines wahrheitsgarantierenden Grundes zu fallen: Denn jemand, der einen sinnlichen Eindruck hat, den man nicht *haben* kann, ohne daß die Dinge so sind, wie man auf seiner Grundlage glauben würde, hat einen Grund für seine Überzeugung, kraft dessen er ausschließen kann, daß seine Überzeugung falsch ist. Jemand, der einen in diesem Sinn weltabhängigen sinnlichen Eindruck hat, hat folglich genau das, wonach wir die ganze Zeit gesucht haben: Er hat einen Grund für Wissen. Das heißt, der paradigmatische Fall eines Grundes für eine empirische Überzeugung ist genau der Fall eines Grundes, den derjenige hat, der Wissen hat. *Der paradigmatische Fall eines Grundes ist ein wahrheitsgarantierender Grund.*

Zu Beginn unserer Überlegungen schien es schier unmöglich zu verstehen, wie jemand, der eine Überzeugung durch eine Wahrnehmung begründet, damit eine Antwort gibt, die die epistemische Warum-Frage so beantwortet, daß sie nicht weiter offen ist. Doch unsere transzendentalen Überlegungen haben uns gezeigt, daß wir genau das verstehen müssen, um überhaupt verstehen zu können, wie ein Subjekt empirische Überzeugungen haben kann. Und sie haben uns gezeigt, wie wir das, was wir verstehen müssen, auch verstehen können: indem wir das Dogma aufgeben, dem zufolge Gründe für Überzeugungen von den Tatsachen, die der begriffliche Inhalt der von ihnen begründeten Überzeugungen sind, prinzipiell unabhängig sind.[93]

Unsere Antwort auf die Frage, wie wir eine faktive Aussage der Form »S nimmt wahr, daß p« verstehen müssen, lautet damit – soweit wir sie bislang entwickelt haben – wie folgt: Es ist eine Aussage, deren faktiver Sinn irreduzibel ist. Das heißt, es ist eine Aussage, deren faktiver Sinn nicht aus einer Aussage über einen Akt aufgebaut werden kann, die noch keinen faktiven Sinn hat, d. h. einer Aussage der Form »Ich habe den sinnlichen Eindruck, daß p« und der Behauptung von p. Es ist vielmehr eine Aussage, die einen Akt beschreibt, in dem ein Subjekt in einer nicht weiter zerlegbaren *kausalen Relation* zu ebenjener Tatsache steht, die der begriffliche Inhalt dieses Aktes ist.

Dies bedeutet nicht, daß es falsch ist, den Wahrnehmungsbegriff durch den Begriff eines sinnlichen Eindrucks zu erläutern. Ganz im Gegenteil haben wir das oben ja gerade getan. Jemand, der etwas wahrnimmt, so haben wir gesagt, hat einen sinnlichen Eindruck. Doch nicht immer, wenn man einen sinnlichen Eindruck hat, nimmt man etwas wahr. Man kann einen sinnlichen Eindruck haben, ohne etwas wahrzunehmen, etwa, wenn man halluziniert oder träumt. Der Begriff eines sinnlichen Eindrucks ist weiter als der Be-

93 Zur Charakterisierung dieses Dogmas der Erkenntnistheorie vgl. auch P. F. Strawson, »Perception and its Objects«, S. 43.

griff der Wahrnehmung, eben weil er nicht nur diejenige geistige Grundlage beschreibt, die jemand hat, wenn er aufgrund einer Wahrnehmung etwas glaubt, sondern auch diejenige, die jemand in dem ungünstigen Fall hat, in dem es ihm bloß so vorkommt, als würde er etwas wahrnehmen. Doch wie geht das zusammen? Wie können wir einerseits behaupten, daß der faktive Sinn einer Aussage der Form »S nimmt wahr, daß p« irreduzibel sei, und andererseits den Begriff eines sinnlichen Eindrucks verwenden, um zu erläutern, was es heißt, daß jemand etwas wahrnimmt?

Um beides zusammen behaupten zu können, müssen wir die Konsequenz ziehen, daß eine Aussage der Form »Ich habe den sinnlichen Eindruck, daß p« einen disjunktiven Sinn haben muß.[94] Wenn wir sagen »Ich habe den sinnlichen Eindruck, daß p«, dann beschreiben wir damit keinen geistigen Akt, der sowohl in dem Fall vorliegen kann, in dem wir etwas wahrnehmen, als auch in dem Fall, in dem es uns nur so vorkommt, als würden wir etwas wahrnehmen. Vielmehr beschreiben wir damit *entweder* eine Wahrnehmung *oder* aber einen geistigen Akt, in dem es uns nur so vorkommt, als nähmen wir etwas wahr. Der Begriff eines sinnlichen Eindrucks, der neutral ist gegenüber dem Fall, in dem jemand durch seinen sinnlichen Eindruck erkennt, wie die Dinge sind, und dem Fall, in dem er dies nicht tut, ist kein Begriff, der gegenüber dem faktiven Begriff der Wahrnehmung grundlegender ist, wie die Inferentialisten behaupten. Er ist vielmehr umgekehrt eine Abstraktion von einer grundlegenderen Beschreibung eines Aktes, entweder als einer Wahrnehmung oder als dem Schein einer Wahrnehmung. Das bedeutet nicht, daß es keine Beschreibung gibt, die sowohl auf die Fälle angewendet werden kann, in denen wir wahrnehmen, was der Fall ist, wie auch auf die Fälle, in denen es uns bloß so vorkommt, als würden wir das wahrnehmen. In beiden Fällen können wir sagen:

94 Das ist die gemeinsame Konsequenz, zu der u. a. J. McDowell, W. Child, P. Snowdon, M. Willaschek, S. Rödl, J. M. Hinton, T. Williamson kommen, die alle explizit ein sogenanntes »disjunktives Verständnis sinnlicher Erfahrung« vertreten (vgl. dazu die folgenden Fußnoten). Wir haben schon darauf hingewiesen, daß nicht alle Autoren, die sich einig darüber sind, daß wir die sinnliche Erfahrung disjunktiv verstehen, die Begründung dieses Verständnisses und damit dessen Pointe in derselben Weise durchschauen. So glaubt etwa Snowdon irrigerweise, mit diesem Verständnis die Kausalität der Wahrnehmung als ein wesentliches Merkmal derselben bestreiten zu müssen.

»Ich habe den sinnlichen Eindruck, daß p«. Doch es gibt keinen gemeinsamen Akt, der in diesen beiden Fällen mit dieser Aussage beschrieben wird.[95] Sondern diese Aussage beschreibt entweder, daß eine bestimmte, nämlich die für eine Wahrnehmung charakteristische kausale Relation zwischen mir und einer Tatsache besteht,[96] oder aber, daß es mir bloß so vorkommt, als bestünde eine solche Relation der Wahrnehmung zwischen mir und einer Tatsache.[97]

Aber sind wir uns denn nicht manchmal unsicher, ob wir etwas sehen, hören etc.? Manchmal bin ich mir unsicher, ob ich das Telefon klingeln höre. Hat es gerade geklingelt, oder täusche ich mich? Oder ich bin mir unsicher darüber, ob ich da vorne im nächtlichen Park wirklich eine dunkle Gestalt laufen sehe. War es vielleicht doch nur Einbildung, weil ich bei Nacht Angst habe im Park? Natürlich schwanken wir manchmal. Doch was bedeutet das? Wenn ich mich frage, ob ich wirklich das Telefon klingeln höre, dann frage ich mich nicht, ob der sinnliche Eindruck, den ich habe, wirklich vom Klingeln des Telefons verursacht wird, sondern dann frage ich mich genau das: ob ich wirklich das Telefon klingeln höre. Wenn ich dann den Hörer abnehme und niemand mit mir spricht, sondern mein Telefon nur das übliche Bereitschaftssignal von sich gibt, dann stelle ich nicht fest, daß ich mich über die Ursache meines sinnlichen Eindrucks getäuscht habe, sondern ich stelle vielmehr fest, daß es mir nur so vorkam, als hätte ich das Telefon klingeln gehört. Wir schwanken manchmal. Aber wir schwanken nicht über die Ursa-

95 Vgl. dazu die hilfreiche Erläuterung von W. Child, »Vision and Experience«, S. 300. Siehe dazu auch die Beschreibung von P. Snowdon, »The Objects of Perceptual Experience«, S. 129 ff., S. 134 sowie S. Rödl, *Selbstbezug und Normativität*, S. 128 ff. Alle Fälle, die etwa Grice und Pears anführen, um zu zeigen, daß Wahrnehmungswissen auf einer kausalen Überlegung beruhen muß (auch wenn diese, wie immer zugestanden wird, vom Subjekt nicht bewußt vollzogen wird oder werden muß), setzen genau diese Reduzierbarkeit des faktiven Sinns des Wahrnehmungsbegriffs immer schon voraus. Vgl. H. P. Grice, »The Causal Theory of Perception«, S. 142 sowie D. F. Pears, »The Causal Theory of Perception«.

96 So charakterisiert P. Snowdon die disjunktive Konzeption in »Perception, Vision and Causation«, S. 200 ff. Siehe zu dieser Charakterisierung auch J. M. Hinton, »Visual Experiences« sowie »Experiences«; M. Willaschek, *Der mentale Zugang zur Welt*, S. 217 ff.; T. Williamson, »Is Knowing a State of Mind?«.

97 Was wir mit einer solchen Aussage also *nicht* sagen, ist, daß ein geistiger Akt vorliegt, auf den wir so gerichtet sind, wie wir in diesem geistigen Akt auf die Welt gerichtet sind. Vgl. dazu auch P. Snowdon, »The objects of perceptual experience«, S. 137 sowie G. Evans, *The Varieties of Reference*, S. 227 f.

chen unserer sinnlichen Eindrücke, sondern wir schwanken darüber, ob wir etwas wahrnehmen oder es uns bloß so vorkommt, als nähmen wir etwas wahr. Und wir täuschen uns manchmal. Aber wir täuschen uns nicht über die Ursachen unserer sinnlichen Eindrücke, sondern wir täuschen uns darüber, ob wir etwas wahrnehmen oder es uns bloß so vorkommt, als nähmen wir etwas wahr.[98]

5. Eine falsche Dichotomie: Kausalität und Normativität

Ein Argument, das den Inferentialismus begründen soll, so haben wir zu Beginn von Kapitel V.1 gesehen, lautet, daß Rezeptivität und Normativität zwei einander ausschließende Charakterisierungen von Akten sind. Entweder ein Akt ist rezeptiv, d. h., er stellt das Wirkungselement einer Kausalrelation dar. Dann aber kann er nicht normativ sein, d. h., dann kann er nicht als solcher, ohne weitere vermittelnde Überlegung eine fragliche Überzeugung als wahr ausweisen. Oder er ist normativ, d. h., er hat rechtfertigenden Charakter. Dann aber kann er nicht rezeptiv sein. Wir haben indes erkannt, daß ein Subjekt nur dann empirische Überzeugungen haben kann, wenn es Überzeugungen durch sinnliche Akte *rechtfertigen* kann, die von genau jenen Tatsachen *verursacht* werden, die ihr begrifflicher Inhalt sind. Daraus folgt, daß wir diese scheinbare Dichotomie von Rezeptivität und Normativität als ein Mißverständnis zurückweisen müssen. Denn um empirische Überzeugungen erklären zu können, müssen wir auf Akte Bezug nehmen, die gerade beides zugleich sind: rezeptiv und normativ. Genauer: Wir müssen auf Akte Bezug nehmen, deren Rezeptivität man nicht ohne Bezugnahme auf ihren normativen Charakter erläutern kann. Denn um die Ursache

98 Es ist folglich ein Aspekt der disjunktiven Konzeption sinnlicher Eindrücke, daß die Selbstzuschreibung dieser Akte – und davon ausgehend die aller geistiger Akte – wesentlich korrigierbar ist. Darum ist auch die Selbstzuschreibung geistiger Akte als ein Akt des Wissens zu verstehen. (Wir kommen darauf noch im dritten Teil ausführlich zurück.) Auf diesen Zusammenhang von Selbstwissen und Korrigierbarkeit beharrt nachdrücklich M. Vogel, »Wissen wir, was wir denken?«. Vogel macht überdies deutlich, daß genau dann, wenn wir das Verhältnis zu uns selbst als ein in diesem Sinn korrigierbares Verhältnis verstehen, es für dieses Wissen von uns selbst wesentlich ist, daß auch andere es haben und korrigieren können. Vgl. bes. ebd., S. 145-150 sowie S. 157-161.

dieser Akte beschreiben zu können, müssen wir schon auf genau dasjenige Element dieser Akte Bezug nehmen, kraft dessen sie Überzeugungen rechtfertigen können: nämlich auf ihren begrifflichen Inhalt. Die Akte, die empirische Überzeugungen erklären, sind dadurch charakterisiert, daß sie eine in diesem Sinn normative Rezeptivität haben.

Die Idee einer solch normativen Rezeptivität scheint indes folgenden Einwand auf den Plan zu rufen: Wenn man behauptet, daß es sinnliche Akte gibt, deren Vorliegen von den Tatsachen, die ihr begrifflicher Inhalt sind, abhängig ist, dann ist man gezwungen zu bestreiten, so der Einwand, daß der Begriff eines solchen Aktes einen kausalen Sinn hat. Man kann dann nicht behaupten, daß der Begriff eines solchen Aktes den Sinn hat, das Wirkungselement eines Kausalverhältnisses zu beschreiben. Diesen kausalen Sinn haben wir in unserer obigen Charakterisierung zwar wie selbstverständlich behauptet. Doch dazu sind wir nicht berechtigt. Denn entweder, so der Einwand, ein Akt ist kausal mit seinem Inhalt verknüpft. Dann muß sein Vorliegen unabhängig von ihm sein. Oder das Vorliegen eines bestimmten Aktes hängt von seinem Inhalt ab. Dann kann letzterer nicht die Ursache dieses Aktes sein. So argumentiert etwa Snowdon, der daraus die von ihm bejahte Konsequenz zieht, daß jede Theorie, die bestreitet, daß man den Begriff der Wahrnehmung in voneinander unabhängige Elemente zerlegen kann, bestreiten muß, daß Kausalität ein notwendiges Element der Wahrnehmung ist.[99] Doch worauf beruht dieser Einwand? Der Einwand muß annehmen, daß die Idee einer kausalen Beziehung zwischen zwei Elementen – in diesem Fall der Tatsache und der Wahrnehmung – deren Unabhängigkeit voneinander voraussetzt. Darin besteht bekanntlich Humes Doktrin der Kausalität. Diese besagt: Zwischen zwei Elementen kann nur dann eine Kausalbeziehung bestehen, wenn es möglich ist, daß diese beiden Elemente unabhängig voneinander existieren. Das heißt, es wird verlangt, daß, wenn wir sagen, daß A die Ursache von B ist, die grundlegenden Beschreibungen von A und B derart sein müssen, daß unter diesen Beschreibungen weder A aus B noch B aus A abgeleitet werden können.[100]

99 Siehe P. Snowdon, »Experience, Vision and Causation« sowie »The Objects of Perceptual Experience«.

100 Zur Diskussion dieses Einwands vgl. auch W. Child, »Vision and Experience«, bes. S. 306 ff.

Wenn wir nun sagen, daß »S sieht, daß p« einen Akt beschreibt, in dem ein Subjekt in einer kausalen Relation zu jener Tatsache steht, die sein begrifflicher Inhalt ist, weisen wir die Humesche Doktrin der Kausalität offenkundig zurück. Denn wir bestreiten, daß wir in diesem Fall die Wirkung unabhängig von ihrer Ursache beschreiben können. Die Unabhängigkeit zwischen Ursache und Wirkung, die gemäß unserer Betrachtung einzig besteht, liegt darin, daß kein Schluß von der Ursache auf die Wirkung möglich ist. Die Ursache dafür, daß ein Subjekt sieht, daß vor ihm eine weiße Teetasse steht, ist, daß vor ihm eine weiße Teetasse steht. Doch gegeben, daß vor jemandem eine weiße Teetasse steht, erlaubt dies freilich keinen Schluß darauf, daß er sieht, daß vor ihm eine weiße Teetasse steht. Es kann der Fall sein, daß vor jemandem eine weiße Teetasse steht, ohne daß er das sieht, etwa, weil es dunkel ist oder seine Augen verbunden sind oder er in irgendeiner anderen Weise daran gehindert ist, zu sehen, was der Fall ist.

Es geht uns an dieser Stelle nicht darum, die Humesche Doktrin der Kausalität überhaupt zu bestreiten. Doch wir behaupten, daß sie in bezug auf das Phänomen der Wahrnehmung falsch sein muß. Anscombe hat argumentiert, daß die Humesche Doktrin der Kausalität nicht für alle Phänomene gelten kann, weil unser Verständnis eines *allgemeinen* Begriffs von Kausalität als einer Relation zwischen zwei Elementen derivativ sei gegenüber einem Verständnis ganz *bestimmter* kausaler Begriffe. Als Beispiele nennt Anscombe Begriffe wie etwa »scrape, push, wet, carry, eat, burn, knock over, keep off, squash, make (e.g. noises, paper boats), hurt«.[101] Nach Anscombe ist es ein Mißverständnis zu glauben, diese kausalen Begriffe ließen sich von einem allgemeinen Begriff von Kausalität her verstehen. Die Idee eines allgemeinen Begriffs von Kausalität, so Anscombe, ist vielmehr eine Abstraktion von solch bestimmten kausalen Begriffen, deren Verständnis grundlegender ist.[102] Der Begriff der Wahr-

101 G. E. M. Anscombe, »Causality and Determination«, S. 137. So auch Anscombe in »Memory, ›Experience‹ and Causation« sowie »The Causation of Action«. Vgl. dazu auch W. Child zur Verteidigung seiner Kritik der kausalen Wahrnehmungstheorie in: W. Child, »Vision and Experience«, S. 307, sowie W. Child, *Causality, Interpretation and the Mind*, S. 103 ff.

102 Ein anderer Weg, die Humesche Doktrin zurückzuweisen, bestünde darin zu zeigen, daß diese Doktrin nur eine begrenzte Reichweite hat. Ihre Geltung, so die Idee, ist beschränkt auf den Bereich der unbelebten Natur. Der Bereich der un-

nehmung, so können wir hinzufügen, ist ebenfalls ein solch bestimmter kausaler Begriff.[103]

6. Von einem anderen erfahren, was der Fall ist

Inferentialistische Auffassungen des Wissens vom Hörensagen beruhen – ganz analog wie beim Wahrnehmungswissen – auf dem Gedanken, daß der bestmögliche Nexus eines Subjekts zur Welt, das aufgrund der Mitteilung eines anderen eine Überzeugung erwirbt, prinzipiell schwächer ist, als er sein müßte, um die Wahrheit einer so gewonnenen Überzeugung über die Welt zu garantieren. Die Voraussetzung dieses Gedankens ist auch hier, daß es die Natur von Gründen charakterisiert, so verfaßt zu sein, daß das bestmögliche Verständnis einer Mitteilung, auf dessen Grundlage jemand zu einer Überzeugung kommen kann, ein Verständnis ist, dessen *Vorliegen* von der Tatsache, auf die sich die Mitteilung des anderen bezieht, in dem Sinn unabhängig ist, daß man dieses Verständnis auch dann *haben* kann, wenn die Dinge nicht so sind, wie der andere sagt, daß sie sind. Inferentialistische Theorien stehen und fallen mit dieser Voraussetzung: daß das bestmögliche Verständnis einer Mitteilung, das ein Subjekt als Grund für eine Überzeugung haben kann, ein in diesem Sinn *weltunabhängiges* Verständnis ist.

Um nun auch hier, wie schon beim Wahrnehmungswissen, die Pointe unserer Kritik deutlich zu machen, soll zunächst etwas aus-

belebten Natur, so würde man zugestehen, läßt sich in der Tat als ein Bereich autonomer Entitäten denken, d. h. als ein Bereich von Dingen, deren intrinsische Natur unabhängig von anderen Dingen ist. Doch weder der Bereich der lebendigen Natur überhaupt noch der Bereich des Geistigen als einer besonderen Gestalt der lebendigen Natur lassen sich wie die unbelebte Natur als ein Reich autonomer und voneinander unabhängiger Entitäten begreifen. Zu verlangen, daß es ein Erfordernis jeder Form von Kausalbeziehung ist, daß Ursache und Wirkung logisch unabhängig voneinander sind, hieße daher nichts anderes, als zu verlangen, man müsse den Bereich der lebendigen Natur, und hier spezifischer den Bereich des Geistigen, nach dem Modell der unbelebten Natur verstehen können. So argumentiert u. a. J. M. Hinton, *Experiences*, S. 80 f.

103 Es geht in der Kritik der kausalen Wahrnehmungstheorie also nicht darum, zu bestreiten, daß Wahrnehmung *kausal* ist, sondern darum, zu behaupten, daß diese Kausalität *irreduzibel normativ* ist. Zu diesem Mißverständnis vgl. auch J. Hyman, »Vision and Power«, S. 243 f. sowie »Vision, Causation and Occlusion«, S. 211.

führlicher gezeigt werden, daß und weshalb auch hier eine Kritik im Stile Davidsons an den inferentialistischen Theorien des Wissens vom Hörensagen, die vor allem C. A. J. Coady und T. Burge entwickelt haben, entscheidend zu kurz greift.[104]

Coady will behaupten, daß die logische Form des Wissens vom Hörensagen in den grundlegenden Fällen nicht als inferentielles Wissen zu verstehen ist, sondern als direktes, nicht-inferentielles Wissen. Sein Argument dafür soll in dem Nachweis bestehen, daß jemand nur dann die Mitteilungen anderer überhaupt verstehen kann, wenn er wenigstens in manchen Fällen, in denen jemand ihm etwas mitteilt, grundlos glaubt, daß das, was ihm mitgeteilt wird, wahr ist. Der Inferentialismus ist widerlegt, so meint Coady, wenn gezeigt werden kann, daß es eine Bedingung der Möglichkeit des Verstehens von Mitteilungen ist, daß es Fälle gibt, in denen wir Mitteilungen als wahr akzeptieren, *ohne* daß wir positive Gründe für die Überzeugung haben, daß der Mitteilende die Wahrheit sagt. Denn dann wäre gezeigt, daß die Voraussetzung des Inferentialisten, dem zufolge uns jemand eine Mitteilung macht, die wir verstehen und von der wir uns sodann fragen, ob sie wahr ist, ihrerseits schon voraussetzt, daß wir wenigstens in manchen Fällen grundlos glauben, daß der Mitteilende die Wahrheit sagt. Coady entwickelt sein Argument gegen den Inferentialismus sodann vor allem in Auseinandersetzung mit Humes Position, die exemplarisch für die inferentielle Betrachtung ist. Hume ist überdies deswegen besonders interessant, weil er, worauf wir schon ganz zu Beginn dieser Arbeit hingewiesen haben, zu jenen Autoren der Tradition gehört, die die Signifikanz des Wissens vom Hörensagen anerkennen, aber gleichwohl nicht über die Mittel verfügen, die Möglichkeit dieses Wissens zu verstehen. Betrachten wir daher kurz die Humesche Argumentation:[105]

Warum, so fragt Hume, glauben wir das, was uns ein anderer über die Welt mitteilt? Diese Frage setzt voraus, daß die Verbindung

104 Vgl. C. A. J. Coady, *Testimony. A Philosophical Study* sowie T. Burge, »Content Preservation« und »Interlocution, Perception and Memory«. Diese Art von Kritik liegt auch der Position von O. R. Scholz zugrunde in »Das Zeugnis anderer. Prolegomena zu einer sozialen Erkenntnistheorie«. Man beachte: Mein Einwand gegen diese Form der Kritik lautet nicht, daß sie falsch ist. Im Gegenteil, ich halte sie für richtig. Er lautet vielmehr, daß sie unzureichend ist.

105 Vg. D. Hume, *Eine Untersuchung über den menschlichen Verstand*, S. 128 ff.

zwischen der Mitteilung anderer über die Welt und der Welt, die wir annehmen, wenn wir ihnen glauben, erklärungsbedürftig ist. Zu denken, daß die Verbindung zwischen der Mitteilung anderer und der Welt erklärungsbedürftig sei, ist jedoch, so Coady, kein harmloser Schritt. Denn er setzt voraus, daß wir den Begriff einer Mitteilung über die Welt logisch vom Begriff einer Wissensquelle isolieren können und uns sodann fragen können, ob und wenn ja in welcher Weise sie miteinander zusammenhängen. Die Antwort, die Hume auf seine Frage gibt, besteht zunächst in einer negativen Behauptung: nämlich daß es keinen apriorischen Grund für die Annahme einer solchen Verbindung gibt. Also, so lautet dann die positive Auskunft Humes, kann der Grund nur ein empirischer sein. Dieser besteht nach Hume darin, daß wir alle die Erfahrung einer »gewöhnlichen Übereinstimmung« zwischen der Welt und den Mitteilungen anderer über die Welt machen.[106] Wir haben alle die Erfahrung gemacht, so die Idee, daß in den meisten Fällen, in denen uns jemand etwas mitteilt, die Dinge auch tatsächlich so sind, wie der andere gesagt hat, daß sie sind. Hume folgert daraus sodann: Wenn die Verbindung zwischen der Mitteilung, die wir empfangen, und der Welt, auf die sie sich bezieht, nur auf Erfahrung beruht, dann heißt dies, daß *in keinem einzigen Fall* unsere gewonnene Überzeugung direkt darin gründen kann, daß uns jemand den Inhalt unserer Überzeugung mitgeteilt hat. In jedem Fall muß der Erwerb einer Überzeugung durch Überlegungen über die Ehrlichkeit und Kompetenz des Informanten *vermittelt* werden. In der Regel lassen wir uns bei diesen Überlegungen, so die Idee, durch unsere Erfahrungen mit Informanten leiten – sei es durch unsere Erfahrungen mit Informanten überhaupt oder mit einer bestimmten Art von Informanten (etwa: »Zeitungsreporter« oder »Historiker«) oder gar mit diesem bestimmten Informanten, sollten wir ihn persönlich kennen (etwa: »mein Geliebter«, »mein Vater«) –, die es uns gewöhnlich erlauben, eine solche Verbindung anzunehmen.

Coadys Argumentation – ebenso wie die Burges – besteht nun in einer *reductio* des ersten Schritts von Humes Argumentation. Er will nachweisen, daß die Ausgangsfrage, nämlich welchen Grund ein Subjekt hat, überhaupt eine Verbindung zwischen der Mitteilung eines anderen und dem, worüber er uns etwas mitteilt, ein Schein-

106 D. Hume, *Eine Untersuchung über den menschlichen Verstand*, S. 130 f.

problem ist. Es ist ein Scheinproblem, weil eine Reflexion auf die Bedingung der Möglichkeit des Verstehens von Mitteilungen zeigt, daß ein Subjekt die Mitteilung eines anderen nur dann überhaupt als eine solche Mitteilung verstehen kann, wenn es ausschließt, daß sämtliche Mitteilungen falsch sind.[107] Denn nur dann, so der Nachweis, hat ein Subjekt überhaupt einen Grund, den Mitteilungen anderer einen bestimmten Inhalt zuzuschreiben. Die Annahme der Wahrheit wenigstens einiger Mitteilungen, so Coady und Burge, ist eine Bedingung dafür, daß wir Mitteilungen überhaupt als solche verstehen können. Das Verstehen einer Mitteilung ist vom Begriff einer Wissensquelle nicht zu trennen. Doch was folgt aus dieser Einsicht? Coady und Burge leiten aus dieser transzendentalen Einsicht in die Bedingung der Möglichkeit des Verstehens von Mitteilungen eine apriorische Berechtigung ab: die Berechtigung, sich in bestimmten Fällen, in denen man eine Mitteilung versteht, ohne vermittelnde Überlegungen über die Kompetenz und Ehrlichkeit des Informanten Wissen zuzuschreiben. Weil die nicht-inferentielle Selbstzuschreibung von Wissen vom Hörensagen notwendig ist für das Verstehen von Mitteilungen – »we must trust *some* testimony« –,[108] sind wir zu dieser Form der Selbstzuschreibung von Wissen vom Hörensagen in bestimmten Fällen auch berechtigt.

Mein Einwand richtet sich nicht gegen die Rechtmäßigkeit dieser Ableitung. Er richtet sich vielmehr gegen den Gedanken, daß uns die Idee einer solch transzendental deduzierten apriorischen Berechtigung weiterhilft zu verstehen, wie das möglich ist, wovon Coady und Burge behaupten, daß es notwendig sei: nicht-inferentielles Wissen vom Hörensagen. Nach Coady und Burge besteht die Prämisse des Inferentialismus in dem Gedanken, daß es möglich ist, eine Mitteilung als diese oder jene bestimmte Mitteilung zu identifizieren, ohne daß man dabei voraussetzen muß, daß die Tatsachen, auf die sich die Mitteilungen beziehen, in einigen oder gar in den meisten Fällen die Ursachen dieser Mitteilung sind. Doch diese Beschreibung der Prämisse des Inferentialismus löst das Problem des Inferentialismus nicht. Denn nach Coady und Burge ist es eben nicht jene Tatsache, die ich hier und jetzt *aktual* von einem anderen erfahre, die in die Spezifizierung des intrinsischen Charakters mei-

107 C. A. J. Coady, *Testimony*, S. 85.

108 Ebd., S. 153; vgl. zur Idee einer solch apriorischen Berechtigung auch T. Burge, »Content Preservation«, S. 469 ff.

ner Grundlage eingeht, sondern nur jene Tatsache, die *in den meisten Fällen* die Ursache der Mitteilung ist, die ich verstehe. Nach Coady und Burge gibt es daher keine intrinsische Differenz zwischen jenem Verständnis, das ich habe, wenn ich etwas von einem anderen erfahre, und jenem, das ich habe, wenn es mir nur so vorkommt, als würde ich etwas von einem anderen erfahren. Die Differenz, die zwischen beiden Fällen des Verstehens besteht, nämlich daß im einen Fall die Tatsache, auf die sich die Mitteilung bezieht, die Ursache dieser Mitteilung ist und im anderen Fall nicht, ist meinem Verstehen dieser Mitteilung äußerlich. Wenn aber das so ist, d. h., wenn es keine intrinsische Differenz zwischen jenem Verständnis gibt, das ich habe, wenn ich etwas von einem anderen erfahre, und jenem, das ich habe, wenn es mir nur so vorkommt, als würde ich etwas von einem anderen erfahren, dann hilft die Einsicht, daß der Begriff des Verstehens von Mitteilungen vom Begriff einer Wissensquelle nicht zu trennen ist, uns keinen Schritt aus dem Problem hinaus: nämlich aus dem Problem, wie wir es uns begreiflich machen können, daß ein Subjekt eine Überzeugung aus einem Grund bilden kann, kraft dessen es ausschließen kann, daß die Überzeugung falsch ist. *Dieses* Problem wird durch die Einsicht, daß die meisten der Mitteilungen, die wir verstehen, wahr sein müssen, überhaupt nicht berührt. Die allgemeine Einsicht, daß die meisten der Mitteilungen wahr sein müssen, kann uns nicht beruhigen, solange das Problem nicht gelöst ist, wie wir durch das Verstehen von Mitteilungen zu Überzeugungen kommen können, von denen wir ausschließen können, daß sie falsch sind. Und wenn wir dies begreifen, dann wird auch hier, ganz wie beim Wahrnehmungswissen, die allgemeine beruhigende Einsicht überflüssig, die uns die Strategie von Coady und Burge immerhin erlaubt: nämlich daß, sofern wir überhaupt Mitteilungen verstehen, die meisten von ihnen von genau jenen Tatsachen verursacht sein müssen, auf die sie sich beziehen.

Um empirisches Wissen aus zweiter Hand zu verstehen, muß man den Inferentialismus grundlegender zurückweisen: Man muß ihn durch eine Überlegung zurückweisen, die zeigt, daß man ohne den Begriff eines Verstehensaktes, der den Grund einer Überzeugung beschreibt und dessen Vorliegen durch genau jene Tatsache erklärt wird, die sein begrifflicher Inhalt ist, nicht verstehen kann, wie es empirische Überzeugungen aus zweiter Hand geben kann. Denn ein bestimmter Akt, so haben wir argumentiert, kann nur dann erklären, wie eine Überzeugung einen bestimmten empirischen Inhalt haben kann, wenn dieser Akt die Frage danach, wie er selbst diesen bestimmten empirischen Inhalt haben kann, nicht weiter offenläßt, sondern beantwortet. Der Begriff eines Verstehensaktes, dessen begrifflicher Inhalt davon abhängig ist, daß die Dinge so sind, wie das Subjekt dieses Verstehensaktes sie vorstellt, ermöglicht uns genau eine solche Erklärung. Denn insofern das Verstehen einer Mitteilung ein *sinnlicher* Akt ist, können wir die Weltabhängigkeit, durch die dieser Verstehensakt charakterisiert ist, als eine Form *kausaler* Abhängigkeit begreifen. Das heißt, wir können ihn als einen Akt begreifen, der nur dann vorliegt, wenn er von der Tatsache, die sein begrifflicher Inhalt ist, verursacht wird. Und damit erhalten wir den Begriff eines Verstehensaktes, der intrinsisch eine bestimmte Form seiner Erklärung enthält: nämlich eine Erklärung *durch die Tatsache*, die sein begrifflicher Inhalt ist.

Wir haben im ersten Teil dieser Arbeit gefragt, was es heißt, jemanden durch einen Ausdruck der Form »S hat von einem anderen erfahren, daß p« zu beschreiben. Der grundlegende Sinn dieses Ausdrucks, so können wir nun einsehen, muß darin bestehen, einen solchen sinnlichen Akt zu beschreiben: Jemand, der etwas von einem anderen erfährt, ist als Subjekt eines Verstehensaktes zu begreifen, der den paradigmatischen Fall eines Grundes für eine empirische Überzeugung darstellt. Jemand, der etwas von einem anderen erfährt, hat eine begriffliche Vorstellung davon, wie die Dinge sind, die in der *für eine Erfahrung aus zweiter Hand charakteristischen Weise* dadurch verursacht wurde, daß die Dinge so sind, wie man sie vorstellt. Ganz wie im Fall einer Wahrnehmung hat auch jemand, der etwa durch die Zeitung erfährt, wie die Dinge in der Welt sind, eine begriffliche Vorstellung davon, wie die Dinge in der Welt sind, die ihm vermittels der Mitteilung durch die Zeitung von der Tatsache aufgenötigt wird, von der er eine begriffliche Vorstellung hat.

Der Gedanke, daß jemand, der etwas von einem anderen erfährt, eine begriffliche Vorstellung hat, die ihm von der Tatsache, auf die sich die Mitteilung des anderen bezieht, vermittels dieser Mitteilung aufgenötigt wird, mag zunächst irritieren. Man möchte vielleicht einwenden, daß es doch hier nicht die Tatsache selbst ist, die uns eine bestimmte begriffliche Vorstellung aufnötigt, sondern der Informant, der uns sagt, wie die Dinge in der Welt sind. Doch dies wäre ein Mißverständnis. Der hier relevante Verstehensakt ist in dieser Hinsicht ganz wie ein Wahrnehmungsakt. Ganz wie die Idee einer Wahrnehmung die Idee eines Aktes ist, dessen Ursache genau jene Tatsache ist, die der begriffliche Inhalt dieses Aktes ist, ist auch die Idee einer Erfahrung aus zweiter Hand die Idee eines Aktes, dessen Ursache eben genau jene Tatsache ist, die der begriffliche Inhalt dieses Aktes ist.

Natürlich besteht ein Unterschied zwischen dem Fall, in dem jemand etwas wahrnimmt, und dem Fall, in dem jemand etwas von einem anderen erfährt. Dieser liegt darin, daß uns die begriffliche Vorstellung, die wir in beiden Fällen haben, in unterschiedlicher Weise von der Tatsache aufgenötigt wird. Während sie uns im einen Fall in der für eine Wahrnehmung charakteristischen Weise von der Tatsache aufgenötigt wird, wird sie uns im anderen Fall eben in der für eine Erfahrung aus zweiter Hand charakteristischen Weise von der Tatsache aufgenötigt. Doch in beiden Fällen ist in letzter Instanz die Tatsache selbst die Ursache der Aktualisierung unserer begrifflichen Fähigkeiten.[109] Und genau darum ist jemand, der von einem anderen etwas erfährt, ganz wie jemand, der etwas wahrnimmt, Subjekt eines Aktes, auf den die epistemische Warum-Frage nicht anwendbar ist. Denn es ist widersinnig, ein Subjekt zu fragen, welchen Grund es dafür hat, von jemandem etwas zu erfahren, wenn etwas von jemandem zu erfahren heißt, daß man eine begriffliche Vorstellung von etwas hat, für die man selbst gar nicht verantwortlich ist, sondern die einem kausal aufgenötigt wurde.

Damit haben wir mit dem oben entwickelten Begriff einer Erfahrung aus zweiter Hand einen weiteren Begriff eines Aktes gewonnen, der begreiflich macht, wie jemand eine empirische Überzeugung haben kann. Und ganz wie beim Begriff der Wahrnehmung haben wir auch hier wieder mehr damit gewonnen. Denn genau dieser oben entwickelte Begriff einer Erfahrung aus zweiter Hand, der uns begreiflich macht, wie jemand eine empirische Überzeugung haben kann, ist genau derjenige, der uns zugleich begreiflich macht, wie jemand auf der Grundlage einer Erfahrung aus zweiter Hand Wissen erwerben kann. Denn mit diesem Begriff einer Erfahrung aus zweiter Hand haben wir den Begriff eines Aktes gewonnen, der genau so ist, wie er sein muß, um unter die Kategorie

109 Das ist auch die zentrale These von G. Evans in *The Varieties of Reference* (S. 132-151).

eines wahrheitsgarantierenden Grundes zu fallen: Jemand, der einen Verstehensakt vollzieht, den er nicht vollziehen kann, ohne daß die Dinge so sind, wie er sie in einem solchen Akt vorstellt, hat einen Grund für eine Überzeugung, kraft dessen er ausschließen kann, daß diese Überzeugung falsch ist. Jemand, der einen in diesem Sinn weltabhängigen Verstehensakt vollzieht, hat folglich genau das, wonach wir gesucht haben: Er hat einen *Grund für Wissen*.

Unsere Antwort auf die Frage, die wir am Ende des ersten Teils formuliert haben, nämlich wie wir eine faktive Aussage der Form »S hat von einem anderen erfahren, daß p« verstehen müssen, lautet damit auch hier: Es ist eine Aussage, die einen Verstehensakt beschreibt, in dem jemand in einer nicht weiter zerlegbaren *kausalen Relation* zu ebenjener Tatsache steht, auf die sich die Mitteilung, die er versteht, bezieht. Gleichwohl bedeutet dies auch hier nicht, daß es falsch ist, den Begriff eines Aktes, in dem jemand etwas von einem anderen erfährt, durch den Begriff eines Aktes zu erläutern, in dem jemand einen anderen etwas sagen hört. Ganz im Gegenteil haben wir das oben ja gerade getan. Jemand, der etwas von einem anderen erfährt, hört einen anderen etwas sagen. Doch nicht immer, wenn man einen anderen etwas sagen hört, erfährt man etwas von ihm. Man kann einen anderen etwas sagen hören, ohne etwas von ihm zu erfahren, etwa wenn er einen anlügt oder schlecht informiert ist. Der Ausdruck »einen anderen etwas sagen hören« ist weiter als der Ausdruck »von einem anderen etwas erfahren«, eben weil er nicht nur diejenige geistige Grundlage beschreibt, die jemand hat, der etwas von einem anderen erfährt, sondern auch diejenige, die jemand in dem Fall hat, in dem es ihm bloß so vorkommt, als würde er etwas von einem anderen erfahren. Daher stellt sich uns auch hier die Frage: Wie geht das zusammen? Wie können wir einerseits behaupten, daß der Ausdruck »S hat von jemandem erfahren, daß p« eine nicht weiter zerlegbare kausale Relation zwischen einem Subjekt und einer Tatsache beschreibt, und andererseits diesen Ausdruck durch einen Ausdruck erläutern, dessen Verwendung in dieser Weise weiter ist?

Die Konsequenz, die wir aus unserer Einsicht ziehen müssen, daß der faktive Sinn einer Aussage der Form »S hat von einem anderen erfahren, daß p« irreduzibel ist, ist auch hier die: Wir müssen einsehen, daß eine Aussage der Form »Ich habe den anderen sagen hören, daß p« einen disjunktiven Sinn hat. Wenn wir sagen »Ich habe den anderen sagen hören, daß p«, dann beschreiben wir damit keinen geistigen Akt, in dem jemand sowohl in dem Fall ist, in dem er kraft seines Verstehens der Mitteilung eines anderen weiß, daß p, wie auch in dem Fall, in dem er dies nicht kraft seines Verstehens dieser Mitteilung wissen kann. Eine Aussage dieser Form beschreibt vielmehr *entweder* einen Fall, in dem man etwas von einem anderen erfahren hat, *oder* aber einen Fall, in dem dies nicht so ist, sondern es einem allenfalls so vorkommt, als würde man etwas von ihm erfahren. Der Begriff eines geistigen Aktes, in dem man einen anderen etwas sagen hört, der neutral gegenüber dem Fall ist, in dem man etwas von einem anderen erfährt, und dem Fall, in dem dies nicht so ist, ist auch hier eine Abstraktion von einer grundlegenderen Beschreibung dieses Aktes entweder als eines Aktes, in dem man etwas von einem anderen erfährt, oder als eines Aktes, in dem man nur *scheinbar* etwas von einem anderen erfährt.

Wenn wir daher auf der Grundlage der Mitteilung eines anderen ein Urteil fällen, dann fragen wir uns nicht, ob wir ein Argument dafür haben, daraus, daß wir einen anderen etwas haben sagen hören, darauf zu schließen, daß die Dinge so sind, wie der andere sagt. Wir fragen uns vielmehr, ob wir die begriffliche Vorstellung, die uns von der Tatsache – vermittels der Mitteilung des Informanten – aufgenötigt zu werden scheint, als das bejahen können, als was sie sich uns darstellt: nämlich als aufgenötigt von der Tatsache, auf die sich die Mitteilung unseres Informanten bezieht. Und genau dann, wenn unser Verständnis der Mitteilung des Informanten nicht täuschend ist, dann heißt das, daß wir unser Verständnis dieser Mitteilung nicht nur als das bejahen, als was es sich uns darstellt, sondern als genau das, was es ist.

7. Der Vorrang des Wissens

Die Einsicht in den disjunktiven Sinn einer Aussage der Form »S hat den sinnlichen Eindruck, daß p« sowie »S hat einen anderen sagen hören, daß p«, zu der uns unsere Überlegungen geführt haben, hat das erfreuliche Resultat, daß sie es uns erlaubt, die Aporie des Wissens in einfacher Weise aufzulösen. Denn wir lösen die Aporie des Wissens damit auf eine typisch Kantische Weise auf: nämlich dadurch, daß wir einsehen, daß die Rede von sinnlichen Eindrücken, die in der ersten Behauptung der Aporie vorkommt und die besagt, daß sinnliche Eindrücke (bzw. Akte des Verstehens einer Mitteilung) wahrheitsgarantierende Gründe sein müssen, *nicht denselben Sinn* hat wie die Rede von sinnlichen Eindrücken (bzw. Akten des Verstehens einer Mitteilung), die in der zweiten Behauptung der Aporie vorkommt und die besagt, daß sinnliche Eindrücke (bzw. Akte des Verstehens einer Mitteilung) damit vereinbar sein müssen, daß jemand auf ihrer Grundlage ein falsches Urteil fällt. Eine Aussage, die einen sinnlichen Eindruck (bzw. einen Akt des Verstehens einer Mitteilung) beschreibt, der ein wahrheitsgarantierender Grund für eine Überzeugung ist, beschreibt einen anderen Akt als eine Aussage, die einen sinnlichen Eindruck (bzw. einen Akt des Verstehens einer Mitteilung) beschreibt, der damit vereinbar ist, daß ein Subjekt auf seiner Grundlage ein falsches Urteil erwirbt.

Der Skeptiker glaubt, die Aporie des Wissens bejahen zu müssen. Der Ermäßigungstheoretiker glaubt dagegen, sie nur dadurch auflösen zu können, daß er bestreitet, daß jemand, um etwas zu wissen, einen wahrheitsgarantierenden Grund braucht. Wir können nun indes einsehen, daß die Aporie des Wissens nur scheinbar besteht. Denn wir können beide Behauptungen dieser angeblichen Aporie bejahen, wenn wir die Voraussetzung aufgeben, daß es die Natur unserer Gründe charakterisiert, in dem Sinn weltunabhängig zu sein, daß unsere *besten* Gründe solche sind, die wir auch dann noch *haben* können, wenn die Dinge nicht so sind, wie wir auf ihrer Grundlage glauben, daß sie sind. Diese Voraussetzung können wir nicht nur, sondern *müssen* wir aufgeben, so hat sich gezeigt. Geben wir sie auf, dann können wir begreifen, daß beide Behauptungen der angeblichen Aporie einander gar nicht widerstreiten, sondern miteinander vereinbar sind. Die angebliche Aporie des Wissens erscheint einem nur so lange als eine echte Aporie, solange man den Raum der Gründe als einen Raum versteht, der prinzipiell unabhängig von den Tatsachen ist, die der begriffliche Inhalt unserer Urteile sind. Unser Nachweis oben lautete, daß, wenn man die Natur von Gründen auf diese Weise versteht, man nicht verstehen kann, wie man überhaupt empirische Überzeugungen haben kann, seien diese wahr oder falsch. Wir können Gründe nicht als etwas verstehen, dessen bestmöglicher Fall ein Grund ist, den man unabhängig davon haben kann, daß das Urteil, für das man einen solchen Grund anführt, wahr ist. Vielmehr müssen wir jemanden, der auf der

Grundlage einer rezeptiven Erfahrung Wissen erwirbt, als jemanden verstehen, der einen Grund für seine Überzeugung hat, den er nur *kraft der Tatsache*, auf die sich seine Überzeugung bezieht, haben kann.

In einem ersten Impuls möchte man gegen dieses Verständnis von Wissen vielleicht folgendes einwenden: Unsere Erläuterung der Natur von Gründen löst das Problem des Wissens doch überhaupt nicht, sondern verschiebt es nur auf eine andere Ebene. Denn auch wenn nun gilt, daß jemand, der sieht, daß noch Apfelsaft im Kühlschrank ist, einen Grund hat, zu glauben, daß noch Apfelsaft im Kühlschrank ist, der ausschließt, daß diese Überzeugung falsch ist, so scheint doch die ganze skeptische Problematik nun in die Frage zu wandern, wie ich denn je wissen kann, daß ich *sehe,* daß noch Apfelsaft im Kühlschrank ist, oder es mir *nur so vorkommt*, als würde ich dies sehen.[110] Und dieses Wissen, so der Einwand, ist auch nach unseren bisherigen Überlegungen noch ganz unbegreiflich. Wie es möglich ist zu wissen, daß man etwas wahrnimmt, haben wir noch gar nicht gezeigt. Und solange wir nicht begreiflich gemacht haben, wie jemand *das* wissen kann, haben wir auch nicht im mindesten begreiflich gemacht, wie jemand wissen kann, etwa, daß noch Apfelsaft im Kühlschrank ist. Denn letzteres Wissen kann man ja nur dann haben, wenn man ersteres hat.

Der Einwand will sagen, daß wir mit unseren Überlegungen keinen Schritt vorangekommen sind. Unsere ursprüngliche Frage lautete, wie wir daraus, daß wir eine rezeptive Erfahrung haben, die prinzipiell vereinbar damit ist, daß das, was wir auf ihrer Grundlage glauben, falsch ist, zwingend ableiten können, wie die Dinge in der Welt sind. Die skeptische Einsicht war, daß wir genau dann, wenn wir unsere Überzeugungen darüber, wie die Dinge in der Welt sind, ausgehend von solchen Erfahrungen begründen müssen, es unmöglich ist zu begreifen, wie das, was wir glauben, etwas sein kann, das

110 So lautet der Einwand von S. Cavell gegen diese Strategie der Auflösung des skeptischen Problems in: *The Claim of Reason*, S. 41 f. sowie von S. Glendinning, *On Being with Others. Heidegger – Derrida – Wittgenstein*, S. 138-140. Ebenso argumentiert auch C. Wright in: »(Anti-)Sceptics Simple and Subtle: G. E. Moore and John McDowell«. Ich habe diesen Einwand diskutiert in A. Kern, »Einsicht ohne Täuschung«, bes. S. 928 ff. Zur Kritik dieses Einwands vgl. auch den Aufsatz von J. McDowell, »The disjunctive conception of experience as material for a transcendental argument«, in dem er Wrights Formulierung des Einwands diskutiert.

wir wissen. Denn es ist unmöglich, ausgehend von der Prämisse einer solchen Erfahrung ein Argument aufzubauen, vermittels dessen wir zwingend ableiten können, wie die Dinge in der Welt sind. An dieser Beschreibung unserer Situation, so will der Einwand sagen, verändern unsere Überlegungen nicht wirklich etwas. Auch wenn man unseren obigen Überlegungen folgt, können wir immer noch nicht verstehen, wie jemand, der etwas glaubt, in einer besseren Situation sein kann, als das skeptische Bild es behauptet. Denn die beunruhigende Frage, mit der jemand, der versucht, seine Überzeugung, daß noch Apfelsaft im Kühlschrank ist, durch eine Wahrnehmung zu rechtfertigen, nun konfrontiert zu sein scheint, ist doch die, wie er jemals seine Überzeugung rechtfertigen kann, daß er das, was er glaubt, *wahrnimmt* und nicht *bloß glaubt*, wahrzunehmen. Und der Einwand lautet, daß sich für die Rechtfertigung dieser Überzeugung doch nun genau dasselbe Problem stellt, das sich für die Rechtfertigung jeder Überzeugung stellt: nämlich daß es auf diese Frage keine Antwort geben kann, die nicht entweder in einen unendlichen Regreß gerät, die Begründung an irgendeiner Stelle abbricht oder zirkulär ist. Wir stehen abermals vor Agrippas Trilemma, so scheint es.

Wäre der Einwand richtig, würde er uns an einer Stelle unserer Argumentation mit Agrippas Trilemma konfrontieren, an der wir gerade glaubten, diesem Trilemma die Grundlage entzogen zu haben. Wir hätten dann eine eigentümliche Dialektik durchlaufen. In einem ersten Schritt hätten wir aufgezeigt, daß Agrippas Trilemma auf einer Voraussetzung beruht, die nicht zwingend ist: nämlich der Voraussetzung, daß rezeptive Erfahrungen keine Gründe für Überzeugungen sein können, sondern nur Überzeugungen. Die Korrektur dieser Voraussetzung hätte uns sodann in einem zweiten Schritt durch das Irrtums-Argument dazu geführt, zu behaupten, daß rezeptive Erfahrungen zwar Gründe, aber niemals wahrheitsgarantierende Gründe sein können. Damit aber bliebe weiterhin unbegreiflich, wie wir zu Wissen kommen können. In einem dritten Schritt hätten wir dann aufgezeigt, daß das Irrtums-Argument seinerseits einer Voraussetzung aufruht, die falsch sein muß: nämlich der Voraussetzung, daß es die Natur von Gründen charakterisiert, von den Tatsachen, die man auf ihrer Grundlage glaubt, unabhängig zu sein. Die Korrektur dieser Voraussetzung hätte uns sodann in einem vierten Schritt zu einer Erläuterung von Wissen geführt, in der sich das skeptische Agrippa-Trilemma-Argument auf einer höheren Ebene wiederholt. Statt das Agrippa-Trilemma-Argument aufzulösen, hätten wir es nur auf einer höheren Ebene reformuliert, wodurch es sich – unserer Behauptung zum Trotz – als das tiefere skeptische Argument entpuppt hätte.

Richtig ist, daß wir an dieser Stelle noch nicht behaupten können, daß wir schon ein positives Verständnis davon haben, wie es möglich ist, daß jemand diejenige Art von Gründen hat, die er braucht, um Wissen zu haben: eben *wahrheitsgarantierende* Gründe. Doch gleichwohl können wir schon jetzt sehen, daß der obige Einwand unsere Erläuterung von Wissen nicht treffen kann. Denn indem man behauptet, daß es auch nach unserer bisherigen Erläuterung von Wissen so ist, daß in bezug auf die Überzeugung, daß man etwas wahrnimmt, das ursprüngliche Problem wiederkehrt, nämlich daß man für diese Überzeugung prinzipiell keinen Grund haben kann, der deren Wahrheit garantiert, bestreitet man genau dasjenige Verständnis der Natur von Gründen, von dem man behaupten möchte, es sei unzureichend. Denn nur, wenn man einen Grund für eine Überzeugung weiterhin als etwas versteht, über das man prinzipiell unabhängig von der Tatsache verfügen können muß, die man auf seiner Grundlage glaubt, kann man einwenden, daß man für die Überzeugung, daß man etwas wahrnimmt, prinzipiell keinen Grund haben kann, der deren Wahrheit garantiert. Wir haben dieses Verständnis von Gründen das Dogma der Erkenntnistheorie genannt. Der obige Einwand beruht darauf, daß man an diesem Dogma immer noch festhält. Denn wenn man die Natur von Gründen so versteht, wie wir dies vorschlagen, nämlich als wesentlich *weltabhängige* Gründe, dann erklärt dies zugleich, wie jemand wissen kann, daß er etwas wahrnimmt. Jemand kann dann genau dadurch wissen, daß er wahrnimmt, daß noch Apfelsaft im Kühlschrank ist, daß er einen Grund hat, der von derselben Art ist wie der, den er hat, wenn er auf der Grundlage dessen, daß er wahrnimmt, daß noch Apfelsaft im Kühlschrank ist, weiß, daß es so ist: nämlich einen Grund, dessen Vorliegen von der Tatsache, die er auf seiner Grundlage glaubt, abhängig ist und genau deswegen die Wahrheit seiner Überzeugung garantieren kann. Jemand, der wahrnimmt, daß noch Apfelsaft im Kühlschrank ist, hat genau einen solchen Grund: Er hat einen Grund dafür, zu glauben, daß er wahrnimmt, daß noch Apfelsaft im Kühlschrank ist, der die Wahrheit dieser Überzeugung garantiert. Die Antwort, die wir also auf die Frage geben, wie jemand wissen kann, daß er wahrnimmt, daß noch Apfelsaft im Kühlschrank ist, ist die, daß er dies vermittels eines Grundes wissen kann, den er kraft jener Tatsache hat, die er auf seiner Grundlage glaubt. Wer wahrnimmt, daß noch Apfelsaft im Kühlschrank ist, kann vermittels eines Grundes, dessen Vorliegen davon abhängig ist, daß er dies wahrnimmt, wissen, daß er dies wahrnimmt, und also wissen, daß noch Apfelsaft im Kühlschrank ist.

Darin liegt die Pointe unserer Einsicht, daß Gründe im paradigmatischen Fall von der Tatsache, die man auf ihrer Grundlage glaubt, abhängig sind: daß diese Einsicht *in einem Zug* eine Antwort auf die Frage enthält, wie jemand wissen kann, daß noch Apfelsaft im Kühlschrank ist, wie auch auf die Frage, wie jemand wissen kann, daß er wahrnimmt, daß es so ist. Denn die Antwort auf beide Fragen ist dann *ein und dieselbe*: Jemand kann beides genau dadurch wissen, daß er wahrnimmt, daß noch Apfelsaft im Kühlschrank ist. Denn jemand, der wahrnimmt, daß noch Apfelsaft im Kühlschrank ist, hat sowohl einen Grund dafür, zu glauben, daß noch Apfelsaft im Kühlschrank ist, als auch dafür, zu glauben, daß er wahrnimmt, daß noch Apfelsaft im Kühlschrank ist, der die Wahrheit *beider* Überzeugungen *garantiert*.

Den Einwand, dem zufolge unsere Erläuterung von Wissen immer noch die Frage offenläßt, wie jemand wissen kann, daß er wahrnimmt, daß noch Apfelsaft im Kühlschrank ist, kann man folglich nur formulieren, wenn man sich weiterhin weigert, Gründe als etwas zu verstehen, dessen Vorliegen im paradigmatischen Fall von genau jener Tatsache, die man auf ihrer Grundlage glaubt, abhängig ist. Wenn man hingegen Gründe als wesentlich weltabhängig versteht, dann bedeutet dies, daß der Grund, kraft dessen man weiß, daß noch Apfelsaft im Kühlschrank ist, logisch nicht von jenem Grund getrennt werden kann, kraft dessen man weiß, daß man wahrnimmt, daß noch Apfelsaft im Kühlschrank ist. Denn beide Gründe sind dann dadurch charakterisiert, daß sie beide von ein und derselben Tatsache, nämlich daß noch Apfelsaft im Kühlschrank ist, abhängig sind. Wenn Gründe für Überzeugungen wesentlich weltabhängig sind, dann bedeutet dies, daß das vermittels einer Wahrnehmung erworbene Wissen, daß noch Apfelsaft im Kühlschrank ist, und das darin vorausgesetzte Wissen, daß man wahrnimmt, daß noch Apfelsaft im Kühlschrank ist, nicht in zwei logisch voneinander unabhängige Wissensakte zerlegbar ist, von denen man sich unabhängig voneinander fragen kann, wie sie möglich sind.

Auch wenn es also richtig ist, daß wir bislang noch nicht positiv gezeigt haben, wie es möglich ist, genau solche weltabhängigen Gründe zu haben, vermittels deren man etwas weiß, so haben wir doch gleichwohl so viel gezeigt: Wir haben gezeigt, daß man das Wissen darum, daß man sieht, daß noch Apfelsaft im Kühlschrank ist, logisch nicht von dem Wissen ablösen kann, das man hat, wenn man aufgrund eines sinnlichen Eindrucks erkennt, daß noch Apfelsaft im Kühlschrank ist. Die Erklärung von Wissen, die wir brauchen, muß folglich eine Erklärung sein, die uns dieses Wissen in einem Zug verständlich macht.

Fassen wir zusammen: Wir haben gezeigt, daß ein bestimmtes Mißverständnis der Natur von Gründen die gemeinsame Wurzel des Inferentialismus sowohl in bezug auf Wahrnehmungswissen wie auch in bezug auf Wissen vom Hörensagen ist. Dieses Mißverständnis besteht in dem Gedanken, daß die bestmöglichen Gründe, die ein Subjekt für empirische Überzeugungen haben kann, in rezeptiven Erfahrungen bestehen, die man unabhängig davon haben kann, daß die Dinge so sind, wie man sie auf ihrer Grundlage glaubt. Die Einsicht, die wir aus unseren bisherigen Überlegungen gewinnen, ist damit folgende: Wir müssen einsehen, daß die Begriffe, durch die wir zu Beginn unserer Überlegungen den Wissensbegriff erläutert haben – den Begriff der Überzeugung, der Wahrheit und des Grundes –, *nicht grundlegender* als der Wissensbegriff selbst sind. Denn wir haben uns klargemacht, daß wir nur dann verstehen können, wie es Überzeugungen geben kann, wenn es Gründe für Überzeugungen gibt, deren Vorliegen von der Tatsache, die man auf ihrer Grundlage glaubt, abhängig ist und die deswegen deren Wahrheit garantieren können. Das heißt, wir haben eingesehen, daß diejenige Art von Grund, die jemand für eine Überzeugung haben können muß, um überhaupt Überzeugungen haben zu können, genau diejenige Art von Grund ist, kraft deren jemand die Wahrheit seiner Überzeugungen garantieren kann und also Wissen haben kann. Die Konsequenz aus unseren bisherigen Überlegungen ist folglich, daß der grundlegende Fall, in dem jemand etwas *glaubt*, d. h. jener Fall, ohne den man die anderen Fälle nicht verstehen kann, derjenige Fall ist, in dem jemand etwas *weiß*.

Der Begriff des Wissens, so müssen wir daraus schließen, ist selbst ein *grundlegender* Begriff: Er beschreibt ein Phänomen, das Elemente enthält – Überzeugung, Wahrheit, Grund –, deren Verständnis nicht grundlegender als das Verständnis von Wissen ist, sondern deren Verständnis vielmehr derart ist, daß man genau dann, wenn man diese Elemente versteht, zugleich dasjenige Phänomen versteht, dessen Elemente sie sind: also Wissen. Man kann nicht verstehen, wie jemand einen Grund für eine Überzeugung und also eine Überzeugung haben kann, so haben wir eingesehen, ohne damit *zugleich* zu verstehen, wie jemand Wissen haben kann.

Mit dieser Einsicht in den grundlegenden Charakter des Wissensbegriffs stellen wir die bislang fraglos unterstellte Ordnung der Begriffe auf den Kopf. Denn das Dogma der Erkenntnistheorie, dem zufolge ein Grund prinzipiell etwas sein muß, das einem Subjekt unabhängig davon zur Verfügung steht, daß die Überzeugung, für die er ein Grund ist, wahr ist, beruht auf der Annahme, daß jene Begriffe, durch die wir den Wissensbegriff erläutern, von einem Verständnis von Wissen unabhängig sind. Die Annahme ist, daß wir verstehen können, wie jemand eine Überzeugung, einen Grund für eine Überzeugung und gar eine wahre Überzeugung haben kann, ohne verstehen zu müssen, wie jemand etwas wissen kann. Zu verstehen, wie jemand etwas wissen kann, so der Gedanke, ist nicht erforderlich, um verstehen zu können, wie jemand etwas aus Gründen glauben kann. Crispin Wright bringt die fraglose Geltung dieses Gedankens innerhalb der Erkenntnistheorie exemplarisch zum Ausdruck, wenn er schreibt:

Knowledge is not really the proper central concern of epistemologico-sceptical enquiry [...]. We can live with the concession that we do not, strictly, *know* some of the things we believed ourselves to know, provided we can retain the thought that we are fully justified in accepting them.[111]

Wrights erster Gedanke hier ist, daß es schwieriger ist, zu verstehen, wie »to know, that p« möglich ist, als zu verstehen, wie »being fully justified in accepting p« möglich ist. Sein zweiter Gedanke ist, daß wir genau dann mit dem Zugeständnis an den Skeptiker leben können, dem zufolge Wissen unmöglich ist, wenn es uns nur gelingt zu verstehen, wie es möglich ist, daß jemand völlig gerechtfertigt ist,

111 C. Wright, »Scepticism and dreaming: imploding the demon«, S. 88.

eine bestimmte Behauptung zu bejahen. Wir haben gesehen, daß der einzige Grund, aus dem man glauben kann, daß wir mit diesem Zugeständnis leben können, darin besteht, daß man keinen Ausweg aus dem Dilemma zwischen Skeptizismus und einer Position der Ermäßigung sieht. Doch Positionen der Ermäßigung sind keine Alternative zum Skeptizismus, sondern nur ein anderer Ausdruck desselben. Das Dilemma, so haben wir erkannt, beruht auf einem Mißverständnis: nämlich dem Mißverständnis, daß »being fully justified« fundamentaler als Wissen ist. Es beruht auf dem Mißverständnis, daß wir verstehen können, wie jemand »fully justified« darin sein kann, etwas zu glauben, ohne zu verstehen, wie jemand etwas wissen kann. Wir haben erkannt, daß dies unmöglich ist. Denn wir haben erkannt, daß die Gründe, die jemand braucht, um Wissen zu haben, genau diejenigen Gründe sind, die er braucht, um das zu haben, was laut Wright einfacher zu verstehen ist: nämlich Überzeugungen. Wir haben eingesehen, daß der paradigmatische Fall eines Grundes für eine Überzeugung ein Grund ist, der denjenigen, der einen solchen Grund hat, in die Lage versetzt, Wissen zu erwerben. Der paradigmatische Fall eines Grundes für eine Überzeugung ist ein Grund für Wissen.

Dritter Teil
Die Natur des Wissens

Wissen ist ein grundlegendes Phänomen. Diese im letzten Teil gewonnene Einsicht in den grundlegenden Charakter von Wissen ist irritierend. Denn mit dieser Einsicht wollen wir ja nicht bestreiten, daß Wissen ein Phänomen ist, das Elemente enthält, die auch unabhängig davon vorliegen können, daß jemand etwas weiß. Darin, so haben wir vielmehr behauptet, liegt ja das zentrale Merkmal von endlichem, objektivem Wissen: Daß es durch einen Akt erläutert wird, der nicht als solcher schon ein Akt des Wissens ist: nämlich durch einen Akt der Überzeugung. Wir wollen also zwei Dinge zugleich sagen: Wir wollen zum einen sagen, daß nur jemand, der etwas glauben kann, etwas wissen kann. Doch wir wollen zugleich sagen, daß nur jemand, der etwas wissen kann, auch etwas glauben kann. Und wir wollen sagen, daß nur jemand, der etwas Wahres glauben kann, etwas wissen kann. Doch wir wollen auch sagen, daß nur jemand, der etwas wissen kann, auch etwas Wahres glauben kann. Und wir wollen schließlich sagen, daß nur jemand, der etwas aus einem hinreichenden Grund glauben kann, etwas wissen kann. Doch wir wollen auch sagen, daß nur jemand, der etwas wissen kann, auch etwas aus einem hinreichenden Grund glauben kann. Wie aber geht beides zusammen?

Beides, so möchte man einwenden, geht nicht zusammen. Denn entweder man behauptet, daß der Begriff des Wissens grundlegender als der Begriff einer wahren, hinreichend begründeten Überzeugung ist. Dann aber können wir ihn nicht durch den Begriff einer wahren, begründeten Überzeugung erläutern. Oder aber wir erläutern ihn durch den Begriff einer wahren, begründeten Überzeugung. Dann aber ist der Wissensbegriff nicht grundlegend. Doch was ist die Voraussetzung dieses Einwands? Der Einwand geht davon aus, daß es für unser Verständnis des Wissensbegriffs nur die beiden folgenden Alternativen gibt: Entweder der Wissensbegriff ist ein Begriff, der eine Einheit von Elementen beschreibt. Dann bedeutet dies, daß er etwas beschreibt, das wir in Elemente zerlegen können, die grundlegender als der Wissensbegriff selbst sind. Nennen wir eine solche Art von Einheit eine *analytische* Einheit. Oder aber der Wissensbegriff ist ein Begriff, der *keine* Einheit von Elementen beschreibt, sondern ein selbst nicht weiter analysierbares Element.

Genau diese Alternative indes werden wir im folgenden zurückweisen. Denn sie beruht auf der Voraussetzung, daß die einzige Art von Einheit, die der Wissensbegriff beschreiben kann, die einer analytischen Einheit ist: d. h. einer Einheit, die dadurch definiert ist, daß sie aus Elementen besteht, die grundlegender als die Einheit selbst sind. Doch diese Voraussetzung, so zeigen uns unsere bisherigen Überlegungen, muß falsch sein. Weder beschreibt der Wissensbegriff eine analytische Einheit von Elementen, noch beschreibt er gar keine Einheit von Elementen. Wissen ist weder das Einheitsprodukt von Elementen, die unabhängig vom Begriff des Wissens sind, noch ist Wissen ein letztes Element. Der Wissensbegriff, so werden wir sehen, beschreibt vielmehr eine besondere Art von Einheit: Er beschreibt die Einheit einer vernünftigen Fähigkeit. Denn vernünftige Fähigkeiten, so wird sich zeigen, sind Einheiten, die von genau der Art sind, die wir benötigen, um Wissen zu verstehen. Denn vernünftige Fähigkeiten sind nicht-analytische Einheiten. Dies wird es uns ermöglichen, die beiden oben scheinbar einander ausschließenden Charakterisierungen von Wissen miteinander zu verbinden. Wenn der Wissensbegriff eine vernünftige Fähigkeit beschreibt, dann schließt der Gedanke, daß Wissen ein grundlegendes Phänomen ist, das aus Elementen besteht, die von ihm abhängig sind, den Gedanken, daß diese Elemente doch gleichwohl vorliegen können, ohne daß jemand etwas weiß, gerade nicht aus, sondern vielmehr ein.

Die Konsequenz, die wir aus unseren Überlegungen ziehen, wird damit folgende sein: Die grundlegende Verwendung des Wissensbegriffs, d. h. jene, die seine Bedeutung bestimmt, besteht nicht, wie wir bislang angenommen haben, in der Beschreibung eines einzelnen Aktes, sondern in der Beschreibung von etwas, das auf einer logisch anderen Ebene steht: nämlich in der Beschreibung einer vernünftigen Erkenntnisfähigkeit. Die sogenannte Analyse von Wissen in eine wahre und hinreichend gerechtfertigte Überzeugung ist richtig verstanden die Artikulation einer grundlegenderen Beschreibung von Wissen, die lautet: Wissen ist ein Akt einer vernünftigen Erkenntnisfähigkeit.

Um zu verstehen, wie es möglich ist, daß jemand etwas weiß, müssen wir folglich verstehen, was es heißt, eine vernünftige Erkenntnisfähigkeit zu haben. Das Dilemma der Erkenntnistheorie, das wir im letzten Teil rekonstruiert haben, so werden wir damit zeigen, ist nicht nur Ausdruck eines Mißverständnisses der Natur von Gründen. Auf einer tieferen Ebene ist es Ausdruck eines Mißverständnisses der Natur von Wissen. Es ist Ausdruck eines Mißverständnisses darüber, was Wissen ist.

VI. Vernünftige Fähigkeiten

1. Die Kategorie der vernünftigen Fähigkeit

Wir können verstehen, wie es möglich ist, daß jemand etwas weiß, wenn wir Wissen als Akt einer vernünftigen Erkenntnisfähigkeit begreifen. So lautet die These, die wir im folgenden entwickeln werden. Da das Wissen, nach dem wir hier suchen, das Wissen von empirischen Tatsachen ist, bedeutet dies: Wir können das Wissen von empirischen Tatsachen genau dann verstehen, wenn wir es als die Aktualisierung einer vernünftigen Erkenntnisfähigkeit verstehen, die wesentlich rezeptiv ist. Denn vernünftige Fähigkeiten, so werden wir zeigen, sind genau das, was wir benötigen, um die besondere Art von Einheit zu verstehen, die der Wissensbegriff beschreibt: Es sind nicht-analytische Einheiten. Daß der Wissensbegriff eine nicht-analytische Einheit beschreiben muß, haben uns unsere transzendentalen Überlegungen zur Möglichkeit von Überzeugungen gezeigt. Denn diese haben uns gezeigt, daß der paradigmatische Fall eines Grundes für eine Überzeugung genau derjenige ist, kraft dessen man das, was man glaubt, weiß.

Die These, daß der Wissensbegriff nicht durch grundlegendere Begriffe analysierbar ist, ist in jüngster Zeit unter anderem auch von C. McGinn, D. Owens und T. Williamson vertreten worden, ohne dort jedoch mit dem Gedanken verknüpft zu sein, daß Wissen als Akt einer vernünftigen Fähigkeit zu verstehen ist.[1] Daher verstehen diese Autoren ihre These, oder sagen wir besser, ihre Vermutung der »unanalysability of knowledge«,[2] rein negativ: Ihnen zufolge besagt sie, daß es unmöglich ist, eine vollständige Analyse von Wissen zu haben. Doch dies, daß Wissen in diesem Sinn unanalysierbar ist, stellt für sie ein selbst nicht weiter zu begreifendes Faktum dar, an dem unsere philosophische Einsicht in das, was Wissen ist, an ihre Grenze stößt. Owens etwa argumentiert wie folgt: Nachdem er zunächst Wissen als einen kognitiven Zustand analysiert hat, in dem jemand ist, der zwingende Gründe für die Wahrheit seiner Über-

1 Vgl. dazu C. McGinn, »The Concept of Knowledge«, S. 24 f.; D. Owens, *Reason without Freedom. The Problem of Epistemic Normativity*, S. 46 ff.; T. Williamson, »Is Knowing a State of Mind?«, S. 543.

2 Vgl. D. Owens, *Reason without Freedom*, S. 47.

zeugung hat (»to know that p is to have a conclusive ground for p«),[3] fragt er sich, ob dies eine Analyse von Wissen darstellt. Nein, so argumentiert er zu Recht, dies ist natürlich so lange keine Analyse von Wissen, wie wir kein Verständnis davon haben, was ein »conclusive ground« ist. Und Owens' These nun ist, daß es unmöglich ist, näher zu erläutern, was ein zwingender Grund ist. Das einzige, was er sodann tut, ist, daß er uns Beispiele für zwingende Gründe gibt. Doch von diesen, so Owens, können wir uns keinen Begriff machen. »I gave some examples of conclusive grounds«, so Owens, doch »since I didn't tell you what a conclusive ground was, neither did I tell you what knowledge was [...]. Fortunately, my purposes in this book do not require a reductive analysis of knowledge, or even the assurance that such an analysis is possible.«[4]

Die Einsicht, daß Wissen nicht reduktiv analysierbar ist, ist jedoch philosophisch so lange unbefriedigend, wie man nicht versteht, weshalb dies so ist.[5] Die Pointe unserer Behauptung, daß Wissen nicht reduktiv analysierbar ist, steckt daher in ihrer Begründung. Denn ihre Begründung enthält zugleich eine positive These über die Natur von Wissen. Wissen ist deswegen in einem bestimmten Sinn nicht analysierbar, weil die grundlegende Verwendung des Wissensbegriffs nicht in der Beschreibung eines einzelnen Aktes von Wissen besteht, sondern in der Beschreibung einer vernünftigen Erkenntnisfähigkeit. Die Behauptung, daß der Wissensbegriff in einem bestimmten Sinn irreduzibel ist, und die Behauptung, daß ein Akt des Wissens als ein Akt einer vernünftigen Erkenntnisfähigkeit zu verstehen ist, sind für uns folglich zwei Seiten derselben Medaille. Die These der Unanalysierbarkeit von Wissen ist daher fundamental mißverstanden, wenn man sie als eine These über die Grenze unserer philosophischen Einsicht begreift. Wenn ein einzelner Akt des Wissens als ein Akt einer vernünftigen Erkenntnisfähigkeit zu verstehen ist, dann bezeichnet der Umstand, daß wir den Wissensbegriff nicht in grundlegendere Begriffe zerle-

3 D. Owens, *Reason without Freedom*, S. 46.

4 Ebd., S. 47.

5 T. Williamson dagegen hat zwar ein Argument für die Unanalysierbarkeit von Wissen, doch nur ein negatives: Wissen ist unverzichtbar für bestimmte Erklärungszwecke, d. h. wir können Wissen nicht durch andere kognitive Zustände ersetzen, um diejenige Art von Erklärung zu erhalten, die nur Zustände des Wissens liefern können. In: T. Williamson, »Is Knowing a State of Mind?«, bes. S. 549 ff.

gen können, keine *Grenze* unseres Verständnisses von Wissen, sondern artikuliert vielmehr ein Merkmal unseres *Verständnisses.*

Um Wissen zu verstehen, müssen wir also verstehen, was es heißt, eine vernünftige Erkenntnisfähigkeit zu haben. Und um dies zu verstehen, müssen wir zunächst einmal verstehen, was vernünftige Fähigkeiten sind. Ich will ein solches Verständnis erarbeiten, indem ich zunächst einige der logischen Merkmale entwickle, die vernünftige Fähigkeiten im allgemeinen charakterisieren. In einem zweiten Schritt werde ich dann zeigen, was es entsprechend, d. h. unter Bezugnahme auf diese Merkmale, heißt, zwei ganz bestimmte vernünftige Fähigkeiten zu haben: nämlich jene Fähigkeiten, deren Akte durch den Begriff des Wahrnehmungswissens und des Wissens vom Hörensagen beschrieben werden. In den folgenden Überlegungen zu vernünftigen Fähigkeiten geht es also weder darum, das System vernünftiger Fähigkeiten im ganzen sowie die Natur ihrer Unterschiede zu begreifen. Noch geht es darum, alle Merkmale freizulegen, die eine vernünftige Fähigkeit charakterisieren. Es geht einzig und allein darum, diejenigen Merkmale vernünftiger Fähigkeiten freizulegen, die zeigen, daß und weshalb unser Verständnis der Natur von Wissen als einer vernünftigen Fähigkeit eine Vertiefung genau jenes Verständnisses der Natur von Gründen darstellt, welches wir im letzten Teil entwickelt haben.

Ziel unserer Überlegungen zu vernünftigen Fähigkeiten ist es somit, die beiden folgenden Thesen begreiflich zu machen: Wir wollen erstens zeigen, daß wir genau dann verstehen können, wie jemand Wissen haben kann, wenn wir Wissen als Akt einer vernünftigen Erkenntnisfähigkeit verstehen. Denn dann können wir verstehen, wie jemand eine Überzeugung erwerben kann, für die er eine Wahrheitsgarantie hat: Er kann sie genau dadurch erwerben, daß er eine vernünftige Erkenntnisfähigkeit ausübt. Und wir wollen zweitens zeigen, daß dies erklärt, weshalb der faktive Sinn von Aussagen der Form »S nimmt wahr, daß p« und »S erfährt von einem anderen, daß p« irreduzibel ist. Denn wir können diese Aussagen dann als Aussagen verstehen, deren Sinn es ist, Akte zu beschreiben, die eine vernünftige Erkenntnisfähigkeit aktualisieren.

Die bisher betrachteten erkenntnistheoretischen Positionen bestreiten beide Thesen. Ihre gemeinsame Voraussetzung ist, daß wir verstehen können, was es heißt, daß jemand etwas weiß, ohne die Idee einer vernünftigen Erkenntnisfähigkeit ins Spiel zu bringen.

Denn sie glauben, daß der Begriff des Wissens eine analytische Einheit von Elementen beschreibt. Unsere transzendentalen Überlegungen im letzten Teil haben dagegen gezeigt, daß der Wissensbegriff keine solche Einheit beschreiben kann. Denn sie haben gezeigt, daß genau diejenigen geistigen Akte, ohne die es kein Wissen geben kann – nämlich Überzeugungen –, überhaupt nur vorliegen können, wenn der paradigmatische Fall solcher Akte im Erwerb von Wissen besteht. Der Gedanke, daß der Wissensbegriff eine analytische Einheit beschreibt, geht gleichsam an sich selbst zugrunde, weil sich in der Beantwortung der Frage, wie es jene geistigen Akte geben kann, die angeblich grundlegender als Wissen sind – nämlich Überzeugungen –, zeigt, daß deren Vorliegen davon abhängig ist, daß es Überzeugungen gibt, die ein Fall von Wissen sind. Das Dilemma der Erkenntnistheorie gründet demnach in letzter Instanz darin, daß man nicht sieht, daß die grundlegende Erläuterung von Wissen die ist: *Jemand, der etwas weiß, aktualisiert eine vernünftige Erkenntnisfähigkeit.* Sieht man das nicht, dann kann man nicht begreifen, daß alle weiteren Erläuterungen von Wissen keinen anderen Sinn haben als den, dasjenige Verständnis ausdrücklich zu machen, welches in dieser Erläuterung enthalten ist, welche gegenüber jeder anderen Erläuterung von Wissen grundlegend ist.

Um im folgenden die für unseren Zusammenhang wesentlichen Merkmale der Kategorie der vernünftigen Fähigkeit herauszuarbeiten, werden wir auf eine philosophische Tradition Bezug nehmen, deren Relevanz für die Erkenntnistheorie bislang nicht erkannt oder wenigstens unterschätzt wurde: Die wichtigsten Überlegungen zu Fähigkeiten verdanken wir Aristoteles. Diese werden stets den impliziten Hintergrund des Folgenden bilden. Die entscheidenden Autoren des 20. Jahrhunderts, mit denen wir arbeiten werden, sind L. Wittgenstein, G. Ryle, A. Kenny, J. McDowell und M. Thompson, wobei die vier letzteren ihrerseits ganz in der Tradition der Aristotelischen Überlegungen stehen und an diese unmittelbar anknüpfen. Ziel unserer Überlegungen zur Kategorie der vernünftigen Fähigkeit ist es, damit den Gehalt und die Rechtmäßigkeit des Gedankens auszuarbeiten und aufzuzeigen, dem zufolge jemand, der etwas weiß, eine vernünftige Erkenntnisfähigkeit aktualisiert.

Beginnen wir mit einer allgemeinen Charakterisierung von Fähigkeiten. Fähigkeiten sind stets Fähigkeiten zu etwas, etwa zu schwimmen, zu lesen, zu tanzen. Fähigkeiten werden entsprechend danach benannt, wozu sie Fähigkeiten sind. Um nun genauer zu verstehen, was Fähigkeiten sind, wollen wir zunächst fragen, welche Form die Aussagen haben, die Fähigkeiten beschreiben. Auf einer grundlegenden Ebene können wir sagen, daß Fähigkeiten zu jenen Dingen gehören, die in allgemeinen und zeitlosen Aussagen beschrieben werden. Wenn wir sagen, »Lisa kann A-en«, wobei A-en für eine bestimmte Tätigkeit steht, wie etwa Schwimmen, Lesen, Tanzen, dann machen wir damit eine Aussage über Lisa, in der wir keinen einzelnen Zustand oder eine einzelne Handlung von Lisa hier und jetzt beschreiben, sondern wir sagen etwas Allgemeines über Lisa, das nicht auf einen bestimmten Zeitpunkt bezogen ist. Beschreiben wir hingegen eine Handlung oder einen Zustand, dann beschreiben wir etwas Einzelnes, das zu einem bestimmten Zeitpunkt stattfindet. Wir sagen, »Lisa A-t gerade« oder »Lisa hat – vorhin, gestern etc. – ge-At«. Wenn wir sagen, daß jemand eine bestimmte Fähigkeit hat – etwa die Fähigkeit, zu schwimmen –, dann sagen wir damit also nicht, daß er zu einem bestimmten Zeitpunkt in einem bestimmten Zustand ist oder daß er zu einem bestimmten Zeitpunkt eine bestimmte Handlung vollzieht. Wir machen vielmehr eine Aussage über ihn, die über das, was er hier und jetzt tut, hinausgeht. Fähigkeiten stellen nicht wie Zustände oder Handlungen ein bestimmtes zeitliches Ereignis dar, sondern sind etwas über den Augenblick hinausgehendes Allgemeines. Anthony Kenny drückt diesen Gedanken so aus: »Abilities are inherently general; there are no genuine abilities which are abilities to do things only on one particular occasion. This is true even of abilities, such as the ability to kill oneself, which of their nature can be exercised only once.«[6] Selbst eine Fähigkeit, zu deren Natur es gehört, daß man sie nur einmal ausüben kann, ist etwas wesentlich Allgemeines in dem Sinn, daß jemand, der diese Fähigkeit hat, im Besitz von etwas ist, das er auch zu einer anderen Gelegenheit hätte ausüben können als zu jener, zu der er sie tatsächlich ausgeübt hat. Wer eine Fähigkeit hat, ist im Besitz von etwas Allgemeinen, dessen Beschreibung nicht in einer Beschreibung dessen aufgeht, was jemand zu einem bestimmten Zeitpunkt tut.[7]

Doch obgleich Aussagen über Fähigkeiten keine Aussagen über

6 A. Kenny, *Will, Freedom and Power*, S. 135.
7 Vgl. A Kenny, *The Metaphysics of Mind*, S. 69.

bestimmte, zeitlich datierbare Zustände oder Handlungen sind, sind sie intrinsisch auf zeitlich datierbare Zustände oder Handlungen bezogen: nämlich auf genau diejenigen Zustände oder Handlungen, die diese Fähigkeiten aktualisieren. Aussagen über Fähigkeiten sind darin wie Aussagen über Dispositionen, die Gilbert Ryle wie folgt charakterisiert:

> Dispositionale Behauptungen sind nicht Berichte über beobachtete oder beobachtbare Sachlagen, aber auch nicht über unbeobachtete oder unbeobachtbare Sachlagen. Sie erzählen nicht von Vorfällen. Ihre Aufgabe ist jedoch innig mit dem Erzählen von Vorfällen verknüpft, denn wenn sie wahr sind, dann werden sie von Vorfallserzählungen bestätigt. »Müller hat gerade auf Französisch mit mir telephoniert«, bestätigt die Behauptung, »Müller kann Französisch.«[8]

Eine Fähigkeit ist folglich etwas Allgemeines, zu dem wesentlich gehört, daß es in einer potentiell unendlichen Reihe von Zuständen oder Handlungen aktualisiert werden kann. Handlungen, die eine Fähigkeit aktualisieren, sind demnach Handlungen, die sich in allerlei Hinsichten voneinander unterscheiden können, doch zwischen denen es genau dann, wenn diese Handlungen Aktualisierungen einer Fähigkeit sind, ein ihnen allen *gemeinsames Element* gibt, das in all diesen verschiedenen und potentiell unendlichen Handlungen das gleiche bleibt: eben genau jene Fähigkeit, deren Aktualisierungen sie sind. Jemand, der Ski fahren kann, fährt niemals in derselben Weise den Berg hinab, mal fährt er im Parallelschwung, mal im Wedelschwung. Und auch die einzelnen Bewegungen, die er macht, unterscheiden sich jedesmal in vielerlei Hinsichten. Die Bewegungen, die er macht, wenn das Eis glatt ist, unterscheiden sich sicher oder wahrscheinlich von jenen, die er macht, wenn Tiefschnee liegt. Und jene, die er macht, wenn der Hang den Schwierigkeitsgrad einer schwarzen Piste hat, von jener, die er macht, wenn er den Schwierigkeitsgrad einer roten Piste hat, etc. Doch dasjenige, was er in all diesen verschiedenen Skifahrten manifestiert, ist nicht etwas, was in all diesen Skifahrten einander nur ähnlich ist, so wie diese einzelnen Skifahrten einander ähnlich sind, sondern es ist stets *ein und dasselbe* Element, welches sich durch diese potentiell unendliche Reihe von Handlungen hindurch erhält. Darin sind Fähigkei-

8 G. Ryle, *Der Begriff des Geistes*, S. 165 (dt. Übersetzung leicht verändert, A.K.).

ten ganz wie Dispositionen. Wenn es so etwas wie Akte gibt, die Fähigkeiten oder Dispositionen aktualisieren, dann heißt dies, so drückt es Michael Thompson aus, daß es ein »element« gibt, »[that] is essentially one and the same, unchanged, unexhausted, and not merely similar, through a potentially unlimited series of individual acts«.[9]

Wenn wir also sagen, es gehöre zur Natur von Fähigkeiten, sich in prinzipiell unendlich vielen Vollzügen manifestieren zu können, dann bedeutet das, daß Fähigkeiten etwas sind, das in keinem *einzelnen* Vollzug an sein Ende kommt. Man kann von einer bestimmten Handlung nicht sagen, sie würde eine bestimmte Fähigkeit erfüllen, so wie man von ihr sagen kann, sie erfülle einen bestimmten Wunsch. Fähigkeiten werden *durch* einzelne Akte nicht *erfüllt*, sondern sie werden *in* solchen Akten *aktualisiert*, *manifestiert* oder *instantiiert*.[10] Dies bedeutet freilich nicht, daß man Fähigkeiten nicht verlieren kann und also eine Fähigkeit in diesem Sinn ein zeitliches Ende haben kann. Jemand kann seine Sehfähigkeit verlieren. Auch Aussagen über Fähigkeiten können, darauf hat Ryle hingewiesen, eine Zeitform haben.[11] Wir können sagen: »Peter konnte bis zu seinem 7. Lebensjahr sehen«. Doch wenn so etwas geschieht, d.h., wenn eine Fähigkeit verlorengeht, dann ist das offenkundig keine Leistung, die durch die Fähigkeit erklärt werden kann, die er verloren hat. Der Umstand, daß irgendeine Handlung eine war, an der diese Fähigkeit zu Ende kam – der Umstand also, daß es so etwas wie ein letztes Mal gab, an dem Peter etwas gesehen hat –, kann nicht durch diese Fähigkeit selbst erklärt werden, sondern muß durch etwas anderes erklärt werden: etwa, weil er einen Unfall hatte oder eine Krankheit etc. Der Umstand, daß Fähigkeiten eine Dauer haben können, berührt daher nicht ihre Charakterisierung als etwas,

9 M. Thompson, »Two Forms of Practical Generality«, S. 128. Dies heißt natürlich nicht, daß der Grad der Aneignung einer Fähigkeit nicht dadurch, daß man sie ausübt, verbessert werden kann. Im Gegenteil. Genau so ist es bei vielen Fähigkeiten. Doch das, was man verbessert, ist eben der Grad der Aneignung einer Fähigkeit, welche dabei jedoch stets genau dasjenige »Element« ist, das sich durch all die Akte, die diese Fähigkeiten manifestieren, als *dasselbe* Element erhält.

10 Vgl. M. Thompson, »Two Forms of Practical Generality«, S. 128.

11 Vgl. dazu G. Ryle, *Der Begriff des Geistes*, S. 166. So auch A. Kenny, *Will, Freedom and Power*, der schreibt: »Abilities come and go; what we are now able to do we may not always have been able to do and we may not always continue to be able to do.« (S. 134).

das in einem bestimmten Vollzug nicht beendet oder abgeschlossen, sondern aktualisiert oder instantiiert wird.

Fähigkeiten sind damit durch ein Merkmal charakterisiert, das unter anderem auch Prinzipien oder Regeln charakterisiert. Auch Regeln sind etwas Allgemeines, zu dem wesentlich gehört, daß es sich in einer potentiell unendlichen Reihe von Vollzügen manifestieren kann. Wittgenstein bringt dies zum Ausdruck, wenn er sagt, daß es zum Begriff einer Regel gehört, daß man ihr nicht nur einmal folgen kann.[12] Doch Regeln und Prinzipien sind offenkundig nicht dasselbe wie Fähigkeiten. Worin besteht der Unterschied? Was unterscheidet jene Art von Allgemeinheit, die in einer Regel besteht, von jener Art von Allgemeinheit unterscheidet, die in einer Fähigkeit besteht? Stellen wir uns hierfür zunächst eine imperativische Regel wie etwa die folgende vor: »Vor dem Essen muß man sich die Hände waschen«. Nun stellen wir uns weiter vor, daß kein einziger Mensch diese Regel kennt. Daraus folgt, daß es ausgeschlossen ist, daß irgend jemand jemals sein Handeln *durch diese Regel bestimmt* haben kann. Denn für jemand, der diese Regel nicht kennt, kann diese Regel kein Grund sein, aus dem er etwas tut. Gleichwohl ist es nun logisch möglich, das Verhalten aller Menschen danach zu beurteilen, ob es mit dieser Regel übereinstimmt oder nicht. Und ebenso ist es logisch möglich, zu dem Ergebnis zu kommen, daß es keinen einzigen Akt gibt und je gegeben hat, der mit dieser Regel übereinstimmt.

Eine Regel ist folglich etwas, in bezug auf das es logisch möglich ist, bestimmte Handlungen als in Übereinstimmung oder Nicht-Übereinstimmung zu beurteilen, ohne daß diese Regel das Handeln auch nur eines einzigen Subjekts bestimmt haben muß.[13] Das heißt, es kann Regeln für Handlungen geben, ohne daß diese Regeln sich auch nur in einer einzigen Handlung aktualisieren. Der Begriff ei-

12 L. Wittgenstein, *Philosophische Untersuchungen* § 199: »Es kann nicht ein einziges Mal nur ein Mensch einer Regel gefolgt sein«, sowie in § 218: »Statt der Regel könnten wir uns Geleise denken. Und der nicht begrenzten Anwendung der Regel entsprechen unendlich lange Geleise.« Siehe auch Wittgensteins Überlegungen dazu in: *Bemerkungen über die Grundlagen der Mathematik*, S. 322 f.

13 Vgl. M. Thompson, »Two Forms of Practical Generality«, S. 129.

14 Es ist genau dieser Aspekt von Regeln, der etwa die Grundlage für R. Brandoms Versuch ist, die Idee von etwas, das einen normativen Status hat, wie etwa Wissen, durch die Idee der Anerkennung epistemischer Regeln zu erläutern. In: R. Brandom, *Making It Explicit*, bes. Kap. 1-4. Insofern es uns darum geht, die *Wirklich-*

nes Aktes, der mit einer Regel übereinstimmt, enthält nicht als solches schon, daß dieser Akt durch diese Regel bestimmt wurde. Daß ein Akt mit einer Regel übereinstimmt, heißt nicht schon, daß diese Regel der Grund für diese Übereinstimmung ist. Deswegen ist es bei Regeln stets so, daß wir, um sie als etwas verstehen zu können, das für ein Subjekt in einem handlungsbestimmenden Sinn *wirksam* war, sie als etwas verstehen müssen, auf das sich das Subjekt der Handlung überlegend bezogen hat und ihnen durch einen Akt ihrer Anerkennung eine Wirksamkeit für sein Handeln *verliehen* hat. Wenn jemand eine Handlung vollzieht, die nicht nur zufällig mit einer bestimmten Regel übereinstimmt, sondern deswegen, weil er sie durch diese Regel bestimmt hat, dann enthält diese Beschreibung seiner Handlung, daß er sich überlegend auf diese Regel bezogen und diese als Handlungsgrund anerkannt hat. Denn nur, wenn er dies getan hat, ist es richtig zu sagen, es habe seine Handlung durch eine Regel bestimmt.[14]

Anders dagegen ist dies bei Fähigkeiten. Fähigkeiten sind etwas, das es überhaupt nur gibt, wenn es Akte gibt, die mit der Fähigkeit übereinstimmen. Was auch immer eine Fähigkeit sonst noch ist: Fähigkeiten sind in minimaler Weise dadurch bestimmt, daß es sie nicht anders als dadurch gibt, daß es Subjekte gibt, die diese Fähigkeiten haben, aufgrund deren sie Akte vollziehen, die mit diesen Fähigkeiten übereinstimmen. Eine Fähigkeit ist darin wie eine Disposition, deren minimale Bestimmung Thompson so beschreibt: »A disposition, however we are to understand such a thing, evidently does not exist except through people's acting and being disposed to act in accordance with it.«[15] Im Unterschied zu Regeln sind Fähigkeiten kein Allgemeines, das es unabhängig davon geben kann, daß es Subjekte gibt, deren Handeln durch diese Allgemeine bestimmt ist. Fähigkeiten sind vielmehr etwas Allgemeines, das eine unmittelbare Wirksamkeit in den Subjekten hat, die Handlungen vollziehen,

keit von Wissen zu begreifen, hängt folglich alles daran, wie wir die Wirklichkeit dieser Anerkennung zu begreifen haben. Denn solange wir die Wirklichkeit eines solchen Aktes der Anerkennung nicht begreifen können, hängt die ganze Erklärung in der Luft. Die philosophische Pointe der Kategorie der Fähigkeit besteht darin, daß sie das Problem, in das man gerät, wenn man die Idee einer Regel für grundlegend für die Erklärung von Wissen hält, von vornherein untergräbt. Es kann sich gar nicht stellen.

15 M. Thompson, »Two Forms of Practical Generality«, S. 128 f.

die mit ihnen übereinstimmen. Fähigkeiten sind folglich etwas, das – im Unterschied zu Regeln und Prinzipien – das, was geschieht, wenn es sich in einem bestimmten Akt manifestiert, in einem bestimmten Sinn erklärt.[16] Fähigkeiten sind etwas, das »on any account«, so formuliert es Thompson, »must have some sort of explanatory standing in respect of what happens when it is manifested in an individual action.«[17] Wenn es eine bestimmte Fähigkeit gibt, etwa die Fähigkeit, zu schwimmen, dann enthält das Vorliegen dieser Fähigkeit als solches, daß es Handlungen gibt, die nicht einfach zufällig mit dieser Fähigkeit übereinstimmen, sondern deswegen, weil sie durch diese Fähigkeit *unmittelbar bestimmt* sind. Für die Wirksamkeit von Fähigkeiten ist somit genau das nicht nötig, was umgekehrt Regeln und Prinzipien gerade charakterisiert: Ein Subjekt, das im Besitz einer Fähigkeit ist, muß keinen vermittelnden Akt der Anerkennung der Fähigkeit vollziehen, um der Fähigkeit eine Wirksamkeit für sein Handeln zu verleihen. Denn daß es eine bestimmte Fähigkeit hat, schließt als solches schon ein, daß es Handlungen vollzieht oder vollzogen hat, in denen diese Fähigkeit unmittelbar wirksam ist bzw. war. Im Fall von Fähigkeiten ist folglich genau jene Möglichkeit von vornherein ausgeschlossen, die es im Fall von Regeln geben kann: nämlich daß sie sich in keinem einzigen Vollzug aktualisieren. Weil es Fähigkeiten nur dadurch gibt, daß es Subjekte gibt, die aufgrund dieser Fähigkeiten Akte vollziehen, die mit ihnen übereinstimmen, ist es begrifflich ausgeschlossen, daß es Fähigkeiten gibt, die in keinem einzigen Vollzug jemals unmittelbar wirksam waren.

Da es uns im folgenden darum geht, die Wirklichkeit von Wissen zu verstehen, liegt die philosophische Bedeutung unserer Einführung der Kategorie einer vernünftigen Fähigkeit folglich unter anderem darin, daß wir damit die Kategorie von etwas Allgemeinem einführen, das in einem bestimmten Sinn die »Ursache« für die Vollzüge ist, die unter es fallen.[18] Es wird noch eine Weile dauern, bis wir

16 So auch A. Kenny, *Will, Freedom and Power*, S. 133: »A skill or ability is always a positive explanatory factor in accounting for the performance of an agent.«

17 M. Thompson, »Two Forms of Practical Generality«, S. 129.

18 Vgl. dazu etwa auch Heidegger, der in seinem Kommentar zu Aristoteles schreibt: »Kraft ist sonach ein Folgebegriff der Kausalität […]. Die Kraft hat den Charakter des Ursacheseins; Ur-sache: eine ursprüngliche, entspringenlassende Sache, eine solche, von der aus etwas ist, nämlich als so und so Bewegtes und dieses wie-

diesen erklärenden Aspekt von vernünftigen Fähigkeiten genauer bestimmen können. Für die zunächst folgenden Überlegungen werden wir einfach damit arbeiten, *daß* Fähigkeiten diesen Aspekt haben. Denn dieser erklärende Aspekt beschreibt nicht nur ein logisches Merkmal von Fähigkeiten, sondern ein logisches Merkmal, welches diese mit anderen Dingen teilen, etwa mit Gewohnheiten. Daher will ich zunächst den Unterschied herausarbeiten, der zwischen vernünftigen Fähigkeiten und Gewohnheiten besteht. Denn eine Weise, das Mißverständnis der analytischen Auffassung von Wissen zu beschreiben, besteht darin, so werden wir zeigen, daß sie Wissen für ein Phänomen halten, das von der Art einer Gewohnheit ist.

2. Vernünftige Fähigkeiten als konstitutive Einheiten

Wir haben Fähigkeiten in minimaler Weise dadurch charakterisiert, daß sie in einem bestimmten Sinn die »Ursache« einer prinzipiell unendlichen Reihe von Zuständen oder Akten sind. Dieses Merkmal teilen sie mit Gewohnheiten. Auch eine Gewohnheit ist etwas, das es nur dadurch gibt, daß es Subjekte gibt, die genau deswegen, weil sie diese Gewohnheit haben, immer wieder Akte vollziehen, die mit dieser Gewohnheit übereinstimmen. Wenn wir sagen, daß jemand ein Gewohnheitsraucher ist, dann beschreiben wir damit ganz wie bei Fähigkeiten keine einzelne Handlung eines Subjekts, die zu einem bestimmten Zeitpunkt stattfindet, sondern wir machen eine allgemeine Aussage über jemanden, die keinen Bezug zu einem bestimmten Zeitpunkt hat. Wir charakterisieren dieses Subjekt durch etwas Allgemeines, das die Akte dieses Subjekts, die mit diesem Allgemeinen übereinstimmen, d.h. seine Rauchakte, in einem bestimmten Sinn erklärt. Wir wollen daher nun die für unseren Zusammenhang relevanten logischen Merkmale herausarbeiten, die eine vernünftige Fähigkeit von einer Gewohnheit unterscheiden. Von letzterer schreibt Hegel, daß sie »in wissenschaftlichen Betrachtungen der Seele und des Geistes« entweder »als etwas

der dergestalt, daß dieses Bewegte in seiner Bewegung eine andere Sache ist als die Ur-sache.« In: M. Heidegger, *Aristoteles, Metaphysik IX, 1-3. Von Wesen und Wirklichkeit der Kraft*, S. 79 f.

Verächtliches übergangen« zu werden pflegt oder deswegen übergangen wird, »weil sie zu den schwersten Bestimmungen gehört«.[19] Wenn Hegel recht damit haben sollte, daß der Begriff der Gewohnheit zu den »schwersten Bestimmungen« gehört, so soll es im folgenden nicht darum gehen, diesen Begriff vollständig zu entfalten. Es geht uns lediglich darum, ihn so weit zu bestimmen, daß der Unterschied zwischen einer Gewohnheit und einer vernünftigen Fähigkeit in dem Maße sichtbar wird, daß begreiflich wird, weshalb wir Wissen nicht als Akt einer Gewohnheit, sondern als Akt einer vernünftigen Fähigkeit verstehen müssen.

Hegel bestimmt die Gewohnheit so, daß er sagt, »die Gewohnheit« sei »die zu einem Natürlichseienden, Mechanischen gemachte Bestimmtheit des Gefühls, auch der Intelligenz, des Willens usf.«, die daher auch »mit Recht eine zweite Natur genannt« wird.[20] Was genau soll damit gesagt werden, wenn man eine Gewohnheit eine zweite Natur nennt? Hegel schreibt:

> Die Gewohnheit ist […] *Natur*, denn sie ist ein unmittelbares Sein der Seele, – eine *zweite*, denn sie ist eine von der Seele gesetzte Unmittelbarkeit, eine Ein- und Durchbildung der Leiblichkeit, die den Gefühlsbestimmungen als solchen und den Vorstellungs- (und) Willensbestimmtheiten als verleiblichten zukommt.[21]

Hegel charakterisiert eine Gewohnheit demnach durch zwei Merkmale: Eine Gewohnheit ist erstens eine »Bestimmtheit« der »Seele« eines Subjekts, die eine unmittelbare Wirksamkeit in dem Subjekt hat, das durch eine Gewohnheit bestimmt ist. Darin liegt ihr Naturaspekt. Und eine Gewohnheit ist zweitens eine Bestimmtheit der »Seele« eines Subjekts, zu der als solcher gehört, daß sie sich einem spezifischen Prozeß verdankt, den Hegel als »Ein- und Durchbildung der Leiblichkeit« beschreibt. Darum ist sie nicht erste, sondern zweite Natur. Eine Gewohnheit ist folglich eine Art von Bestimmtheit eines Subjekts, die intrinsisch mit einem spezifischen Prozeß des Erwerbs verknüpft ist. Wenn jemand eine Gewohnheit hat, dann heißt dies, daß er durch eine »Ein- und Durchbildung« seiner Leiblichkeit eine »Bestimmtheit« erworben hat, die unmittelbar in ihm wirksam ist.

19 G. W. F. Hegel, *Enzyklopädie der philosophischen Wissenschaften III*, S. 187.
20 Ebd., S. 184.
21 Ebd., S. 184.

Die Merkmale, mit denen Hegel hier die Gewohnheit charakterisiert und mit denen er erläutert, weshalb sie zu Recht eine »zweite Natur« genannt wird, charakterisieren jedoch nicht ausschließlich Gewohnheiten. Es sind vielmehr Merkmale, durch die auch bestimmte Fähigkeiten charakterisiert sind: nämlich genau jene Fähigkeiten, die erworben sind, im Unterschied zu jenen, die angeboren sind.[22] Aus diesem Grund kann Aristoteles im IX. Buch der *Metaphysik* das Wesen aller erworbenen Fähigkeiten auf genau dieselbe Weise bestimmen, wie Hegel hier die Gewohnheit bestimmt. Aristoteles unterteilt dort die Klasse der Fähigkeiten in drei Arten: die angeborenen Fähigkeiten, die »durch Übung« (*ethos*) erworbenen Fähigkeiten und die »durch Belehrung« (*mathesis*) erworbenen Fähigkeiten.[23] Für die Klasse der beiden letzteren, also für die Klasse der erworbenen Fähigkeiten, ist charakteristisch, so Aristoteles, daß man über sie »nur mit Hilfe vorausgegangener Verwirklichung verfügen« kann.[24] Das heißt, es charakterisiert die erworbenen Fähigkeiten, daß jemand nur dadurch in den Besitz einer solchen Fähigkeit kommt, daß er Vollzüge unternimmt, die zwar selbst noch nicht derart sein können, wie sie bei demjenigen sind, der diese Fähigkeit schon hat, doch die intrinsisch dadurch bestimmt sind, daß man durch sie zu genau solchen Akten kommt. Der Erwerb einer Fähigkeit, so Aristoteles, kann nur durch Akte geschehen, die selbst schon einen intrinsischen Bezug zu der Fähigkeit haben, die durch diese Akte erworben werden soll.[25] Wer lernt, Tennis zu spielen, wird am Anfang einige Schläge mit einem schweren, großen

22 Vgl. dazu auch die ausführliche Analyse von M. Wolff, *Das Körper-Seele-Problem. Kommentar zu Hegel, Enzyklopädie §389*, der Hegels Verständnis des spezifischen Körperbezugs vernünftiger Fähigkeiten genau rekonstruiert.

23 Aristoteles, *Metaphysik*, IX.5, 1047b 33-34. Ich habe die deutsche Übersetzung leicht verändert, indem ich »mathesis« durch »Belehrung« statt durch »Lernen« wiedergegeben habe. Denn Aristoteles möchte mit dieser Unterscheidung nicht nahelegen, daß die durch »ethos« erworbenen Fähigkeiten nicht gelernt werden würden. Er behauptet dies vielmehr in *Die Nikomachische Ethik* II, 1103a 31-35 ausdrücklich. Mit der Idee der »mathesis« möchte er vielmehr eine bestimmte Art des Lernens auszeichnen. Wir kommen darauf noch im vierten Teil zurück.

24 Ebd.

25 So auch M. Burnyeat zum Verhältnis von Vollzug und Erwerb von Fähigkeiten in seinem Kommentar zu Aristoteles, in: M. Burnyeat, *Notes on Eta and Theta of Aristotle's Metaphysics*, S. 117. Wir kommen auf den spezifischen Erwerbscharakter vernünftiger Fähigkeiten noch ausführlich im vierten Teil, Kap. X.4 zurück.

Schaumstoffball machen. Sicher, wenn man mit seinem Tennisschläger einen Schaumstoffball schlägt, tut man noch nicht das, was der tut, der Tennis spielen kann. Denn wer Tennis spielen kann, spielt Tennis mit einem Tennisball und nicht mit einem schweren, großen Schaumstoffball. Doch indem man zunächst einige solche Schläge macht, macht man sich auf vereinfachtem Weg den Bewegungsablauf klar, der für das Schlagen eines Topspinschlags erforderlich ist, und beginnt dadurch, jene »Ein- und Durchbildung der Leiblichkeit« vorzunehmen, die den Tennisspieler ausmacht.

Wie auch immer wir die Idee der Vernünftigkeit später genauer bestimmen werden, so können wir an dieser Stelle doch so viel sagen: Eine vernünftige Fähigkeit gehört offenkundig zur Klasse der erworbenen Fähigkeiten. Vernunft ist keine Fähigkeit, mit der ein Wesen geboren wird, sondern sie ist eine Fähigkeit, zu der eine spezifische Weise des Erwerbs gehört. Vernunft gehört zu jenen Fähigkeiten, die ihre Subjekte in einer spezifischen Weise erwerben müssen, nämlich dadurch, daß sie sie lernen. Weshalb dies so ist, können wir freilich jetzt noch nicht beantworten, sondern erst dann, wenn wir ein näheres Verständnis dessen haben, was eine vernünftige Fähigkeit überhaupt ist. Die Frage, in welcher spezifischen Weise vernünftige Fähigkeiten erworben werden, werden wir daher erst im nächsten Teil wieder aufnehmen, wenn wir die dafür erforderlichen Merkmale vernünftiger Fähigkeiten herausgearbeitet haben. Festhalten können wir an dieser Stelle jedoch, daß der Besitz vernünftiger Fähigkeiten, wenn diese keine angeborenen Fähigkeiten sind, als die Frucht von Akten der Wiederholung zu verstehen ist. Im Besitz einer erworbenen Fähigkeit zu sein heißt, durch einen Prozeß der Wiederholung bestimmter Vollzüge in den Besitz dieser Fähigkeit gekommen zu sein. Ebenso verhält es sich auch mit einer Gewohnheit, von der Hegel, Aristoteles folgend, entsprechend schreibt: »Dieses Sicheinbilden des Besonderen oder Leiblichen der Gefühlsbestimmungen in das Sein der Seele erscheint als eine *Wiederholung* derselben und die Erzeugung der Gewohnheit als eine *Übung*.«[26] Erworbene Fähigkeiten und Gewohnheiten eint folglich beide, daß sie eine Art »zweite Natur« sind. Daß erworbene Fähigkeiten und Gewohnheiten Arten einer zweiten Natur sind, heißt, daß ein Subjekt, das eine Fähigkeit oder eine Gewohnheit erworben

26 G. W. F. Hegel, *Enzyklopädie der philosophischen Wissenschaften III*, S. 184.

hat, durch einen Prozeß der Wiederholung bestimmter Vollzüge über eine »allgemeine Weise« des Handelns, Fühlens, Denkens, Urteilens usw. verfügt, welche eine unmittelbare Wirksamkeit für die Vollzüge dieses Subjekts hat.[27] Es ist diese Idee einer *unmittelbaren Wirksamkeit*, die die Charakterisierung von Fähigkeiten und Gewohnheiten als einer Art »Natur« zum Ausdruck bringen soll. Und es ist die Idee des *Erworbenseins*, welches die Charakterisierung bestimmter Fähigkeiten und Gewohnheiten als einer »zweiten« Natur zum Ausdruck bringen soll.

Gewohnheiten und vernünftige Fähigkeiten eint folglich, daß sie Arten einer zweiten Natur sind. Worin unterscheiden sie sich? Ryle schreibt: »Gewohnheiten sind eine Art, aber nicht die einzige Art ›zweiter Natur‹, und [...] die weitverbreitete Annahme, alle ›zweite Natur‹ sei bloße Gewohnheit, [verwischt] Unterschiede [...], die von grundlegender Bedeutung für die Untersuchungen sind, mit denen wir uns hier befassen.«[28] Ich will diese These Ryles, der zufolge es sich bei vernünftigen Fähigkeiten und Gewohnheiten um zwei verschiedene Arten einer zweiten Natur handelt, im folgenden ausarbeiten. Ryle selbst führt im wesentlichen zwei Merkmale zur Charakterisierung des Unterschieds an, die indes *prima facie* wenig hilfreich sind, den Unterschied zu verstehen, weil sie selbst schon ein Verständnis dieses Unterschieds voraussetzen und sich erst aus diesem erklären. Ryle behauptet erstens, daß Gewohnheiten »Ursprünge«, während vernünftige Fähigkeiten »Methoden« haben.[29] Und er behauptet zweitens, daß Gewohnheiten durch »Abrichtung«, während vernünftige Fähigkeiten durch »Ausbildung« erworben werden.[30]

Ich will im folgenden nicht behaupten, daß Ryles Beschreibung von Merkmalen, die Gewohnheiten von vernünftigen Fähigkeiten unterscheiden, falsch ist. Im Gegenteil, sie versuchen etwas festzu-

27 Ebd., S. 188.

28 G. Ryle, *Der Begriff des Geistes*, S. 50. Entsprechend ist auch M. Tomasello in seiner anthropologischen Untersuchung zu dem Ergebnis gekommen, daß der kategorial entscheidende Unterschied zwischen verschiedenen Fähigkeiten nicht jener zwischen »angeboren« und »erworben« ist, sondern in dem liegt, *was* erworben wird und infolge davon zwischen verschiedenen Formen des Erwerbs. In: M. Tomasello, *Die kulturelle Entwicklung des menschlichen Denkens*, S. 23-71, bes. S. 49-71. Das ist u. a. auch Aristoteles' These im Buch IX der *Metaphysik*.

29 Ebd., S. 179.

30 Ebd., S. 51.

halten, was indes auf diese Weise nicht deutlich wird. Denn unabhängig davon, daß wir ein Verständnis davon haben, was eine vernünftige Fähigkeit ist, ist weder klar, was mit dem Kontrast von »Ursprung« und »Methoden« gemeint sein könnte, noch, was mit dem Kontrast von »Ausbildung« und »Abrichtung« gemeint sein könnte. »Ausbildung« kann offenkundig nicht heißen: Es wurde uns explizit beigebracht in dem Sinn, daß wir etwa Lehrbücher darüber gelesen haben, wenn die Fähigkeit, zu lesen, zu schreiben oder Ski zu fahren, Beispiele für vernünftige Fähigkeiten sein sollen. Und »Abrichtung« kann nicht heißen: Wir wurden einem Drill durch Sanktionen ausgesetzt, wenn beispielsweise jemand, der regelmäßig raucht, als jemand verstanden werden soll, der eine Gewohnheit aktualisiert. Und daß, wer eine vernünftige Fähigkeit im Unterschied zu einer Gewohnheit aktualisiert, einer »Methode« folgt, kann nicht einfach heißen, daß er einer allgemeinen Weise folgt, etwas zu tun. Denn genau das tut jemand, der einer Gewohnheit folgt, auch. Und daß Gewohnheiten »Ursprünge« haben, kann nicht heißen, daß sie in einem einzelnen Subjekt einen zeitlichen Anfang haben, denn das haben Fähigkeiten auch. Die Begriffe, in denen Ryle die Unterschiede zwischen Gewohnheiten und vernünftigen Fähigkeiten beschreibt, so wird sich zeigen, sind nur verständlich, wenn wir sie als die zusammenfassende Beschreibung mehrerer *logischer* Unterschiede zwischen Gewohnheiten und vernünftigen Fähigkeiten verstehen: nämlich Unterschiede, die das Verhältnis betreffen, in dem eine Gewohnheit einerseits und eine vernünftige Fähigkeit andererseits zu den Akten, die unter sie fallen, stehen. Ich will diese logischen Unterschiede im folgenden entwickeln.

Eine Gewohnheit, so haben wir mit Hegel gesagt, ist wie eine vernünftige Fähigkeit eine »allgemeine Weise des Tuns«.[31] Stellen wir uns Beispiele für Gewohnheiten vor: Es ist meine Gewohnheit, jeden Morgen zu joggen, mich dann zu duschen und dann ein Toastbrot mit Nutella zu essen. Rahel hat die Gewohnheit, zu rauchen. Meine Katze hat die Gewohnheit, sich nachmittags, wenn die Sonne zum Fenster hereinscheint, auf die Fensterbank zu legen, sich dabei ihren Schwanz um die Ohren zu schlingen und für eine Weile zu schlafen. Kontrastieren wir nun diese Beschreibung von Gewohnheiten mit der Beschreibung dessen, was wir im folgenden als Bei-

31 G. W. F. Hegel, *Enzyklopädie der philosophischen Wissenschaften III*, S. 188.

spiel für eine vernünftige Fähigkeit nehmen wollen, nämlich die Fähigkeit, Ski zu fahren. Als Beispiel haben wir hier die Beschreibung des Fahrens eines parallelen Kurzschwungs gewählt.[32] In einem Standard-Lehrbuch wird das Fahren eines parallelen Kurzschwungs so beschrieben:

> Mit einem explosiven Strecken der Beine, bei dem man sich betont vom talseitigen Stock abstützt, wird der Schwung begonnen. Dabei ist Vorlage einzunehmen. Die Skienden werden hochgerissen. Dabei kann man sogar etwas anfersen. Nahezu zeitgleich werden die Beine, aber nicht der Rumpf, schnell schwungwärts gedreht. Mit Beginn der Schwungsteuerung wird sofort Außenskibelastung aufgenommen und das Außenbein anhaltend gedreht. Der Rumpf wird betont über den Außenski geneigt.[33]

Der offenkundige Unterschied zwischen unserer Beschreibung jener Akte, die eine Gewohnheit ausmachen, und der Beschreibung dieser Vollzüge, die das Fahren eines parallelen Kurzschwungs ausmachen, besteht darin, daß die Begriffe, in denen wir die Akte beschreiben, die unter eine Gewohnheit fallen, unabhängig davon verständlich sind, daß wir sie als Akte einer Gewohnheit verstehen. Toastbrot mit Nutella essen, joggen, duschen, sind Akte, die durch Begriffe beschrieben werden, die wir unabhängig davon verstehen und verwenden können, daß wir sie auf die Einheit einer Gewohnheit beziehen. Wir können das so ausdrücken: Die Beschreibung einer Gewohnheit ist die Beschreibung einer *Summe* von Akten, die unabhängig davon bestimmbar sind, daß sie Akte dieser Gewohnheit sind. »Joggen« schließt nicht »Toastbrot mit Nutella essen« ein. Und »Sich auf die Fensterbank legen« schließt nicht »den Schwanz um die Ohren wickeln« ein. Akte, die unter eine Gewohnheit fallen, sind dadurch charakterisiert, daß sie unter Begriffe fallen, die unabhängig von einem Bezug auf jene Einheit von Akten verständlich sind, zu der sie in der Beschreibung einer Gewohnheit miteinander

32 Ich übernehme dieses Beispiel bewußt von Ch. Schildknecht, die das Beispiel als Beleg für die These nimmt, daß das »Wissen, wie« sich nicht vollständig in propositionales Wissen auflösen läßt. Denn eine Pointe meiner Argumentation besteht darin, diese Unterscheidung zwischen »Wissen, wie« und »Wissen, daß« zu unterlaufen, indem ich behaupte, daß »Wissen, daß« selbst in der Aktualisierung einer Fähigkeit besteht. Ich komme darauf noch zurück. Vgl. Ch. Schildknecht, *Aspekte des Nichtpropositionalen*, S. 9.

33 Deutscher Verband für das Skilehrerwesen e.V. (Hg.), *Skilehrplan 1*, S. 78.

verknüpft sind. Die Verknüpfung dieser Akte zu eben der Einheit von Akten, die die Gewohnheit ausmacht, ist für diese Akte nicht wesentlich.

Für die Begriffe hingegen, mit denen wir das Fahren eines parallelen Kurzschwungs beschreiben, gilt das nicht. Was ein »explosives Strecken der Beine« ist, was es heißt, »sich betont vom talseitigen Stock abzustützen«, was es heißt, »Vorlage einzunehmen«, verstehen wir überhaupt nur, wenn wir die Begriffe für diese Akte auf die Gesamtheit jener Begriffe beziehen, in denen sie als Teil der Beschreibung dessen fungieren, was es heißt, im parallelen Kurzschwung Ski zu fahren. Denn was heißt es, eine »Vorlage einzunehmen«? Nun, gemeint ist die Haltung meines Oberkörpers, der etwas nach vorne geneigt sein soll, und zwar nicht so, daß man mit dem Kopf den Boden berührt, sondern so, daß man dabei einen solchen Neigungswinkel einnimmt, wie man ihn eben einnimmt, wenn man Ski fährt. Das heißt, man versteht das nur, wenn man versteht, daß das, was hier beschrieben wird, Ski fahren ist. Und was es heißt, »die Skienden hochzureißen«, nämlich daß das unter anderem nicht bedeutet, daß man plötzlich die Skier auszieht und die Skienden mit den Armen hochreißt, sondern bedeutet, daß man die Skienden mit den Beinen um etwa 20 Grad schnell anhebt, versteht man ebenfalls nur, wenn man dies als Teil der Beschreibung des Fahrens eines parallelen Kurzschwungs versteht. Und was ist mit »Schwungsteuerung« gemeint? Soll ich mich auf eine Schaukel setzen und dabei meinen Schwung vor und zurück steuern? Nein, gemeint ist natürlich der Schwung, den ich mache, wenn ich beim Skifahren die Richtung von einer Rechtsfahrt zu einer Linksfahrt wechsle etc.

Ich will an dieser Stelle abbrechen, denn es genügt, den wesentlichen Unterschied zwischen einer Gewohnheit und einer vernünftigen Fähigkeit deutlich zu machen. Es ist deutlich geworden, daß die Begriffe, in denen wir die Fähigkeit beschreiben, im parallelen Kurzschwung Ski zu fahren, ihren Gehalt nur dadurch erlangen, daß sie Teil einer solchen Einheit sind. Unabhängig von einem Verständnis jener Einheit, zu der diese Begriffe miteinander verknüpft sind – eben jener Einheit, die wir beschreiben, wenn wir die Fähigkeit beschreiben, im parallelen Kurzschwung Ski zu fahren –, sind uns die einzelnen Begriffe, die wir zur Beschreibung dieser Einheit verwenden, nicht verständlich. Die Akte, die zu einer vernünftigen Fähigkeit gehören, gehören folglich zu einer anderen Art von Einheit als jene Akte, die zu einer Gewohnheit gehören. Denn während eine Gewohnheit eine Einheit von Akten ist, deren Verständnis unabhängig von einem Verständnis dieser Einheit ist, ist eine Fähigkeit eine Einheit von Akten, deren Verständnis von einem Verständnis dieser Einheit abhängig ist. Wir wollen die Art von Einheit, die eine Gewohnheit ausmacht, eine *analytische* Einheit nennen. Unter einer analytischen Einheit verstehen wir also eine Art von Einheit, deren Elemente formal durch eine logische Unabhängigkeit von dieser Einheit charakterisiert sind. Entsprechend können wir die Art von Einheit, die eine vernünftige Fähigkeit ist, eine *konstitutive* Einheit nennen. Unter einer konstitutiven Einheit verstehen wir also eine Art von Einheit, deren Elemente formal durch eine logische Abhängigkeit von der Einheit, die sie ausmachen, charakterisiert sind. Eine vernünftige Fähigkeit ist von einer Gewohnheit folglich dadurch unterschieden, daß sie eine nicht-analytische, konstitutive Einheit von Akten ist.

Wenn wir demzufolge die Handlungen, die Jim da gerade auf der Piste vollzieht, als Ausübungen der Fähigkeit, im parallelen Kurzschwung Ski zu fahren, bestimmen, dann heißt dies, daß wir in der Bestimmung jedes einzelnen Aktes, den er hierbei vollzieht, etwa wenn wir sagen, er würde explosionsartig seine Beine strecken etc., schon die Einheit all jener Akte im Blick haben, die paralleles Kurzschwingen ausmachen.[34] Wenn wir dagegen eine Handlung als die Ausübung einer Gewohnheit bestimmen, wie etwa mein Duschen am Morgen, dann charakterisieren wir sie damit auf eine Weise, die keine Bezugnahme auf all jene Handlungen voraussetzt, die auch zu dieser Gewohnheit gehören. Zu meiner Gewohnheit am Morgen gehört mehr als nur das Duschen. Doch daß das Duschen zu meiner Gewohnheit gehört, können wir unabhängig davon verstehen, daß zu dieser Gewohnheit auch Joggen und Toastbrot mit Nutella essen gehört. Das Duschen am Morgen könnte auch mit ganz anderen Akten zu einer Gewohnheit verknüpft sein, und das ist es ja

34 Ryle drückt das so aus: »Das Erkennen einer Vorführung als Ausübung einer Fertigkeit heißt tatsächlich, daß man sie in Anbetracht eines Umstands bewertet, der für sich allein nicht von einer Kamera aufgenommen werden kann.« In: *Der Begriff des Geistes*, S. 37. Er kann nicht von einer Kamera aufgenommen werden, weil das, worauf man die Handlung bezieht, eine Fähigkeit ist und damit »eine Sache von einem ganz anderen logischen Typus, als daß man sie sehen oder übersehen, aufnehmen oder nicht aufnehmen könnte« (ebd.).

auch bei den meisten Menschen. Der eine macht morgens das, der andere das. »Jeder hat am Morgen so seine Gewohnheiten«, sagen wir darum auch.

Wir können uns diesen ersten Unterschied zwischen Gewohnheiten und vernünftigen Fähigkeiten anhand einer Unterscheidung verdeutlichen, die John Rawls artikuliert hat, als er den Begriff sogenannter »Praxis-Regeln« vom Begriff sogenannter »summarischer Regeln« abgegrenzt hat. Rawls hat damit eine Unterscheidung eingeführt, die Searle und andere sodann im Anschluß daran als den kanonischen Kontrast zwischen »konstitutiven Regeln« und »regulativen Regeln« ausformuliert haben.[35] Dieser Unterscheidung zufolge sind Gewohnheiten ganz wie regulative Regeln dadurch charakterisiert, daß sie gegenüber der einzelnen Handlung, die unter sie fällt, wie Rawls und Searle es ausdrücken, logisch nachträglich sind.[36] Ganz wie eine Handlung, die unter eine Gewohnheit fällt, ist auch eine Handlung, die unter eine regulative Regel fällt, formal dadurch bestimmt, daß sie von dieser Regel unabhängig ist. Vernünftige Fähigkeiten dagegen verhalten sich hinsichtlich ihres konstitutiven Charakters genau so zu dem einzelnen Fall, in dem sie sich aktualisieren, wie sich nach Rawls Praxis-Regeln zu dem Fall verhalten, in dem sie sich aktualisieren. Rawls' Beispiel für Praxis-Regeln sind die Regeln des Baseball, deren Status er wie folgt beschreibt:

Striking out, stealing a base, balking, etc., are all actions which can only happen in a game. No matter what a person did, what he did would not be described as stealing a base or striking out or drawing a walk unless he could also be described as playing baseball, and for him to be doing this presup-

35 J. Rawls, »Two Concepts of Rules«. Rawls spricht von der »summary-interpretation« von Regeln und der »practice-interpretation« von Regeln, S. 36. Es sei hier betont, daß Rawls' summarische Regeln nicht identisch sind mit dem, was Searle in *The Construction of Social Reality* (S. 27 ff.) regulative Regeln nennt, und Rawls' Praxis-Regeln nicht mit dem, was Searle dort konstitutive Regeln nennt. Für unseren Zusammenhang ist im Moment nur wichtig, daß beide Arten von Regeln, man nenne sie summarische oder regulative Regeln, mit Gewohnheiten das oben herausgearbeitete Merkmal teilen und sich darin von vernünftigen Fähigkeiten bzw. Praxis-Regeln unterscheiden. Vgl. auch J. Searle, *Speech Acts*, S. 34 f. Sowie zu dieser Unterscheidung S. Cavell, *The Claim of Reason*, S. 28; J. Haugeland, *Having Thought*, S. 320 ff.

36 J. Searle, *Speech Acts*, S. 34.

37 J. Rawls, »Two Concepts of Rules«, S. 37.

poses the rule-like practice which constitutes the game. The practice is logically prior to particular cases: unless there is the practice the terms referring to actions specified by it lack a sense.[37]

Rawls charakterisiert Praxis-Regeln dadurch, daß er sagt, bei solchen Regeln sei die Praxis gegenüber den einzelnen Fällen, in denen sie sich aktualisieren, logisch vorgängig. Die Praxis »is logically prior to particular cases«. Nach Rawls enthält die Behauptung eines *logischen Vorrangs* der Praxis vor dem Einzelfall, der unter sie fällt, drei Gedanken, die den zentralen Gehalt dieser Behauptung ausmachen: Damit soll erstens behauptet werden, daß bestimmte Begriffe keinen *Sinn* haben unabhängig von einer Bezugnahme auf die Praxis. Daraus folgt zweitens, daß es gewisse Handlungen nur *als* Instanziierungen einer Praxis geben kann, weil die Begriffe, unter die sie fallen, ihren Gehalt erst durch eine Bezugnahme auf die Praxis bekommen. Und daraus folgt schließlich drittens, daß es bestimmte Begriffe gibt, die es nur dann *geben* kann, wenn es ebenjene Praxis gibt, von der ihr Sinn abhängig ist. Letzteres soll natürlich nicht bedeuten, daß man die Begriffe, die Praktiken beschreiben, nur verwenden kann, solange es diese Praktiken gibt. Ist die Praxis des Baseball einmal da, dann kann es freilich der Fall sein, daß die Praxis des Baseball-Spiels ausstirbt und wir gleichwohl im Besitz der Begriffe bleiben, in denen man das Baseball-Spiel beschreibt. Wenn die Praxis ausstirbt, sterben nicht auch gleich die Begriffe aus, deren Sinn die Praxis konstituiert hat.[38]

Nach unseren obigen Überlegungen können wir sagen, daß vernünftige Fähigkeiten in dieser Hinsicht wie Rawlssche Praxis-Regeln sind: Handlungen, die eine vernünftige Fähigkeit aktualisieren, sind Handlungen, die man unabhängig von einer Bezugnahme auf ebenjene vernünftige Fähigkeit nicht als diese oder jene bestimmte Handlung identifizieren kann, weil der Begriff, der die Handlung identifiziert, seinen Sinn daraus erhält, daß er Element der Beschreibung ebendieser Fähigkeit ist. Bei Handlungen, die eine vernünftige Fähigkeit aktualisieren, ist eine Bezugnahme auf die Einheit all jener Handlungen, die unter die entsprechende Fähigkeit fallen, konstitutiv dafür, daß wir sie als diese oder jene bestimmte Handlung identifizieren können. Im Anschluß an Thompson können wir das auch so ausdrücken: Vernünftige Fähigkeiten

38 So auch M. Thompson unter Bezugnahme auf Rawls' Erläuterung in: »Two Forms of Practical Generality«, S. 136 f.

sind im Unterschied zu Gewohnheiten etwas Allgemeines, das zu dem einzelnen Fall, der unter es fällt, in einem interpretativen Verhältnis steht.[39] Wenn wir eine Handlung unter eine vernünftige Fähigkeit bringen, dann beziehen wir uns dabei auf eine »interpretative Struktur«:[40] Das heißt, wir beziehen uns dabei auf eine Struktur, die es uns *ermöglicht*, Handlungen, aber auch Dinge und Ereignisse – beim Skifahren etwa Skier und Bindungen, Skilifte und Skistöcke – als dieses oder jenes bestimmte Einzelne zu *verstehen*. Dies bedeutet, daß wir, wenn wir beim Blick auf die Piste dazu kommen, zu urteilen, daß das, was Jim da gerade macht, eine Schwungsteuerung oder auch einfach eben Skifahren ist, wir hierbei stets mehr tun, als nur sein Verhalten zu *identifizieren*: Indem wir Jims Verhalten als eine Aktualisierung der Fähigkeit zum Skifahren identifizieren, artikulieren wir zugleich unser *Verständnis* ebendieser Fähigkeit. Indem wir Jims Verhalten auf dem Berg unter die Fähigkeit bringen, im parallelen Kurzschwung Ski zu fahren, bringen wir zugleich unser Verständnis dieser Fähigkeit zum Ausdruck, unser Verständnis dessen, was es heißt, im parallelen Kurzschwung Ski zu fahren.[41]

Halten wir damit fest: Wir haben einen ersten, wesentlichen Unterschied zwischen Gewohnheiten und vernünftigen Fähigkeiten eingesehen, der darin besteht, daß eine vernünftige Fähigkeit eine Einheit von Akten ist, die gegenüber den Akten, die sie ausmachen, logisch vorgängig ist. Wir haben dies so ausgedrückt, daß wir gesagt haben, vernünftige Fähigkeiten seien Einheiten von Akten, die für die Akte, die Elemente dieser Einheit sind, konstitutiv ist. Um nun weitere Unterschiede bestimmen zu können, und damit jene ans Licht zu bringen, die wir brauchen, um die Rechtmäßigkeit des Gedankens zu begreifen, daß Wissen ein Akt einer vernünftigen Erkenntnisfähigkeit ist, wollen wir uns im folgenden zunächst klarmachen, was eine Gewohnheit von sogenannten regulativen Regeln unterscheidet. Dabei wird sich zeigen, daß vernünftige Fähigkeiten mit regulativen Regeln ein Merkmal teilen, welches beide von Gewohnheiten unterscheidet: nämlich daß sie in einem *normativen*

39 M. Thompson, »Practice and Disposition«, S. 47, 49.

40 Ebd. S. 47. Zum Begriff der »interpretativen Struktur« vgl. auch M. Thompson, »The Representation of Life«, S. 269-79.

41 Vgl. zu diesem Zusammenhang auch M. Thompson, »Practice and Disposition«, S. 49.

Verhältnis zu dem Fall stehen, der unter sie fällt. Denn daß der Wissensbegriff ein normativer Begriff ist, könnte dazu verleiten, und hat zahlreiche Autoren dazu verleitet, den normativen Status von Wissen durch Regeln zu erläutern, die das doxastische Verhalten des Subjekts regulieren müssen, damit seine Überzeugung den Status von Wissen haben kann.[42] Wir werden sodann umgekehrt sehen, daß vernünftige Fähigkeiten wiederum mit Gewohnheiten ein Merkmal teilen, welches regulative Regeln nicht haben und welches umgekehrt zu dem Gedanken Anlaß geben mag, und gegeben hat, Wissen sei ein Akt einer Gewohnheit.

3. Gewohnheiten und regulative Regeln

Unter regulativen Regeln verstehen wir Regeln, die bestimmte Handlungen vorschreiben und damit zwischen alternativen Möglichkeiten, zu handeln, eine als die richtige auszeichnen, ohne jedoch selbst konstitutiv für die Handlung zu sein, die sie vorschreiben.[43] Ein charakteristisches Beispiel für eine regulative Regel sei etwa die Regel in Deutschland, auf der rechten Straßenseite Auto zu fahren, oder die Regel eines englischen Golfklubs, nach der die Herren nur ohne Damenbegleitung ins Raucherzimmer dürfen. Wenn wir sagen, daß dies regulative Regeln sind, dann sagen wir damit, daß sie Vorschriften für Handlungen sind, deren Identität unabhängig von dieser Regel bestimmbar ist. Die Identität der Handlung des Autofahrens ist unabhängig davon, daß es in Deutschland die

42 Die Idee einer *normativen* Erkenntnistheorie beruht auf dem Gedanken, daß Wissen ein normativer Status ist, der das Resultat der Befolgung solch regulativer epistemischer Regeln ist, die zu identifizieren die Aufgabe der Erkenntnistheorie ist. Vgl. programmatisch dazu die Positionen von R. M. Chisholm, *Theory of Knowledge*; J. Pollock, »Epistemic Norms«; J. van Cleve, »Foundationalism, Epistemic Principles, and the Cartesian Circle«. Wenn Wissen ein Akt einer vernünftigen Erkenntnisfähigkeit ist, dann ist eine der Konsequenzen eines solchen Verständnisses die, daß wir damit die Idee einer in diesem Sinn normativen Erkenntnistheorie, welche sämtliche Positionen der Ermäßigung teilen, zurückweisen. Die Erkenntnistheorie hat normative Begriffe zu ihrem Inhalt, doch sie mißversteht sich selbst, wenn sie die Aussagen, die sie über diese Begriffe macht, als normative Aussagen versteht.

43 Vgl. J. Searle, *The Construction of Social Reality*, S. 27.

Regel gibt, daß man rechts fahren soll.[44] Die Regel, die bestimmt, auf welcher Straßenseite man Auto fährt, ist nicht konstitutiv für das, was jemand macht, der Auto fährt. Autofahren kann man auch, ohne daß es eine Regel gibt, die sagt, daß man rechts fahren soll. Regulative Regeln haben daher einen normativen Charakter in folgendem Sinn: Sie sagen, was man tun *soll*, d. h., sie haben die Form von Imperativen, und sie stellen genau dadurch einen Maßstab des Richtigen bereit, in bezug auf den wir ein einzelnes Verhalten als richtig oder falsch beurteilen können. Aber daß es diese Regeln und also diesen Maßstab ihrer Beurteilung gibt, ist nicht konstitutiv dafür, daß es auch die Handlung gibt, die wir in bezug auf diesen Maßstab als richtig oder falsch beurteilen können.

Die Normativität regulativer Regeln führt unter anderem mit sich, daß man sie verletzen kann. Daß eine Regel den Charakter eines Imperativs für ein Subjekt hat, schließt ein, daß es für das Subjekt logisch möglich ist, diesen Imperativ nicht zu erfüllen. Kant formuliert diesen Gedanken, als er den besonderen deontischen Status beschreibt, den das moralische Gesetz für endliche Subjekte im Unterschied zu heiligen Wesen hat. Auch für heilige Wesen, so Kant, gilt das moralische Gesetz. Doch weil heilige Wesen kraft dessen, daß sie heilige Wesen sind, genau die Handlung wollen, die mit dem moralischen Gesetz übereinstimmt, hat für sie das moralische Gesetz nicht den Status eines Imperativs. Für endliche Subjekte hingegen, die aufgrund ihrer Sinnlichkeit auch Handlungen wollen können, die nicht mit dem moralischen Gesetz übereinstimmen, hat das moralische Gesetz genau deswegen den Status eines Imperativs. Daß das moralische Gesetz für endliche Subjekte einen imperativen Charakter hat, so Kant, liegt daran, daß es für endliche Subjekte logisch möglich ist, Handlungen zu wollen, die vom moralischen Gesetz abweichen.[45]

Dieser normative Charakter unterscheidet regulative Regeln offenkundig von Gewohnheiten. Denn die Beschreibung einer Gewohnheit ist nicht die Beschreibung einer Vorschrift, die man verletzen kann, sondern die Beschreibung einer allgemeinen Weise, etwas zu tun, in bezug auf die weder die Idee einer richtigen und falschen Handlung noch die mit ihr korrelierte Idee der Verletzung Anwendung hat. Wenn wir eine Gewohnheit beschreiben, dann be-

44 So J. Searle, *The Construction of Social Reality*, S. 27.
45 Vgl. I. Kant, *Grundlegung zur Metaphysik der Sitten*, AB 37 ff.

schreiben wir eine allgemeine Handlungsweise, die zwar bestimmt, welche Handlungen mit dieser allgemeinen Handlungsweise übereinstimmen und welche nicht. Doch diese Übereinstimmung ist keine normative Übereinstimmung, wie es die Übereinstimmung einer Handlung mit einer regulativen Regel ist. Wenn ich eines Morgens nach dem Joggen und Duschen ein Toastbrot mit Kirschmarmelade esse, dann weiche ich von meiner Gewohnheit ab. Doch das, was ich tue, indem ich das tue, hat nicht die normative Bedeutung einer Verletzung, eines Fehlers, eines Falschhandelns. Die Nicht-Aktualisierung einer Gewohnheit hat keine normative Bedeutung.[46] Eine Handlung, die eine Gewohnheit aktualisiert, aktualisiert kein Allgemeines, das für diese Handlung einen Maßstab darstellt, der die Handlung nach richtig oder falsch, gut oder schlecht etc. beurteilbar macht. Dies heißt nicht, daß nicht auch Gewohnheiten zum Gegenstand normativer Beurteilungen gemacht werden können. Es ist vielleicht eine schlechte Gewohnheit, zu rauchen. Es heißt, daß eine Gewohnheit im Unterschied zu einer regulativen Regel nicht in einem normativen Verhältnis zu dem Fall steht, der unter sie fällt.

Es gibt noch einen weiteren Unterschied zwischen Gewohnheiten und regulativen Regeln. Mit Aristoteles und Hegel haben wir oben schon darauf hingewiesen, daß wir ein Verhalten, das wir unter eine Gewohnheit bringen, dadurch zugleich in einem bestimmten Sinn erklären. Daran hat vor allem auch Ryle nachdrücklich erinnert: Ein Verhalten, das wir unter eine Gewohnheit bringen, statten wir damit zugleich mit einer bestimmten Form der Erklärung aus: nämlich mit einer solchen Form der Erklärung, in der wir ein einzelnes Verhalten oder Ereignis nicht durch ein ihm vorangehendes anderes Verhalten oder Ereignis erklären, das wir als seine Ursache anführen, sondern durch etwas Allgemeines. Der Begriff der Gewohnheit ist ein erklärender Begriff.[47] Daß der Begriff der Ge-

46 Dies heißt natürlich nicht, daß es keinen Fall geben kann, in dem ich dadurch, daß ich von meiner Gewohnheit abweiche, etwas Falsches oder Schlechtes tue. Das Entscheidende hierbei ist, daß das, was ich dann tue, nicht deshalb schlecht sein kann, weil es von der Gewohnheit abweicht, sondern aus einem anderen Grund schlecht sein muß.

47 G. Ryle, *Der Begriff des Geistes*, S. 114 ff., S. 176. Wenn man ein Verhalten als die Aktualisierung einer Gewohnheit deutet, so drückt Ryle es aus, dann stattet man das Verhalten mit einer bestimmten Form der Erklärung aus, nämlich einer sol-

wohnheit erklärend ist, heißt, daß der Hinweis auf eine Gewohnheit uns in einem bestimmten Sinn eine Antwort auf die Frage gibt, weshalb jemand gerade das tut, was er tut. Daß Rahel Gewohnheitsraucherin ist, erklärt in einem bestimmten Sinn, weshalb sie hier und jetzt raucht. Wenn wir folglich eine Handlung als eine gewohnheitsmäßige Handlung verstehen, dann schließt dieses Verständnis als solches eine bestimmte Form ihrer Erklärung ein: Wir sagen damit, daß die Handlung die Instanziierung von etwas ist, das nicht nur diese eine Handlung erklärt, sondern prinzipiell unendlich viele Handlungen dieses Subjekts. Wenn wir sagen, daß ein Verhalten ein gewohnheitsmäßiges Verhalten ist, dann sagen wir damit nicht nur, daß es mit einer allgemeinen Weise, etwas zu tun, übereinstimmt, sondern auch, daß diese in einem bestimmten Sinn die »Ursache« dieses Verhaltens ist.[48]

Betrachten wir dagegen das Verhältnis zwischen einer regulativen Regel und den Handlungen, die unter sie fallen. Liefert uns die Regel, daß in dem englischen Golfclub, zu dem unser Freund Denis gehört, keine Damenbegleitung mit ins Raucherzimmer genommen werden soll, zugleich eine Erklärung dafür, weshalb unser Freund Denis in diesem Augenblick das Raucherzimmer ohne Damenbegleitung betritt? Keineswegs. Denn stellen wir uns vor,

chen, in der man ein Ereignis nicht durch ein bestimmtes anderes Ereignis erklärt, das man als seine Ursache anführt, sondern indem man einen »gesetzesartigen Satz« aufstellt (ebd., S. 115).

48 Aus diesem Grund wäre es falsch, den Kontrast zwischen einem gewohnheitsmäßigen Verhalten und einem Verhalten, das unter eine vernünftige Fähigkeit fällt, durch den Kontrast zwischen einem regelmäßigen Verhalten und einem regelfolgenden Verhalten zu erläutern, wenn man das regelmäßige als ein Verhalten versteht, das bloß mit einer Regel übereinstimmt, während das regelfolgende Verhalten durch die Regel erklärt wird. Diesen Kontrast hat J. Haugeland im Auge in *Having Thought*, S. 305 ff. Er nennt ihn den Kontrast zwischen einem »rule exhibiting«-Verhalten und einem »rule governed«-Verhalten. Denn auch ein Verhalten, das eine Gewohnheit aktualisiert, stimmt nicht nur mit einer Regel überein: Es wird auch durch diese Regel erklärt. Wittgenstein kommt dem Kontrast zwischen Gewohnheiten und vernünftigen Fähigkeiten näher, wenn er den Fall, in dem jemand durch »Drill« dazu gebracht wurde, anläßlich gelber Gegenstände das Wort »gelb« zu assoziieren, von jenem Fall unterscheidet, in dem jemand durch »Unterricht« zu einem Verhalten kommt, das mit einer Regel übereinstimmt, d. h. durch einen Vorgang, zu dem der Ausdruck der Regel selbst als ein wesentliches Element gehört. Vgl. L. Wittgenstein, *Das Blaue Buch*, S. 30 ff. Wir kommen darauf noch im vierten Teil zurück.

Denis ist erst seit kurzem Mitglied des Golfclubs und ist noch nicht mit allen Regeln, die hier gelten, explizit bekannt gemacht worden, oder er hatte einfach noch nicht genügend Gelegenheit, die implizite Geltung dieser Regeln aus dem Verhalten der anderen Mitglieder zu erschließen. Wenn Denis keine Ahnung von der Regel hat, daß keine Damenbegleitung mit ins Raucherzimmer genommen werden soll, dann kann diese Regel auch nicht erklären, weshalb Denis im Augenblick genau das tut, was er gemäß dieser Regel tun soll, nämlich daß er ohne Damenbegleitung ins Raucherzimmer geht. Eine notwendige Bedingung dafür, daß eine regulative Regel die Wirklichkeit einer Handlung überhaupt erklären *kann*, besteht darin, daß das Subjekt ein *Bewußtsein* von der Regel hat.

Dies ist bei Gewohnheiten nicht der Fall. Der Bezug auf eine Gewohnheit gibt uns eine Erklärung für ein Verhalten, ohne daß wir dabei voraussetzen müssen, daß das Subjekt dieses Verhaltens ein Bewußtsein von der Gewohnheit hat, die sein Verhalten erklärt. Gewohnheiten erklären ein Verhalten auch dann, wenn sie nicht bewußt sind. Dies heißt natürlich nicht, daß man nicht auch von Gewohnheiten ein Bewußtsein haben kann. Es kann mir eines Tages bewußt werden, daß ich jeden Morgen Toastbrot mit Nutella esse. Doch daß mir dies bewußt ist, ist nicht erforderlich, damit jemand meine Gewohnheit, morgens Toastbrot mit Nutella zu essen, als Erklärung dafür anführen kann, weshalb ich hier und heute ein Toastbrot mit Nutella esse. Es gehört nicht zum Begriff einer Gewohnheit, daß dem Subjekt, um dessen Verhalten es geht, diese Gewohnheit bewußt sein muß, damit man aus der Perspektive der 3. Person dieses Verhalten als ein gewohnheitsmäßiges Verhalten klassifizieren und es dadurch mit einer bestimmten Form der Erklärung ausstatten kann. Damit eine regulative Regel hingegen das Verhalten unseres Freundes Denis erklären kann, muß sie Denis bewußt sein.

Doch reicht dies aus? Stellen wir uns vor, unser Freund Denis kennt zwar die Regel seines Klubs, doch er kennt überhaupt gar keine Dame, die ihn bei seinem Gang ins Raucherzimmer begleiten würde. Würde er hingegen eine solche Dame kennen, dann würde er jetzt vielleicht gar nicht das tun, was er gemäß der Regel tun soll, sondern würde vielmehr in Begleitung einer solch bereitwilligen Dame hineingehen. Was uns das Verhalten von Denis erklärte, wäre dann gar nicht die regulative Regel, sondern der Umstand, daß Denis keine Dame kennt, die ihn begleiten würde. Auch in diesem Fall würde also Denis' Verhalten nicht durch die Klubregel erklärt werden, sondern durch den Umstand, daß Denis einer willigen Damenbegleitung ermangelt.

Dies zeigt, daß das Bewußtsein einer regulativen Regel keine hinreichende Bedingung dafür ist, daß sie ein Verhalten erklärt. Eine weitere Bedingung ist, daß das Subjekt die Regel, von der es ein Bewußtsein hat, als eine sein Verhalten bestimmende Regel *anerkennt*. Nur wenn Denis die Klubregel, der zufolge die Herren das Klubs das Raucherzimmer ohne Damenbegleitung betreten sollen, nicht nur kennt, sondern sie als eine sein Verhalten bestimmende Regel anerkennt, kann die Klubregel Teil einer Erklärung dafür sein, weshalb Denis' Verhalten so *ist*, wie es gemäß der Klubregel sein *soll*. Ich sage bewußt: »Teil einer Erklärung«, denn genau deswegen, weil die Regel das Verhalten von Denis nur dann erklären kann, wenn Denis diese Regel als eine sein Verhalten bestimmende Regel anerkennt, kann das, was uns erklärt, weshalb Denis das tut, was er gemäß der Regel tun soll, nicht unmittelbar die Regel selbst sein. Was uns erklärt, weshalb Denis tut, was er gemäß der Regel tun soll, kennen wir erst dann, wenn wir den Grund kennen, aus dem Denis die Regel anerkennt. Ein solcher Grund könnte etwa darin bestehen, daß Denis demnächst der Vorsitzende dieses Klubs werden möchte. Damit er eine Chance hat, von den größtenteils konservativen Mitgliedern des Klubs gewählt zu werden, ist es freilich sinnvoll, sie nicht durch allzu regelbrecherisches Verhalten zu irritieren. Ein anderer Grund könnte etwa darin bestehen, daß Denis es prinzipiell richtig findet, Regeln, die einmal aufgestellt wurden, einzuhalten, ganz gleich, ob er sie sinnvoll findet oder nicht. Und wieder ein anderer Grund könnte darin bestehen, daß Denis es richtig findet, daß die Herren einen Ort haben, an dem sie sich ohne Rücksicht auf die Damen über die wichtigen Dinge in der Welt unterhalten können, von denen Damen nichts verstehen. Philippa Foot hat diesen Umstand so ausgedrückt, daß es die Natur regulativer Regeln wie etwa obiger Klubregel charakterisiert, daß sie dem Subjekt nicht als solche Handlungsgründe für sein Verhalten bereitstellen. Zwischen dem Subjekt und der regulativen Regel gibt es einen Abstand, den das Subjekt durch einen Akt der Anerkennung überbrücken muß.[49] Und genau deswegen kann eine regulative Re-

49 Ph. Foot, »Die Moral als ein System hypothetischer Imperative«, S. 83 f.

gel niemals ausreichend dafür sein, um ein bestimmtes Verhalten zu erklären.

Ein Verhalten, das mit einer regulativen Regel übereinstimmt, ist folglich dadurch charakterisiert, daß es nicht allein durch die regulative Regel erklärt werden kann. Das, was erklärt, weshalb Denis das tut, was er gemäß einer bestimmten regulativen Regel tun soll, kann genau deswegen, weil die Wirksamkeit dieser Regel davon abhängig ist, daß Denis sie als eine sein Verhalten bestimmende Regel anerkennt, niemals die regulative Regel selbst sein. Um das Verhalten des Subjekts zu erklären, müssen wir auf einen Grund des Subjekts rekurrieren, über den das Subjekt unabhängig von dieser Regel verfügt und der erklärt, weshalb das Subjekt dieser Regel folgt. Genau das haben wir oben getan: zum Vorsitzenden gewählt werden wollen, es richtig zu finden, daß gesetzte Regeln eingehalten werden, sich ungestört mit anderen Herren ohne Damen unterhalten zu wollen, sind solche Gründe. Es sind Gründe, die erklären, weshalb Denis tut, was er gemäß der regulativen Regel tun soll. Aber es sind Gründe, die der Regel, unter die sein Verhalten fällt, in dem Sinn äußerlich sind, daß ihre Wirklichkeit nicht ihrerseits durch die regulative Regel erklärt werden kann. Es sind Gründe, die unabhängig von der Regel eine Wirklichkeit für Denis haben müssen, damit sie sein Verhalten erklären können.

4. Die Normativität vernünftiger Fähigkeiten

Wir haben im letzten Abschnitt bestimmte logische Merkmale sowohl von Gewohnheiten wie auch regulativen Regeln herausgearbeitet, um nun durch eine doppelte Abgrenzung von beiden jene logischen Merkmale vernünftiger Fähigkeiten herausarbeiten zu können, die uns die Rechtmäßigkeit des Gedankens einsehen lassen, daß der Wissensbegriff der Begriff einer vernünftigen Fähigkeit ist. Wir haben gesehen, daß Gewohnheiten durch zwei logische Merkmale von regulativen Regeln unterschieden sind: Sie stehen nicht – wie regulative Regeln – in einem normativen Verhältnis zu dem Fall, der unter sie fällt; doch sie stehen – im Unterschied zu regulativen Regeln – in einem erklärenden Verhältnis zu dem Fall, der unter sie fällt. Wir wollen uns nun klarmachen, daß vernünftige

Fähigkeiten dadurch charakterisiert sind, daß sie beide Merkmale miteinander vereinen.

Stellen wir uns vor, Jim ist auf der Piste, fährt mit seinen Skiern talwärts und tut nun folgendes: Er streckt explosionsartig seine Beine, er reißt seine Skienden hoch, ferst etwas an, dreht die Beine, aber nicht den Rumpf schwungwärts und nimmt dann Innenskibelastung auf. Es wäre nicht verwunderlich, wenn es Jim genau in dem Augenblick, in dem er Innenskibelastung aufnimmt, kopfüber aus seinen Skiern hauen würde und er mehrere Meter Kopf voraus auf dem Bauch den Hang hinunterrutschte. Denn Jim hat bei seinem parallelen Kurzschwung einen gravierenden Fehler gemacht. Er hat nach der Drehung keine Außenskibelastung, sondern Innenskibelastung aufgenommen, was einer der übelsten Fehler beim Skifahren ist, doch einer, der selbst einem so geübten Skifahrer wie Jim zuweilen noch unterläuft, vor allem dann, wenn die Piste sehr steil und buckelig ist. Die Beschreibung macht deutlich, daß wir, indem wir Jims Verhalten unter die Fähigkeit zum parallelen Kurzschwingen gebracht haben – d. h., wir haben seine einzelnen Verhaltensakte als Elemente einer konstitutiven Einheit von Akten gedeutet –, wir sein Verhalten *zugleich* unter einen Maßstab des Richtigen gebracht haben. Wenn Jim beim Skifahren nach dem Schwung den Innenski belastet, macht er einen Fehler. Er tut etwas, das er gemäß der Fähigkeit, unter die wir sein Verhalten gebracht haben, nicht tun soll. Diejenige Einheit von Akten, auf die wir uns implizit bezogen haben, als wir Jims Verhalten etwa als ein explosionsartiges Strecken der Beine zur Einleitung eines Drehschwungs bestimmt haben, steht zu dem einzelnen Verhaltensakt, den wir vor uns haben, folglich nicht nur in einem konstitutiven Verhältnis, sondern auch in einem normativen Verhältnis. Wenn wir das, was Jim gerade tut oder versucht zu tun, als paralleles Kurzschwingen verstehen – und nicht als ein Herumhampeln auf dem Schnee oder als ein Faxen-Machen –, dann hat er etwas Falsches gemacht, als er nach dem Schwung Innenskibelastung aufgenommen hat. Die Identifikation von Jims Verhalten als eines Aktes, der unter die Fähigkeit fällt, Ski zu fahren, liefert uns folglich zugleich einen diesem Verhalten immanenten Maßstab der Beurteilung dieses Verhaltens danach, ob es richtig oder falsch, gelungen oder mißlungen, etc. ist. Wenn wir das, was Jim gerade tut oder versucht zu tun, zu Recht als paralleles Kurzschwingen verstehen, dann ist dadurch, *was* er *tut*, festgelegt, welches Verhalten ein *richtiges* und welches ein *falsches* Verhalten ist. Innenskibelastung aufnehmen ist falsch, Außenskibelastung ist richtig. Die vernünftige Fähigkeit, unter die wir Jims Verhalten bringen, ist nicht nur die Quelle der Identität seines Verhaltens, sondern sie ist zugleich die Quelle der Normativität seines Verhaltens.

Vernünftige Fähigkeiten sind folglich konstitutive Einheiten von Akten, die für genau die Akte, für die diese Einheit konstitutiv ist, zugleich einen Maßstab der normativen Beurteilung darstellen. Ryle hat diesen normativen Charakter vernünftiger Fähigkeiten dadurch ausgedrückt, daß er zwischen Begriffen unterschieden hat, die lediglich den »Vorfall« von Handlungen bezeichnen, und solchen, die den »Vorfall« von »passenden oder richtigen Handlungen« bezeichnen.[50] Begriffe für Handlungen, die eine vernünftige Fähigkeit aktualisieren, sind Begriffe für Handlungen, die den Vorfall von »passenden oder richtigen Handlungen« bezeichnen, wie es etwa die Handlung eines Kindes ist, so Ryles Beispiel, das ein Wort buchstabiert: »Daß ein Kind ein Wort buchstabieren kann, heißt nicht, daß es irgendwelche Buchstaben aufsagen kann, sondern die richtigen und in der richtigen Reihenfolge.«[51] Wenn wir jemandem eine vernünftige Fähigkeit zuschreiben, dann heißt dies, daß wir ihn als jemanden charakterisieren, der »ausgerüstet« ist, »etwas richtig zu machen«.[52]

Der oben aufgezeigte Zusammenhang, dem zufolge vernünftige Fähigkeiten gleichermaßen die Quelle des Verstehens eines bestimmten Verhaltens wie auch seiner normativen Beurteilung sind, zeigt sich nachdrücklich auch von seiner Kehrseite her, wenn wir uns über die Deutung eines bestimmten Verhaltens irren. Also zum Beispiel, wenn Jim auf unsere Kritik hin antwortet, er habe gerade gar keinen parallelen Kurzschwung versucht, sondern versucht, einen interessanten Sturz hinzulegen. Wenn es das war, was er tat, hat er freilich nichts Falsches gemacht, als er nach dem Drehschwung Innenskibelastung aufnahm. Und wir nehmen entsprechend unsere Kritik zurück. Die Kritik an Jims Verhalten hat nur so lange eine Grundlage, als es richtig ist, sein Verhalten auf der Piste als einen Akt zu interpretieren, der unter die Fähigkeit fällt, im parallelen Kurz-

50 G. Ryle, *Der Begriff des Geistes*, S. 172 f.

51 Ebd., S. 172 f.

52 Ebd., S. 178.

schwung Ski zu fahren. Die Kritik an Jims Verhalten kann daher auch nur so weit reichen, wie die Bezugnahme auf die Fähigkeit uns eine solche Grundlage dafür bereitstellt.

Vernünftige Fähigkeiten sind in dieser Hinsicht also wie regulative Regeln: Sie sind etwas, das in allgemeiner Weise festlegt, welche Handlung richtig und welche falsch ist. Der entscheidende Unterschied zu regulativen Regeln besteht darin, daß regulative Regeln dies in bezug auf Handlungen festlegen, die wir unabhängig von dieser Regel, die diese Handlung als eine richtige auszeichnet, verstehen können. Vernünftige Fähigkeiten sind nach unserer Erläuterung hingegen gerade dadurch bestimmt, daß sie dies in bezug auf Handlungen festlegen, für die sie selbst konstitutiv sind. Eine Handlung, die mit einer regulativen Regel übereinstimmt, stimmt mit einem Maßstab ihrer Beurteilung überein, der der Handlung gegenüber in dem Sinn äußerlich ist, daß die Identität dieser Handlung unabhängig von dieser regulativen Regel ist, die diese bestimmte Handlung als eine richtige auszeichnet. Eine Handlung hingegen, die mit einer vernünftigen Fähigkeit übereinstimmt, stimmt mit einem Maßstab ihrer Beurteilung überein, der der Handlung gegenüber in dem Sinn intrinsisch ist, daß die Bestimmung der Identität dieser Handlung schon eine Bezugnahme auf ebenjene Fähigkeit einschließt, die festlegt, ob die Handlung eine richtige ist. Bei einem Verhalten, das unter eine vernünftige Fähigkeit fällt, ist folglich kraft dessen, *was* jemand tut, schon festgelegt, was ein *richtiges* Tun ist.[53] Jemand, dessen Verhalten wir unter die Fähigkeit bringen, im parallelen Kurzschwung Ski zu fahren und der nach dem Drehschwung den Außenski belastet, tut genau das, was er gemäß der Fähigkeit tun soll. So wie jemand, der in Deutschland auf der Straße mit dem Auto rechts fährt, genau das tut, was er gemäß der in Deutschland geltenden Straßenverkehrsordnung tun soll. Doch während im ersten Fall das, was er tun soll und was sein Tun zu einem richtigen Tun macht, dadurch festgelegt ist, was er tut, ist im zweiten Fall das, was er tun soll, nicht durch sein Tun

53 S. Rödl hat in seinem Aufsatz »Interne Normen« den intrinsischen Zusammenhang zwischen dem konstitutiven und normativen Charakter, der für jene Form des Allgemeinen bestimmend ist, die »Künste« im Aristotelischen Sinn sind, eindrücklich am Fall des Geigenbauers illustriert, bes. S. 183-189. Siehe dazu auch den folgenden Abschnitt. Aristotelische Künste sind nach unserem Verständnis *eine* Gestalt vernünftiger Fähigkeiten.

selbst festgelegt, sondern im zweiten Fall ist dieses Sollen der Handlung selbst äußerlich.[54]

Die Verknüpfung dieser beiden Merkmale, die vernünftige Fähigkeiten charakterisiert, nämlich sowohl konstitutiv als auch normativ in bezug auf den Fall zu sein, der unter sie fällt, ist nach der üblichen Lesart von »konstitutiven Regeln« unmöglich: Wie kann etwas Allgemeines, das für eine bestimmte Handlung konstitutiv ist, zugleich normativen Charakter für diese Handlung haben? Wie kann es ein Allgemeines geben, von dem es richtig ist zu sagen, daß es konstitutiv für die Handlungen ist, die unter es fallen, und von dem es ebenfalls richtig ist zu sagen, daß die Handlungen, die unter es fallen, von ihm abweichen, ja, es sogar verletzen können? Die übliche Lesart von konstitutiven Regeln bestreitet daher, daß diese einen normativen Charakter haben.[55] Unsere These hingegen lautet, daß eine vernünftige Fähigkeit gerade durch eine solche Verknüpfung von Konstitutivität und Normativität charakterisiert ist. Zu verstehen, daß ein bestimmter Akt die Ausübung einer vernünftigen Fähigkeit ist, heißt zu verstehen, daß er unter ein Allgemeines fällt, das zu dem Fall, der unter es fällt, sowohl in einem konstitutiven wie auch normativen Verhältnis steht. Und wie wir an der Fähigkeit, Ski zu fahren, einsehen können, begreifen wir so etwas in der Tat. Wenn wir verstehen, daß das, was Jim gerade auf der Piste macht, in der Ausübung der Fähigkeit besteht, Ski zu fahren, dann zeigt sich darin, daß wir eine solche Verknüpfung begreifen können. Was uns dies ermöglicht, ist, daß es hier um ein Allgemeines geht, dessen Verhältnis zu dem Fall, der unter es fällt, ein Verhältnis der Aktualisierung ist. Denn daß es ein Verhältnis der Aktualisierung ist, heißt, daß es sich um ein Allgemeines handelt, dessen Wirklichkeit in dem einzelnen Fall, der unter es fällt, eine Sache von Graden sein kann.

54 Vgl. zu dem Unterschied von externen und internen Normen eindrücklich S. Rödl, »Interne Normen«, S. 177-180, 183 f.

55 So die These u. a. von H. Schnädelbach, »Rationalität und Normativität«, S. 130; K. Glüer, »Bedeutung zwischen Norm und Naturgesetz«, S. 463; U. Baltzer, »Konstitutive Regeln: Die unerträgliche Leichtigkeit der Institution«, S. 198 f. H. J. Schneider verteidigt dagegen ebenfalls die Möglichkeit, konstitutive Regeln als normativ zu verstehen, jedoch in anderer Weise, als ich das hier tue. Er verknüpft sie durch die Einführung einer Perspektivenunterscheidung zwischen Außen- und Innenperspektive miteinander. In: H. J. Schneider, »Konstitutive Regeln und Normativität«, S. 95 ff.

Ein solches Verhältnis der Aktualisierung, so haben wir gesehen, besteht ja etwa auch bei Gewohnheiten oder bei Dispositionen. Auch Gewohnheiten werden durch bestimmte Handlungen nicht etwa erfüllt, befriedigt oder zu ein Ende gebracht. Sie werden in bestimmten Handlungen aktualisiert. Der Unterschied, auf den es nun indes ankommt und der dafür verantwortlich ist, daß vernünftige Fähigkeiten und Gewohnheiten zwei aufeinander irreduzible Arten eines Allgemeinen sind, besteht darin, daß dieser Nexus der Aktualisierung bei vernünftigen Fähigkeiten intrinsisch damit verknüpft ist, daß eine vernünftige Fähigkeit für die Fälle, in denen sie sich aktualisiert, sowohl konstitutiv als auch normativ ist. Darin unterscheidet sich eine vernünftige Fähigkeit von einer Gewohnheit. Wenn dieses Allgemeine, das sich in bestimmten Fällen aktualisiert, eine vernünftige Fähigkeit ist, dann ist dieses Allgemeine formal dadurch charakterisiert, daß die Bezugnahme auf es zugleich die Quelle der Identität dieser Fälle wie auch der normative Maßstab der Beurteilung dieser Fälle ist. Indem wir eine Handlung unter eine vernünftige Fähigkeit bringen, bringen wir sie unter ein Allgemeines, das uns zugleich einen normativen Maßstab dafür liefert, die Handlung zu beurteilen: nämlich danach, ob sie genau so ist, wie sie diesem Maßstab gemäß sein soll, oder ob sie eine *mangelhafte* Aktualisierung dieser Fähigkeit ist oder gar das Resultat des *Mißlingens* einer Aktualisierung derselben. Wenn wir daher eine Handlung unter eine bestimmte vernünftige Fähigkeit bringen – also etwa wenn wir Jims Verhalten als einen Akt des Skifahrens verstehen –, dann sagen wir damit nicht schon, daß diese Handlung genau so ist, wie sie dieser Fähigkeit gemäß sein soll, unter die wir sie bringen. Wir sagen vielmehr, daß dasjenige Allgemeine, unter das wir diese Handlung bringen, zugleich einen Maßstab ihrer Beurteilung enthält, in bezug auf den wir sie als gelungen oder mißlungen beurteilen.

Diese Verknüpfung von Konstitutivität und Normativität, die vernünftige Fähigkeiten charakterisiert, zeigt sich in nachdrücklicher Weise auch an einem Phänomen, das uns allen wohlvertraut ist aus jenen Situationen, in denen wir versuchen, jemandem eine vernünftige Fähigkeit beizubringen: Es zeigt sich daran, daß es unmöglich ist, eine kriterielle Grenze zwischen jenen Fällen zu ziehen, in denen es richtig ist zu sagen, daß ein bestimmtes Verhalten eine mangelhafte Aktualisierung einer bestimmten Fähigkeit ist, und jenen, in denen es richtig ist zu sagen, daß das Subjekt des fraglichen Verhaltens *noch nicht* im Besitz der entsprechenden Fähigkeit ist und also noch gar nicht unter Bezugnahme auf diese Fähigkeit *normativ zu beurteilen* ist. Gerade weil vernünftige Fähigkeiten sowohl in einem konstitutiven wie auch normativen Verhältnis zu dem Fall stehen, der unter sie fällt, kann es hier keine unabhängigen Kriterien für eine solche Unterscheidung geben.[56]

5. Aristoteles' Konzeption der *dynamis meta logou*

Vernünftige Fähigkeiten, so lautet der leitende Gedanke der Tradition von Aristoteles über Kant und Hegel bis hin zu Ryle, teilen mit Gewohnheiten das Merkmal, die Wirklichkeit jener Vollzüge, die unter sie fallen, in einem bestimmten Sinn zu erklären. Gewohnheiten erklären gewohnheitsmäßige Vollzüge. Vernünftige Fähigkeiten erklären vernünftige Vollzüge. Gleichwohl haben wir in unseren bisherigen Überlegungen noch nichts dazu gesagt, wie dieser erklärende Aspekt vernünftiger Fähigkeiten genauer zu verstehen ist. In welchem Sinn ist die Bezugnahme auf eine vernünftige Fähigkeit die Bezugnahme auf etwas, das die Wirklichkeit desjenigen Vollzugs *erklärt*, der unter diese Fähigkeit fällt? Auch haben wir bislang nur wenig dazu gesagt, was es heißt, daß eine bestimmte Fähigkeit eine *vernünftige* Fähigkeit ist. Mit Aristoteles haben wir bislang lediglich die Vermutung formuliert, daß es ein notwendiges Merkmal vernünftiger Fähigkeiten ist – d. h. ein Merkmal, das sie formal von nicht-vernünftigen Fähigkeiten unterscheidet –, daß sie in einer spezifischen Weise erworben werden: nämlich »durch Lernen«. Doch ob dies tatsächlich so ist und weshalb dies so ist, haben wir noch nicht erörtert. Sowohl der erklärende Aspekt einer vernünftigen Fähigkeit als auch ihr vernünftiger Charakter scheinen bislang noch rätselhaft zu sein. So, wie die Dinge stehen, könnte man vielmehr meinen, die Rede von einer vernünftigen Fähigkeit sei in keiner besseren Position als die Rede von einer virtus dormitiva, um da-

56 Chr. Korsgaard hat diese Konsequenz in ihrer Rekonstruktion von Aristoteles' Konzeption der techné des Hausbaus eindrücklich herausgearbeitet und betont, in: Chr. Korsgaard, »Self-Constitution: Action, Identity and Integrity«, bes. S. 22-25.

mit zu erklären, weshalb jemand, der eine Schlaftablette genommen hat, hier und jetzt schläft.[57]

Wir werden im nächsten Abschnitt sehen, daß wir beide Fragen gemeinsam beantworten können, indem wir uns beiden Fragen von der Seite des explanandum nähern. Wir werden dort eine gemeinsame Antwort auf beide Fragen entwickeln, indem wir uns noch einmal vergegenwärtigen, welcher Art derjenige Vollzug ist, den wir damit zu erklären versuchen: was also ein vernünftiger Vollzug ist. Aristoteles wählt im IX. Buch der *Metaphysik* einen anderen Weg. Aristoteles unternimmt dort unmittelbar eine Bestimmung der Natur vernünftiger Fähigkeiten. Ich will in diesem Abschnitt zunächst Aristoteles' Bestimmung der Natur vernünftiger Fähigkeiten diskutieren. Unser im nächsten Abschnitt verfolgter Weg, den Begriff vernünftiger Fähigkeiten durch einen Blick auf das explanandum zu gewinnen, hat das willkommene Ergebnis, daß es uns zu genau diesem Aristotelischen Verständnis vernünftiger Fähigkeiten als Konsequenz unserer bisherigen Überlegungen führen wird.

Aristoteles beginnt seine Charakterisierung vernünftiger Fähigkeiten (*dynameis meta logou*) mit folgendem Merkmal:

> Alle mit dem Begriff verbundenen Vermögen [sind] immer zugleich auch Vermögen für das Gegenteil, die aber ohne Begriff je eines nur für Eines; wie etwa das Warme nur Vermögen des Wärmens ist, doch die Heilkunst zugleich Vermögen der Krankheit und der Gesundheit.[58]

Wie ist das zu verstehen? Eine erste Auslegung könnte folgende sein:[59] Aristoteles will sagen, daß vernünftige Fähigkeiten einen größeren Bereich von Wirkungen haben als nicht-vernünftige Fä-

57 Vgl. zur Diskussion dieses Einwands auch M. Thompson, »Practice and Disposition«, S. 41. Jonathan Lear geht sogar so weit, zu behaupten, daß jemand, der einen Einwand von der Art eines »virtus domitiva-Einwandes« erhebt, damit zum Ausdruck bringt, daß er unfähig ist, ein Verständnis für die *Form von Erklärung* zu entwickeln, die nach Aristoteles die *grundlegende* Form der Erklärung überhaupt ist: die Erklärung von etwas Einzelnem durch seine allgemeine Form. Vgl. dazu J. Lear, *Aristotle: The desire to understand*, S. 23 f.

58 Aristoteles, *Metaphysik*, IX. 2, 1046b 4-7.

59 Heidegger hat diese Auslegung diskutiert in M. Heidegger, *Aristoteles. Metaphysik IX, 1-3*, S. 132 f. Das ist u. a. die Auslegung von C. Freeland, »Aristotle on Possibilities and Capacities«, S. 83 f.; S. Makin, »Aristotle on Modality«, bes. S. 143-149 sowie von Ch. Witt, *Ways of Being. Potentiality and Actuality in Aristotle's Metaphysics*, S. 65 f.

higkeiten, nämlich einen Bereich von Wirkungen, der auch das Gegenteilige umschließt. Vernünftige Fähigkeiten wären demzufolge dadurch charakterisiert, daß sie nicht nur dasjenige hervorbringen können, dessen Begriff sie selber sind, sondern das ihnen Gegenteilige. Vernünftige Fähigkeiten, so die Idee, sind Fähigkeiten, zu denen wesentlich gehört, daß sie *ge*braucht und *miß*braucht werden können, wie das Beispiel der Heilkunst zeigt. Eine Fähigkeit zu gebrauchen hieße dann, sie zu jenen Tätigkeiten zu gebrauchen, durch die sie definiert ist. Die Heilkunst zum Heilen. Sie zu mißbrauchen hieße dann, sie nicht zu jenen Tätigkeiten zu gebrauchen, durch die sie definiert ist, sondern sie zu diesen Tätigkeiten gegenüber gegenteiligen Tätigkeiten zu gebrauchen. Die Heilkunst zum Töten, zum Hervorrufen von Krankheit. Doch kann diese Auslegung richtig sein? Gegen diese Auslegung spricht, daß bei vielen Fähigkeiten, die nach Aristoteles offenkundig Beispiele für vernünftige Fähigkeiten sind, nicht zu sehen ist, wie die Idee eines Mißbrauchs auf diese Fähigkeiten angewendet werden könnte. Bei vielen vernünftigen Fähigkeiten ist – anders als im Fall der Heilkunst – völlig unklar, worin die gegenüber jenen Tätigkeiten, durch die sie definiert ist, gegenteiligen Tätigkeiten in dem Sinn bestehen könnte, daß die Verwendung der Fähigkeit zu diesen Tätigkeiten ein Mißbrauch der Fähigkeit darstellt. Was wäre in diesem Sinn die *gegenteilige* Tätigkeit zum Sprechen? Zum Lesen? Zum Skifahren? Zum Töpfern?

Anthony Kenny hat daher eine zweite Auslegung vorgeschlagen, die das Problem der ersten Auslegung von vornherein umgeht. Aristoteles' Unterscheidung zwischen nicht-vernünftigen Fähigkeiten wie etwa der Fähigkeit von Holz, zu brennen, und vernünftigen Fähigkeiten wie etwa der Fähigkeit eines Menschen, Griechisch zu sprechen, ist nach Kenny wie folgt zu verstehen: Während nicht-vernünftige Fähigkeiten dadurch charakterisiert sind, daß sie notwendigerweise aktualisiert werden, wenn alle für ihre Aktualisierung notwendigen Bedingungen bestehen, sind vernünftige Fähigkeiten dadurch charakterisiert, daß alle für ihre Aktualisierung notwendigen Bedingungen erfüllt sein können, ohne daß es zu einer Aktualisierung der Fähigkeit kommt. In bezug auf nicht-vernünftige Fähigkeiten, so Kenny, sind notwendige Bedingungen zugleich hinreichende Bedingungen. Legt man ein ausreichend trockenes Stück Holz ins Feuer, dann wird es notwendigerweise brennen. In bezug auf vernünftige Fähigkeiten hingegen ist zwischen notwendigen und hinreichenden Bedingungen zu unterscheiden, denn die Aktualisierung vernünftiger Fähigkeiten, so soll damit zum Ausdruck gebracht werden, hängt wesentlich vom Willen des Subjekts der Fähigkeit ab.[60] Ist ein Subjekt einer vernünftigen Fähigkeit in einer Situation, in der alle notwendigen Bedingungen für die Aktualisierung seiner Fähigkeit bestehen, dann kann es sich entscheiden, sie nicht zu aktualisieren. Ein begnadeter Germanist, der auf einem Podium vor einer deutschsprachigen Zuhörerschaft steht, mag aus irgendwelchen Gründen sich weigern, etwas zu sagen.

Nach dieser Auslegung ist Aristoteles' Behauptung, daß vernünftige Fähigkeiten auch auf das ihnen Gegenteilige gerichtet sind, nicht so zu verstehen, daß er damit sagen möchte, daß vernünftige Fähigkeiten wesentlich gebraucht und mißbraucht werden können. Vielmehr möchte Aristoteles damit sagen, daß es für vernünftige Fähigkeiten wesentlich ist, daß ihre Aktualisierung überhaupt eine Sache des *Gebrauchens* und *Nicht-Gebrauchens* ist. Das ist die Weise, wie Kenny Aristoteles' Eingangsbestimmung, nach der vernünftige Fähigkeiten stets auch Fähigkeiten zu Gegenteiligem sind, mit der weiteren, zentralen Bestimmung von Aristoteles verbindet, in der dieser vernünftige Fähigkeiten als Fähigkeiten bestimmt, die mit »Entscheidung« (*prohairesis*) verknüpft sind. Aristoteles selbst verknüpft diese beiden Bestimmungen in folgender Weise:

Die begriffslosen Vermögen sind jedes *ein* bewirkendes Vermögen zu *einer* Sache, die mit dem Begriff verbundenen Vermögen aber sind Vermögen von Gegenteilen, so daß sie also zugleich Gegenteiliges bewirkten; doch das ist unmöglich. Es muß also hier etwas anderes ausschlaggebend sein; ich meine damit das Begehren (*orexis*) im Sinne der Entscheidung (*prohairesis*). Denn welches auch von zwei Dingen das mit dem Begriff verbundene Vermögen eigentlich begehrt, das wird es bewirken, sofern dies dem Vermögen gemäß vorhanden ist und sich dem Affizierbaren nähert.[61]

60 So A. Kenny in *Will, Freedom and Power*, S. 52 ff. Das ist auch die Auslegung von U. Wolf in *Möglichkeit und Notwendigkeit bei Aristoteles und heute*, bes. S. 26-34 sowie S. 343-358, in der sie Kenny folgt.

61 Aristoteles, *Metaphysik*, IX. 5, 1048a 6-13. Ich habe die deutsche Übersetzung leicht verändert, da ich das »*e*« in »*orexis e prohairesis*« explikativ und nicht alternativ auffasse. Im 2. Buch der *Nikomachischen Ethik* bestimmt Aristoteles *prohairesis* als *orexis dianoetike*. *Prohairesis* kann demzufolge keine Alternative zu *orexis* darstellen, sondern Aristoteles erläutert damit, daß er eine bestimmte Gestalt von *orexis*

Kennys These ist, daß nach Aristoteles vernünftige Fähigkeiten sogenannte »two-way powers« oder auch »voluntary powers« sind. »Two-way powers« sind nach Kenny all jene Fähigkeiten, deren Aktualisierung von einer Entscheidung desjenigen abhängig ist, der die Fähigkeit besitzt.[62] Gegen dieses Verständnis vernünftiger Fähigkeiten wendet Kenny nun ein, daß es unzureichend sei, weil es sowohl zu eng als auch zu weit sei: Stellen wir uns vor, Sebastian ruft gerade aus der Küche: »Wo ist denn das Olivenöl?« Ich bin in meinem Arbeitszimmer und höre den Satz klar und deutlich. Macht es hier Sinn zu sagen, es stünde mir frei, ihn nicht zu verstehen? Ist es von einem Akt der Entscheidung meinerseits abhängig, ob ich ihn verstehe oder nicht? Es gilt, so scheint es, vielmehr das Umgekehrte: Wenn ich jemanden Sätze einer Sprache sprechen höre, die ich beherrsche, dann steht es mir nicht frei, sie *nicht* zu verstehen.[63] Und das Verstehen einer Sprache ist auch für Aristoteles zweifellos eine vernünftige Fähigkeit. Wenn das kein Beispiel für eine vernünftige Fähigkeit ist, so möchte man viel eher sagen, dann wüßte man nicht, was sonst eine sein könnte. Umgekehrt schreiben wir auch Tieren, so Kenny, »two-way powers« zu: Wenn ich meine Katze rufe, dann kann sie zu mir kommen, wenn sie will; aber sie kann sich auch weiter an ihrem Wollknäuel vergnügen, mit dem sie gerade spielt.[64] Dies jedoch läuft Aristoteles' Gedanke zuwider, dem zufolge er mit dem Begriff einer vernünftigen Fähigkeit etwas zu beschreiben beansprucht, dessen Träger wesentlich Menschen sind.

Würde Aristoteles unter vernünftigen Fähigkeiten solche verstehen, deren Aktualisierung auf einer Entscheidung des Subjekts in diesem Sinn beruht, dann wäre Kennys Einwand berechtigt. Doch Kennys Einwand beruht auf dem Mißverständnis, daß Aristoteles unter vernünftigen Fähigkeiten »two-way powers« in diesem Sinn versteht. Denn wenn man vernünftige Fähigkeiten auf diese Weise versteht, dann kann man nicht behaupten, daß zwischen nicht-vernünftigen und vernünftigen Fähigkeiten ein *formaler* Unterschied besteht, um dessen Bestimmung es Aristoteles (auch nach Kenny)

meint. So auch M.-T. Liske, »Vermögen als intrinsische Eigenschaften?«, S. 283. Vgl. zu der im folgenden entwickelten Lesart von *prohairesis* auch J. McDowell, »The Role of *Eudaimonia* in Aristotle's Ethics«, S. 6 f.

62 A. Kenny, *Will, Freedom and Power*, S. 52 ff.

63 Ich übernehme hier das Beispiel, in variierter Form, von Kenny, vgl. ebd. S. 53.

64 Vgl. A. Kenny, *Will, Freedom and Power*, S. 52; siehe auch S. 124 f.

gerade geht. Dies kann man unter dieser Voraussetzung deswegen nicht behaupten, weil das sogenannte Element der Entscheidung (*orexis* im Sinne der *prohairesis*), das bei vernünftigen Fähigkeiten für ihre Aktualisierung hinzukommen muß, in der Erläuterung von Kenny durch kein Merkmal charakterisiert ist, das es ausschließen würde, es nicht einfach zu jener Liste von notwendigen Bedingungen hinzuzufügen, die erfüllt sein müssen, damit die jeweilige Fähigkeit aktualisiert wird. In Kennys Bestimmung erscheint die Entscheidung des Subjekts als eine *weitere* jener Bedingungen, die erfüllt sein müssen, damit eine bestimmte Fähigkeit aktualisiert wird. Darum ist nicht zu sehen, weshalb dieses Element der Entscheidung nicht ebenfalls zur Klasse der notwendigen Bedingungen gehören sollte, so daß wir – ganz gegen Kennys eigene Absicht – eine »two-way power« auf eine Weise analysieren könnten, die sie von einer nicht-vernünftigen Fähigkeit formal ununterscheidbar macht. Denn die Aussage »Peter kann sprechen« ließe sich dann in den folgenden Konditionalsatz analysieren: Wenn Peter wach ist, seine Stimmbänder nicht zerstört sind, sein Mund nicht zugebunden ist etc. und er sprechen *will*, dann wird Peter notwendigerweise sprechen.[65]

Doch das macht Kennys eigene Bestimmung von »two-way powers« widersinnig. Denn wenn wir das Vorliegen eines Aktes der Entscheidung zur Klasse der notwendigen Bedingungen rechnen können, dann geht damit genau jenes Unterscheidungsmerkmal als *formales* Merkmal verloren, durch das Kenny meint, »two-way powers« von nicht-vernünftigen Fähigkeiten abgrenzen zu können: nämlich daß ihre notwendigen Bedingungen nicht zugleich hinreichende Bedingungen sind. Eine »two-way power«, wie Kenny sie bestimmt, ist dann keine Fähigkeit, die sich formal von einer nicht-vernünftigen Fähigkeit unterscheidet, sondern nur mehr inhaltlich. Sie unterscheidet sich dadurch von einer nicht-vernünftigen Fähigkeit, daß zur Beschreibung ihrer notwendigen Bedingungen prinzipiell eine Bedingung gehört, die zur Beschreibung der notwendigen Bedingungen nicht-vernünftiger Fähigkeiten prinzipiell nicht gehört.

65 Diese Bestimmung von »two-way powers« (als unterschieden von »rational powers«) ist tatsächlich vorgeschlagen worden, von C. Freeland, »Aristotle on Possibilities and Capacities«, S. 83 f. So auch Ch. Witt, *Ways of Being*, S. 66, die Freeland folgt. Auf diese Weise kann man Aristoteles' Bestimmung der vernünftigen Fähigkeiten jedoch nicht verstehen, wie ich oben zeige.

Kennys Mißverständnis, Aristoteles würde vernünftige Fähigkeiten mit »two-way powers« in dem von Kenny definierten Sinn identifizieren, beruht darauf, daß er der Erläuterung keine Bedeutung gibt, die Aristoteles in IX. 2 dafür anführt, *weshalb* vernünftige Fähigkeiten den von ihm behaupteten Bezug auf Gegenteiliges haben. Denn *daß* vernünftige Fähigkeiten einen solchen Bezug auf Gegenteiliges haben, ist für Aristoteles etwas, das seinerseits erläuterungsbedürftig ist. Der Entscheidungsbegriff, den er in IX. 5 einführt, steht auf dem Boden dieser Erläuterung. Darum hat der Entscheidungsbegriff, den Aristoteles dort einführt, einen wesentlich anderen Gehalt als den, den Kenny annimmt. Aristoteles führt in IX. 5 den Entscheidungsbegriff ein, um die logische Voraussetzung jener Bestimmung einzuholen, durch die er vernünftige Fähigkeiten zunächst in IX. 2 charakterisiert hat. Wie wir oben gesehen haben, behauptet er in IX. 5, daß Fähigkeiten, die derart sind, daß sie einen Bezug auf Gegenteiliges haben, nur unter einer Voraussetzung logisch möglich sind: nämlich unter der Voraussetzung, daß bei solchen Fähigkeiten eine Entscheidung »ausschlaggebend« sein muß, weil sie andernfalls Fähigkeiten wären, die »zugleich Gegenteiliges bewirkten«, was jedoch »unmöglich« ist. Der wichtige Zwischenschritt, den Kenny in seiner Aristoteles-Auslegung übergeht, ist Aristoteles' Erklärung dafür, weshalb vernünftige Fähigkeiten diesen Bezug auf Gegenteiliges haben, die er im Anschluß an diese Bestimmung gibt. Aristoteles schreibt:

Die Ursache davon aber liegt darin, daß die Wissenschaft [als ein Fall einer vernünftigen Fähigkeit, A.K.] *logos* ist; doch derselbe *logos* erklärt die Sache und ihre Privation, nur nicht auf dieselbe Art und Weise [...]. Demnach ergibt sich die Notwendigkeit, daß derartige Wissenschaften Wissenschaften von Gegenteilen sind, aber doch Wissenschaften des einen Gegenteils an sich und Wissenschaften des anderen Gegenteils nicht an sich; denn auch der *logos* ist *logos* des einen an sich, *logos* des anderen aber gewissermaßen in akzidentellem Sinne. Nur durch Verneinung und Wegnahme erklärt der *logos* das Gegenteil. Die erste Privation nämlich ist das Gegenteil, dies aber ist eine Wegnahme dessen, dessen Gegenteil sie ist.[66]

Vernünftige Fähigkeiten – *dynameis meta logou* – haben deswegen einen Bezug aufs Gegenteilige, weil sie Gestalten des *logos* sind, so

66 Aristoteles, *Metaphysik* IX. 2, 1046b 7-16.

Aristoteles' Erklärung. Aristoteles präzisiert mit dieser Begründung, *was* an den vernünftigen Fähigkeiten es ist, das verantwortlich für den behaupteten Bezug aufs Gegenteilige ist. Das, was dafür verantwortlich ist, ist der *logos* selbst, durch den eine *dynamis meta logou* definiert ist. Um nun zu verstehen, weshalb und in welchem Sinn eine Fähigkeit, die eine Gestalt des *logos* ist, einen Bezug aufs Gegenteilige hat, müssen wir uns also zunächst fragen, was Aristoteles in diesem Zusammenhang unter *logos* versteht. Für den obigen Abschnitt sind im wesentlichen zwei Deutungen vorgeschlagen worden: Entweder wir deuten den *logos*, durch den vernünftige Fähigkeiten definiert sind, als Regel, Prinzip, Formel. Das ist die Übersetzung von Ross: rule, principle, formula.[67] Oder wir deuten ihn selbst als eine *dynamis*: als die Fähigkeit, zu überlegen, zu verstehen, zu erklären (als »power of reasoning«). Das ist die Deutung u. a. von Burnyeat, Owen, McDowell und Heidegger.[68] Der nächste Satz, mit dem Aristoteles sodann begründet, weshalb Fähigkeiten, die Gestalten des *logos* sind, einen Bezug auf das ihnen Gegenteilige haben, zeigt meines Erachtens, daß nur letztere Deutung die richtige sein kann, die *logos* selbst als Fähigkeit, als Fähigkeit zum Überlegen, Verstehen, Erklären begreift. Denn Aristoteles begründet die Behauptung, daß vernünftige Fähigkeiten einen Bezug auf das ihnen Gegenteilige haben, damit, daß ihr *logos* sowohl die »Sache« wie auch den ihr gegenteiligen Fall, den er als »Privation« bestimmt, erklärt.

Aristoteles' Begründung dafür, daß vernünftige Fähigkeiten kraft des zu ihnen gehörenden *logos* einen Bezug auf Gegenteiliges haben, ruht folglich einer Bestimmung von *logos* auf, der zufolge dieser unter anderem etwas ist, das etwas erklärt. Und zwar erklärt er sowohl den Fall der Aktualisierung dieser Fähigkeit (»die Sache«), d. h. jenen Fall, durch den die Fähigkeit definiert ist, wie auch den Fall ihrer Privation, obgleich, so Aristoteles, »nicht auf dieselbe Art und

67 Siehe Aristoteles, *Metaphysics*, in der Übersetzung von Ross.

68 Zu M. Burnyeat und D. Owen siehe M. Burnyeat, *Notes on Eta and Theta of Aristotle's Metaphysics*, S. 52 ff. Zu J. McDowell siehe »Virtue and Reason«, S. 57 ff. Zu M. Heidegger siehe *Aristoteles. Metaphysik IX, 1-3,* S. 136 ff. Daß nur letztere die richtige Deutung in diesem Zusammenhang sein kann – *logos* im Sinne der Fähigkeit zum Verstehen –, wie ich im folgenden aufgrund eines dem Abschnitt selbst immanenten Arguments behaupten werde, wird unterstützt durch Aristoteles' Beschreibung des *logos* in *Metaphysik* VII.7.

Weise«. Wir kommen auf diesen Unterschied weiter unten noch ausführlich zurück. Für den Moment genügt es, festzuhalten, daß der *logos*, um den es hier geht, etwas ist, das etwas erklärt. Doch wenn dasjenige, was hier etwas erklärt, der *logos* selbst sein soll, dann kann *logos* in diesem Zusammenhang nicht mit Regel, Prinzip, Formel übersetzt werden. Denn von Regeln und Prinzipien haben wir schon eingesehen, daß sie gerade nicht diesen unmittelbar erklärenden Charakter haben, sondern diesen stets nur vermittelt dadurch haben, daß ein Subjekt sie anerkennt. Wenn daher Aristoteles sagt, daß der *logos* selbst es ist, der hier etwas erklärt, dann muß er in diesem Zusammenhang darunter etwas verstehen, das als solches, d. h. kraft dessen, was es ist, etwas erklären kann. Dies legt nahe, daß *logos* hier selber als Fähigkeit verstanden werden muß, als Fähigkeit zum Überlegen, Verstehen, Erklären.

Die von Aristoteles an dieser Stelle erreichte Bestimmung vernünftiger Fähigkeiten lautet somit, daß sie kraft dessen, daß sie die Fähigkeit zum Überlegen, Verstehen, Erklären enthalten, einen Bezug auf das ihnen Gegenteilige haben. Eine vernünftige Fähigkeit, so können wir dies reformulieren, ist folglich nach Aristoteles unter anderem dadurch definiert, daß zu ihr Akte gehören, die sich in unterschiedlichen Formen des Bewußtseins auf die Fähigkeit selbst beziehen. Und genau dadurch, daß zu ihr solche selbstbezüglichen Akte gehören, hat sie einen ebensolchen Bezug auf ihr Gegenteiliges. Jemand, der kraft dessen, daß er Ski fahren kann, erklären kann, was er tut, wenn er Ski fährt, kann kraft dessen auch jene Fälle des Skifahrens erklären, die Aristoteles als privative Fälle bezeichnet. Denn »der *logos* geht auf beides, wenn auch nicht auf gleiche Weise«, so Aristoteles.[69] Jemand, der eine vernünftige Fähigkeit hat, ist also jemand, der sich in unterschiedlichen Formen des Überlegens, Verstehens und Erklärens auf diese Fähigkeit und genau dadurch auch und in ebendiesen Formen auf das ihr Gegenteilige beziehen kann.

Doch wie ist die Rede vom »Gegenteiligen« in diesem Zusammenhang genau zu verstehen? Bei der Heilkunst bedeutet es Krankheit, so viel ist klar. Aber am Fall der Heilkunst kann man sich nicht, wie wir oben gesehen haben, die grundlegende Bedeutung der Rede vom »Gegenteiligen« mit Bezug auf vernünftige Fähigkeiten ver-

69 Aristoteles, *Metaphysik* IX. 2, 1046b 20.

ständlich machen. Wir kommen der Bedeutung dessen, was Aristoteles unter dem »Gegenteiligen« einer vernünftigen Fähigkeit versteht, näher, wenn wir den Status betrachten, den Aristoteles dem Fall des Gegenteiligen zuschreibt. Aristoteles bestimmt den Status, den der Fall des Gegenteiligen bei vernünftigen Fähigkeiten hat, als den einer »Privation«.[70] Aristoteles versteht also eine vernünftige Fähigkeit als etwas, in bezug auf das sich die Fälle, die durch die Fähigkeit erklärt werden, in zwei Klassen teilen lassen, die nicht in symmetrischer Weise nebeneinander stehen: Denn zur einen Klasse gehören solche Fälle, die der *logos* der Fähigkeit »an sich« erklärt, und zur anderen Klasse gehören solche, die er nicht »an sich« erklärt. Erstere sind gewissermaßen die *positiven* Fälle, die »Sache«, wie Aristoteles es ausdrückt. Es sind genau die Fälle, durch die die Fähigkeit definiert ist und die daher die Fälle der Aktualisierung der Fähigkeit darstellen. Dieser Klasse von Fällen steht eine Klasse von Fällen gegenüber, die nicht so sind wie *diese* Fälle, die aber gleichwohl so sind, daß der *logos* der Fähigkeit sie erklären kann, »nur nicht auf dieselbe Art und Weise« wie die positiven Fälle. Für diese in irgendeiner Hinsicht abweichenden Fälle liefert er eine Erklärung »in akzidentellem Sinne«: nämlich eine Erklärung »durch Verneinung und Wegnahme« von etwas, das zur Fähigkeit gehört. Beispiele für solch negativen Fälle sind etwa der Skifahrer, der beim Drehschwung stürzt; der Lesende, der sich verliest; der Rechnende, der sich verrechnet; der Baumeister, der ein Haus baut, das beim Öffnen der Eingangstür einstürzt; der einer Sprache Kundige, der seinen Freund mißversteht. Und schließlich der Arzt, der seinen Patienten nicht gesund macht, sondern mit einem raffinierten Giftbrei um die Ecke bringt.

Nach Aristoteles ist eine vernünftige Fähigkeit folglich etwas, das in einem erklärenden Verhältnis zu zwei verschiedenen Klassen von Fällen steht, deren eine Klasse von der Erklärung der anderen Klasse von Fällen abhängig ist. Während die eine Klasse von Fällen nämlich durch die vernünftige Fähigkeit »an sich« erklärt wird, ist das, was die andere Klasse von Fällen erklärt, negativ auf diese Erklärung bezogen. In der Erklärung dieser Fälle nimmt man auf die positiven Fälle Bezug und macht dabei ein Element aus, das nicht so ist wie in

70 Vgl. dazu die Unterscheidung vier verschiedener Bedeutungen von »Gegenteiligem« in Aristoteles, *Kategorien* 10.11b 15 ff., von denen eine »positiv/privativ« ist.

diesen Fällen. Im Beispiel: »Weshalb ist Jim gestürzt?« »Weil er bei der Schwungsteuerung den Innenski belastet hat.« Oder: »Weshalb hat Peter das Telefon nicht gehört?« »Weil er gerade geschlafen hat«.

In IX.2 charakterisiert Aristoteles eine vernünftige Fähigkeit demnach als eine Fähigkeit, die genau deswegen und in dem Sinn einen Bezug auf ihr Gegenteiliges hat, daß zu ihr zwei verschiedene Klassen von Fällen gehören, die sie in je unterschiedlicher Weise erklärt. Während sie die einen »an sich« erklärt, erklärt sie die anderen »in akzidentellem Sinn«. Wir können das so ausdrücken: Wer eine vernünftige Fähigkeit hat, ist als solcher dadurch charakterisiert, daß er zwei verschiedene Klassen von Fällen unter Bezugnahme auf ebendiese Fähigkeit *selbst erklären kann*, »nur nicht auf dieselbe Art und Weise«. Diese Charakterisierung vernünftiger Fähigkeiten ist die Voraussetzung des Entscheidungsbegriffs, den Aristoteles sodann in IX.5 zur weiteren Bestimmung vernünftiger Fähigkeiten einführt. Denn mit diesem beansprucht er, wie wir oben gesehen haben, auf eine Schwierigkeit zu antworten (ausgedrückt in dem Satz: »doch das ist unmöglich«), die diese anfängliche Charakterisierung aufwirft. Um also den Gehalt des Entscheidungsbegriffs richtig bestimmen zu können, durch den Aristoteles vernünftige Fähigkeiten charakterisiert, müssen wir uns zunächst den von Aristoteles behaupteten Unterschied in der Form der Erklärung jener beiden Klassen von Fällen genauer klarmachen, durch die vernünftige Fähigkeiten charakterisiert sind. Wir können uns diesen Unterschied in der Form der Erklärung in einem ersten Schritt dadurch klarmachen, daß wir einen Blick auf die Art und Weise werfen, in der der *logos* bei nicht-vernünftigen Fähigkeiten die Fälle erklärt, die diese Fähigkeiten bewirken. Betrachten wir etwa die Fähigkeit von Holz, zu brennen. Aristoteles' allgemeine Erläuterung dieser Fähigkeit lautet, daß Holz notwendigerweise brennt, wenn man es ins Feuer wirft. Nun stellen wir uns also vor, das Holz brennt. Das, was erklärt, so Aristoteles, daß das Holz hier und jetzt brennt, ist die Brennbarkeit von Holz. Dies ist eine Erklärung freilich, die das Holz selbst nicht geben kann, weil seine Fähigkeit, zu brennen, keine Gestalt des *logos* ist. Die Fähigkeit, zu brennen, ist keine vernünftige Fähigkeit. *Wir* jedoch können kraft dessen, daß wir über ein Verständnis dieser Fähigkeit des Holzes verfügen, eine solche Erklärung geben.

Nun möchte man vielleicht einwenden: Nein, das, was das Brennen des Holzes erklärt, ist, daß jemand das Holz ins Feuer geworfen hat, daß das Feuer groß genug ist, daß das Holz trocken ist, daß kein Orkan bläst, daß das Holz nicht in Aluminium eingewickelt ist etc. Die Summe all dieser Bedingungen ist es, so der Einwand, die das Brennen des Holzes erklärt. Aristoteles bestreitet dies nicht. Doch seine These ist, daß dies nichts anderes besagt, als daß Holz brennbar ist. Die Umstände, die bestehen müssen, damit die Fähigkeit des Holzes, zu brennen, aktualisiert wird, sind Umstände, die zur Definition dieser Fähigkeit selbst gehören. Darum ist es, so Aristoteles, sinnlos zu sagen, daß eine Fähigkeit nur dann aktualisiert wird, wenn kein »Hindernis« dazwischentritt.[71] Denn diese Hindernisse sind schon in der Definition der Fähigkeit ausgeschlossen. Ich komme auf diesen Punkt noch ausführlich im übernächsten Kapitel zurück. Doch für den Moment genügt es festzuhalten, daß nach Aristoteles der Fall der Aktualisierung einer Fähigkeit etwas ist, das durch nichts anderes denn durch die Fähigkeit selbst erklärt wird.

Nun kann es freilich vorkommen, daß Holz in ausreichend starkes Feuer geworfen wird und es doch nicht brennt. Womit wir es hier zu tun haben, ist nach Aristoteles ein Fall des Gegenteiligen. Wie können wir diesen Fall erklären? Wir können diesen Fall dadurch erklären, daß wir erkennen, daß in diesem Fall nicht jene Umstände bestanden, unter denen die Fähigkeit des Holzes, zu brennen, aktualisiert wird, sondern ein bestimmter Umstand fehlte, weggenommen war: Das Holz war nicht trocken. Während wir also jenen Fall, in dem das Holz brennt, durch die Fähigkeit des Holzes, zu brennen, erklären, können wir den gegenteiligen Fall, in dem das Holz nicht brennt, nicht durch diese Fähigkeit erklären: Zu seiner Erklärung müssen wir vielmehr auf einen partikularen, kontingenten Umstand Bezug nehmen, dessen Identifikation uns jedoch deswegen möglich ist, weil wir ein Verständnis der Brennbarkeit von Holz haben, auf das wir in der Identifikation dieses Umstands Bezug nehmen. Kraft dieses Verständnisses der Fähigkeit von Holz, zu brennen, können wir den Fall, in dem Holz nicht brennt, obgleich genau jener Umstand vorlag, der auch in dem Fall vorliegt, in dem das Holz brennt – es wurde ins Feuer geworfen –, dadurch erklären, daß wir kraft dieses Verständnisses jenen partikularen, kontingenten

71 Das ist Aristoteles' These in *Metaphysik* IX. 5, 1048a 15-20. Ich komme auf diesen *intrinsischen* Zusammenhang von Fähigkeiten und den Umständen ihrer Aktualisierung noch ausführlich in Kap. VIII.2 zurück.

Umstand identifizieren können, der erklärt, weshalb das Holz hier und jetzt *nicht* brennt, obgleich es ins Feuer geworfen wurde.

Wenn Aristoteles sagt, der *logos* erkläre den gegenteiligen Fall einer Fähigkeit nicht in derselben Art und Weise wie den Fall der Aktualisierung der Fähigkeit, dann meint er damit genau dies: Er meint damit, daß der *logos* den gegenteiligen Fall nur *vermittelt* über die Bezugnahme auf partikulare, zufällige Umstände erklären kann, während er den Fall der Aktualisierung der Fähigkeit (»die Sache«) *unmittelbar durch die Fähigkeit* erklärt. Diese asymmetrische Struktur der Erklärung gilt dabei nach Aristoteles sowohl für vernünftige und wie auch für nicht-vernünftige Fähigkeiten. Das Besondere einer vernünftigen Fähigkeit besteht dabei darin, daß es bei vernünftigen Fähigkeiten genau deswegen, weil die Fähigkeiten hier selbst Gestalten des *logos* sind – im Unterschied zur Fähigkeit des Holzes, zu brennen, wo der *logos* nur äußerlich mit der Fähigkeit verknüpft ist –, so ist, daß die Träger dieser Fähigkeiten die Akte, die unter sie fallen, selbst durch die Fähigkeit erklären können. Und zwar so, daß sie – ganz wie auch bei nicht-vernünftigen Fähigkeiten – den positiven Fall unmittelbar durch die Fähigkeit erklären und den negativen Fall nur vermittelt über partikulare, kontingente Umstände, die den Sinn haben, zu erklären, weshalb die Aktualisierung der Fähigkeit verhindert wurde. Das ist es, was Aristoteles meint, wenn er sagt, daß bei einer vernünftigen Fähigkeit die Fälle, die sie erklärt, in zwei Klassen fallen: in solche, die sie »an sich« erklärt und die entsprechend die »Sache« sind, und solche, die sie nur »in akzidentellem Sinne« erklärt und die entsprechend Fälle der Privation darstellen.

Die unterschiedliche Weise, in der der *logos*, der zu einer vernünftigen Fähigkeit gehört, die beiden Klassen von Fällen erklärt, besteht also darin, daß der *logos* die Klasse der positiven Fälle – etwa den, in dem Jim einen parallelen Kurzschwung macht – durch die Fähigkeit erklärt, während er den Fall der Privation – etwa den, in dem Jim beim Versuch, einen parallelen Kurzschwung zu fahren, stürzt – nicht durch die Fähigkeit erklärt, sondern durch partikulare, kontingente Umstände, die er als Hindernisse für die Aktualisierung der Fähigkeit identifiziert. Das, wodurch Jim erklären kann, warum er gerade die Beine explosionsartig streckt, ist seine Fähigkeit, im parallelen Kurzschwung Ski zu fahren. Den Fall der Privation kann Jim nicht *so* erklären. Jim kann den Umstand, daß er stürzte, nicht damit erklären, daß er Ski fahren kann. Doch er muß, um ihn erklären zu können, seine Fähigkeit, Ski zu fahren, ins Spiel bringen, weil er nur dadurch den Umstand identifizieren kann, der ihn daran hinderte, jenen Fall zu verwirklichen, durch den seine Fähigkeit, Ski zu fahren, definiert ist: ein Stein auf dem Boden, Unkonzentriertheit etc.

Fragen wir uns nun, welchen Gehalt der Entscheidungsbegriff nach diesen Erläuterungen haben muß, den Aristoteles in IX. 5 zur Charakterisierung vernünftiger Fähigkeiten einführt. Was meint Aristoteles damit, wenn er sagt, bei vernünftigen Fähigkeiten müsse *prohairesis* ausschlaggebend sein? Wie wir oben gesehen haben, hat die Einführung des Begriffs der Entscheidung den Sinn, die logische Voraussetzung einzuholen, von der die Bestimmung vernünftiger Fähigkeiten als Fähigkeiten zum Gegenteiligen abhängig ist. Die Auslegung dieser Bestimmung – d. h. noch ehe Aristoteles den Entscheidungsbegriff einführt – hat erbracht, daß jemand, der eine vernünftige Fähigkeit hat, etwas hat, mit Bezug worauf er zwei Klassen von Fällen erklären kann, nämlich solche, die mit der Fähigkeit übereinstimmen, und solche, die in irgendeiner Hinsicht von ihr abweichen. Das aber bedeutet, daß jemand, der eine vernünftige Fähigkeit hat, kraft dessen, daß er sie hat, nicht nur jenen Fall bewirken kann, der die Fähigkeit aktualisiert, sondern auch einen privativen Fall. Jemand, der jemanden heilen kann, kann kraft dessen, daß er ein Verständnis von der Heilkunst hat, auch jemanden krank machen. Und jemand, der Ski fahren kann, kann kraft dessen, daß er ein Verständnis vom Skifahren hat, auf der Piste etwas tun, was bewirkt, daß er stürzt; er muß dazu nur etwa beim Drehschwung nicht den Außenski belasten, sondern den Innenski, was, wenn er nur schnell genug unterwegs ist, ihn gewiß zu Fall bringt.

Das Problem, das Aristoteles in IX. 5 aufwirft, ist somit wie folgt zu reformulieren: Eine Fähigkeit, zu der gehört, daß jemand, der sie hat, zwei einander gegenteilige Fälle bewirken kann, kann formal noch nicht ausreichend bestimmt sein. Denn wenn dies so wäre, dann würde dies bedeuten, daß sie zwei gegenteilige Fälle »zugleich« bewirken kann. Doch das ist »unmöglich«, so Aristoteles, und wir können hinzufügen: Es ist begrifflich widersinnig. Eine Fähigkeit, die zwei gegenteilige Fälle zugleich bewirken kann, ist keine Fähigkeit, die es nicht gibt, sondern ein begriffliches Unding. Ein *weiteres* Merkmal einer solchen Fähigkeit muß daher darin bestehen, daß zu ihr ein Akt gehört, der festlegt, zu welcher der beiden Alternativen es unter den gegebenen Umständen kommt: d. h., ob die Fähigkeit aktualisiert wird oder ob deren Aktualisierung verneint wird. Der Sinn des Begriffs der Entscheidung ist es, diesen Akt zu beschreiben. Der Begriff der Entscheidung, der eine vernünftige Fähigkeit charakterisiert, ist damit von vornherein ein qualifizierter Begriff von Entscheidung: *Prohairesis* ist der Begriff einer *überlegten Entscheidung*. Denn er beschreibt einen Akt der Entscheidung zwischen zwei Alternativen, bei dem man sich auf die Fähigkeit, um deren Aktualisierung es geht, und auf die Umstände, in denen man sich befindet, bezieht und auf die Frage antwortet, ob man unter diesen Umständen die Fähigkeit aktualisiert oder nicht.

Soweit wir den Entscheidungsbegriff bislang entwickelt haben, charakterisiert Aristoteles vernünftige Fähigkeiten somit durch einen Akt der Entscheidung, der wie folgt bestimmt ist: Es ist eine Entscheidung darüber, *was* man unter den gegebenen Umständen tut, nämlich ob man die Fähigkeit ausübt oder deren Ausübung verneint. Eine vernünftige Fähigkeit enthält folglich einen Akt der Entscheidung, den man überhaupt nur vollziehen kann, wenn man ein Verständnis davon hat, was es heißt, diese Fähigkeit auszuüben bzw. ihre Ausübung zu verneinen. Es ist folglich ein Akt der Entscheidung, den nur ein Subjekt vollziehen kann, das sich überlegend auf die Fähigkeit, um deren Ausübung es geht, und auf die Umstände, in denen es sich befindet, beziehen kann. Daraus aber folgt, daß Aristoteles mit dem Begriff der Entscheidung keinen Akt beschreibt, der von der Idee einer vernünftigen Fähigkeit unabhängig ist, wie Kenny annimmt, so daß man diesen Akt auch nicht-vernünftigen Wesen zuschreiben könnte. Vielmehr beschreibt er einen Akt, den man unabhängig von einer Bezugnahme auf eine vernünftige Fähigkeit – nämlich darauf, daß jemand, der eine vernünftige Fähigkeit hat, sich in den unterschiedlichen Formen des Verstehens, Überlegens und Erklärens auf die Fähigkeit beziehen kann – gar nicht verstehen kann. Nur ein vernünftiges Wesen ist zu jener Art von Entscheidung in der Lage, durch die Aristoteles eine vernünftige Fähigkeit erläutert. Das heißt, Aristoteles erläutert eine vernünftige Fähigkeit durch einen Akt der Entscheidung, dessen Vollzug nur in der Verknüpfung mit einem Wesen verständlich ist, das im Besitz einer vernünftigen Fähigkeit ist. Damit wird klar, weshalb Aristoteles genau jenen Wesen, denen er vernünftige Fähigkeiten abspricht, auch *prohairesis* abspricht (Tieren und kleinen Kindern).[72]

Doch der Begriff der *prohairesis* ist noch bestimmter: Denn stellen wir uns vor, jemand kann Ski fahren. Kraft dessen, daß er Ski fahren kann, weiß er, daß er hier und jetzt explosionsartig die Beine hochreißen sollte. Doch aus irgendeinem Grund – vielleicht, weil er denkt, daß ihm das jetzt einfach zu anstrengend ist – entscheidet er sich, die Beine nicht hochzureißen, in der Hoffnung, auch so um die Kurve zu kommen. Er tut etwas, von dem er weiß, daß es gemäß seinem Verständnis kein Akt ist, der die Fähigkeit aktualisiert, Ski zu fahren. Gleichwohl ist das, was er tut, das Resultat einer überlegten Entscheidung. Das aber scheint ein Problem zu ergeben. Denn die grundlegende Bestimmung vernünftiger Fähigkeiten lautet ja, daß vernünftige Fähigkeiten die sogenannten positiven Fälle »an sich« erklären, d. h., sie erklären den Fall ihrer Aktualisierung unmittelbar. Den Fall ihrer Privation dagegen erklären sie nur »in akzidentellem Sinne«, nämlich so, daß man zu seiner Erklärung auf ein kontingentes, partikulares Element Bezug nehmen muß, dessen Sinn es ist, zu erklären, weshalb die Fähigkeit nicht aktualisiert wurde. Nun aber haben wir in unserem obigen Beispiel den Fall einer Handlung, die den Fall einer Privation der Fähigkeit darstellt, Ski zu fahren, und gleichwohl das Resultat einer überlegten Entscheidung ist. Doch das kann nicht sein, wenn eine vernünftige Fähigkeit nach Aristoteles etwas ist, das den positiven Fall unmittelbar erklärt, d. h. ohne Bezugnahme auf partikulare Umstände. Wenn eine vernünftige Fähigkeit durch einen Akt der Entscheidung charakterisiert ist, die den positiven wie den negativen Fall *gleichermaßen* erklärt, dann kann eine vernünftige Fähigkeit den positiven Fall nicht »an sich« erklären. Wie können wir diesen Widerspruch auflösen?

Um den Widerspruch aufzulösen, müssen wir den Begriff der Entscheidung, durch den Aristoteles erläutert, was eine vernünftige Fähigkeit ist, noch gehaltvoller verstehen. Der Begriff der Entscheidung, den Aristoteles für die Beschreibung von vernünftigen Fähigkeiten einführt, muß mehr bedeuten als einfach »überlegte Entscheidung«. Nicht jede überlegte Entscheidung kann nach Aristo-

72 Vgl. Aristoteles, *Nikomachische Ethik*, 1111b 7-10. So bestimmt auch Ch. Rapp Aristoteles' Begriff der *prohairesis*, wie dieser ihn in der *Nikomachischen Ethik* versteht, in: »Freiwilligkeit, Entscheidung, Verantwortlichkeit«. Ebenso T. H. Irwin, »Reason and Responsibility in Aristotle«.

teles ein Fall jener *prohairesis* sein, die einen Akt einer vernünftigen Fähigkeit darstellt. Um solche Fälle wie den obigen ausschließen zu können, muß Aristoteles *prohairesis* wie folgt verstehen: als eine überlegte Entscheidung dazu, das unter den gegebenen Umständen *gemäß der Fähigkeit Richtige* zu tun.[73] Jemand, der die Art von Entscheidung fällt, die zu einer vernünftigen Fähigkeit gehört, kommt nicht einfach aufgrund einer Überlegung zu irgendeiner Entscheidung, sondern er kommt aufgrund einer Überlegung darüber, was unter den gegebenen Umständen gemäß der Fähigkeit richtig ist, zu der Entscheidung, das unter den gegebenen Umständen gemäß der Fähigkeit Richtige zu tun.[74] Das aber heißt: Jener Akt der Entscheidung, der nach Aristoteles zu einer vernünftigen Fähigkeit gehört, ist ein Akt, dessen Identität man gar nicht unabhängig von der Fähigkeit, um deren Ausübung es geht, bestimmen kann. Das heißt, jemand, der einen solchen Akt der Entscheidung fällt, vollzieht keinen Akt, der logisch grundlegender als die Fähigkeit selbst ist, so daß man von ihm sagen könnte, er ginge der Aktualisierung der Fähigkeit vorher oder läge dieser zugrunde, wie Kennys Interpretation nahelegt. Jemand, der einen solchen Akt der Entscheidung fällt, vollzieht vielmehr einen Akt dieser Fähigkeit. Jemand, der eine solche Entscheidung fällt, fällt keinen Akt, durch den er die Ausübung seiner vernünftigen Fähigkeit bewirkt, sondern er übt diese Fähigkeit in einem solchen Entscheidungsakt aus. Wenn Jim auf der

73 Vgl. zu dieser Deutung von *prohairesis* bei Aristoteles J. McDowell, »The Role of *Eudaimonia* in Aristotle's Ethics«, S. 6. McDowell bestimmt den Begriff der *prohairesis* im Zusammenhang des moralischen Überlegens vollkommen analog, nämlich so, daß er gehaltvoller ist als der Begriff des »deliberative desire«, weil er einen intrinsischen Bezug auf das Gute, das Richtige hat. Ganz in diesem Sinn ist auch die Deutung von M. Heidegger, *Aristoteles*, S. 152.

74 Kennys Lesart vernünftiger Fähigkeiten als »two-way powers« verfehlt dadurch, daß er die Entscheidung nicht selbst schon als einen Akt der Aktualisierung dieser Fähigkeit versteht, Aristoteles' doppelte Qualifizierung des Entscheidungsbegriffs: Er verfehlt sowohl das Merkmal des auf die Fähigkeit selbst bezogenen Überlegens als auch das Merkmal der auf die Fähigkeit selbst bezogenen richtigen Entscheidung. Wie fremd Kenny der Gedanke ist, daß Aristoteles die Idee der richtigen Entscheidung schon in die Bestimmung der vernünftigen Fähigkeiten hineinnehmen könnte, zeigt sich auch daran, daß er um all jene Passagen bei Aristoteles, insbesondere in den beiden Ethiken, in denen Aristoteles dies ausdrücklich macht, stets einen Bogen macht oder sie, wenn er sie erwähnt, im dunkeln läßt. So u. a. in A. Kenny, *Aristotle's Theory of the Will*, S. 74f. Vgl. dagegen auch J. Lear, *Aristotle: The desire to understand*, S. 96.

Piste beim parallelen Kurzschwung deswegen explosionsartig die Skier hochreißt, weil er sich dazu entschieden hat, das unter den gegebenen Umständen gemäß der Fähigkeit, Ski zu fahren, Richtige zu tun, dann hat er, als er dies entschieden hat, schon genau dieselbe Fähigkeit ausgeübt, die er auch ausgeübt hat, als er die Skier hochgerissen hat. Sich dazu entscheiden, die Skier hochzureißen und die Skier hochzureißen, sind nicht zwei Akte, die unter zwei verschiedene Fähigkeiten fallen, sondern zwei verschiedene Weisen der Ausübung ein und derselben vernünftigen Fähigkeit: eben der Fähigkeit, Ski zu fahren.

Der Begriff der Entscheidung, durch den Aristoteles vernünftige Fähigkeiten erläutert, ist damit auf eine Weise bestimmt, die es von vornherein ausschließt, ihn als einen weiteren jener Umstände zu bestimmen, die erfüllt sein müssen, damit diese Fähigkeit aktualisiert wird. Der Begriff der Entscheidung beschreibt keinen *weiteren* Umstand unter den Umständen, die bestehen müssen, damit es zu einer Ausübung der Fähigkeit kommen kann, sondern selbst schon einen *Akt der Ausübung der Fähigkeit.* Wenn jemand sich dazu entscheidet, das gemäß einer bestimmten Fähigkeit Richtige zu tun, dann aktualisiert er sowohl in seinen Überlegungen darüber, was zu tun unter den gegebenen Umständen das gemäß der Fähigkeit Richtige ist, wie auch sodann in seiner Entscheidung dazu, genau das zu tun, nichts anderes als eben genau jene vernünftige Fähigkeit, über die er auf diese Weise nachgedacht und zu deren Aktualisierung er sich auf diese Weise entschieden hat.

Wenn es aber so ist, daß der Entscheidungsbegriff, der Teil einer Erläuterung einer vernünftigen Fähigkeit ist, nicht einfach irgendeine Entscheidung meint, sondern die Entscheidung, das unter den gegebenen Umständen gemäß der Fähigkeit Richtige zu tun, dann sind vernünftige Fähigkeiten nach Aristoteles weder nur einfach »freiwillige Fähigkeiten« im Sinne Kennys, noch sind sie einfach Fähigkeiten, deren Aktualisierung eine überlegte Entscheidung einschließen. Es sind Fähigkeiten, die zu haben einschließt, daß man in der Lage ist, zu einer überlegten Entscheidung dazu zu kommen, das zu tun, was unter den gegebenen Umständen gemäß der Fähigkeit richtig ist. Jemand, der im Aristotelischen Sinn eine vernünftige Fähigkeit hat, hat folglich eine Fähigkeit, die durch einen Akt der Entscheidung charakterisiert ist, der intrinsisch sowohl mit einer bestimmten *Quelle* verknüpft ist, ebenjener Fähigkeit, von der das

Subjekt dieses Vollzugs ein Bewußtsein hat, als auch mit einem bestimmten *Inhalt*: nämlich das zu tun, was unter den gegebenen Umständen gemäß der Fähigkeit richtig ist.

Man beachte hierbei, daß Aristoteles nicht einzelne vernünftige *Akte* durch den Begriff einer überlegten Entscheidung zum gemäß der Fähigkeit Richtigen charakterisiert, sondern vernünftige *Fähigkeiten*. Dies erlaubt es, daß etwas ein vernünftiger Akt sein kann, auch wenn dieser Akt nicht selbst das Resultat einer Entscheidung ist. Wenn jemand in verständlichen Worten mit mir spricht, dann steht es mir nicht frei, ihn *so* oder *anders* oder *gar nicht* zu verstehen. Da hat Kenny ganz recht. Doch das ist kein Einwand gegen Aristoteles' Bestimmung vernünftiger Fähigkeiten, sondern gegen Kennys Lesart derselben. Denn grundlegend dafür, daß ein Akt vernünftig ist, ist, daß er einer vernünftigen Fähigkeit entspringt. Und dazu muß er nicht selbst das Resultat einer Entscheidung sein. Vielmehr kann Aristoteles Akte als Aktualisierungen einer vernünftigen Fähigkeit zulassen, die nicht selbst das Resultat einer Entscheidung sind, sofern sie nur solche sind, zu denen sich das Subjekt dieser Akte entscheidend verhalten *kann*. Und er kann aus demselben Grund Akte als Aktualisierungen einer vernünftigen Fähigkeit zulassen, die nicht das Resultat eines Überlegens sind. Daß eine vernünftige Fähigkeit durch den Begriff einer überlegten Entscheidung zum gemäß der Fähigkeit Richtigen charakterisiert ist, heißt nicht, daß jeder vernünftige Akt, den jemand vollzieht, etwa wenn ich entscheide, Sebastians Worte, der mir etwas aus der Küche zuruft, *so* zu verstehen, wie ich das gerade tue, das Resultat eines Überlegens sein muß.[75]

75 So auch G. E. M. Anscombe, »Thought and Action in Aristotle« sowie J. McDowell, der entsprechend darauf hinweist, daß »deliberative desire« nicht so zu verstehen ist, daß das Subjekt aktual durch Überlegen zu ihm gekommen ist, sondern so, daß die Gründe für dieses »desire« in Form eines Überlegens rekonstruiert werden können, in: J. McDowell, »The Role of *Eudaimonia* in Aristotle's Ethics«, S. 6 (Fußnote). So auch T. H. Irwin, »Reason and Responsibility in Aristotele«, S. 132. Das ist auch die zentrale These von Ch. Menke in »Tugend und Reflexion«. Menke weist dort das ebenso verbreitete wie falsche Verständnis dessen zurück, was im Aristotelischen Sinne unter einer »Tugend« zu verstehen ist. Diesem verbreiteten Verständnis zufolge enthält die Idee der Tugend nicht als solche schon, daß jemand, der im Besitz der Tugend ist, sich reflexiv auf diese Tugend beziehen kann. Das aber ist ein Mißverständnis der Tugend, so Menke (bes. S. 155 ff.) Das Motiv jeder Tugendethik muß vielmehr darin gesehen werden, so Menke, ein falsches,

Wer Worte verstehen kann, muß, wenn jemand verständlich mit ihm spricht, nicht überlegen, wie er sie verstehen soll, um sie zu verstehen. Und wer Ski fahren kann, muß nicht überlegen, wie er Ski fahren soll, um Ski zu fahren. Der in einer Sache Geübte, so Aristoteles, muß bei dem, was er tut, nicht nachdenken.[76] Wenn die grundlegende Bestimmung eines vernünftigen Aktes die ist, daß er einer vernünftigen Fähigkeit entspringt, dann verlangt dies nur, daß ein Akt, um vernünftig zu sein, einen Grund haben muß, den das Subjekt in Form eines Überlegens rekonstruieren kann und zu dem es sich entscheidend verhalten kann.

6. Vernünftige Fähigkeiten als normative Erklärung

Wir werden im folgenden methodisch einen anderen Weg einschlagen als Aristoteles, doch dabei zu genau demselben Verständnis vernünftiger Fähigkeiten kommen. Anstatt direkt eine Beschreibung der Natur vernünftiger Fähigkeiten zu unternehmen, werden wir das Merkmal, das eine Fähigkeit zu einer vernünftigen Fähigkeit macht, von dem her entwickeln, was wir mit dieser Fähigkeit zu erklären beanspruchen: nämlich die Wirklichkeit eines vernünftigen Aktes, dessen Begriff wir zu Beginn dieser Arbeit eingeführt haben. Von dort aus werden wir dann fragen, welches Merkmal eine vernünftige Fähigkeit haben muß, wenn sie das sein soll, was einen solchen Vollzug erklärt.

Wir haben zu Beginn dieser Arbeit den Begriff eines vernünftigen Aktes im Anschluß an Kant in folgender Weise eingeführt: Ein vernünftiger Akt ist dadurch definiert, daß er mit einer bestimmten Form der Erklärung verknüpft ist: nämlich einer normativen Erklärung, die das Subjekt dieses Aktes prinzipiell selbst geben kann. Wir haben eine solche Form der Erklärung eine Erklärung durch Vernunft genannt. Eine normative Erklärung, so haben wir dann

wie er es nennt »rationalistisches« Verständnis moralischer Erkenntnis zurückzuweisen (S. 150 f.). Diesem zufolge ist die Quelle jeder moralischen Erkenntnis ein Akt des »Überlegens«. Diese Idee weist die Tugendethik als »aporetisch« zurück (vgl. S. 152). Doch man mißversteht die Pointe der Tugendethik, so Menke, wenn man glaubt, sie würde die Tugend nicht wesentlich durch die Fähigkeit zur Reflexion charakterisieren.

76 So Aristoteles in *Die Nikomachische Ethik,* 1113a 1-2.

weiter gesagt, ist eine Erklärung, die das, was sie erklärt, dadurch verständlich macht, daß sie es als etwas darstellt, das eine bestimmte Norm verwirklicht oder deren Verwirklichung nahe kommt. Ein vernünftiger Akt ist folglich dadurch charakterisiert, daß er unter eine bestimmte Norm fällt – im Fall von Überzeugungen ist es die Norm der Wahrheit –, und zwar so, daß er nicht einfach aus der Perspektive von irgend jemandem unter diese Norm fällt, sondern *aus der Perspektive des Subjekts* dieses Aktes selbst.

Man beachte, daß der Kontrast, um den es bei dieser Bestimmung von vernünftigen Akten geht, nicht der zwischen vernünftig und unvernünftig ist, sondern der zwischen vernünftig und a-vernünftig. Nur wenn es Begriffe gibt, die die Akte, die unter sie fallen, durch eine Erklärung durch Vernunft definieren, kann es Akte geben, die nicht so sind, wie sie kraft des Begriffs, unter den sie fallen, sein sollen, sondern davon abweichen, d. h. unvernünftig sind. Nur ein Akt, der kraft des Begriffs, unter den er fällt, unter eine Erklärung durch Vernunft fällt, hat überhaupt die logische Möglichkeit, unvernünftig zu sein. Ein Akt hingegen, der überhaupt keinen Bezug auf eine Erklärung durch Vernunft hat, der also a-vernünftig ist, kann auch nicht unvernünftig sein. Wenn ein Stein durch einen Windstoß vom Tisch auf den Boden fällt, dann kann dies nicht in unvernünftiger Weise geschehen.

Im ersten Teil dieser Arbeit haben wir sodann behauptet, daß Begriffe für propositionale Haltungen genau solche Begriffe seien: Begriffe für vernünftige Akte. Es ist demnach ein konstitutives Element des Begriffs einer Überzeugung, daß er die Akte, die unter ihn fallen, mit einer normativen, selbstbewußten Form der Erklärung verknüpft. Wir haben im weiteren Fortgang dieser Arbeit dann zunächst einfach vorausgesetzt, daß es Akte von der Art von Überzeugungen, für die wir Gründe haben, gibt, ohne danach zu fragen, wie wir uns die Wirklichkeit solcher Überzeugungen begreiflich machen können. Statt dessen haben wir uns allein auf die Frage konzentriert, wie es, vorausgesetzt, daß es so etwas wie Überzeugungen gibt, für die wir Gründe haben, Überzeugungen geben kann, die den Status von Wissen haben. Die Pointe unserer bisherigen Überlegungen bestand darin, zu zeigen, daß dieser Ansatz, der die maßgeblichen erkenntnistheoretischen Positionen charakterisiert, instabil ist. Denn genau dasjenige, dessen Wirklichkeit wir die ganze Zeit vorausgesetzt haben, nämlich die Wirklichkeit von Überzeugungen, für die wir Gründe haben, können wir gar nicht verstehen, solange wir nicht die Wirklichkeit von Wissen verstehen.

Unsere bisher entwickelte abstrakte Antwort auf die Frage danach, wie wir die Wirklichkeit von Akten erklären können, die jemand aus einem Grund vollzieht, lautet: Wir müssen einen vernünftigen Akt als die Ausübung einer vernünftigen Fähigkeit verstehen. Gewohnheiten erklären gewohnheitsmäßige Vollzüge. Vernünftige Fähigkeiten erklären vernünftige Vollzüge. Nun geht es darum, herauszuarbeiten, was eine vernünftige Fähigkeit sein muß, um dasjenige zu sein, das Akte erklärt, die formal dadurch charakterisiert sind, daß ein Subjekt dabei von einer bestimmten Norm geleitet wird, durch die es sein Verhalten sodann normativ erklären kann. Was ist die Bedingung der Möglichkeit eines Verhaltens, das diese Form hat? Wenn eine vernünftige Fähigkeit dasjenige ist, das ein Verhalten erklärt, das diese Form hat, dann kann eine vernünftige Fähigkeit ein solches Verhalten nur dann erklären, wenn es ein logisches Merkmal einer vernünftigen Fähigkeit ist, daß die Subjekte, die sie ausüben, ein Bewußtsein von der Fähigkeit haben, die sie ausüben. Denn nur, wenn die Subjekte ein Bewußtsein von der Fähigkeit haben, die sie ausüben, kann ihr Verhalten die Form haben, daß es, indem es unter diese Fähigkeit fällt, in der spezifischen Weise unter eine bestimmte Norm fällt, daß die Subjekte dabei von dieser Norm *geleitet* werden. Wenn eine vernünftige Fähigkeit die Wirklichkeit eines vernünftigen Aktes erklärt, dann muß die Fähigkeit, die diesen Akt erklärt, eine dem Subjekt wesentlich *selbstbewußte Fähigkeit* sein.

Daß das Subjekt einer vernünftigen Fähigkeit ein Bewußtsein von der Fähigkeit hat, die es hat, ist somit keine zufällige oder wünschenswerte Eigenschaft des Subjekts, das eine vernünftige Fähigkeit hat: Es ist vielmehr konstitutiv dafür, daß das Subjekt eine vernünftige Fähigkeit hat.[77] Das heißt, wir haben es *erst dort und nur dort* mit einer vernünftigen Fähigkeit zu tun, wo zu ihr Akte gehören, die dadurch charakterisiert sind, daß sie auf die Fähigkeit selbst Bezug nehmen.[78] Es ist ein logisches Merkmal einer vernünftigen Fähigkeit, daß das Subjekt, das sie hat, ein Bewußtsein

77 Vgl. dazu M. Thompson, »Practice and Disposition«, S. 46.

78 Wir haben es also nur dann und nur dort mit einer vernünftigen Fähigkeit zu tun, wo es sich um eine Fähigkeit handelt, die, wie M. Thompson es ausdrückt, »is instanced in *implicit adversion to itself*« (ebd.).

von dieser Fähigkeit hat bzw. kraft dessen, daß es diese Fähigkeit hat, in der Lage ist, ein solches Bewußtsein zu erwerben. Daß etwas eine vernünftige Fähigkeit ist, heißt, daß das Subjekt dieser Fähigkeit diese Fähigkeit in der Weise hat, daß eines der Phänomene dieser Fähigkeit darin besteht, daß das Subjekt ein Bewußtsein von dieser Fähigkeit hat. Es hat ein Bewußtsein davon, was es heißt, diese Fähigkeit auszuüben.

Wir sind damit auf einem anderen Weg zu jenem Aristotelischen Verständnis vernünftiger Fähigkeiten gekommen, welches wir im letzten Abschnitt entwickelt haben: Vernünftige Fähigkeiten sind ein selbstbewußtes Allgemeines, weil nur ein Subjekt, das ein Bewußtsein von ebenjener Fähigkeit hat, die die Norm seines Handelns ist, eine Handlung vollziehen kann, die nicht nur einfach unter diese Norm fällt, sondern die in der Weise unter diese Norm fällt, daß das Subjekt von dieser Norm geleitet wird, so daß es unter Bezugnahme auf diese Norm sein Handeln selbst erklären kann. Wenn Jim bei seiner Skifahrt auf der Piste mit Beginn der Schwungsteuerung Außenskibelastung aufnimmt, dann tut Jim genau das, was gemäß dessen, was es heißt, Ski zu fahren, richtig ist. Wenn nun zu der Fähigkeit, Ski zu fahren, intrinsisch gehört, daß Jim ein Bewußtsein von ihr hat, dann heißt dies, daß Jim, wenn er diese Fähigkeit ausübt, in seinem Verhalten von einer Vorstellung davon geleitet wird, wie man richtig Ski fährt. Und jemand, der in seinem Verhalten von einer Vorstellung davon geleitet wird, wie man richtig Ski fährt, ist kraft dessen in der Lage, für das, was er tut, eine normative Erklärung zu geben, indem er es als einen Akt darstellt, der so ist, wie er gemäß jener Norm sein soll, die sein Verhalten geleitet hat.

Wenn es ein Merkmal einer vernünftigen Fähigkeit ist, daß diejenigen, die sie haben, ein Bewußtsein von ihr haben, dann erklärt eine vernünftige Fähigkeit kraft dieses Merkmals, wie Akte möglich sind, in denen ein Subjekt von einer Norm geleitet wird und die es dadurch auch normativ erklären kann. Denn ein Subjekt, das eine vernünftige Fähigkeit ausübt, vollzieht dann Akte, die es genau dadurch selbst normativ erklären kann, daß es sie als Akte genau jener vernünftigen Fähigkeit darstellt, die es gerade ausübt: etwa als einen Akt des Skifahrens, des Rechnens etc. Wenn ich die vernünftige Fähigkeit habe, im parallelen Kurzschwung Ski zu fahren, und ich gerade dabei bin, das zu tun, dann liefert mir diese Fähigkeit unter anderem einen Grund dafür, den Außenski zu belasten, etwa dann, wenn ich mit der Schwungsteuerung beginne.[79] Ein Subjekt, das ein Bewußtsein der Fähigkeit hat, die es aktualisiert oder zu aktualisieren versucht, kann sich kraft dieses Bewußtseins auf die Fähigkeit *als* Grund für sein Verhalten beziehen und damit selbst normativ erklären, weshalb es das tut, was es tut, indem es sein Handeln als eines darstellt, das unter den gegebenen Umständen, in denen es sich befindet, gemäß der Fähigkeit *richtig* ist. Als Erklärung dafür, weshalb er gerade den Außenski belastet hat, könnte Jim etwa sagen: »Ich habe den Außenski belastet, weil ich dabei war, einen parallelen Kurzschwung zu machen«. Das heißt, das, wodurch Jim sein fragliches Handeln erklären kann, ist etwas, das nicht nur hier und jetzt ein Grund für die fragliche Handlung ist, sondern das in prinzipiell unendlich vielen Fällen ein Grund für ebenjene Handlung ist, die Jim gerade vollzogen hat, nämlich das Belasten des Außenskis. Jemand, der eine vernünftige Fähigkeit ausübt, kann seine Handlung normativ erklären, indem er auf genau die Fähigkeit, die er in seiner Handlung aktualisiert oder zu aktualisieren beansprucht, Bezug nimmt. Wenn Jims Verhalten in der Ausübung einer vernünftigen Fähigkeit besteht, dann ist er kraft dessen, *was* er tut, zugleich im Besitz einer normativen Erklärung für sein Verhalten.

Subjekte, die eine vernünftige Fähigkeit ausüben, sind folglich nicht zufälligerweise auch noch in der Lage, ihr Handeln selbst normativ zu erklären. Die Fähigkeit, sein Verhalten normativ zu erklären, ist vielmehr ein Element einer vernünftigen Fähigkeit, das man logisch nicht aus dieser Fähigkeit herauslösen kann, ohne damit eine solche Fähigkeit im ganzen aufzulösen. Ein Subjekt, das eine vernünftige Fähigkeit hat, hat genau dadurch eine *Quelle von Gründen* für sein Handeln. Wer eine vernünftige Fähigkeit hat und diese Fähigkeit aktualisiert oder zu aktualisieren versucht, ist jemand, der das, was er tut, normativ erklären kann, indem er es als etwas aufweisen kann, das er unter den Umständen, in denen er ist, gemäß dieser Fähigkeit tun soll. Daß er eine solche Erklärung geben kann, ist keine Fähigkeit, die er zusätzlich dazu, daß er eine vernünftige Fähigkeit hat, auch noch hat. Die Fähigkeit zu einer solchen Erklärung ist vielmehr ein intrinsisches Merkmal einer ver-

79 Natürlich nur, wenn ich nicht gerade eine Herzattacke bekomme und mich vielleicht sofort auf den Boden setzen sollte, oder wenn mir nicht gerade jemand in die Quere kommt und ich meine Skier beiseite reißen sollte, etc. Das Problem der Ausnahmen werden wir in Kap. VIII.1 + 2 bearbeiten.

nünftigen Fähigkeit selbst. Denn indem die Subjekte einer vernünftigen Fähigkeit für jene ihrer Handlungen, die unter eine solche Fähigkeit fallen, normative Erklärungen geben, artikulieren sie nichts anderes als genau dasjenige Bewußtsein von der Fähigkeit, das für den Vollzug solcher Handlungen konstitutiv ist. Indem sie ihr Handeln normativ erklären, vollziehen sie folglich einen Akt, für den sie selbst nichts anderes als eben genau jene Fähigkeit aktualisieren müssen, unter die auch die Handlung fällt, die sie unter Bezugnahme auf diese Fähigkeit erklären.

Indes müssen wir hier einem Mißverständnis vorbeugen: Wenn wir sagen, daß jemand, der eine vernünftige Fähigkeit hat, ein Bewußtsein von der Fähigkeit hat, unter die sein Verhalten fällt, dann heißt dies nicht, daß er über jene Ausdrücke verfügt, die etwa in dem Ski-Lehrbuch verwendet werden. Keineswegs. Das Bewußtsein von der Fähigkeit muß nicht wie in dem Ski-Lehrbuch artikuliert sein. Die wenigsten Skifahrer haben ein derart artikuliertes Bewußtsein ihrer Fähigkeit. Daß jemand ein Bewußtsein von der Fähigkeit hat, die sein Verhalten erklärt, kann sich in ganz verschiedener Weise zeigen. Etwa daran, daß er in der Lage ist, Beispiele für Instanziierungen dieser Fähigkeit zu geben, etwa dadurch, daß er sie selbst vormacht, oder dadurch, daß er auf solche Beispiele hinzeigen kann. Es kann sich also etwa daran zeigen, daß das Subjekt auf die Frage etwa, was paralleles Kurzschwingen ist, mit der Aussage antworten kann, »Es ist das, was ich gerade tue« oder »Es ist das, was Jim gerade tut«.

Die reflexive Vergegenwärtigung einer vernünftigen Fähigkeit, die konstitutiv ist dafür, daß jemand Träger einer solchen Fähigkeit ist, ist nicht die Art von Vergegenwärtigung, die wir vornehmen, wenn wir ein Ski-Lehrbuch schreiben. Oder wenn wir eine Spielanleitung zum Schachspielen schreiben etc. Es ist vielmehr umgekehrt so, daß Lehrbücher eine wesentlich nachträgliche, explizite Artikulation desjenigen Bewußtseins sind, das jeder, der diese Fähigkeit hat, implizit, und in den meisten Fällen in weitaus weniger artikulierter Weise hat.[80] Die Art von reflexiver Vergegenwärtigung, die

80 H. J. Schneider hat in einer Reihe von Aufsätzen (vgl. u. a. »Spielregeln und Wissensansprüche«, »Beruht das Sprechenkönnen auf einem Sprachwissen?«) nachdrücklich dafür argumentiert, daß Wissen (er diskutiert es am Fall des Bedeutungswissens) nicht als das Befolgen expliziter Regeln verstanden werden kann, sondern umgekehrt Repräsentationen oder Darstellungen, wie sie etwa in obigem

intrinsisch zu einer vernünftigen Fähigkeit gehört, hat ihren grundlegenden Ort nicht in Lehrbüchern, sondern dort, wo sie in paradigmatischer Weise ausgeübt wird: beim Skifahren auf der Piste, beim Tanzen auf dem Parkett, beim Schwimmen im Wasser etc. Und die Formen, in denen sich dieses Bewußtsein sodann ausdrücklich artikuliert, können ihrerseits mannigfaltig sein. Es artikuliert sich in jeder noch so anspruchslosen Verwendung von Begriffen, die Akte der entsprechenden Fähigkeit beschreiben, sei dies in einer Beschreibung und Erklärung unseres eigenen Verhaltens oder in der Beschreibung und Erklärung des Verhaltens von anderen.

Damit können wir auf die Frage zurückkommen, die wir oben formuliert haben: nämlich in welchem Sinn eine vernünftige Fähigkeit die Wirklichkeit der Handlungen, die unter sie fallen, erklärt. Denn unsere genauere Bestimmung dessen, was durch eine vernünftige Fähigkeit erklärt wird, hat deutlich gemacht, daß die Erklärung, die eine vernünftige Fähigkeit liefert, eine bestimmte Form hat. Die Bezugnahme auf eine vernünftige Fähigkeit zur Erklärung einer Handlung ist nicht die Erklärung einer Handlung durch ein psychologisches Ereignis, das den zu erklärenden Zustand oder die zu erklärende Handlung verursacht. Es ist auch nicht die Erklärung einer Handlung durch ein nicht-psychologisches Ereignis. Es ist überhaupt keine Erklärung einer Handlung durch ein dem zu erklärenden Vollzug vorhergehendes Ereignis, ganz gleich

Lehrbuch vorkommen, als Produkte eines »Könnens« aufzufassen sind und daher ihm gegenüber logisch nachträglich sind. Er zieht daraus den Schluß, daß man diese »Darstellungen« daher auch nicht als das Explizitmachen eines implizit schon Gewußten verstehen kann, sondern als eine Erweiterung, als eine zusätzliche Kompetenz. Ich stimme Schneider in seiner Kritik am Regelmodell des Wissens vollkommen zu. Allerdings wäre es nach meiner Betrachtung irreführend zu sagen, Wissen sei »eine besondere Art des Könnens«. Schneiders Konzeption beruht darauf, Wissen durch Können im Sinne einer Handlungskompetenz zu erklären. So auch Ch. Schildknecht, »Aspekte des Nichtpropositionalen«. Die Pointe meiner Konzeption hingegen besteht darin, wie Kap. VII zeigen wird, daß sie die Möglichkeit einer solchen Erklärung von Wissen durch Können unterläuft, weil sie die Fähigkeit, etwas zu erkennen, selbst als grundlegende Fähigkeit versteht. Wissen wird nicht durch eine grundlegendere Fähigkeit erklärt, sondern der Begriff des Wissens beschreibt selbst eine Fähigkeit, eben eine vernünftige Erkenntnisfähigkeit. Und das heißt, daß ein implizites Wissen *von* der Fähigkeit, etwas zu erkennen, ein wesentliches Phänomen ebendieser Fähigkeit ist. Es ist der Fähigkeit gegenüber nicht nachträglich, sondern konstitutiv für den Begriff dieser Fähigkeit.

welcher Art. Es ist vielmehr die Erklärung einer Handlung durch etwas Allgemeines, das für die Handlungen, die es erklärt, den Charakter einer konstitutiven Norm hat, von der das Subjekt der Handlung ein Bewußtsein hat, so daß es unter Bezugnahme auf diese Norm prinzipiell unendlich viele seiner Handlungen erklären kann. Das heißt, die Art von Erklärung, die eine vernünftige Fähigkeit für die Handlungen liefert, die unter sie fallen, ist wesentlich keine Erklärung, die man nur durch eine, sagen wir, empirische Untersuchung herausfinden kann oder gar muß. Eine vernünftige Fähigkeit ist vielmehr in dem Sinn die »Ursache« bestimmter Handlungen, daß ein Aspekt jener konstitutiven Einheit von Handlungen, die eine vernünftige Fähigkeit ausmacht, darin besteht, daß sie Handlungen mit einer selbstbewußten normativen Erklärung ausstattet, die es ohne diese Form der Erklärung *nicht geben kann.*

Daß vernünftige Fähigkeiten für die Akte, die unter sie fallen, nicht nur normativ sind, sondern sie diese Akte auch erklären, bedeutet, daß diese Akte nicht einfach zufälligerweise mit der Norm der Fähigkeit übereinstimmen, sondern *aufgrund* der Fähigkeit. Wir können uns diesen Zusammenhang zwischen vernünftigen Fähigkeiten und Akten, deren Übereinstimmung mit der Norm der Fähigkeit nicht zufällig ist, abschließend anhand des folgenden Beispiels verdeutlichen: Stellen wir uns vor, wir werfen Lisa, die schwimmen kann, ins Wasser. Die Bewegungen, die sie im Wasser machen wird, werden Schwimmbewegungen sein, d. h., sie wird Bewegungen machen, die die Fähigkeit, zu schwimmen, aktualisieren. Daß ihre Bewegungen genau so sind, wie sie gemäß der Fähigkeit, zu schwimmen, sein sollen, ist nicht zufällig, sondern hat ihre Erklärung genau darin, daß Lisa schwimmen kann. Wenn Schwimmen eine vernünftige Fähigkeit ist, dann enthält die Behauptung, daß Lisa hier und jetzt schwimmt, eine Erklärung dafür, weshalb das, was Lisa hier und jetzt tut, genau so ist, wie es gemäß der Fähigkeit, zu schwimmen, sein soll. Und daß es eine Erklärung enthält, heißt, daß ihre Bewegungen im Wasser hier und jetzt nicht zufällig so sind, wie sie gemäß dieser Fähigkeit sein sollen.

Aristoteles beschreibt diesen Charakter der Nicht-Zufälligkeit von Akten, die einer vernünftigen Fähigkeit entspringen, als er den Unterschied beschreibt, der zwischen den Akten desjenigen besteht, der im Besitz einer bestimmten vernünftigen Fähigkeit ist, und desjenigen, der dies nicht ist:

Man kann etwas grammatisch Korrektes tun auch durch Zufall und wenn es einem ein anderer zeigt. Also ist man nur dann ein Grammatiker, wenn man etwas grammatisch Korrektes tut, und dies auf fachmännische Weise, das heißt: im Sinne der Grammatik, die man sich angeeignet hat.[81]

Aristoteles' Beispiel – übertragen auf unser Schwimmbeispiel – besagt, daß, wenn wir von jemandem sagen, daß er nicht schwimmen kann, wir damit sagen, daß wir keine Erklärung dafür haben, weshalb seine Bewegungen im Wasser so aussehen, wie sie bei jemandem aussehen, der schwimmen kann. Wir können dann nur sagen, es sei Zufall. Und zu sagen, es sei Zufall, heißt nun freilich nicht, eine besondere Form der Erklärung für sein im Sinne der Fähigkeit »korrektes« Verhalten zu geben, sondern anzuzeigen, daß man keine Erklärung für dieses Verhalten hat. Wir lassen folglich die Möglichkeit eines Falls zu, in dem jemand etwas tut, das ununterscheidbar ist von dem, was jemand tut, der dabei eine Fähigkeit aktualisiert. Doch damit scheint sich die Frage aufzudrängen, wie es dann möglich ist, jemals zu wissen, ob Lisa schwimmt oder ob das, was sie tut, nur so aussieht wie das, was jemand tut, der schwimmen kann. Wie sollen wir jemals sagen können, ob eine einzelne Handlung die Aktualisierung einer Fähigkeit ist oder ob sie nur so aussieht wie eine Handlung, die eine Fähigkeit aktualisiert? Denn was wir bislang gesagt haben, scheint uns nur zu dem Konditional zu berechtigen: *Wenn* jemand schwimmen kann, dann ist das, was er im Wasser tut, nicht zufällig so, wie es gemäß der Fähigkeit zum Schwimmen sein soll. Woran aber zeigt sich, *daß* er schwimmen kann? Wenn jedoch richtig ist, daß es ein logisches Merkmal einer vernünftigen Fähigkeit ist, daß sie eine prinzipiell unendliche Zahl von Fällen erklärt, die unter sie fallen, dann gibt uns dies schon einen Hinweis darauf, *wie* eine solche Frage nur beantwortet werden kann: Denn dies bedeutet, daß man die Frage, ob es richtig ist, jemandes Verhalten unter eine vernünftige Fähigkeit zu bringen, nicht dadurch entscheiden kann, daß man auf ein einziges Verhaltensvorkommnis starrt. Wenn wir sagen, daß ein Vollzug unter eine vernünftige Fähigkeit fällt und also nicht zufälligerweise so ist, wie er gemäß der Fähigkeit sein soll, dann »blicken« wir, wie Ryle es aus-

81 Aristoteles, *Nikomachische Ethik*, 1105a 22-25. Vgl. dazu den mit unserer Auslegung übereinstimmenden Kommentar von L. Zagzebski, *Virtues of the Mind*, S. 110ff. sowie S. Broadie, *Ethics with Aristotle*, S. 89f.

drückt, »in gewisser Weise über die Handlung selbst hinaus«.[82] Wir behaupten damit, daß seine Handlung nicht nur in diesem einen Fall so ist, wie sie gemäß der Fähigkeit sein soll, sondern auch in anderen Fällen, unter anderen Umständen, eben in einer prinzipiell unendlichen Reihe von Fällen. Und genau darum, weil wir mit der Zuschreibung einer vernünftigen Fähigkeit diesen Vorausgriff auf eine Unendlichkeit von Fällen machen, können wir die Frage, ob eine einzelne Handlung die Aktualisierung dieser Fähigkeit ist oder nicht, nicht dadurch angemessen beantworten, daß wir nur die einzelne Handlung betrachten. Wir müssen das Subjekt vielmehr in mehreren Fällen beobachten, in denen jene Umstände bestehen, unter denen die Fähigkeit aktualisiert wird.

Man mag fragen wollen: Und wie oft müssen wir Lisa durchs Wasser schicken, damit wir diese Frage richtig beantworten können? Zweimal, fünfmal, zehnmal? Doch darauf gibt es keine philosophische Antwort mehr, außer der, daß das von der jeweiligen Fähigkeit abhängt, um die es geht. Entscheidend für die philosophische Frage ist allein, was es bedeutet, irgendwann zu sagen, daß das, was sie tut, eine Aktualisierung der Fähigkeit zum Schwimmen ist.[83] Wir müssen also zwei Fragen voneinander unterscheiden: Die eine ist die Frage, was es heißt, das Verhalten eines Subjekts unter eine bestimmte Fähigkeit zu bringen. Eine andere Frage ist es, woher wir wissen, ob ein Subjekt im Besitz einer bestimmten Fähigkeit ist. Unsere bisherigen Überlegungen sollen zunächst einmal auf die erste Frage antworten. Erst am Ende dieser Arbeit werden wir die zweite Frage nochmals aufwerfen. Die Frage, die uns im Moment beschäf-

82 G. Ryle, *Der Begriff des Geistes*, S. 54 (dt. Übersetzung leicht verändert, A.K.).

83 Ryle formuliert diesen Zusammenhang anhand folgenden Beispiels: »Wir beobachten z.B., wie ein Soldat beim Scharfschießen ins Schwarze trifft. War es Glück oder Können? Wenn es Können ist, dann kann er wieder ins Schwarze oder dicht daneben treffen, auch wenn der Wind stärker bläst, wenn die Entfernung sich ändert oder die Zielscheibe sich bewegt. Und wenn sein zweiter Schuß danebengeht, dann wird sein dritter, vierter und fünfter immer näher ins Schwarze heranrücken. [...] Zur Beantwortung der Frage, ob sein Schuß ins Blaue oder ein Meisterschuß war, müssen wir und vielleicht auch er mehr als diesen einen Erfolg heranziehen. [...] Keine einzelne Handlung beweist, daß einer wirklich schießen kann. Aber eine mäßige Anzahl verschiedenartiger Leistungen genügt im allgemeinen, um jeden Zweifel daran zu beheben. Nur so kann allenfalls entschieden werden, ob er unverhofft ins Schwarze traf oder ob er genügend sich auf Schießen verstand, um erfolgreich zu sein, wenn er sich Mühe gab.« In: *Der Begriff des Geistes*, S. 55.

tigt, ist die, die sich darauf bezieht, was wir tun, wenn wir das Verhalten eines Subjekts unter eine vernünftige Fähigkeit bringen. Und genau dies beschreibt Aristoteles oben in seinem Beispiel: Genau in dem Maße, wie wir eine Handlung unter eine vernünftige Fähigkeit bringen, genau in dem Maße betrachten wir sie als eine Handlung, die mit der Fähigkeit, unter die wir sie gebracht haben, nicht zufällig übereinstimmt, sondern aufgrund der Fähigkeit, die sie aktualisiert.

VII. Vernünftige Erkenntnisfähigkeiten

1. Erkenntnisfähigkeiten als grundlegende Fähigkeiten

Die Kategorie einer vernünftigen Fähigkeit ist, soweit wir sie entwickelt haben, die Kategorie eines Allgemeinen, das durch die folgenden vier Merkmale bestimmt ist: Es ist konstitutiv: Die Identität der Elemente, die unter dieses Allgemeine fallen, ist von diesem Allgemeinen abhängig. Es ist normativ: Es unterwirft die Elemente, die unter es fallen, einer Norm, mit Bezug auf die sie richtig oder falsch, gut oder schlecht, gelungen oder mißlungen sind. Es ist erklärend: Es erklärt die Elemente, die unter es fallen, in einem bestimmten Sinn. Und schließlich ist es selbstbewußt: Wer Subjekt einer vernünftigen Fähigkeit ist, hat als solcher ein Bewußtsein von dieser Fähigkeit, welches sich in unterschiedlichen Formen des Verstehens, Überlegens und Erklärens manifestiert. Diese Merkmale genügen, um im folgenden die Rechtmäßigkeit und den Gehalt des Gedankens zu verstehen, um dessentwillen wir diese Merkmale entwickelt haben: nämlich daß der Wissensbegriff ein Begriff dieser Kategorie ist. Der Wissensbegriff ist der Begriff einer vernünftigen Fähigkeit. Und diese vier Merkmale genügen auch, um ein positives Verständnis jener Einsicht zu gewinnen, zu der wir im letzten Teil gekommen sind: nämlich weshalb jemand, der etwas wahrnimmt, und jemand, der etwas von einem anderen erfährt, einen geistigen Akt vollzieht, den man logisch nicht in weitere Akte zerlegen kann. Der Grund dafür ist, so werden wir uns im folgenden klarmachen, daß er in beiden Fällen einen Akt einer vernünftigen Erkenntnisfähigkeit vollzieht. Dabei handelt es sich in beiden Fällen freilich nicht um dieselbe Erkenntnisfähigkeit, sondern um zwei verschiedene Erkenntnisfähigkeiten, die eben so verschieden voneinander sind, wie diese beiden Akte verschieden voneinander sind. Doch beide Erkenntnisfähigkeiten eint, daß es rezeptive Erkenntnisfähigkeiten sind. Darum kommen beide Erkenntnisfähigkeiten darin überein, daß sie Quellen der empirischen Erkenntnis sind.

Eine vernünftige Erkenntnisfähigkeit, d. h. ein Allgemeines, das durch die oben entwickelten vier logischen Merkmale charakterisiert ist, so lautet also unsere nun zu entfaltende These, ist genau dasjenige, das begreiflich macht, wie jemand Wissen haben kann.

Und eine vernünftige, rezeptive Erkenntnisfähigkeit ist genau dasjenige, das begreiflich macht, wie jemand diejenige Art von Wissen haben kann, die paradigmatisch für endliches, objektives Wissen ist: nämlich empirisches Wissen. Weder eine Gewohnheit kann das begreiflich machen, noch regulative Regeln können das.

Humes Gedanke dagegen war, daß Wissen durch eine Gewohnheit begreiflich zu machen ist. Denn Hume nahm an, daß die Bildung einer Überzeugung als das Resultat einer Gewohnheit zu verstehen sei. Überzeugungen, die auf Erfahrungen beruhen, sind »Wirkungen der Gewohnheit, nicht der Vernunfttätigkeit«.[84] Die sogenannte Verläßlichkeitstheorie der Erkenntnis, wie sie u. a. von Alston, Armstrong, Goldman und Nozick seit einiger Zeit prominent gemacht wird, ist die zeitgenössische Gestalt dieses Humeschen Gedankens. Wenn jemand etwas glaubt, dann ist das in erster Instanz genau so zu beschreiben: Als die Aktualisierung einer Art Gewohnheit im oben beschriebenen Sinn. W. Alston formuliert das so:

> Where I speak of »ways« or »modes« of forming beliefs, other theorists speak of »process«, »mechanism«, »procedures«, or »habits« [...]. Whatever the lingo, the basic idea is that a given psyche at a given time has a number of relatively fixed dispositions to go from a certain input (beliefs or experience or a combination thereof) to a belief output with a content that is a more or less determinate function of relevant characteristics of the input.[85]

Wenn man auf der Grundlage eines sinnlichen Eindrucks etwas glaubt, dann ist das gemäß der Verläßlichkeitstheorie der Erkenntnis eine Sache, in der man in dem Sinn eine Gewohnheit (oder einen Mechanismus, wie auch immer man das nennen will) aktualisiert, daß es einem in einem solchen Akt nicht darum geht, daß man eine bestimmte Norm verwirklicht, durch die man seinen Akt bestimmt. Man glaubt nicht deswegen p, weil p zu glauben etwas ist, was jemand, der den sinnlichen Eindruck hat, daß p, vernünftigerweise tun soll. Daß der Nexus zwischen einem sinnlichen Eindruck und einer Überzeugung ein Nexus der Gewohnheit ist, heißt, daß, wenn jemand, nachdem er einen sinnlichen Eindruck hatte, daraufhin eine bestimmte Überzeugung bildet, diese Überzeugung mit dem sinnlichen Eindruck *in derselben Weise* verknüpft ist, wie bei der

84 D. Hume, *Eine Untersuchung über den menschlichen Verstand*, S. 56.
85 W. Alston, *The Reliability of Sense Perception*, S. 4 f.

Gewohnheitsraucherin Rahel das Rauchen mit dem Trinken einer Tasse Kaffee oder bei mir das morgendliche Duschen mit dem morgendlichen Essen eines Nutellabrots. Daß diese beiden Akte in derselben Weise miteinander verknüpft sind wie in jenen Fällen, heißt für unseren Zusammenhang vor allem eins: Es heißt, daß es falsch wäre zu sagen, daß das Subjekt deswegen etwas Bestimmtes glaubt, weil es aus der Perspektive des Subjekts das ist, was es vernünftigerweise tun soll. Wenn wir also sagen, daß jemand etwas weiß, dann sagen wir nach der Verläßlichkeitstheorie damit erstens, daß jemand eine bestimmte Gewohnheit aktualisiert hat – Verläßlichkeitstheoretiker spezifizieren diese Gewohnheit dann in der Regel als eine solche, die *in den meisten Fällen* zu wahren Überzeugungen führt –, und wir sagen damit zweitens, daß die Überzeugung, die er hat, wahr ist, d. h. so ist, wie sie in den meisten Fällen ist.

Unser Einwand gegen diese Erläuterung von Wissen ist ein prinzipieller: Sie bestimmt eine Überzeugung auf eine Weise, die wir von vornherein ausgeschlossen haben. Denn sie versteht eine Überzeugung nicht als einen Akt, der als solcher mit einer bestimmten Form der Erklärung verknüpft ist: nämlich einer normativen Erklärung, die das Subjekt dieses Aktes prinzipiell selbst geben kann. Die Verläßlichkeitstheorie der Erkenntnis leugnet von vornherein, daß es »Dinge« in der Welt gibt, zu deren Natur es gehört, daß sie Gegenstand einer normativen Erklärung sind, d. h. einer Erklärung, bei der man den Akt, um den es geht, durch Bezugnahme auf eine bestimmte Norm erklärt. Wir haben hingegen eine Überzeugung von vornherein als einen Akt eingeführt, der intrinsisch mit einer normativen Form der Erklärung verknüpft ist. Denn wir haben eine Überzeugung als einen Akt eingeführt, in dessen Vollzug sich das Subjekt einer bestimmten Norm unterwirft: der Norm der Wahrheit. Überzeugungen sind in diesem Sinn normative Akte und damit Akte, die man nur verständlich machen kann, wenn man sie zum Gegenstand einer normativen Form der Erklärung macht: ebenjener Form der Erklärung, die die Verläßlichkeitstheoretiker von vornherein ausschließen. Wir haben dies so ausgedrückt, daß wir gesagt haben, Überzeugungen seien im grundlegenden Fall Akte, die das Subjekt durch Gründe erklären kann, die sie als wahr ausweisen.

Dieser von der Verläßlichkeitstheorie bestrittene normative Sinn des Begriffs einer Überzeugung ist die Voraussetzung dafür, daß sich das skeptische Problem, das uns hier beschäftigt und um dessen Lösung wir ringen, überhaupt stellen kann. Denn das skeptische Problem, von dem unsere Arbeit ihren Ausgang nimmt, lautet ja, wie wir es begreiflich machen können, daß ein Subjekt, das sich irren kann, etwas glauben kann, wovon es kraft der Gründe, die es hat, ausschließen kann, daß es falsch ist. Und dieses Problem kann man überhaupt nur verstehen, wenn man Überzeugungen als etwas begreift, das im grundlegenden Fall Gegenstand einer selbstbewußten, normativen Form der Erklärung ist. Unsere These, daß Wissen ein Akt einer vernünftigen Erkenntnisfähigkeit ist, erlaubt es nun, diese anfängliche Bestimmung des Begriffs einer Überzeugung als richtig einzuholen. Denn wenn der Wissensbegriff der Begriff für eine vernünftige Fähigkeit ist, dann bedeutet dies nach all dem, was wir über die Natur vernünftiger Fähigkeiten oben herausgearbeitet haben, folgendes:

Es bedeutet *erstens*, daß die Elemente, durch die wir den Wissensbegriff erläutern, Elemente einer Einheit sind, die für die Identität dieser Elemente *konstitutiv* ist. Dies bedeutet, daß der Sinn der Begriffe, in denen wir Wissen erläutern, von einer Bezugnahme auf eine vernünftige Erkenntnisfähigkeit abhängig ist. D. h., daß es bestimmte Akte gibt, die es nur als Aktualisierungen einer vernünftigen Erkenntnisfähigkeit geben kann, weil die Begriffe, unter die sie fallen, ihren Sinn erst durch eine Bezugnahme auf eine solche Fähigkeit bekommen. Daraus folgt, daß es unmöglich ist, auf ein Wesen den Begriff der Überzeugung anzuwenden, ohne es als Subjekt einer vernünftigen Erkenntnisfähigkeit zu verstehen.

Es bedeutet *zweitens*, daß die Elemente, durch die wir den Wissensbegriff erläutern, Elemente einer *normativen* Einheit sind. Der Wissensbegriff beschreibt eine konstitutive Einheit von Elementen, die für diese Elemente den Status einer Norm, eines Ideals hat. Dies bedeutet, daß die Elemente, aus denen Wissen besteht, kraft dessen, daß sie Elemente einer solchen Einheit sind, einer intrinsischen Bewertung mit Bezug darauf unterliegen, ob sie dieser Norm gemäß sind oder nicht. Fälle, in denen jemand etwas Falsches glaubt oder in denen jemand etwas ohne Grund glaubt, oder in denen jemand etwas aus einem Grund glaubt, der nicht die Wahrheit seiner Überzeugung garantiert, sind demzufolge allesamt Fälle, in denen jemand eine defiziente Überzeugung hat: Er hat in allen Fällen eine Überzeugung, die nicht jener Norm gemäß ist, die konstitutiv für das Haben von Überzeugungen ist. Denn in allen Fällen hat er kein Wissen.

Es bedeutet *drittens*, daß die Elemente, durch die wir den Wissensbegriff erläutern, Elemente einer *erklärenden* Einheit sind. Der Wissensbegriff beschreibt eine konstitutive Einheit von Elementen, die das Vorliegen genau jener Elemente, für die diese Einheit konstitutiv ist, in einem bestimmten, nämlich normativen Sinn erklärt: d. h. so, daß sie das Vorliegen dieser Elemente dadurch verständlich macht, daß sie diese als Elemente der Verwirklichung genau jener Norm darstellt, die konstitutiv für sie ist. D. h. eine vernünftige Erkenntnisfähigkeit erklärt das Vorliegen genau jener Elemente, für die sie konstitutiv ist, dadurch, daß sie diese als Elemente darstellt, die genau so sind oder dem nahe kommen, wie sie in dem Fall sind, in dem jemand Wissen hat.

Und es ist bedeutet schließlich *viertens*, daß die Elemente, durch die wir den Wissensbegriff erläutern, Elemente einer *selbstbewußten* Einheit sind. Der Wissensbegriff beschreibt eine konstitutive Einheit von Elementen, zu der ein Subjekt gehört, das in den verschiedenen Formen des Verstehens, Überlegens und Erklärens auf diese Einheit Bezug nehmen kann und dadurch das, was es tut, wenn es etwas tut, das unter diese Einheit fällt, normativ erklären kann.

Im weiteren Verlauf dieser Arbeit wird es darum gehen, Schritt für Schritt – d. h. Begriff für Begriff – zu zeigen, was es genau bedeutet, daß der Wissensbegriff der Begriff für eine Einheit ist, die konstitutiv für den Sinn jener Begriffe ist, durch die wir sie beschreiben, nämlich für die folgenden Begriffe: den Begriff eines sinnlichen Eindrucks, den Begriff der Kausalität sinnlicher Eindrücke, den Begriff einer empirischen Überzeugung, den Begriff einer gerechtfertigten Überzeugung, den Begriff der Wahrheit einer Überzeugung, den Begriff einer empirischen Tatsache sowie den Begriff der Objektivität dieser Tatsache. An dieser Stelle jedoch können wir schon so viel festhalten: Wenn der Wissensbegriff der Begriff einer vernünftigen Fähigkeit ist, dann können wir rückblickend die skeptische Position als eine Position begreifen, die uns genau dies in gleichsam negativer Weise erkennen läßt. Die skeptische Position erscheint dann als das konsequente Resultat des Versuchs, begreifen zu wollen, wie jemand Wissen haben kann, ohne dabei von dem Gedanken Gebrauch zu machen, daß das fragliche Wesen im Besitz einer vernünftigen Erkenntnisfähigkeit ist. Denken wir diesen Versuch zu Ende, so haben unsere transzendentalen Überlegungen gezeigt, dann kann man damit noch nicht einmal verstehen, wie das fragliche Wesen auch nur irgendeine Überzeugung haben kann. Wenn der Wissensbegriff der Begriff einer vernünftigen Fähigkeit ist, dann ist dies nicht verwunderlich, sondern dann muß dies genau so sein. Denn dies bedeutet dann, daß unabhängig von einer Bezugnahme darauf, daß jemand eine vernünftige Erkenntnisfähigkeit hat, kraft deren er prinzipiell erkennen kann, ob eine bestimmte Überzeugung, die er hat, wahr ist, es keinen Sinn macht, zu sagen, daß er eine bestimmte Überzeugung hat. Eine solche Rede ist dann so leer, wie die Rede von »Drehschwung«, »Außenski belasten«, »Anfersen« leer ist, solange wir diese Begriffe nicht als Begriffe verstehen, die die Fähigkeit, Ski zu fahren, beschreiben. Etwas als eine bestimmte Überzeugung zu identifizieren – also zu sagen, man selbst oder ein anderer würde etwas Bestimmtes glauben, etwa, daß noch Apfelsaft im Kühlschrank ist oder daß der Fasan zäh ist oder daß Peter ein liebenswürdiger Kerl ist – heißt dann, das Element als Einheit von Elementen zu identifizieren, die für die Identität dieses Elements konstitutiv ist. Einem Wesen eine Überzeugung zuzuschreiben heißt dann, von dem Gedanken Gebrauch zu machen, daß dieses Wesen im Besitz einer vernünftigen Erkenntnisfähigkeit ist.

Wie wir schon eingesehen haben, besagt der Gedanke, daß jemand nur dann etwas glauben kann, wenn er eine vernünftige Erkenntnisfähigkeit hat, nicht, daß immer, wenn jemand etwas glaubt, er dabei eine vernünftige Erkenntnisfähigkeit ausübt. Keineswegs. Dann hätten wir ja nur Erkenntnisse. Es heißt auch nicht, daß in den meisten Fällen, in denen jemand etwas glaubt, er dabei eine vernünftige Erkenntnisfähigkeit ausübt. Manchmal, und vielleicht sogar sehr oft, bildet Peter Überzeugungen ins Blaue hinein oder aufgrund von etwas, das nichts damit zu tun hat, daß man dadurch zu einer Erkenntnis gelangt. Dieser Gedanke besagt vielmehr, daß der Begriff der Überzeugung, durch den wir den Wissensbegriff erläutern, nicht grundlegender als der Wissensbegriff selbst ist, sondern der Sinn dieses Begriffs von der Bezugnahme auf eine vernünftige Erkenntnisfähigkeit abhängig ist. Doch dies heißt nicht, daß, wann immer jemand etwas glaubt, er etwas erkennt, sondern es heißt, daß unabhängig von einer Bezugnahme darauf, daß ein bestimmtes Wesen eine vernünftige Erkenntnisfähigkeit hat, es widersinnig ist, dieses Wesen durch den Begriff der Überzeugung zu charakterisieren.

Nun stellen wir uns vor, wir hätten nur eine einzige solche Erkenntnisfähigkeit. In einem solchen Fall wäre es unnötig, jemanden, der behauptet, er wisse etwas, danach zu fragen, woher er das denn wisse. Es wäre unnötig, ihn nach der Quelle seines Wissens zu fragen. Wenn wir nur eine einzige Fähigkeit hätten, etwas zu erkennen, wäre eine solche Frage stets schon im vorhinein beantwortet und daher überflüssig. Der Umstand, daß wir jemanden, der behauptet, er wisse etwas, gelegentlich nach der Quelle seines Wissens fragen, zeigt an, daß wir uns als Wesen verstehen, die mehrere vernünftige Erkenntnisfähigkeiten haben. Wenn dies so ist, dann lautet unsere Erläuterung von Wissen wie folgt: Jemand weiß etwas genau dann, wenn er, indem er etwas glaubt, eine bestimmte vernünftige Erkenntnisfähigkeit ausübt. Und daß wir hier sagen, er übe eine »bestimmte« Erkenntnisfähigkeit aus, soll anzeigen, daß sich seine Erkenntnisakte nach bestimmten Prinzipien in verschiedene Arten einteilen lassen, die formale Unterschiede zwischen den jeweiligen Erkenntnisfähigkeiten beschreiben, denen diese Akte entspringen.

Damit können wir die Frage beantworten, die wir am Ende des ersten Teils aufgeworfen haben: nämlich wie wir die Bedeutung von Aussagen zu verstehen haben, in denen wir jemanden dadurch charakterisieren, daß wir sagen, er würde etwas wahrnehmen oder er würde etwas von einem anderen erfahren. Denn damit können wir uns zu dem Gedanken berechtigen, daß dies Aussagen sind, die Aktualisierungen bestimmter vernünftiger Erkenntnisfähigkeit beschreiben. Im einen Fall beschreiben sie jemanden, der die vernünftige Fähigkeit aktualisiert, durch sinnliche Eindrücke zu erkennen, wie die Dinge sind. Im anderen Fall beschreiben sie jemanden, der die vernünftige Fähigkeit aktualisiert, durch das Verstehen der Mitteilungen anderer zu erkennen, wie die Dinge sind. Denn erinnern wir uns an das Ergebnis des zweitens Teils dieser Arbeit: Es lautete, daß wir die obigen Aussagen als Aussagen verstehen müssen, deren faktiver Sinn irreduzibel ist. Das heißt, wir müssen sie als Aussagen verstehen, die einen Nexus zwischen einem Subjekt und einer Tatsache beschreiben, der nicht in weitere Aussagen zerlegbar ist. Wenden wir nun unsere Überlegungen über vernünftige Fähigkeiten auf diese Einsicht an, dann verstehen wir damit, weshalb jede weitere Zerlegung dieses Nexus unmöglich ist. Dies ist deswegen unmöglich, so können wir nun einsehen, weil der Sinn dieser Aussagen dadurch bestimmt ist, daß wir mit diesen Aussagen Akte einer vernünftigen Erkenntnisfähigkeit beschreiben. Denn wenn das so ist, dann heißt dies, daß man den Sinn dieser Aussagen nicht aus elementareren Aussagen rekonstruieren kann, eben weil sie dann Akte einer Einheit beschreiben, die für die Identität dieser Akte konstitutiv ist. Im einen Fall besteht diese Einheit in der vernünftigen Fähigkeit, durch sinnliche Eindrücke zu erkennen, wie die Dinge sind. Im anderen Fall besteht sie in der vernünftigen Fähigkeit, durch das Verstehen der Mitteilungen anderer zu erkennen, wie die Dinge sind. Wenn der Sinn obiger Aussagen dadurch bestimmt ist, daß wir mit ihnen Aktualisierungen vernünftiger Erkenntnisfähigkeiten beschreiben, dann heißt dies, daß unabhängig von einer Bezugnahme darauf, daß ein bestimmtes Subjekt im Besitz einer solchen Fähigkeit ist, es widersinnig ist, von diesem Subjekt zu sagen, es würde etwas wahrnehmen oder etwas von einem anderen erfahren.

Mit dieser Erläuterung der Natur von Wissen vertiefen wir unser Verständnis jener Einsicht, zu der wir im V. Kapitel gelangt sind, noch in einer weiteren Hinsicht. Dort haben wir eingesehen, daß die Kehrseite der Irreduzibilität dieser Aussagen in einem disjunktiven Verständnis rezeptiver Erfahrungen besteht: Wir müssen den Begriff eines sinnlichen Eindrucks als einen Begriff verstehen, der entweder den Fall einer Wahrnehmung und also einen wahrheitsgarantierenden Grund für eine Überzeugung beschreibt oder einen Fall, in dem jemand nur eine *scheinbare* Wahrnehmung und also nur scheinbar einen wahrheitsgarantierenden Grund für eine Überzeugung hat. Weshalb dieses disjunktive Verständnis rezeptiver Erfahrungen zwingend ist, können wir nun auf einer tieferen Ebene einsehen. Wir müssen sie disjunktiv verstehen, weil es sich bei diesen rezeptiven Erfahrungen (jemand hat einen bestimmten sinnlichen Eindruck oder hört einen anderen etwas sagen) nur entweder um einen Akt handeln kann, der die Fähigkeit, die für ihn konstitutiv ist, *aktualisiert,* oder aber eben um einen Akt, für den diese Fähigkeit zwar konstitutiv ist, ohne jedoch selbst ein Fall der Aktualisierung dieser Fähigkeit zu sein, sondern das Resultat eines *Scheiterns* der Aktualisierung dieser Fähigkeit.

Eine Implikation der Fähigkeitskonzeption von Wissen ist, daß jene sinnlichen Eindrücke, die uns zu verstehen erlauben, wie ein Subjekt empirische Überzeugungen haben kann, einen begrifflichen Inhalt haben. Denn der Sinn, den der Begriff eines sinnlichen Eindrucks dann hat, wenn er Teil der Beschreibung einer vernünftigen Fähigkeit ist, durch sinnliche Eindrücke zu erkennen, wie die Dinge sind, ist der, so haben wir oben gesehen, daß er entweder eine Erfahrung beschreibt, die diese Fähigkeit aktualisiert, oder aber eine Erfahrung, die das Resultat eines Mißlingens der Aktualisierung dieser Fähigkeit ist. Und da beide Erfahrungen unter eine vernünftige Erkenntnisfähigkeit fallen, also Erfahrungen darstellen, die dadurch definiert sind, daß ihre Subjekte genau diese Erfahrungen anführen können, um zu erklären, weshalb sie einen bestimmten begrifflichen Inhalt entweder glauben oder nicht glauben, kann es sich bei diesen sinnlichen Eindrücken nur um solche handeln, die genau jenen begrifflichen Inhalt haben, den auch die auf diese Weise erklärten Überzeugungen haben.

Man beachte: Die Fähigkeitskonzeption von Wissen ist nicht so zu verstehen, als würde sie sagen, daß es einfach empirisch der Fall ist, daß die sinnlichen Eindrücke von Wesen, die Überzeugungen bilden können, stets einen begrifflichen Inhalt haben.[86] Sie sagt vielmehr, daß der Sinn des Begriffs eines sinnlichen Eindrucks, der auf Wesen Anwendung findet, die empirische Überzeugungen bilden können, dadurch bestimmt ist, daß er Teil der Beschreibung einer vernünftigen Erkenntnisfähigkeit ist.[87] Daraus folgt, daß der *Sinn*

86 Die Fähigkeitskonzeption von Wissen beruht daher auch nicht auf dem Gedanken, daß wir in bezug auf vernünftige Wesen zwischen zwei Formen sinnlicher Eindrücke unterscheiden müssen, nämlich solche, die begrifflich sind, und solche, die unbegrifflich sind und gegenüber den begrifflichen die grundlegenderen sind. Das ist die These, die vor allem F. Dretske prominent gemacht hat in *Seeing and Knowing*. Sie wird u. a. auch vertreten von W. Künne, »Sehen. Eine sprachanalytische Betrachtung«, sowie R. Schantz, *Der sinnliche Gehalt der Wahrnehmung*.

87 M. Willaschek, der ebenfalls dafür argumentiert, daß die sinnlichen Erfahrungen von Menschen stets einen begrifflichen Gehalt haben, begründet dies durch die negative Einsicht, daß wir zur Erklärung von Wahrnehmungswissen keine unbegrifflichen sinnlichen Erfahrungen anzunehmen brauchen. Die positive Behauptung, daß es die Natur der sinnlichen Erfahrungen von Menschen auszeichnet, einen begrifflichen Gehalt zu haben, hängt bei ihm daher eigentümlich in der Luft.

der Rede davon, daß ein Wesen einen sinnlichen Eindruck hat, davon abhängig ist, ob das Wesen, dem wir hier einen sinnlichen Eindruck zuschreiben, Überzeugungen bilden kann oder nicht. Wenn es Überzeugungen bilden kann, dann bedeutet dies, daß hier jener Begriff eines sinnlichen Eindrucks zur Anwendung kommt, zu dessen Sinn es gehört, Akte zu beschreiben, die unter eine vernünftige Erkenntnisfähigkeit fallen. Und das heißt, es kommt jener Begriff eines sinnlichen Eindrucks zur Anwendung, zu dessen Sinn es gehört, Akte zu beschreiben, die einen begrifflichen Inhalt haben.

Indes, die Fähigkeitskonzeption von Wissen scheint damit einem phänomenologischen Einwand ausgesetzt zu sein: Sie ist nicht in der Lage, dem Umstand Rechnung zu tragen, daß jene Unterscheidungen, die wir in unseren sinnlichen Erfahrungen »treffen«, viel feinkörniger sind als jene, die wir kraft der uns verfügbaren empirischen Begriffe vornehmen können.[88] Im Fall von Farbtönen, so der Einwand, ist es offenkundig, daß wir *sinnlich* mehr Farbtöne unterscheiden können, als wir durch unser Repertoire an Farbbegriffen ausdrücken können. Die Feinkörnigkeit der Unterscheidungen von Farbtönen, zu denen wir sinnlich in der Lage sind, so will der Einwand sagen, ist durch unsere Farbbegriffe nicht einzuholen.[89] Vielmehr müssen unsere Farbbegriffe von der Feinkörnigkeit unserer sinnlichen Erfahrung stets abstrahieren. Wenn wir diese offenkundige Feinkörnigkeit unserer sinnlichen Erfahrung nicht leugnen wollen, dann können wir dies nur dadurch tun, so der Einwand weiter, daß wir den Gehalt unserer sinnlichen Erfahrungen als entweder vollständig unbegrifflich verstehen[90] oder anerkennen, daß er wenigstens unbegriffliche Elemente hat.[91] Da die Fähigkeits-

Empirisch kann er sie nicht meinen. Vgl. dazu M. Willaschek, *Der mentale Zugang zur Welt*, S. 266-271. Die Fähigkeitskonzeption erweist ihre Stärke unter anderem darin, daß sie eine solche Aussage über das *Wesen* der sinnlichen Erfahrungen vernünftiger Wesen gerade ermöglicht und begründet.

88 So u. a. Ch. Schildknecht, »Anschauungen ohne Begriffe?«, S. 467, R. Schantz, »Der Inhalt der Erfahrung«, S. 258 ff.

89 Siehe ebd. So formuliert auch G. Evans den Einwand in: *The Varieties of Reference*, S. 229.

90 So die These von G. Evans in: *The Varieties of Reference*, S. 229. Begriffe sind nach Evans nur notwendig für unseren *kognitiven Zugang* zum Inhalt unserer sinnlichen Erfahrungen, nicht aber für die Bestimmung des Inhalts dieser Erfahrungen selbst.

91 So die These von Ch. Peacocke, *A Study of Concepts* sowie »Nonconceptual Con-

konzeption von Wissen genau dies bestreitet, da sie ja behauptet, daß Wesen, die urteilen können, sinnliche Erfahrungen haben, die dadurch definiert sind, daß ihr Inhalt zugleich der Inhalt von Urteilen sein kann, kann die Fähigkeitskonzeption nicht richtig sein, so der Einwand.

Inakzeptabel wäre die Fähigkeitskonzeption in der Tat, wenn sie dem phänomenologischen Hinweis auf die Feinkörnigkeit der sinnlichen Erfahrung überhaupt nicht Rechnung tragen könnte. Doch der Gedanke, daß unsere sinnliche Erfahrung etwa von Farbtönen auf eine Weise feinkörnig ist, wie es unser Repertoire an Farbbegriffen nicht ist, stellt für die Fähigkeitskonzeption kein Problem dar. Um dem Gedanken Rechnung zu tragen, daß wir, wenn wir eine bestimmte Rose sehen, die sinnliche Erfahrung eines Rottons machen, dessen Besonderheit wir nicht durch einen der uns zur Verfügung stehenden Farbbegriff beschreiben können, müssen wir keineswegs auf die Idee rekurrieren, daß unsere sinnliche Erfahrung dieser Rose einen unbegrifflichen Inhalt hat. Wir können dieser Feinkörnigkeit unserer sinnlichen Erfahrung in einfacher Weise durch die Idee Rechnung tragen, daß jene Begriffe, die den Inhalt unserer sinnlichen Erfahrungen bestimmen, demonstrative Begriffe sind. Das heißt, es sind Begriffe, deren Gehalt intrinsisch dadurch bestimmt wird, wie der Gegenstand beschaffen ist, auf den wir uns hier und jetzt mit ihnen beziehen und den wir in Worten wie etwa »dieser Rotton« ausdrücken können.[92]

Demonstrative Begriffe sind hybride Konstruktionen, weil sie aus der Verknüpfung eines Prädikats mit einem demonstrativen Ausdruck bestehen und damit Begriffe sind, die nur dann einen Gehalt haben, wenn es einen Gegenstand gibt, der den Gehalt des Prädikats bestimmt. Es sind Begriffe, die man, weil ihr Gehalt intrinsisch durch die Beschaffenheit der Gegenstände, auf die wir uns mit ihnen beziehen, bestimmt ist, nur *verstehen* kann, wenn man den Gegenstand, auf den man sich mit einem solchen Begriff bezieht, *wahrnimmt*. Die Möglichkeit solcher Begriffe zeigt, daß es keinen Grund gibt für den Gedanken, daß der Inhalt unserer sinnlichen Erfahrung sich prinzipiell von jenem unterscheidet, den unsere Urteile haben. Um die Feinkörnigkeit der sinnlichen Erfahrung zu

tent Defended«; T. Crane, »The Nonconceptual Content of Experience«, M. Martin, »Perception, Concepts and Memory«.

92 So argumentiert etwa auch J. McDowell in *Mind and World*, S. 56 ff.

begreifen, müssen wir ihr keinen *unbegrifflichen* Inhalt zuschreiben, sondern wir müssen ihren begrifflichen Inhalt vielmehr als wesentlich *demonstrativ* verstehen.

Daß sich der phänomenologische Einwand so leicht beruhigen läßt, zeigt, daß er nicht das eigentliche Motiv jener Autoren sein kann, die darauf beharren, daß die sinnlichen Erfahrungen urteilsfähiger Wesen einen unbegrifflichen Inhalt haben müssen. Bei fast allen Autoren (Gareth Evans bildet hier, soweit ich sehen kann, die einzige Ausnahme) liegt dem phänomenologischen ein tieferer, methodischer Einwand zugrunde: Er besagt, daß, wenn man bestreitet, daß die sinnlichen Erfahrungen urteilsfähiger Wesen, die den empirischen Inhalt ihrer Urteile erklären sollen, unbegrifflich sind, man nicht in nicht-zirkulärer Weise erklären kann, wie ein Wesen über empirische Begriffe verfügen kann: d. h. über Begriffe, deren Gehalt von sinnlicher Erfahrung abhängig sein soll. Denn dann nimmt man ja, so der Einwand, zur Charakterisierung des Gehalts der sinnlichen Erfahrung schon genau jene Begriffe in Anspruch, von denen allererst noch zu erklären wäre, wie es möglich ist, über solche Begriffe zu verfügen. So der Einwand u. a. von Christopher Peacocke und Christiane Schildknecht.[93]

Diese Zirkularität ist in der Tat ein Merkmal der Fähigkeitskonzeption von Wissen. Denn die Fähigkeitskonzeption von Wahrnehmungswissen erklärt, wie es möglich ist, daß jemand ein Urteil mit einem bestimmten empirischen Inhalt fällt, durch eine sinnliche Erfahrung, deren Inhalt *durch genau jene Begriffe* bestimmt ist, die auch den Inhalt dieses Urteils ausmachen. Eine nicht-zirkuläre Erklärung verlangt, daß wir ein Verständnis sinnlicher Erfahrungen haben, dem zufolge jene sinnlichen Erfahrungen, die den empirischen Inhalt unserer Überzeugungen erklären, einen nicht-begrifflichen Inhalt haben. Nur dann kann man in nicht-zirkulärer Weise erklären, wie Urteile möglich sind, die einen empirischen Inhalt haben. Denn dann kann man sagen – und genau das ist es dann auch, was diejenigen sagen, die diesen Einwand machen –, daß diese Urteile dadurch möglich sind, daß ein Subjekt eine sinnliche Erfahrung als Grund für sie hat, den das Subjekt, dessen Urteile erklärt werden sollen, selbst zwar prinzipiell nicht *angeben* kann, weil er unbegrifflich ist, aber den wir, etwa in einer empirischen, vielleicht

93 So Ch. Peacocke, *A Study of Concepts*, S. 9 sowie Ch. Schildknecht, »Anschauungen ohne Begriffe?«, S. 468.

neurophysiologischen Untersuchung, möglicherweise einmal herausfinden werden. Derjenige Grund, der nach dieser Auffassung »wirklich« erklärt, wie es möglich ist, daß ein Subjekt ein empirisches Urteil fällt, etwa, daß diese Rose da rot ist, ist folglich ein Grund, der sich prinzipiell von jenem unterscheidet, den das Subjekt *selbst* zur Begründung anführen kann. Denn ein Grund, den das Subjekt selbst anführen kann, hat kraft dessen, daß es ihn anführen kann, einen begrifflichen Inhalt, etwa den, daß es sieht, daß diese Rose rot ist. Doch *dieser* Grund, so will man einwenden, ist nicht der, der »wirklich« erklärt, weshalb es dieses Urteil fällt. Wir müssen folglich, so schreibt etwa Christiane Schildknecht, zwei Arten von Gründen unterscheiden: »einerseits Gründe, die wir haben, andererseits Gründe, die wir geben können.«[94] Und zwischen beiden Arten von Gründen, so der Gedanke, besteht eine prinzipielle Kluft. Denn jene Gründe, die die Subjekte haben, sind aufgrund ihres unbegrifflichen Inhalts derart, daß sie von den Subjekten prinzipiell nicht angegeben werden können.

Wenn man behauptet, daß wir eine nicht-zirkuläre Erklärung dafür brauchen, wie es möglich ist, daß ein Subjekt Urteile mit einem empirischen Inhalt fällen kann, dann bestreitet man damit, daß der Begriff eines sinnlichen Eindrucks in bezug auf urteilsfähige Wesen seinen grundlegenden Sinn dadurch bekommt, daß er zur Beschreibung einer vernünftigen Erkenntnisfähigkeit gehört. Aus der Perspektive der Fähigkeitskonzeption von Wissen ist die Idee einer nicht-zirkulären Erklärung daher nicht nur kein erreichbares Ziel. Eine solch nicht-zirkuläre Erklärung zu fordern heißt vielmehr schon, genau diesen Gedanken zu verneinen. Wenn die grundlegende Bedeutung des Begriffs eines sinnlichen Eindrucks in bezug auf urteilsfähige Wesen in der Beschreibung eines Aktes besteht, der zu einer vernünftigen Erkenntnisfähigkeit gehört, dann bedeutet dies, daß ein sinnlicher Eindruck die Wirklichkeit jener Urteile, die er erklärt – Urteile mit einem empirischen Inhalt –, auf eine Weise erklärt, zu der wesentlich gehört, daß sie den Subjekten, deren Urteile sie erklärt, selbst zugänglich ist. Denn es heißt dann, daß er das

94 Ch. Schildknecht, »Anschauungen ohne Begriffe?«, S. 474, die hier die Unterscheidung von R. Schantz aufgreift, in: »The Given Regained. Reflection on the Sensuous Content of Experience«, S. 176 f. sowie »Der Inhalt der Erfahrung«, S. 260 f. Für eine vehemente Kritik der Nicht-Zirkularitätsforderung vgl. J. McDowell, *Mind and World*, S. 166 ff.

Element einer konstitutiven Einheit beschreibt, die wesentlich selbstbewußt ist. Und dann gehört es zur Form jener Erklärungen, die sinnliche Erfahrungen liefern, daß sie weder durch eine empirische, etwa neurophysiologische Untersuchung noch durch sonst irgendeine Art von Untersuchung erst noch herausgefunden werden muß, sondern daß sie von den Subjekten selbst gegeben werden kann. Es kann dann keine zwei Arten von Gründen geben, zwischen denen eine prinzipielle Kluft besteht. Jene Gründe, die die Subjekte haben, sind dann intrinsisch dadurch bestimmt, daß sie sie *selbst geben können*. Wenn der Begriff einer sinnlichen Erfahrung in bezug auf urteilsfähige Wesen seinen grundlegenden Sinn dadurch bekommt, daß er zur Beschreibung einer vernünftigen Erkenntnisfähigkeit gehört, dann können jene sinnlichen Erfahrungen, die erklären, wie es möglich ist, daß jemand im Besitz empirischer Begriffe ist, keine Erfahrungen sein, deren Inhalt selbst noch nicht durch genau jene Begriffe bestimmt ist, die die Subjekte in Urteilen verwenden können.[95]

Die Nicht-Zirkularitätsforderung, welche das zentrale Motiv für die Verteidiger des Gedankens ist, daß sinnliche Erfahrungen einen unbegrifflichen Inhalt haben müssen, kann einem nur so lange sinnvoll vorkommen, wie man genau das voraussetzt, was wir hier zurückweisen: nämlich daß man verstehen kann, wie es empirische Urteile geben kann, ohne die Idee einer vernünftigen Erkenntnisfähigkeit in Anspruch zu nehmen. Sieht man ein, daß dies unmöglich ist, dann sieht man ein, daß der Inhalt der sinnlichen Erfahrungen vernünftiger Wesen, durch die erklärt wird, wie sie empirische Urteil fällen können, durch genau jene Begriffe bestimmt sein muß, die sie auch in Urteilen verwenden können.

Man kann den Gedanken, daß der Wahrnehmungsbegriff, den wir in Aussagen der Form »S nimmt wahr, daß p« verwenden, die Aktualisierung einer vernünftigen Erkenntnisfähigkeit beschreibt, folglich auf zwei verschiedenen Weisen bestreiten: Man kann ihn

95 Man mißversteht diese Pointe der Begrifflichkeitsthese, wenn man ihr vorwirft, sie beruhe auf einer »Verwechslung« jener Gründe, die Subjekte für ihre Urteile haben, mit jenen, die sie geben können. Die Begrifflichkeitsthese begründet sich im Rahmen der Fähigkeitskonzeption durch einen Gedanken, der gerade jene Voraussetzung *bestreitet*, auf deren Grundlage eine solche »Verwechslung« allein möglich wäre: nämlich die Voraussetzung, daß diese beiden Arten von Gründen prinzipiell verschiedene sein können.

dadurch bestreiten, daß man fordert, daß die grundlegenden sinnlichen Erfahrungen, die die Möglichkeit empirischer Urteile erklären, einen unbegrifflichen Inhalt haben müssen. Also die Position, die wir soeben diskutiert haben. Das skeptische Problem, das uns bislang begleitet hat, ist jedoch nicht von dieser Idee abhängig. Denn die meisten der von uns bislang diskutierten Positionen bestreiten (oder können ohne weiteres bestreiten), daß die sinnlichen Erfahrungen urteilsfähiger Wesen einen nicht-begrifflichen Inhalt haben. Sie bestreiten den Gedanken, daß jemand, der etwas propositional wahrnimmt, dabei eine vernünftige Erkenntnisfähigkeit aktualisiert, durch eine allgemeinere Forderung, von der die Unbegrifflichkeitsthese nur eine Spielart ist: durch die Forderung, daß die grundlegenden sinnlichen Erfahrungen, die die Möglichkeit empirischer Urteile erklären, mit der Falschheit des Urteils vereinbar sein müssen. In beiden Varianten glaubt man, daß man den Begriff eines sinnlichen Eindrucks in bezug auf ein Wesen, auf das der Begriff eines empirischen Urteils Anwendung haben soll, verstehen kann, ohne dabei auf eine vernünftige Erkenntnisfähigkeit Bezug nehmen zu müssen.[96]

Wenn es dagegen so ist, daß jemand, der etwas propositional wahrnimmt, als jemand zu verstehen ist, der eine vernünftige Erkenntnisfähigkeit aktualisiert, dann können wir damit genau das begreifen, was keine der bisher diskutierten Positionen je in den Blick bekommen kann: nämlich daß und weshalb der Zusammenhang zwischen einem Akt der Wahrnehmung und einem Akt des Wissens ein *rationaler* Zusammenhang ist. Wir begreifen damit, daß und weshalb die Wahrnehmungen von urteilenden Subjekten intrinsisch dadurch charakterisiert sind, daß sie Gründe für Wissen sind, die die Subjekte selbst geben können. Denn wenn gilt, daß jemand, der wahrnimmt, etwa, daß noch Apfelsaft im Kühlschrank ist, eine vernünftige Erkenntnisfähigkeit aktualisiert, dann bedeutet dies, daß er Subjekt eines geistigen Aktes ist, dessen Vorliegen einschließt, daß er versteht, was es heißt, etwas wahrzunehmen: nämlich durch einen sinnlichen Eindruck zu erkennen, wie die Dinge sind. Und genau deswegen, weil das Vorliegen solcher Wahrnehmungen einschließt, daß ihr Subjekt sie als Akte einer vernünftigen

96 Zu dem Gedanken, daß die Unbegrifflichkeitsthese nur eine besondere Spielart der Negation der Fähigkeitskonzeption von Wissen ist, vgl. A. Kern, »Warum kommen unsere Gründe an ein Ende? Zum Begriff endlichen Wissens«.

Erkenntnisfähigkeit versteht, kann jemand, der solche Wahrnehmungen hat, dieses Verständnis eo ipso auch zum Ausdruck bringen, indem er, sollte er gefragt werden, warum er etwas Bestimmtes glaubt, dies dadurch erklärt, daß er eine Wahrnehmung zur Rechtfertigung seiner Überzeugung anführt. Also indem er etwa sagt: »Ich glaube, daß p, weil ich sehe, daß p«. Weil jemand, der sieht, was der Fall ist, Subjekt eines geistigen Aktes ist, der eine vernünftige Erkenntnisfähigkeit aktualisiert, kann jemand nur dann Subjekt eines geistigen Aktes sein, der unter eine Aussage der Form »S sieht, daß p« fällt, wenn er selbst prinzipiell in der Lage ist, eine bestimmte Überzeugung damit zu begründen, daß er das, was er glaubt, sieht. Und genau dasselbe gilt für das, was es heißt, etwas von einem anderen zu erfahren.

3. Wissen als selbstbewußte Verwirklichung einer Norm

Jemand, der etwas weiß, so lautet unsere grundlegende Erläuterung von Wissen, hat eine Überzeugung, die er dadurch erworben hat, daß er eine vernünftige Erkenntnisfähigkeit ausgeübt hat. Denn jemand, der eine vernünftige Erkenntnisfähigkeit ausübt, kommt genau dadurch in den Besitz eines wahrheitsgarantierenden Grundes dafür, etwas zu glauben. Jemand, der einen solchen Grund hat, ist folglich in einer epistemischen Position, in der er alles hat, was nötig ist, um Wissen zu erwerben. Wenn er dann aus dem Grund, den er dafür hat, etwas zu glauben, genau das glaubt, wofür er einen Grund hat, dann erwirbt er eine Überzeugung, für die er genau deswegen, weil er seine Überzeugung auf diese Weise erworben hat, eine Wahrheitsgarantie hat. Jemand, der seine Überzeugung auf diese Weise gebildet hat, hat Wissen.

Der Erwerb von Wissen ist nach dieser Bestimmung folglich von einer Bedingung abhängig, deren Bedeutung wir im folgenden herausarbeiten wollen: nämlich die, daß jemand nur dann Wissen erwirbt, wenn ein wahrheitsgarantierender Grund genau der Grund ist, aus dem er das glaubt, was er glaubt. Wir können diese Bedingung so ausdrücken: Jemand erwirbt nur dann Wissen, wenn ein wahrheitsgarantierender Grund in seiner Überzeugung *wirksam* ist. Wenn wir sagen, Wissen sei von dieser Bedingung *abhängig*, dann enthält dies unter anderem, daß es logisch möglich ist, daß jemand einen Grund hat, der die Wahrheit einer bestimmten Überzeugung garantieren würde, ohne daß er jedoch die Überzeugung hat, für die er diesen Grund hat. Daß Wissen von dieser Bedingung abhängig ist, heißt also, daß es logisch möglich ist, daß jemand in der epistemischen Position ist, Wissen zu erwerben, weil er einen wahrheitsgarantierenden Grund für eine bestimmte Überzeugung hat, ohne das zu tun, was jemand, der Wissen erwirbt, in dieser Position tut: nämlich genau jene Überzeugung zu bilden, für die er einen wahrheitsgarantierenden Grund hat, und also tatsächlich Wissen zu erwerben. Zum Beispiel kann jemand die Wahrnehmung einer vor ihm liegenden grünen Krawatte haben, ohne das zu glauben, was er wahrnimmt, etwa, weil er glaubt, daß das künstliche Licht die Farbe der Krawatte verfälscht, was jedoch nicht der Fall ist. Wenn ein solcher Fall möglich ist, dann müssen wir jemanden, der Wissen hat, als jemanden begreifen, der einen Akt vollzieht, in dem er den wahrheitsgarantierenden Grund, den er hat, *zum Grund einer Überzeugung macht.*

Wir wollen diese Bedingung, von der Wissen abhängig ist, dadurch zum Ausdruck bringen, daß wir sagen, daß jemand, der Wissen erwirbt, einen *Akt der Anerkennung* vollziehen muß: nämlich einen Akt der Anerkennung des Grundes, den er für eine bestimmte Überzeugung hat. Wir wollen uns im folgenden klarmachen, daß diese Charakterisierung von Wissen genau dann zwingend ist, wenn wir Wissen als Akt einer vernünftigen Fähigkeit verstehen. Wenn der Wissensbegriff der Begriff einer vernünftigen Fähigkeit ist, dann impliziert der Erwerb von Wissen einen solchen Akt der Anerkennung, ohne dessen Vollzug kein Wissen erworben werden kann.

Um dies herauszuarbeiten, will ich zunächst noch einmal die Voraussetzung benennen, die darin enthalten ist, daß wir, wenn wir von jemandem sagen, er wisse etwas, nicht einfach meinen, er habe eine wahre Überzeugung, sondern er habe diese wahre Überzeugung aus einem Grund. Wenn wir sagen, daß jemand, der etwas weiß, eine wahre Überzeugung *aus* einem Grund hat, dann sagen wir damit, daß jemand, der etwas weiß, nicht nur einen Grund für seine Überzeugung *hat*, sondern daß er ein Bewußtsein von diesem Grund *als* Grund hat. Darin liegt die Bedeutung des »aus« in dieser Formulierung. Denn während die Rede davon, daß ein Subjekt einen Grund für eine Überzeugung hat, offen läßt, ob das Subjekt ein Bewußtsein von diesem Grund als Grund hat oder nicht, ist die

Rede von einem Subjekt, das eine Überzeugung aus einem Grund hat, nicht zweideutig, bzw. sie soll genau dies zum Ausdruck bringen: Sie soll zum Ausdruck bringen, daß jemand, der etwas weiß, einen Akt vollzieht, bei dem er *von einem Grund geleitet* wird, so daß er, sollte man ihn fragen, warum er das glaubt, was er glaubt, diesen Grund gegebenenfalls auch angeben kann.

Wenn Wissen eine vernünftige Fähigkeit ist, dann muß ein Akt des Wissens auf diese Weise charakterisiert sein. Denn das ist es, was Wissen zu einer vernünftigen Fähigkeit macht: daß die Aktualisierung dieser Fähigkeit in Akte resultiert, bei denen das Subjekt von Überlegungen geleitet wird, die ihm sagen, was zu tun gemäß der Fähigkeit richtig ist. Unser Skifahrer, der gerade einen Drehschwung macht, hat einen Grund dafür, nun den Außenski zu belasten. Und daß er einen Grund dafür hat, heißt, daß er im Besitz von etwas ist, das eine bestimmte Handlung, nämlich das Belasten des Außenskis, als eine darstellt, die er gemäß dem, was er gerade tut, vollziehen soll. Belastet er sodann den Außenski aus genau diesem Grund – d. h. genau deswegen, weil er im Besitz der vernünftigen Fähigkeit ist, Ski zu fahren, die ihm diesen Akt als einen darstellt, den er vollziehen soll –, dann vollzieht er einen Akt, bei dem er von dem Grund, den er hat, geleitet wird. Ebenso ist es mit jemand, der etwas wahrnimmt. Jemand, der wahrnimmt, daß noch Apfelsaft im Kühlschank ist, hat einen Grund dafür, das zu glauben, was er wahrnimmt. Das heißt, er ist im Besitz von etwas, das eine bestimmte Überzeugung, nämlich die, daß noch Apfelsaft im Kühlschrank ist, als eine darstellt, die er gemäß dem, was er gerade tut, bilden soll. Glaubt er sodann aus genau diesem Grund, daß noch Apfelsaft im Kühlschrank ist – d. h. deswegen, weil er im Besitz der vernünftigen Fähigkeit ist, durch sinnliche Eindrücke zu erkennen, wie die Dinge sind, die ihm diese Überzeugung als eine darstellt, die er bilden soll –, dann hat er nicht nur einen Grund für seine Überzeugung, sondern dann ist dieser Grund genau dasjenige, das ihn in seiner Überzeugung geleitet hat.

Es ist nun genau dieser Aspekt von vernünftigen Fähigkeiten, nämlich daß die Norm, die diese Fähigkeiten charakterisiert, in Akten verwirklicht wird, die deswegen dieser Norm gemäß sind, weil das Subjekt in diesen Akten von dieser Norm geleitet wurde, den wir durch den Anerkennungsbegriff zum Ausdruck bringen. Der Begriff der Anerkennung soll ausdrücklich machen, daß der Wissensbegriff eine Norm beschreibt, zu der eine bestimmte Weise der Verwirklichung gehört: nämlich eine selbstbewußte Verwirklichung. Er soll ausdrücklich machen, daß die Verwirklichung der Norm des Wissens, genau deswegen, weil man sie in einem Akt verwirklicht, bei dem man von einem Grund geleitet wird, in der spezifischen Weise scheitern kann, daß jemand in der Position sein kann, einen Grund für einen solchen Akt der Verwirklichung zu haben, ohne jedoch von diesem Grund geleitet zu sein. Daß jemand von einem Grund für eine Überzeugung geleitet wird, enthält daher, daß er den Grund, den er hat, als das anerkennt, was er ist: nämlich als einen Grund für eine Überzeugung. Es ist offenkundig, daß der hierbei intendierte Sinn der Rede von einem Anerkennen nicht in einem Kontrast zum Begriff des Erkennens steht, sondern den Sinn hat, ein bestimmtes Merkmal dieses Begriffs ausdrücklich zu machen.[97] Indem wir sagen, daß jemand, um Wissen zu erwerben, einen Akt der Anerkennung vollziehen muß, machen wir ausdrücklich, daß der Wissensbegriff eine Norm beschreibt, die man nur in selbstbewußter Weise verwirklichen kann. Wir machen ausdrücklich, daß der Wissensbegriff der Begriff einer *selbstbewußten Norm* ist.

Darum ist jemand, der wahrnimmt, daß noch Apfelsaft im Kühlschrank ist, ohne das schon zu glauben, einerseits schon als jemand zu begreifen, der die Fähigkeit aktualisiert, durch sinnliche Eindrücke zu erkennen, wie die Dinge sind. Denn kraft dessen, daß er diese Fähigkeit aktualisiert, können wir sagen, daß er einen Grund dafür hat, etwas zu glauben, nämlich daß noch Apfelsaft im Kühlschrank ist. Zugleich aber ist er als jemand zu begreifen, der die Norm dieser Fähigkeit erst dann in der ihr gemäßen Weise verwirklicht, wenn er diesen Grund, den er kraft der Aktualisierung seiner vernünftigen Erkenntnisfähigkeit hat, als genau das anerkennt, was er ist, damit er nicht nur einen *Grund* für Wissen, sondern tatsächlich *Wissen* hat. Das heißt, er muß urteilen, daß er Subjekt eines Aktes ist, der eine vernünftige Erkenntnisfähigkeit aktualisiert.

Der Begriff der Anerkennung, durch den wir den Akt der Erkenntnis erläutern, beschreibt daher selbst nichts anderes als eben einen Akt der Aktualisierung genau jener vernünftigen Fähigkeit, in deren selbstbewußter Ausübung man Wissen erwirbt. Darin liegt

97 Vgl. zu diesem Punkt auch S. Rödl, *Selbstbezug und Normativität*, S. 182 ff. sowie A. Wellmer, »Der Streit um die Wahrheit. Pragmatismus ohne regulative Ideen«, Abschnitt 9.

der wesentliche Unterschied, der sich daraus ergibt, ob man die Idee eines Aktes, der so ist, wie er gemäß einer bestimmten Norm sein soll, durch die Idee einer regulativen Regel oder die Idee einer vernünftigen Fähigkeit begreift. Wenn die Norm, in bezug auf die wir einen bestimmten Akt beurteilen, eine regulative Regel ist, dann, so haben wir gesehen, ist unser Verhältnis zu der Norm, die die regulative Regel darstellt, dadurch charakterisiert, daß diese erst dann und nur dadurch eine Wirksamkeit für unser Handeln bekommen kann, daß wir diese Regel anerkennen. Die Autorität regulativer Regeln ist eine, die sie nur dadurch für unsere Akte haben, daß wir ihnen diese Autorität durch einen Akt der Anerkennung verleihen. In bezug auf regulative Regeln ist ein Akt der Anerkennung die notwendige Voraussetzung ihrer Wirksamkeit für unser Handeln. Es ist ein Akt der Anerkennung, dessen Wirklichkeit nicht selbst durch die Regel, auf die er sich richtet, erklärt wird, sondern seinen Grund außerhalb dieser Regel hat.

Wenn hingegen Wissen ein Akt einer vernünftigen Erkenntnisfähigkeit ist, dann ist der Akt der Anerkennung, durch den wir diese Fähigkeit erläutert haben, selbst ein Phänomen genau dieser Fähigkeit. Das heißt, es handelt sich hier nicht um einen Akt, der der Aktualisierung dieser Fähigkeit vorausgeht, von der ihre Aktualisierung abhängig ist. Es handelt sich vielmehr um genau jenen Akt, der die paradigmatische Aktualisierung der Fähigkeit darstellt, deren Norm wesentlich selbstbewußt ist. Wenn wir daher sagen, daß jemand, um etwas zu wissen, einen bestimmten geistigen Akt als einen Grund für eine Überzeugung anerkennen muß, dann hat der Akt der Anerkennung, den wir hier beschreiben, eine wesentlich andere Bedeutung, als es jener Akt der Anerkennung hat, der die Voraussetzung dafür ist, daß eine regulative Regel eine handlungsbestimmende Kraft für uns haben kann. Der Akt der Anerkennung, um den es im letzteren Fall geht, hat den Sinn, der Norm, welche die Regel darstellt, eine Wirksamkeit in unserem Handeln zu verleihen. So etwa, wenn Denis die Regel seines Klubs anerkennt, nach der die Herren nur ohne Damenbegleitung ins Rauchzimmer dürfen. Der Akt der Anerkennung, der zu vernünftigen Fähigkeiten gehört, ist dagegen selbst schon ein Ausdruck der *Wirksamkeit* genau jener Norm, die eine vernünftige Fähigkeit ist. Denn das, was man in einem solchen Akt anerkennt, ist eben genau das: nämlich daß man gerade dabei ist, eine vernünftige Fähigkeit zu aktualisieren, und also einen Grund hat, dies oder jenes zu tun. Wenn ich etwas sehe und dieses Sehen sodann als einen Grund für eine Überzeugung anerkenne, dann ist dies kein Akt der Anerkennung, in dem ich der Norm des Wissens eine Wirksamkeit für mein Denken verleihe, sondern es ist genau der Akt, in dem ich diese Norm *aktualisiere*. Die Wirksamkeit einer Norm, die in einer vernünftigen Fähigkeit besteht, *gründet* nicht in einem Akt ihrer Anerkennung, sondern sie *besteht* in einem solchen Akt.

Doch was genau heißt es, eine Erkenntnisfähigkeit in der Weise zu aktualisieren, daß man urteilt, daß man Subjekt eines Aktes ist, der eine Erkenntnisfähigkeit aktualisiert, etwa einer Wahrnehmung? Nun, ein solches Urteil schließt ein, daß man urteilt, daß der begriffliche Inhalt dieses Aktes wahr ist. Zu urteilen, daß ich etwas wahrnehme, schließt ein, daß ich urteile, daß die Dinge so sind, wie meine Wahrnehmung sie vorstellt. Ich kann nicht urteilen, daß ich wahrnehme, daß noch Apfelsaft im Kühlschrank ist, und zugleich mein Urteil darüber zurückhalten, daß noch Apfelsaft im Kühlschrank ist. Das bedeutet, daß nach der Fähigkeitskonzeption von Wissen die Frage, ob ich einen *Grund* für Wissen habe, und die Frage, ob ich eine *wahre* Überzeugung habe, nicht zwei verschiedene Fragen sind, sondern *zwei Aspekte einer Frage*. Wenn jemand, der einen Grund für Wissen hat, jemand ist, der eine vernünftige Erkenntnisfähigkeit aktualisiert, dann bedeutet das, daß Gründe für Wissen etwas sind, über das man nicht unabhängig von der Wahrheit der Überzeugung, die sie begründen, verfügen kann.[98]

Die Voraussetzung, die für das Dilemma der Erkenntnistheorie verantwortlich ist und die wir im letzten Teil als das Dogma beschrieben haben, daß Gründe für Wissen und das Wissen, das sie begründen, voneinander unabhängig sein müssen, läßt sich rückblickend damit so beschreiben: Das Dogma ist Ausdruck dafür, daß

98 Die Fähigkeitskonzeption von Wissen weist folglich eine Idee zurück, die McDowell so formuliert: »We are prone to find natural [the idea], that a basis for a judgment must be something on which we have a firmer cognitive purchase than we do on the judgement itself; although the idea can seem natural, it is an illusion to suppose it is compulsory.« In: J. McDowell, »Criteria, Defeasibility, and Knowledge«, S. 385. Nach der Fähigkeitskonzeption muß man das stärker ausdrücken: Unseren Überlegungen zufolge enthält diese Idee eine *inkohärente* Konzeption dessen, was ein Grund für eine Überzeugung ist. Sie mißversteht, daß die Gründe, die zu Wissen und Überzeugungen gehören, Elemente einer konstitutiven Einheit sind.

man nicht in der Lage ist zu sehen, daß der Wissensbegriff nicht der Begriff einer analytischen Einheit ist, sondern der Begriff einer vernünftigen Fähigkeit. Es ist Ausdruck dafür, daß man daran gehindert ist, zu erkennen, daß der Wissensbegriff zur Kategorie jener Begriffe gehört, die vernünftige Fähigkeiten beschreiben.

4. Die Idee der Nicht-Zufälligkeit von Wissen

Der Gedanke, daß jemand, der etwas weiß, eine Überzeugung hat, zu der er dadurch gekommen ist, daß er eine vernünftige Erkenntnisfähigkeit ausgeübt hat, ist in zweifacher Hinsicht mit einer Idee von Nicht-Zufälligkeit verknüpft: Erstens ist eine Überzeugung, die ein Subjekt auf diese Weise gebildet hat, nicht zufällig wahr. Zweitens ist eine Überzeugung, die ein Subjekt auf diese Weise gebildet hat, nicht zufällig so, wie sie dem Wissensbegriff gemäß sein soll: nämlich wahr und hinreichend begründet. Während die erste Hinsicht unter den Prämissen der erkenntnistheoretischen Diskussion uneinlösbar scheint, wie wir gezeigt haben, ist die zweite Hinsicht unter diesen Prämissen nicht einmal denkbar. Es ist die Pointe unserer Erläuterung von Wissen, daß sie genau dadurch, daß sie zeigt, daß jemand, der etwas weiß, eine Überzeugung hat, die nicht zufällig so ist, wie sie dem Wissensbegriff gemäß sein soll, zeigt, wie jemand eine Überzeugung haben kann, deren Wahrheit nicht zufällig ist.

Betrachten wir zunächst die Nicht-Zufälligkeit der Wahrheit der Überzeugung. Wenn jemand eine Überzeugung hat, zu der er dadurch gekommen ist, daß er eine vernünftige Erkenntnisfähigkeit ausgeübt hat, dann schließt dies ein, so haben wir oben gezeigt, daß er zu seiner Überzeugung aus einem Grund gekommen ist, durch den er nicht zu seiner Überzeugung hätte kommen können, wenn die Tatsache, auf die sich seine Überzeugung bezieht, nicht bestanden hätte. Denn wenn die Tatsache nicht bestanden hätte, hätte seine vernünftige Erkenntnisfähigkeit nicht in der Weise aktualisiert werden können, daß sie ihm einen Grund – etwa in Gestalt einer Wahrnehmung dieser Tatsache – liefert, diese Tatsache zu glauben. Eine Überzeugung, die einem *solchen Grund* aufruht, ist daher genau deswegen, weil sie aus einem solchen Grund gebildet wurde, nicht zufälligerweise wahr. Strawson hat diesen Zusammenhang nun näher so ausgelegt: Das, was erklärt, weshalb die Wahrheit einer Überzeugung, die einer Wahrnehmung aufruht, nicht zufällig sei, ist die Kausalität der Wahrnehmung: d. h. der Umstand, daß eine Wahrnehmung ein geistiger Akt ist, der durch die Tatsache, die der begriffliche Inhalt dieses Aktes ist, verursacht wird.[99] Es ist die-

99 P. F. Strawson, »Causation in Perception«, S. 71.

se Kausalität der Wahrnehmung, die nach Strawson erklärt, weshalb eine auf eine Wahrnehmung gegründete Überzeugung nicht zufällig wahr ist. John Hyman hat nun jedoch gegen Strawson eingewendet, daß dies falsch sein muß.[100] Als Argument hat er das bekannte Beispiel angeführt, das Alvin Goldman als Problem für jede kausale Analyse der Wahrnehmung formuliert hat: Stellen wir uns vor, wir kommen in ein Dorf, in dem lauter Fassaden von Scheunen stehen, die jedoch alle echten Scheunen so täuschend nachgebildet sind, daß sie für das bloße Auge ununterscheidbar von echten Scheunen sind. Es gibt in diesem Dorf lediglich eine einzige echte Scheune. Und vor genau dieser Scheune stehen wir jetzt. Der visuelle Eindruck, daß da eine Scheune ist, den wir hier haben, resultiert in diesem Fall in der Tat daraus, daß da eine Scheune ist. Doch gleichwohl, so schließt Goldman zu Recht, wollen wir hier nicht sagen, daß wir wissen, daß das eine Scheune ist, weil die Überzeugung, die wir hier haben, rein zufällig wahr ist.[101]

Hyman glaubt nun, das Beispiel zeige, daß die Kausalität der Wahrnehmung nicht das sein kann, das erklärt, weshalb eine Überzeugung, die einer Wahrnehmung aufruht, nicht einfach zufälligerweise wahr ist. Doch das Beispiel zeigt das nicht. Was das Beispiel zeigt, ist folgendes: Es zeigt, daß die Kausalität der Wahrnehmung die Nicht-Zufälligkeit der Wahrheit der Überzeugung genau dann nicht erklären kann, wenn wir diese Kausalität so verstehen, wie Strawson, Hyman und Goldman dies tun:[102] nämlich als eine Kausalität, die man erläutern kann, ohne dabei auf eine vernünftige Erkenntnisfähigkeit Bezug zu nehmen. Das heißt als eine Kausalität, für deren Verständlichkeit man nicht den Gedanken in Anspruch nehmen muß, daß Wahrnehmungen Akte einer vernünftigen Erkenntnisfähigkeit sind. Wenn wir die Kausalität der Wahrnehmung als eine verstehen, die man unabhängig davon erläutern kann, daß Wahrnehmungen Akte einer vernünftigen Erkenntnisfähigkeit sind, dann kann die Kausalität der Wahrnehmung die Nicht-Zufälligkeit der Wahrheit einer Überzeugung, die sich auf eine Wahr-

100 J. Hyman, »The Evidence of our Senses«, S. 250. Hyman schließt aus diesem Einwand (ganz wie Snowdon, wie wir schon gezeigt haben) irrtümlicherweise, daß Kausalität kein wesentliches Element der Wahrnehmung sein kann. Richtig ist vielmehr, daß diese Kausalität irreduzibel normativ ist.

101 A. Goldman, »Discrimination and Perceptual Knowledge«.

102 Darin liegt auch das bedingte Recht von Hymans Einwand gegen Strawson.

nehmung stützt, in der Tat nicht erklären. Gemäß der Fähigkeitskonzeption von Wissen jedoch ist eine solche Erläuterung gerade unmöglich. Ihr zufolge ist es so, daß man die Kausalität der Wahrehmung gerade mißversteht, wenn man glaubt, man könne sie unabhängig von der Bezugnahme auf eine vernünftige Erkenntnisfähigkeit erläutern. Wenn man die Kausalität der Wahrnehmung hingegen als eine irreduzibel normative Kausalität versteht, d. h. als eine, die einen Akt charakterisiert, dessen Identität dadurch bestimmt ist, Element einer Erklärung von Wissen zu sein, dann kann sie die Nicht-Zufälligkeit der Wahrheit einer auf der Grundlage einer Wahrnehmung gebildeten Überzeugung auch erklären. Denn um einen solchen Akt kann es sich dann per definitionem nur handeln, wenn das Subjekt durch diesen Akt in der Lage ist, etwas zu erkennen. Das heißt, wenn das Subjekt durch diesen Akt in der Lage ist, zu einer Überzeugung zu kommen, die nicht zufälligerweise wahr ist, sondern deswegen, *weil* sie einer vernünftigen Erkenntnisfähigkeit entspringt.

Und genau das ist im Dorf der Scheunen-Fassaden nicht der Fall. Die Überzeugung, die jemand, der im Dorf der Scheunen-Fassaden vor der einzig echten Scheune steht, auf der Grundlage seines sinnlichen Eindrucks einer Scheune bildet, ist zufällig wahr, weil die Scheunen in diesem Dorf im paradigmatischen Fall derart sind, daß jemand, der einen sinnlichen Eindruck von einer Scheune hat, kraft dieses Eindrucks nicht in der Lage ist, zu einer wahren Überzeugung zu kommen. Der paradigmatische Fall eines sinnlichen Eindrucks einer Scheune ist im Dorf der Scheunen-Fassaden kein Fall der Aktualisierung einer vernünftigen Erkenntnisfähigkeit. Das aber heißt nichts anderes, als daß man im Dorf der Scheunen-Fassaden nicht die Fähigkeit hat, durch sinnliche Eindrücke die Scheunen in diesem Dorf zu erkennen. Und wenn das so ist, dann kann jemand, der in diesem Dorf vor der einzig echten Scheune steht und einen sinnlichen Eindruck von ihr hat, trivialerweise nicht als jemand begriffen werden, der hierbei die vernünftige Fähigkeit aktualisiert, durch sinnliche Eindrücke die Scheunen in diesem Dorf zu erkennen. Denn diese Fähigkeit gibt es nicht. Und das erklärt, weshalb jemand, der in diesem Dorf vor der einzig echten Scheune steht, nur zufälligerweise eine wahre Überzeugung hat. Denn daß sie zufällig ist, heißt eben genau dies: Sie resultiert nicht aus der Ausübung einer vernünftigen Erkenntnisfähigkeit.

Wir haben damit ein Verständnis der Natur eines für Wissen hinreichenden Grundes gewonnen, das es uns endlich erlaubt, das Gettier-Problem, das die erkenntnistheoretische Diskussion verwirrt hat, in einfacher Weise aufzulösen. Wir können das Gettier-Problem nur auflösen, so hatten wir schon ganz zu Beginn mit Fogelin argumentiert, wenn wir den Gettier-Fällen ihre begriffliche Grundlage entziehen: nämlich die, daß jemand eine Überzeugung aus einem für Wissen hinreichenden Grund haben kann und die Wahrheit seiner Überzeugung dennoch zufällig ist, weil der Grund, den das Subjekt geleitet hat, in keinem Zusammenhang mit der Tatsache steht, auf die sich seine Überzeugung bezieht. Genau das war der Fall in dem Beispiel von Smith und Jones.[103] Wir entziehen den Gettier-Fällen ihre begriffliche Grundlage durch die Einsicht, daß wir Wissen nicht als die Summe aus Wahrheit und weiteren Komponenten verstehen können,[104] sondern daß der Wissensbegriff als der

103 Vgl. in dieser Arbeit Kap. I. 3. Vgl. zu unserer Diagnose des Problems der Gettier-Fälle auch die Diagnose von Linda Zagzebski. Das Gettier-Problem, so argumentiert auch sie, besteht für *jede* Definition von Wissen, in der Wissen eine wahre Überzeugung ist, plus etwas, das mit der Wahrheit eng verknüpft ist, aber sie nicht enthält. In: L. Zagzebski, »What is knowledge?«, bes. S. 101. Das durch die Gettier-Fälle aufgeworfene Problem der Zufälligkeit der Wahrheit der Überzeugung läßt sich daher auch nicht dadurch lösen, daß man sagt, daß ein Subjekt nur dann eine für Wissen hinreichend gerechtfertigte Überzeugung hat, wenn die Überzeugung »wahren Gründen« aufruht, wie G. Harmann vorgeschlagen hat, in: »Wissen, Gründe und Ursachen«, bes. S. 118. Zu diesem Ergebnis kommt im Anschluß an Zagzebski auch W. Detel in »Wissen und Kontext«. Vgl. dazu auch E. Sosa, »The Analysis of ›Knowledge that p‹«.

104 Vgl. dazu auch L. Zagzebski, »What is Knowledge?«, S. 104. P. Stekeler-Weithofer drückt diese Konsequenz in seiner Auseinandersetzung mit dem von Platon im *Theaetetus* unternommenen und am Ende explizit scheiternden Versuch, Wissen zu definieren, so aus, daß er sagt, Platon erkenne in diesem Dialog, »that there is no sufficient list of criteria by which we can define real knowledge in distinction to mere belief or fantasy«, in: »Plato and Parmenides on Ideal Truth, Invariant Meaning, and Participation«, S. 128. Stekeler-Weithofer deutet diesen Umstand nun jedoch genau so, wie ihn die von mir so genannten Ermäßigungstheoretiker deuten: nämlich als Ausdruck dafür, daß es so etwas wie einen wahrheitsetablierenden Grund für Überzeugungen für jemanden, der endliches Wissen erstrebt, nicht geben kann. Die Rechtfertigung einer Überzeugung, so Stekeler-Weithofer, kann besser oder schlechter sein (vgl. S. 129), doch sie kann nie so sein, daß sie deren Wahrheit *etabliert*. Darin, so meint auch Stekeler-Weithofer, liege das Kennzeichen menschlichen Wissens im Unterschied zu absolutem Wissen, welches Menschen *per definitionem* nicht haben können. Ich meine

Begriff einer vernünftigen Fähigkeit zu verstehen ist und damit als der Begriff einer konstitutiven Einheit von Elementen. Die Bestimmung von Wissen als Akt einer vernünftigen Erkenntnisfähigkeit schließt die Zufälligkeit der Wahrheit, die die Gettier-Fälle charakterisiert, von vornherein aus. Denn gemäß der Fähigkeitskonzeption von Wissen ist es logisch ausgeschlossen, daß ein Subjekt, das etwas aus einem für Wissen hinreichenden Grund glaubt, eine falsche Überzeugung hat, weil der Umstand, daß dieses Subjekt einen Grund für eine Überzeugung hat, der hinreichend für Wissen ist, verlangt, daß dieses Subjekt eine vernünftige Erkenntnisfähigkeit aktualisiert. Und daß ein Subjekt eine vernünftige Erkenntnisfähigkeit aktualisiert, heißt, wie wir gezeigt haben, daß es einen begrifflichen Akt vollzieht, den es ohne jene Tatsache, die der begriffliche Inhalt seines Aktes ist, *nicht vollziehen kann*. Eine Überzeugung, die es auf einer solchen Grundlage bildet, kann daher weder falsch sein, noch kann sie nur zufälligerweise wahr sein.

Wir haben oben gesagt, daß der Gedanke, daß jemand, der etwas weiß, eine vernünftige Erkenntnisfähigkeit aktualisiert, in einer zweiten Hinsicht mit einer Idee von Nicht-Zufälligkeit verknüpft ist, die unter den Prämissen der erkenntnistheoretischen Diskussion undenkbar ist. Diese bezieht sich auf den Umstand, daß ein Subjekt, das etwas weiß, eine Überzeugung hat, die nicht zufällig so ist, wie sie gemäß dem Wissensbegriff sein soll: d.h. nicht nur wahr, sondern auch hinreichend gerechtfertigt. Denn es ist ein wesentliches Merkmal vernünftiger Fähigkeiten, so haben wir eingesehen, daß sie die Akte, die unter sie fallen, in einem bestimmten Sinn erklären. Eine Überzeugung, die aus einer vernünftigen Erkenntnisfähigkeit resultiert, ist genau deswegen, weil sie aus einer solchen Fähigkeit resultiert, nicht zufälligerweise so, wie eine Überzeugung sein soll, die unter den Begriff des Wissens fällt. Sondern daß sie so ist, liegt genau daran, daß sie das Resultat einer vernünftigen Erkenntnisfähigkeit ist. Jemand, der, indem er etwas glaubt, eine vernünftige Erkenntnisfähigkeit aktualisiert, hat nicht nur eine Überzeugung, deren Wahrheit nicht zufällig ist, sondern er hat auch eine Überzeugung, die nicht zufällig hinreichend begründet ist, sondern

dagegen, daß der richtige Schluß aus der Einsicht, daß Wissen nicht durch Kriterien definierbar ist, die unabhängig vom Wissensbegriff sind, lautet, daß endliches Wissen als das Resultat einer Erkenntnisfähigkeit zu verstehen ist.

genau deswegen, weil er sie dadurch erworben hat, daß er eine vernünftige Erkenntnisfähigkeit ausgeübt hat.

VIII. Vernünftige Fähigkeiten und Umstände

1. Die Asymmetrie von Wissen und Irrtum

Der Begriff des Wissens, so unser bisheriges Ergebnis, hat in bezug auf Wesen, die Überzeugungen haben können, seinen grundlegenden Sinn darin, daß er eine vernünftige Erkenntnisfähigkeit beschreibt. Wenn wir daher von einem Wesen sagen, daß es etwas erkennen kann, dann hat das »kann« hier den spezifischen Sinn, in dem es eine vernünftige Fähigkeit bezeichnet. »Wissen«, so drückt Ryle es aus, ist eines jener Wörter, »die dazu verwendet werden, von der erwähnten Person zu sagen, sie könne etwas zustande oder in Ordnung bringen. [...] Wissen ist Ausgerüstetsein, etwas richtig zu machen.«[105] In einem bestimmten Sinn ist es daher auch richtig, ein Subjekt, das etwas weiß, als ein Subjekt zu beschreiben, das, wie Ryle es ausdrückt, eine »Leistung« vollbringt.[106] Daß es eine Leistung vollbringt, heißt dabei nicht, daß es sich in irgendeinem Sinn mühselig anstrengen muß. Es heißt vielmehr, daß ein Subjekt, das Wissen erwirbt, genau deswegen, weil es dabei eine vernünftige Fähigkeit ausübt, einen Akt vollzieht, der in einer Weise erklärt wird, die dafür verantwortlich ist, daß der Erwerb von Wissen den Status einer »Leistung« hat: Denn vernünftige Fähigkeiten charakterisieren die Akte, in denen man sie ausübt, intrinsisch als Akte, in deren Vollzug das Subjekt *prinzipiell scheitern* kann. Dies liegt, wie wir nun herausarbeiten wollen, an der Verknüpfung von zwei Merkmalen, durch die wir vernünftige Fähigkeiten im Vorangehenden bestimmt haben: Es liegt erstens daran, daß vernünftige Fähigkeiten etwas sind, das die Akte, für die sie konstitutiv sind, in zwei Klassen teilt: in sogenannte positive Akte, die sie »an sich« erklären, und sogenannte privative Akte, die sie nur unter Bezugnahme auf partikulare, kontingente Umstände erklären. Daraus folgt, daß jene sogenannten positiven Akte, die eine vernünftige Fähigkeit an sich erklären, genau dadurch, daß sie unter eine vernünftige Fähigkeit fallen, prinzipiell mit einer Klasse von privativen Akten verknüpft sind: d. h. mit einer Klasse von Akten, die von ihnen abhängig ist

105 G. Ryle, *Der Begriff des Geistes*, S. 178.
106 Ebd., S. 173, 199 f.

und doch nicht so ist wie sie selbst. Und es liegt zweitens daran, daß vernünftige Fähigkeiten in einem normativen Verhältnis zu den Akten stehen, für die sie konstitutiv sind. Denn daraus folgt, daß die Unterscheidung zwischen diesen zwei Arten von Klassen einen normativen Sinn hat. Es bedeutet, daß bei vernünftigen Fähigkeiten die positiven Akte dadurch charakterisiert sind, daß sie genau jene Norm verwirklichen, die konstitutiv für sie ist. Die privativen Akte sind bei vernünftigen Fähigkeiten daher nicht einfach nicht so, wie die positiven Akte, sondern sie sind Akte, die nicht so sind, wie sie sein sollen: Es sind Akte des Scheiterns, des Mißlingens, des Fehlgehens.

Ryle drückt dies so aus, daß er sagt, es sei eine »wichtige Tatsache«, daß es jemandem, der schreiben oder rechnen kann, »auch möglich sein muß, sich zu verschreiben oder zu verrechnen«.[107] Es ist, so können wir diesen Gedanken reformulieren, eine »wichtige Tatsache«, daß die Aussage »Er kann rechnen« verknüpft ist mit der Aussage »Er kann sich verrechnen«, daß die Aussage »Er kann schreiben« verknüpft ist mit der Aussage »Er kann sich verschreiben«, daß die Aussage »Er kann etwas erkennen« verknüpft ist mit der Aussage »Er kann sich irren«. Wir wollen uns diese »wichtige Tatsache«, wie Ryle es nennt, näher klarmachen, indem wir zunächst fragen, wie diese beiden Aussagen miteinander verknüpft sind. Nach dem, was wir bislang entwickelt haben, können wir so viel festhalten: Die zweite Aussage kann nur wahr sein, wenn die erste Aussage wahr ist. Nur jemand, der rechnen kann, kann sich verrechnen. Beide Aussagen stehen nicht auf derselben Ebene, sondern die eine hängt von der anderen ab. Daraus folgt, daß der Sinn von »kann« in beiden Aussagen verschieden sein muß. Während das »kann« in »Er kann rechnen« das »kann« der Fähigkeit ist, ist das »kann« in »Er kann sich verrechnen«, wie Ryle es ausdrückt, keine Fähigkeit, sondern eine »Anfälligkeit«.[108] Es ist eine Anfälligkeit, der derjenige ausgesetzt ist, der die dieser Anfälligkeit entsprechende Fähigkeit besitzt.

Beziehen wir diese Einsicht nun auf die skeptische Position: Für den Skeptiker ist die Behauptung, daß die Aussage »Er kann sich irren« von der Aussage »Er kann etwas erkennen« abhängig ist, irritierend. Denn sie bedeutet, daß die Aussage »Er kann sich irren«, die

107 Ebd., S. 174.
108 Ebd.

die zentrale Prämisse seines skeptischen Schlusses darstellt, von einer Aussage abhängt, die seinen skeptischen Schluß negiert. Wittgenstein unternimmt zuweilen den Versuch, den skeptischen Schluß durch einen Hinweis auf dieses Abhängigkeitsverhältnis zurückzuweisen.[109] Es ist nicht falsch, auf diese Weise das skeptische Räsonnieren zu unterminieren, doch es ist philosophisch ineffektiv. Es ist ineffektiv, weil die Einsicht in dieses logische Abhängigkeitsverhältnis für denjenigen, der es bestreitet, offenkundig verstellt ist. Daher kann die Formulierung dieses Abhängigkeitsverhältnisses nicht mehr als den Sinn eines vorgreifenden Hinweises auf eine Einsicht haben, die man sich allererst noch erarbeiten muß. Denn der Skeptiker versucht ja gerade zu bestreiten, daß der Satz »Er kann sich irren« von dem Satz »Er kann etwas erkennen« abhängig ist.

Fragen wir uns also, wie es möglich ist, zu glauben, man könne dieses Abhängigkeitsverhältnis bestreiten. Um glauben zu können, daß man das bestreiten kann, muß man glauben, daß das »kann« in dem Satz »Er kann sich irren« nicht als eine *Anfälligkeit* zu verstehen ist, der derjenige ausgesetzt ist, der die vernünftige Fähigkeit hat, etwas zu erkennen. Man muß sie vielmehr als eine logische *Möglichkeit* verstehen, der derjenige ausgesetzt ist, der eine in dem Sinne grundlegendere Fähigkeit hat, daß man zu ihrer Beschreibung nicht den Begriff des Wissens verwenden muß: Nennen wir dies die Fähigkeit, Überzeugungen zu bilden. Wir können folglich den Skeptiker – und mit ihm alle Ermäßigungstheoretiker – als jemanden begreifen, der bestreitet, daß der Wissensbegriff der Begriff für eine vernünftige Fähigkeit ist, sondern statt dessen glaubt, daß Wissen als das Resultat einer grundlegenderen Fähigkeit zu verstehen ist. Er versucht sodann zu verstehen, wie ein Subjekt, das eine *solche* Fähigkeit hat, also etwa die Fähigkeit, Überzeugungen zu bilden, Wissen haben kann. Wir können seine skeptische Konklusion dann als die Einsicht formulieren, daß auf der Basis einer solchen Fähigkeit nicht zu verstehen ist, wie ein Subjekt Wissen haben kann. Der Skeptiker zieht daraus den negativen Schluß, daß Wissen unbegreiflich ist.

Wir haben dagegen eingesehen, daß Wissen nicht aus einer grundlegenderen Fähigkeit rekonstruierbar ist, sondern der Wis-

109 Vgl. u.a. L. Wittgenstein, *Über Gewißheit* § 650.

sensbegriff selbst eine Fähigkeit beschreibt. Dies hat Konsequenzen für den Status, den die Möglichkeit des Irrtums hat. Denn auch innerhalb der Fähigkeitskonzeption von Wissen ist es freilich so, daß wir, wenn wir sagen »Er kann sich irren«, eine logische Möglichkeit beschreiben. Doch wir beschreiben sie als eine Möglichkeit, die für denjenigen besteht, der die Fähigkeit hat, etwas zu erkennen. Und dies bedeutet, daß diese Möglichkeit für ihn den Status einer Anfälligkeit hat: einer Anfälligkeit für Akte, die nicht so sind, wie sie gemäß der Erkenntnisfähigkeit, die konstitutiv für diese Akte ist, sein sollen. Indem wir also sagen, daß die Möglichkeit des Irrtums den Status einer Anfälligkeit hat, sagen wir damit, daß die Fälle des Irrtums in einem *asymmetrischen* Verhältnis zu den Fällen der Erkenntnis stehen.

Machen wir uns den Charakter dieser Asymmetrie zwischen Wissen und Irrtum genauer klar: Wenn wir behaupten, daß zwischen Wissen und Irrtum eine Asymmetrie besteht, dann machen wir hier keine Aussage über ihre statistische Häufigkeit. Wir sagen nicht, daß Wissen häufiger vorkommt als Irrtum. Die Asymmetrie ist eine *logische*: Sie besteht darin, daß die Identität eines Falls des Irrtums davon abhängig ist, daß es auch jenen Fall gibt, in dem jemand etwas weiß, während das Umgekehrte nicht gilt. Das heißt, wir erläutern einen Fall des Irrtums dadurch, daß wir uns negierend auf einen Wissensfall beziehen. Daß jemand sich irrt, heißt, daß er eine Überzeugung hat, die nicht so ist, wie sie in jenem Fall ist, in dem jemand etwas weiß. Diese logische Asymmetrie ist im Fall vernünftiger Fähigkeiten, wie wir gesehen haben, mit einer *explanatorischen* Asymmetrie verknüpft. Wissen stellt genau jenen Fall dar, der unmittelbar durch die Fähigkeit erklärt wird. Da nun der privative Fall dadurch definiert ist, nicht so zu sein wie jener, den die Fähigkeit unmittelbar erklärt, folgt daraus, daß ein solcher Fall notwendigerweise nur unter Bezugnahme auf partikulare, kontigente Umstände erklärt werden kann, deren Sinn es entsprechend ist, zu erklären, weshalb die Aktualisierung der Fähigkeit in diesem Fall gescheitert ist. Der Umstand, daß Sebastian betrunken ist und er daher glaubt, einen rosaroten Elefanten zu sehen, oder er im gleißenden Sonnenlicht in der Wüste steht, wodurch er eine Oase zu sehen glaubt, sind etwa solche Umstände. Und da im Fall vernünftiger Fähigkeiten die logische Asymmetrie zwischen dem positiven und dem privativen Fall überdies mit einer *normativen* Asymmetrie verknüpft ist, können wir das Verhältnis zwischen Wissen und Irrtum wie folgt beschreiben: Jemand, der etwas weiß, vollzieht einen Akt, in dem er genau jene Norm verwirklicht, die konstitutiv für diesen Akt ist. Jemand, der sich irrt, ist – aufgrund kontingenter Umstände – daran gescheitert, jene Norm zu verwirklichen, die konstitutiv für diesen Akt ist.

Der Skeptiker glaubt hingegen, daß das »kann« in dem Satz »Er kann sich irren« nicht den Status einer Anfälligkeit hat, sondern eine von zwei Möglichkeiten beschreibt, die in einem symmetrischen Verhältnis zueinander stehen und in deren Spielraum die Überzeugungen desjenigen stehen, der Überzeugungen bilden kann. Genau so, wie er sich irren kann, kann er auch zu einer wahren Überzeugung kommen. Innerhalb seiner Betrachtung hat das »kann« in dem Satz »Er kann etwas erkennen« dieselbe Bedeutung wie das »kann« in dem Satz »Er kann sich irren«. Irrtum und Erkenntnis eint in dieser Betrachtung, daß sie *beide* nicht durch genau die Fähigkeit erklärt werden, die es begreiflich machen soll, daß das Subjekt überhaupt Überzeugungen hat. Denn die Fähigkeit, die es in der skeptischen Betrachtung begreiflich machen soll, daß das Subjekt überhaupt Überzeugungen hat – eben die Fähigkeit, Überzeugungen zu bilden –, enthält als solche *weder* eine Erklärung für den Fall des Irrtums *noch* eine Erklärung für den Fall des Wissens. Für beide Fälle, sowohl für den Fall des Irrtums wie auch für den Fall des Wissens, müssen wir vielmehr, so die Idee, auf ein dieser Fähigkeit gegenüber äußerliches, zusätzliches Element rekurrieren: eben darauf, wie die Dinge sind. Sind die Dinge so, wie ich glaube, dann habe ich Wissen. Wenn nicht, dann nicht.

Der Skeptiker nimmt an, daß das Verhältnis zwischen Wissen und Irrtum nicht asymmetrisch, sondern symmetrisch ist, weil er glaubt, nur dann sei die Möglichkeit des Irrtums begreiflich. Die Fähigkeit, von der er glaubt, ausgehen zu können, ist die Fähigkeit, Überzeugungen zu bilden. Doch genau dann, wenn wir versuchen, uns Wissen ausgehend von einer solchen Fähigkeit klarzumachen, dann hat der Satz »Er kann sich irren« jene skeptischen Konsequenzen, die der Skeptiker ausstellt: nämlich daß man nicht begreifen kann, wie jemals jene Möglichkeit – die Möglichkeit des Wissens – eine *Wirklichkeit* für das Subjekt dieser Fähigkeit sein kann, weil man dann nicht begreifen kann, wie das Subjekt jene andere Möglichkeit, die Möglichkeit des Irrtums, jemals ausschließen kann. Unsere transzendentalen Überlegungen im zweiten Teil haben dagegen gezeigt, daß der Gedanke, von dem die skeptische Betrachtung und ihre ermäßigende Antwort ausgehen, sich selbst unterminiert. Denn sie haben gezeigt, daß man den Begriff der Überzeugung vom Begriff des Wissens nicht loslösen kann, ohne dadurch den Sinn dieses Begriffs aufzulösen. Das heißt, wie haben erkannt, daß der Begriff des Wissens selbst ein grundlegender Begriff ist und nicht aus logisch grundlegenderen Elementen aufgebaut werden kann. Diese Einsicht hat uns sodann zu dem Gedanken geführt, daß der Wissensbegriff zur Kategorie jener Begriffe gehört, die Begriffe für vernünftige Fähigkeiten sind. Unsere im zweiten Teil durchgeführten transzendentalen Überlegungen waren es folglich, die uns haben erkennen lassen, daß die Aussage »Er kann sich irren« von der Aussage »Er kann etwas erkennen« abhängig ist. Wir haben diese Einsicht gewonnen, indem wir gezeigt haben, daß der Versuch, diese Abhängigkeit zu bestreiten, sich selbst unterminiert.

2. Günstige und ungünstige Umstände

Wir haben uns im letzten Abschnitt klargemacht, welchen Status der Irrtum hat, wenn Wissen ein Akt einer vernünftigen Fähigkeit ist: Er stellt einen Fall des Scheiterns der Ausübung genau jener Fähigkeit dar, in deren Ausübung jemand etwas erkennt. Der Irrtum stellt folglich einen Fall dar, der nicht unmittelbar durch die Fähigkeit erklärt wird, die konstitutiv für ihn ist, sondern durch partikulare, kontingente Umstände, die erklären, weshalb jemand, der im Besitz der Fähigkeit ist, etwas zu erkennen, in der Ausübung dieser Fähigkeit gescheitert ist. Umstände, die das Scheitern der Ausübung einer bestimmten Fähigkeit erklären, wollen wir »ungünstige Umstände« nennen. Dies bedeutet umgekehrt, daß jemand, dem die Ausübung einer bestimmten Fähigkeit gelingt, sich trivialerweise in Umständen befindet, die für die Ausübung dieser Fähigkeit günstig sind. Es ist demzufolge nur dann für jemanden möglich, eine bestimmte vernünftige Fähigkeit auszuüben, wenn genau jene Umstände vorliegen, die für die Ausübung dieser Fähigkeit günstig sind. Die Ausübung seiner Fähigkeit, so können wir daher sagen, ist vom Vorliegen solcher Umstände abhängig. Jemand, der eine vernünftige Fähigkeit ausübt, etwa die Fähigkeit, durch sinnliche Eindrücke zu erkennen, wie die Dinge sind, ist folglich Subjekt eines Aktes, dessen Vollzug davon abhängig ist, daß günstige Umstände vorliegen, wie etwa die, daß es nicht dunkel ist oder neblig oder er nicht betrunken ist oder hundemüde etc.

Wir wollen uns im folgenden klarmachen, wie diese Abhängigkeit von günstigen Umständen, die alle Akte, die Akte vernünftiger Fähigkeiten sind, charakterisiert, zu verstehen ist. Dadurch wollen wir unsere im letzten Abschnitt gewonnene Einsicht vertiefen, der zufolge Wissen und Irrtum in einem asymmetrischen Verhältnis zueinander stehen. Es gibt im wesentlichen zwei Lesarten dieser Abhängigkeit: Nach der ersten Lesart stellt diese Abhängigkeit eine *gehaltvolle* Bedingung von Fähigkeiten dar. Wir werden zeigen, daß diese weitverbreitete Deutung ein Mißverständnis ist. Nach der zweiten Lesart ist diese Abhängigkeit ein *formales* Merkmal von Fähigkeiten: Es ist ein Aspekt ihres erklärenden Charakters. Weil Fähigkeiten etwas Allgemeines sind, die das, was unter sie fällt, in einem bestimmten Sinn erklären, ist es ein formales Merkmal von Fähigkeiten, daß ihre Ausübung vom Vorliegen bestimmter Umstände abhängig ist. Im Fall vernünftiger Fähigkeiten können wir dies so ausdrücken, daß wir sagen, daß es ein formales Merkmal vernünftiger Fähigkeiten ist, fallibel zu sein. Die Möglichkeit des Irrtums, so werden wir daher im nächsten Abschnitt sagen können, gründet in nichts anderem als genau darin, daß Wissen ein Akt einer vernünftigen Fähigkeit ist. Denn dies heißt, daß es ein Akt ist, der unter eine Erklärung fällt, die als solche dadurch charakterisiert ist, fallibel zu sein. Der Irrtum stellt folglich eine Möglichkeit dar, die mit dem Begriff des Wissens genau deswegen *intrinsisch* verknüpft ist, weil er der Begriff einer vernünftigen Fähigkeit ist.

Um uns das Verhältnis zwischen einer vernünftigen Erkenntnisfähigkeit und den Umständen ihrer Aktualisierung klarzumachen, wollen wir zunächst einen Blick auf das Verhältnis einfacher Dispositionen zu den Umständen ihrer Aktualisierung werfen, wie etwa der Disposition von Zucker, wasserlöslich zu sein, oder der Disposition von Holz, brennbar zu sein. Denn was auch immer eine vernünftige Fähigkeit von einer Disposition unterscheidet, so ist eine vernünftige Fähigkeit, so haben wir gesehen, ganz wie eine Disposition, etwas Allgemeines, das sich in prinzipiell unendlich vielen Zuständen oder Handlungen aktualisiert. Wenn wir eine Dispositionsaussage machen wie etwa die, daß Zucker wasserlöslich ist, dann beschreiben wir damit keinen partikularen Zustand, in dem ein bestimmtes Stück Zucker hier und jetzt ist. Vielmehr machen wir damit eine zeitlose, allgemeine Aussage über Zucker, die Ryle wie folgt charakterisiert: Wir sagen damit, wie sich Zucker *unter bestimmten Bedingungen* verhält.[110] Ursula Wolf hat Ryles Charakterisierung der Logik von Dispositionen als einen »Minimalvorschlag« charakterisiert, d. h. als einen Vorschlag, der »nicht nur eine Bedeutung angibt, die Dispositionsausdrücke haben könnten, sondern diejenige Bedeutung angibt, die sie mindestens haben müssen.«[111] Fragen wir uns nun, welche Bedeutung die Rede von »bestimmten Bedingungen« hat, die nach Ryle in Dispositionsaussagen enthalten ist.

Der allgemeine Gedanke Ryles ist hier, daß Dispositionsaussagen durch eine bestimmte Form von Konditionalsätzen zu analysieren sind, zum Beispiel so: Die Aussage »Streichhölzer sind entzündbar« läßt sich durch eine Aussage der Form »Wenn man Streichhölzer reibt, dann entzünden sie sich« analysieren. Nelson Goodman hat nun dagegen eingewendet, daß eine solche Analyse nicht möglich sei.[112] Sein Argument lautet: Wenn man behauptet, obige Dispositionsaussage sei durch einen Konditionalsatz dieser Form analysierbar, dann behauptet man, daß man aus dem Satz »Dieses Streichholz wird gerieben« den Satz »Dieses Streichholz entzündet sich« ableiten kann.[113] Und genau das, so Goodmans Einsicht, kann man nicht. Die Wahrheit des Satzes »Dieses Streichholz entzündet sich« läßt sich nicht aus dem Satz »Dieses Streichholz wird gerieben« ableiten, weil es Bedingungen geben kann, unter denen der Satz »Dieses Streichholz wird gerieben« wahr ist, aber der Satz »Dieses

110 Vgl. G. Ryle, *Der Begriff des Geistes*, S. 52.

111 U. Wolf, *Möglichkeit und Notwendigkeit bei Aristoteles und heute*, S. 302.

112 Vgl. dazu N. Goodman in seinem klassischen Aufsatz »The Problem auf Counterfactual Conditionals«.

113 Ich übergehe an dieser Stelle die Frage, ob es richtig ist, sich an der kontrafaktischen Formulierung des Konditionalsatzes zu orientieren, oder ob es sinnvoller ist, sich an einem nicht-materialen Konditionalsatz zu orientieren, der dann je nach Einzelfall im Indikativ oder im potentialen Konjunktiv oder im irrealen Konjunktiv steht. Für unsere Überlegungen spielt dies keine Rolle. Vgl. dazu auch U. Wolf, *Möglichkeit und Notwendigkeit bei Aristoteles und heute*, S. 305; J. M. Mackie, *Truth, Probability and Paradox*, S. 125; M. Ayers, *The Refutation of Determinism*, S. 72.

Streichholz entzündet sich« falsch: etwa, wenn das Streichholz naß ist oder kein Sauerstoff vorhanden ist etc. Was bedeutet das? Goodman deutet das so: Zwischen einem Konditionalsatz der Form »Wenn man Streichhölzer reibt, dann entzünden sie sich« und der Dispositionsaussage »Streichhölzer sind entzündbar«, besteht ein Bedeutungsunterschied. Während der Konditionalsatz nach Goodman dadurch falsifiziert wird, daß es Fälle gibt, in denen ein Streichholz, das gerieben wird, sich nicht entzündet, etwa wenn das Streichholz naß ist, wird die Dispositionsaussage dadurch nicht falsifiziert.

Goodman folgert daraus, daß es im Fall von Konditionalsätzen, die Dispositionen beschreiben, nicht genügt, im Antezedens des Konditionals einen Satz aufzuführen, der das die jeweilige Disposition auslösende »Ursacheereignis« beschreibt,[114] sondern wir *weitere* Bedingungen hinzufügen müssen wie etwa »wenn die Streichhölzer trocken sind«, »wenn genügend Sauerstoff vorhanden ist« etc. Wenn wir also eine Dispositionsaussage in einen Konditionalsatz analysieren wollen, dann muß dies, wie Goodman es formuliert, ein »ungewöhnlich schwacher« Konditionalsatz sein, nämlich ein Konditionalsatz der Form: »Wenn Streichhölzer gerieben werden und alle Bedingungen günstig sind, entzünden sie sich«.[115] Ursula Wolf, die Goodman hier folgt, hat daher folgende Analyse von Dispositionsaussagen vorgeschlagen:

> Betrachtet man [...] Dispositionsaussagen, dann wird man das auslösende Ereignis als Ursache bezeichnen, die Situationsumstände als weitere kausale Faktoren oder Bedingungen auf derselben Ebene, die man daher als Mitursachen bezeichnen könnte, und man kann sagen, daß beides zusammen, das auslösende Ursacheereignis zusammen mit den Mitursachen in der Situation ein bestimmtes aktuales Vorkommnis bewirkt.[116]

Es ist für das folgende nicht wichtig, ob wir, wie Wolf vorschlägt, von »Ursachen« und »Mitursachen« sprechen oder ob wir einfach die gesamte linke Seite des Konditionals als »Ursache« bezeichnen. Worauf es für unsere Überlegungen ankommt, ist vielmehr die Frage, welche Bedeutung Goodmans Gedanke hat, daß wir, wenn wir

114 Vgl. U. Wolf, *Möglichkeit und Notwendigkeit bei Aristoteles und heute*, S. 305.

115 N. Goodman, »The Problem of Counterfactual Conditionals«, S. 39 f. sowie U. Wolf, *Möglichkeit und Notwendigkeit bei Aristoteles und heute*, S. 305.

116 U. Wolf, *Möglichkeit und Notwendigkeit bei Aristoteles und heute*, S. 318.

Dispositionen in einem Konditionalsatz beschreiben, stets eine Klausel der Art »wenn die Umstände günstig sind« hinzufügen müssen. Goodmans Behauptung ist, daß dies bedeutet, daß der Konditionalsatz, durch den wir eine Disposition beschreiben, ein »ungewöhnlich schwacher« ist. Diese Charakterisierung setzt voraus, daß der Konditionalsatz, der eine Disposition beschreibt, als ein Satz zu verstehen ist, der zu dem Fall, der unter die Disposition fällt, in einem Verhältnis der logischen Ableitung steht, welches dann in der Tat »ungewöhnlich schwach« wird, wenn die linke Seite des Konditionals stets eine solche Umstände-Klausel enthält. Doch diese Deutung, von deren Richtigkeit Goodman fraglos ausgeht, versteht sich nicht von selbst.

Ehe wir fragen, ob diese Deutung richtig sein kann, wollen wir zunächst die Konsequenz dieser Deutung betrachten: Wenn man glaubt, daß der Konditionalsatz, der eine Disposition beschreibt, in einem Verhältnis der logischen Ableitung zu dem Fall steht, der unter die Disposition fällt, dann folgt daraus, daß man eine Disposition erst dann vollständig beschrieben hat, wenn man auf der linken Seite des Konditionals nicht nur das »auslösende Ursacheereignis«, sondern überhaupt *alle* Umstände beschrieben hat, aus deren Vorliegen man den Fall, der unter die Disposition fällt, in einer gegebenen Situation logisch ableiten kann. Ohne eine Aufzählung aller Umstände, aus deren Vorliegen man den Fall, der unter die Disposition fällt, in einer gegebenen Situation logisch ableiten könnte, ist nach dieser Auffassung die Beschreibung der Disposition prinzipiell unvollständig. Indem man all diese Umstände beschreibt, macht man daher eine gehaltvolle Aussage über die Disposition. Je mehr dieser Umstände wir bestimmen und aufzählen können, desto vollständiger wird unsere Beschreibung der Disposition. Eine vollständige Beschreibung der Disposition haben wir erst dann und genau dann, wenn wir eine vollständige Liste all jener Umstände haben, aus deren Vorliegen man den Fall, der unter die Disposition fällt, in einer gegebenen Situation logisch ableiten kann. Nach diesem Verständnis des Konditionalsatzes, der eine Disposition beschreibt, kann man, um zu erläutern, was es heißt, daß Zucker wasserlöslich ist, prinzipiell nicht nur das »auslösende Ursacheereignis« und das »bewirkte Ereignis« nennen – etwa so: Wenn man Zucker in Wasser gibt, dann löst er sich auf. Eine solche Beschreibung ist dann prinzipiell *unvollständig*.

Es gibt jedoch noch eine andere Möglichkeit, die Tatsache zu deuten, daß es Fälle gibt, in denen das Antezedens des Konditionalsatzes, in dem wir eine Disposition beschreiben, erfüllt ist, aber sich gleichwohl die Disposition nicht aktualisiert. Es könnte Ausdruck dafür sein, daß es falsch ist zu glauben, der Konditionalsatz, der eine Disposition beschreibt, habe den Sinn, die *Prämisse einer Schlußfolgerung* zu beschreiben, vermittels deren wir den Fall, der unter die Disposition fällt, ableiten. Es könnte Ausdruck dafür sein, daß er vielmehr den Sinn hat, eine irreduzible Form der *Erklärung* genau dieses Falls zu beschreiben. Fragen wir uns also, welchen Sinn der Konditionalsatz, der eine Disposition beschreibt, haben muß.

Was ist die Voraussetzung dafür, den Konditionalsatz, der eine Disposition beschreibt, als die Beschreibung von etwas zu verstehen, das nicht als solches schon eine Form der Erklärung für den Fall, der die Disposition aktualisiert, enthält? Man kann den Konditionalsatz, der eine Disposition beschreibt, nur unter der folgenden Voraussetzung so verstehen: wenn es möglich ist, die günstigen und ungünstigen Umstände einer Disposition zu bestimmen, ohne für diese Bestimmung auf einen Fall der *Aktualisierung* der Disposition Bezug zu nehmen. Nur dann kann man die Beschreibung einer Disposition als die Beschreibung von etwas verstehen, das selbst noch keinen erklärenden Charakter hat, sondern allererst die Prämisse einer Schlußfolgerung darstellt, vermittels derer wir in einer gegebenen Situation den Fall der Aktualisierung der Disposition *ableiten*. Andernfalls muß man schon von genau jener Form der Erklärung Gebrauch machen – eben einer Erklärung durch die Disposition selbst –, die man in einer solchen Betrachtung gerade zu negieren versucht. Ich werde im folgenden zeigen, daß eine solch unabhängige Bestimmung der günstigen und ungünstigen Umstände einer Disposition unmöglich ist.

Goodman sagt, daß das Streichholz, das wir reiben, nicht naß sein darf, daß der Zucker, den wir ins Wasser geben, nicht in Aluminium eingewickelt sein darf oder daß das Wasser nicht schon zuckergesättigt sein darf. Wolf drückt das so aus, daß sie sagt, dies seien ungünstige Umstände für die Aktualisierung der entsprechenden Disposition, während jene Umstände, in denen das Streichholz trocken ist, der Zucker nicht in Aluminium eingewickelt ist etc., für die Aktualisierung der Disposition günstig sind. Doch was ermöglicht es uns, einen Fall, in dem wir ein Streichholz reiben und es sich nicht entzündet, so zu beschreiben, daß wir sagen, es würde sich *deswegen* nicht entzünden, weil *ungünstige* Umstände für die Aktualisierung der Disposition bestehen? Das einzige, was uns eine solche Erklärung ermöglichen kann, ist, daß wir auf einen Fall der Aktualisierung der Disposition Bezug nehmen, in dem per definitionem all jene Umstände vorliegen, die für die Aktualisierung der Disposition günstig sind. Um sagen zu können, daß bestimmte Umstände für die Aktualisierung einer Disposition ungünstig sind, müssen wir auf einen Fall Bezug nehmen, in dem sich die Disposition aktualisiert. Denn nur, wenn wir auf einen solchen Fall Bezug nehmen, können wir eine gegebene Situation so beschreiben, daß wir sagen, daß in ihr die Umstände nicht so sind wie in dem Fall, in dem die Disposition aktualisiert wird, und daß genau diese anderen Umstände es sind, die erklären, weshalb eine bestimmte Disposition, deren Träger ein gegebener Gegenstand ist, sich nicht aktualisiert.

Ohne die Bezugnahme auf einen Fall der Aktualisierung der Disposition ist es dagegen unmöglich, der Rede von günstigen und ungünstigen Umständen für die Aktualisierung einer bestimmten Disposition einen Sinn zu geben. Denn stellen wir uns vor, wir hätten noch kein Verständnis davon, was ein Fall der Aktualisierung der Disposition von Streichhölzern ist, sich zu entzünden. Und nun stellen wir uns vor, wir reiben ein Streichholz und es entzündet sich nicht. Wenn wir nun nichts weiter ins Spiel bringen als das, was wir in dieser Situation sehen, nämlich ein Streichholz, das gerieben wird und sich nicht entzündet, dann ist es unmöglich, dies als einen Fall der *Nichtaktualisierung* einer Disposition zu beschreiben, deren Träger das Streichholz gleichwohl ist. Ohne die Bezugnahme auf einen Fall, in dem sich die Disposition aktualisiert, haben wir in einer solchen Situation nicht die geringste Grundlage für das Urteil, daß das Streichholz die Disposition hat, sich zu entzünden. Ein solches Urteil aber ist die Voraussetzung dafür, daß wir diesen Fall, in dem sich das Streichholz nicht entzündet, obgleich es gerieben wird, dadurch erklären können, daß ungünstige Umstände bestehen: ungünstige Umstände für die Aktualisierung einer Disposition, die das Streichholz hat.

Die Bezugnahme auf einen Fall der Aktualisierung der Disposition ist also die Voraussetzung dafür, daß die Rede von günstigen und ungünstigen Umständen für die Aktualisierung einer Disposition einen Sinn haben kann. Wenn aber das so ist, dann heißt dies, daß man die Beschreibung einer Disposition nicht als die Beschreibung der Prämisse einer Schlußfolgerung verstehen kann, vermittels deren man den Fall der Aktualisierung der Disposition ableitet. Denn um den Konditionalsatz, der eine Disposition beschreibt, so verstehen zu können, wie Goodman dies hier exemplarisch tut, muß man schon einen Fall in Anspruch nehmen, in dem man genau dieses Verständnis einer Disposition zurückweist. Man muß einen Fall in Anspruch nehmen, der *unmittelbar durch die Disposition erklärt* wird. Der Versuch, das Verhältnis zwischen einer Disposition und dem Fall, der sie aktualisiert, als ein Verhältnis der logischen Ableitung zu verstehen, unterminiert sich selbst. Das heißt, man kann Dispositionen nur dann als eine Form der Erklärung verstehen, wenn man sie als eine unmittelbare Form der Erklärung versteht. Daraus folgt, daß die Klausel »wenn die Umstände günstig sind«, die zur Beschreibung von Dispositionen gehört, einen anderen Sinn haben muß als den, den Goodman annimmt. Der Sinn dieser Klausel ist dann nicht der, Teil einer gehaltvollen Beschreibung der Disposition zu sein. Ihr Sinn besteht vielmehr darin, ein formales Merkmal des Beschriebenen ausdrücklich zu machen: eben daß es sich hierbei um eine Disposition handelt, die als solche Umstände enthält, die auch nicht vorliegen können.

Wenn aber das so ist, dann heißt dies, daß, wenn wir die günstigen Umstände einer Disposition beschreiben, wir dabei etwas beschreiben, was schon Teil desjenigen Verständnisses ist, das wir haben, wenn wir die Disposition von Streichhölzern durch den Konditionalsatz beschreiben »Wenn man Streichhölzer reibt, entzünden sie sich«.[117] Denn wenn die obigen Überlegungen richtig sind, dann heißt dies, daß alles, was wir beschreiben, wenn wir eine Disposition in einen Konditionalsatz analysieren, nur dann die Beschreibung einer Disposition sein kann, wenn es Element einer solch unmittelbaren Form der Erklärung ist. Es liegt auf der Hand, daß diese Beschreibung nun mehr oder weniger detailliert sein kann. Doch wie detailliert auch immer sie ist: Das, was einen Kon-

117 U. Wolf drückt diese Auffassung zweideutig aus, wenn sie sagt, die Vermögen seien jeweils im Hinblick auf die normalerweise herrschenden Bedingungen definiert (ebd., S. 322). Denn mit »normalerweise« kann nicht statistische Häufigkeit gemeint sein. Wenn es aber nicht statistische Häufigkeit meint, muß ein logisches Verhältnis zwischen den Umständen und der Disposition bestehen.

ditionalsatz zur Beschreibung einer Disposition macht, ist, daß er die Beschreibung einer unmittelbaren Form der Erklärung ist. Und ob er dies ist, hängt nicht davon ab, wie detailliert wir eine Disposition beschreiben, sondern einzig davon, daß es einen Fall gibt, der unter genau diese Form der Erklärung fällt. Indem wir die günstigen Umstände angeben, unter denen sich die Disposition von Streichhölzern, sich zu entzünden, aktualisiert, sagen wir daher nichts, was wir nicht schon gesagt haben, als wir gesagt haben, daß Streichhölzer sich entzünden, wenn man sie reibt. Das »wenn« in dem Satz »wenn die Umstände günstig sind« artikuliert etwas, das in dem »wenn« des Satzes »Wenn man Streichhölzer reibt, entzünden sie sich« schon enthalten ist. Wenn wir sagen, daß Streichhölzer sich entzünden, wenn man sie reibt, geben wir damit eine *vollständige* Beschreibung der Disposition.

Erinnern wir uns, was Aristoteles in seiner Analyse der *dynamis* sagt: »Man muß [...] nicht noch hinzufügen, daß kein äußeres Hindernis dazutreten dürfe«, denn das Streichholz »verfügt über das Vermögen zu bewirken nur insofern, als es Vermögen ist, und ein derartiges ist es nicht schlechterdings, sondern nur unter bestimmten Verhältnissen, wovon schon die äußeren Hindernisse ausgeschlossen sein werden.«[118] Aristoteles will damit sagen, daß der Zusatz, daß Streichhölzer sich nur dann entzünden, wenn keine ungünstigen Umstände bestehen, *sinnlos* ist. Denn die Disposition, die wir den Streichhölzern zuschreiben, wenn wir sagen, sie seien entzündbar, enthält *als solche* schon den Gedanken, daß deren Aktualisierung von bestimmten Umständen abhängig ist. Es gehört zum Begriff dessen, was eine Disposition ist, so will Aristoteles sagen, daß die Fälle, die sie aktualisieren, von bestimmten Umständen abhängig sind. Und wenn dies schon zum Begriff einer Disposition gehört, dann heißt dies, daß wir, wenn wir sagen, die Aktualisierung einer bestimmten Disposition sei von günstigen Umständen abhängig, damit keine gehaltvolle Aussage über diese Disposition machen.[119]

118 Aristoteles, *Metaphysik*, IX.5 1048a 17-20.

119 Vgl. zu dieser Auslegung von Aristoteles auch M. Burnyeat, *Notes on Eta and Theta of Aristotle's Metaphysics*, S. 130; L. Jansen, *Tun und Können. Ein systematischer Kommentar zu Aristoteles' Theorie der Vermögen im neunten Buch der »Metaphysik«*, S. 182 sowie J. Moline, »Provided Nothing External Interferes«, vor allem S. 249, 253.

Das steht der Annahme von Goodman und Wolf entgegen, denen zufolge die vollständige Auflistung der günstigen Umstände einer Disposition ein notwendiges Element ihrer vollständigen Erläuterung ist. Nach Aristoteles bringt die Auffassung von Goodman und Wolf ein Mißverständnis über die Art von Allgemeinheit zum Ausdruck, die wir beschreiben, wenn wir eine Disposition in einem Konditionalsatz beschreiben.[120] Sie mißverstehen nach Aristoteles, daß es sich hierbei um die Beschreibung einer unmittelbaren Form der Erklärung handelt.

Wir haben oben gezeigt, daß man eine Disposition in der Tat nur verstehen kann, wenn man sie so versteht, wie Aristoteles behauptet. Denn wir haben gesehen, daß es unmöglich ist, günstige und ungünstige Umstände für die Aktualisierung einer Disposition zu bestimmen, ohne dabei auf einen Fall Bezug zu nehmen, der unmittelbar durch die Disposition erklärt wird. Wenn es aber so ist, daß man die Beschreibung einer Disposition nicht anders denn als die Beschreibung eines Allgemeinen verstehen kann, das unmittelbar erklärend ist, dann ist die Idee einer Liste von günstigen Umständen, die wir in einer vollständigen Beschreibung einer Disposition angeblich aufstellen müssen, nicht einfach nicht abschließbar. Unser Argument zeigt dann vielmehr, daß schon allein die Idee, wir müßten eine solche Liste auch nur *beginnen*, um zu einem vollständigen Verständnis der Disposition zu gelangen, widersinnig ist.[121] Die Disposition von Zucker, wasserlöslich zu sein, ist vollständig beschrieben in dem Satz »Wenn man Zucker ins Wasser gibt, löst er sich auf«. Es gibt keine vollständigere Beschreibung dieser Disposition als in diesem Satz.

Unsere Überlegungen zu Dispositionen und den Umständen ihrer Aktualisierung hatten den Sinn, uns die Bedeutung des Zusatzes »wenn die Umstände günstig sind« klarzumachen, welcher auch die

120 Vgl. zu einer analogen Kritik am empiristischen Verständnis von Naturgesetzen G. H. von Wright in »Laws of Nature«, S. 142. Vgl. dazu auch die einschlägigen Ausführungen zu Naturgesetzen von S. Rödl in *Kategorien des Zeitlichen. Eine Untersuchungen der Formen des endlichen Verstandes*, Kap. 6. Rödl kommt aufgrund einer analogen Überlegung, wie wir sie oben formuliert haben, zu dem Schluß, daß die Idee eines ausnahmslosen Naturgesetzes eine inkohärente Idee ist. Dasselbe gilt a fortiori für alle Gesetzesaussagen über Lebendiges, so argumentiert Rödl in »Natur und Norm«.

121 So auch G.E.M. Anscombe in »Causality and Determination«, bes. S. 138.

Beschreibung von vernünftigen Fähigkeiten charakterisiert. Wir haben gezeigt, daß man diesen Zusatz grundsätzlich mißversteht, wenn man glaubt, man mache damit eine gehaltvolle Aussage. Wenn wir sagen, »Lisa kann schwimmen«, dann schließt das »kann« in dieser Aussage über Lisa ein, daß Schwimmen ein Akt ist, der als solcher von bestimmten Umständen abhängig ist und durch das Bestehen sogenannter ungünstiger Umstände verhindert werden kann. Wenn wir Lisa ins Wasser werfen, während sich 10 Meter hohe Wellen brechen und Lisa untergeht, werden wir nicht sagen, sie sei untergegangen, weil sie nicht schwimmen konnte. Wir werden sagen, sie sei untergegangen, weil die Wellen 10 Meter hoch waren. Und wenn wir Lisa ins Wasser werfen, während ein Krokodil sie am Fuß packt, werden wir nicht sagen, sie strampele und strauchle im Wasser, weil sie nicht schwimmen kann. Wir werden sagen, sie strample und strauchle im Wasser, weil ein Krokodil sie am Fuß packt. Wenn wir also sagen, daß jemand, der schwimmt, einen Akt vollzieht, der von günstigen Umständen abhängig ist, dann machen wir damit keine gehaltvolle Aussage über Schwimmen. Wir machen vielmehr ein formales Merkmal eines solchen Aktes ausdrücklich. Wir machen ausdrücklich, daß Schwimmen ein Akt ist, der unter ein Allgemeines fällt, das diesen Akt unter bestimmten Umständen unmittelbar erklärt. d. h., wir machen ausdrücklich, daß Schwimmen ein Akt einer Fähigkeit ist.

Daß es sich hier um ein formales Merkmal dieses Aktes handelt, kann man nicht begreifen, solange man, wie es die übliche Deutung von Dispositionen und Fähigkeiten vorschlägt, Fähigkeiten als etwas versteht, das in einem Verhältnis der logischen Ableitung zum Fall seiner Aktualisierung steht.[122] Dann kann man nicht sagen, daß die Abhängigkeit des Falls der Aktualisierung einer Disposition oder Fähigkeit von günstigen Umständen ein formales Merkmal dieses Falls zum Ausdruck bringt. Man muß dann glauben, daß man damit eine gehaltvolle Aussage über diesen Fall

122 Auch W. Sellars gibt diese Voraussetzung nicht auf in seinem Versuch, Goodmans Erläuterung zu verbessern, weshalb auch sie demselben von Wrightschen Einwand ausgesetzt ist. Vgl. W. Sellars, »Countafactuals, Dispositions and the Causal Modalities«. Auch R. S. Woolhouse erkennt in seinem Versuch, nun seinerseits Sellars' modifizierte Erläuterung zu verbessern, diese Prämisse nicht als das eigentliche Problem, das unser Verständnis von Dispositionen verstellt. Vgl. R. S. Woolhouse, »Counterfactuals, Dispositions, and Capacities«.

macht. Wir haben indes gesehen, daß es unmöglich ist, Dispositionen und Fähigkeiten so zu verstehen.

3. Fallibilität als Merkmal vernünftiger Fähigkeiten

Wir haben oben argumentiert, daß ein Akt, der eine Fähigkeit aktualisiert, kraft dessen, daß er ein Akt einer Fähigkeit ist, intrinsisch dadurch charakterisiert ist, daß er von bestimmten, eben sogenannten günstigen Umständen abhängig ist. Genau das war auch schon Aristoteles' Einsicht, wie wir gesehen haben. Es ist daher nicht einfach so, daß Subjekte, die Fähigkeiten haben, selbst durch viel Mühe, Training und Fleiß ihre Fähigkeiten nicht so perfektionieren können, daß sie eines Tages nicht mehr auf das Bestehen günstiger Umstände für ihre Aktualisierung angewiesen sind. Ganz gleich, wieviel sie üben. Es ist begrifflich unmöglich, daß sie eines Tages in den Besitz einer Fähigkeit kommen die nicht mehr anfällig dafür ist, daß ihre Aktualisierung scheitert. In den Besitz einer solchen Fähigkeit zu kommen ist für sie einfach *unerreichbar*. Wenn das, was sie unermüdlich üben und perfektionieren, eine Fähigkeit ist, dann ist das *unmöglich*.[123] Das Beste, was sie erreichen können, ist, daß sie eine Fähigkeit haben, die sie de facto fehlerfrei ausüben. Doch auch eine Fähigkeit, die man de facto fehlerfrei ausübt, bleibt kraft dessen, daß das, was man de facto fehlerfrei ausübt, eine Fähigkeit ist, prinzipiell dafür anfällig, daß die Ausübung scheitert.

Übertragen wir unsere Überlegungen nun auf jene Akte, die uns hier vorrangig interessieren, nämlich Erkenntnisakte, dann folgt daraus: Jemand, der etwas erkennt, vollzieht einen Akt, der kraft dessen, daß er hierbei eine Fähigkeit ausübt, prinzipiell scheitern kann. Es ist für jemanden, der eine vernünftige Erkenntnisfähigkeit hat, daher nicht einfach aus Schwäche unmöglich, seine Fähigkeit so zu perfektionieren, daß seine Urteile prinzipiell nicht mehr dafür anfällig sind, falsch zu sein. Sondern es ist für jemanden, der dadurch Wissen erwirbt, daß er eine vernünftige Erkenntnisfähigkeit

123 Entscheidend ist, daß es begrifflich unmöglich ist, und nicht einfach empirisch. Denn daß es begrifflich unmöglich ist, macht es nicht einfach zu einem bedauerlichen Ausdruck unserer Schwäche, daß wir unsere Fähigkeiten nicht zur Infallibilität perfektionieren können. Es ist nicht so, daß infallible Fähigkeiten ein Ziel darstellen, das wir nicht erreichen können. Sondern es kann kein *Ziel* sein.

aktualisiert, begrifflich unmöglich, diese Anfälligkeit für den Irrtum prinzipiell zu tilgen. Das Beste, was so jemand erreichen kann, ist, daß er sich de facto nicht mehr irrt.

Mit diesem Verständnis der Fallibilität, die das Wissen vernünftiger Wesen charakterisiert, können wir einsehen, daß das Mißverständnis der Natur von Wissen, welches die skeptische Position und die Positionen der Ermäßigung gleichermaßen charakterisiert, seine Kehrseite in einem Mißverständnis der Fallibilität endlichen Wissens hat. Denn versteht man Wissen als Akt einer vernünftigen Erkenntnisfähigkeit, dann ist die Behauptung, daß der Erwerb von Wissen von günstigen Umständen abhängig ist, keine andere als die, daß Wissen von genau jenen Umständen abhängig ist, unter denen ein Subjekt, das die entsprechende Erkenntnisfähigkeit hat, diese Fähigkeit aktualisiert. Wenn eine Erkenntnisfähigkeit dasjenige ist, das erklärt, weshalb jemand hier und jetzt etwas weiß, dann impliziert dies, daß jemand, der kraft eines sinnlichen Eindrucks Wissen erwirbt, in einer Situation ist, in der keine Umstände bestehen, die die Aktualisierung seiner Fähigkeit, durch sinnliche Eindrücke etwas zu erkennen, verhindern. Und das können wir dann auch so ausdrücken, daß wir sagen, daß er in einer Situation ist, in der *günstige* Umstände dafür bestehen, Wahrnehmungswissen zu erwerben.

Wenn man es so beschreibt, dann kann man sehen, daß die Behauptung, daß jemand nur dann Wissen erwirbt, wenn die Umstände günstig sind, nichts anderes als den Sinn hat, ausdrücklich zu machen, daß Wissen eine vernünftige Fähigkeit ist. Denn wenn Wissen eine vernünftige Fähigkeit ist, dann heißt dies, daß Wissen etwas Allgemeines ist, unter das zwei Arten von Fälle fallen: solche, die dieses Allgemeine *unmittelbar* erklärt, und solche, die es nur *vermittelt* über die Bezugnahme auf partikulare, kontingente Umstände erklärt. Das aber heißt, daß die grundlegende Charakterisierung von Wissen eine Charakterisierung ist, die als solche schon eine Bezugnahme auf Umstände enthält, die nicht jene sind, unter denen jemand Wissen erwerben kann. Und genau darum, weil schon zu unserem grundlegenden Verständnis von Wissen als einer Fähigkeit gehört, daß Fälle logisch möglich sind, in denen ungünstige Umstände vorliegen, ist der Fall der Ausübung einer Fähigkeit ein Fall, von dem man zu Recht sagen kann, daß er vom Vorliegen günstiger Umstände *abhängig* ist. Doch indem wir dies sagen, sagen wir eben nichts anderes, als daß Wissen eine vernünftige Fähigkeit ist.

Wenden wir diese Überlegungen nun auf unser Verständnis dessen an, was es heißt, daß jemand einen sinnlichen Eindruck von etwas hat. Wir haben eingesehen, daß der Begriff eines sinnlichen Eindrucks in der Anwendung auf Lebewesen, die empirische Überzeugungen haben, seinen grundlegenden Sinn dadurch bekommt, daß er zur Beschreibung einer vernünftigen Erkenntnisfähigkeit gehört. Die Konsequenz der obigen Überlegungen ist, daß er damit zur Beschreibung von etwas gehört, zu dessen Natur es gehört, fallibel zu sein. Dies heißt zum einen, daß der Fall eines sinnlichen Eindrucks, der *kein* Fall einer Wahrnehmung ist, nur dadurch verständlich ist, daß der Fall einer Wahrnehmung verständlich ist. Der Begriff eines Falls, in dem wir einen sinnlichen Eindruck haben, der keine Wahrnehmung ist, ist logisch derivativ gegenüber dem Begriff eines Falls, in dem man etwas wahrnimmt. Ersterer ist nur möglich, weil letzterer möglich ist.[124] Zum anderen heißt es jedoch auch, daß man nur dann ein richtiges Verständnis dessen hat, was es heißt, etwas wahrzunehmen, etwa, daß ein bestimmter Gegenstand rot ist, wenn man zugleich über den Begriff eines sinnlichen Eindrucks verfügt, der kein Fall einer Wahrnehmung ist, sondern der Fall eines sinnlichen Eindrucks, den man unter ungünstigen Umständen hat.[125] Das heißt, jemand hat erst dann die vernünftige Fähigkeit, durch sinnliche Eindrücke etwas zu erkennen, wenn er unter anderem ein Verständnis davon hat, daß es Umstände geben kann, die für die Ausübung dieser Fähigkeit ungünstig sind. Denn wenn vernünftige Fähigkeiten etwas Fallibles sind, dann muß man sagen, daß

124 Dies schließt ein, daß die Rede von sinnlichen Eindrücken, die keinen begrifflichen Inhalt haben, wie wir oben schon argumentiert haben, in bezug auf Wesen, die begriffliche Fähigkeiten haben, eine Rede ist, deren Sinn mindestens unklar ist, insofern der Gehalt einer solchen Rede nicht durch die oben beschriebene Erkenntnisfähigkeit *bestimmt* wird. Es ist ein Vorteil unserer Überlegungen, daß wir die Frage, ob der Begriff eines solchen sinnlichen Eindrucks in bezug auf rationale Wesen einen Sinn hat, nicht entscheiden müssen. Entscheidend für unsere Überlegungen ist nur, daß der Begriff eines solchen sinnlichen Eindrucks seinen Sinn *nicht* aus der Beschreibung jener Fähigkeit beziehen kann, die in Wissen resultiert.

125 Das Beispiel der Wahrnehmung roter Gegenstände soll hier hervorheben, daß die Begriffe für günstige Umstände, über die jemand, der kraft sinnlicher Eindrücke etwas erkennen kann, verfügen muß, intrinsisch mit jenen Begriffen verknüpft sind, die er verwendet, wenn er ein Erkenntnisurteil fällt. Das heißt, sie sind intrinsisch mit dem begrifflichen Gehalt dieser Urteile verknüpft und daher je spezifische, dem jeweiligen Urteilsgehalt entsprechende Begriffe für Umstände.

jemand, der kein Verständnis davon hat, daß es Umstände gibt, die für die Ausübung seiner Fähigkeit ungünstig sind, noch kein Verständnis seiner Fähigkeit hat. Und wenn vernünftige Fähigkeiten wesentlich selbstbewußt sind, dann muß man sagen, daß jemand, der noch kein Verständnis seiner Fähigkeit hat, die entsprechende Fähigkeit, etwa die, durch sinnliche Eindrücke etwas zu erkennen, noch nicht hat. Folglich hat man eine vernünftige Fähigkeit erst dann, wenn man ein Verständnis von dieser Fähigkeit als etwas hat, dessen Ausübung anfällig dafür ist zu scheitern.

Wir haben oben deutlich gemacht, daß nach der Fähigkeitskonzeption von Wissen die Rede davon, daß jemand nur dann etwas weiß, wenn die Umstände günstig sind, nicht mehr und nicht weniger als den Sinn hat, genau dies ausdrücklich zu machen: eben daß Wissen eine vernünftige Fähigkeit ist. Diese Bedeutung indes kann man der Rede von günstigen und ungünstigen Umständen genau so lange nicht geben, wie man das versucht, was die skeptische und die ermäßigenden Positionen versuchen: solange man versucht, einen Akt des Wissens dadurch zu rekonstruieren, daß man ihn ausgehend von einer Grundlage aufbaut, die nicht als die Aktualisierung einer vernünftigen Erkenntnisfähigkeit verstanden ist, sondern als *Prämisse*, aus der wir versuchen müssen, die Wahrheit unserer Überzeugung vermittels eines Arguments *abzuleiten*. Das ist die gemeinsame Voraussetzung der in den letzten beiden Teilen diskutierten Konzeptionen von Wissen, die uns in das Dilemma geführt haben. Weil sie versuchen, Wissen auf diese Weise zu rekonstruieren, müssen sie die Beschreibung der günstigen Umstände für Wissen als die Beschreibung von etwas verstehen, das zu dieser Grundlage als *weitere* Prämisse noch hinzukommen muß und überdies erfüllt sein muß, damit wir daraus die Antwort auf die Frage ableiten können, wie die Dinge in der Welt sind.

Damit begreifen wir, daß und weshalb es auf dem Boden der analytischen Konzeptionen von Wissen zu einer Frage werden kann (und muß) – die dann nur mehr die Gestalt einer verzweifelten Kontroverse zwischen Externalismus und Internalismus annehmen kann –, ob ein Subjekt, das kraft eines sinnlichen Eindrucks weiß, daß noch Apfelsaft im Kühlschrank ist, zugleich wissen muß, daß keine ungünstigen Umstände für dieses Wissen bestehen. Dies kann überhaupt nur dann zu einer Frage werden, die die erkenntnistheoretischen Lager spaltet, wenn man Wissen als das Resultat einer Ableitung aus Prämissen versteht und nicht als das Resultat einer vernünftigen Erkenntnisfähigkeit. Nur dann kann es eine Frage sein, ob man um die Wahrheit jener Prämissen, die die günstigen Umstände beschreiben, seinerseits wissen muß, um zur Ableitung seines Wissens berechtigt zu sein, oder ob es nur einfach der Fall sein muß, daß diese Umstände bestehen, ohne daß man das wissen muß.

Verstehen wir hingegen jemanden, der einen Grund für Wissen hat, als jemanden, der eine vernünftige Erkenntnisfähigkeit aktualisiert, dann ist die Frage, ob man einen Grund für Wissen hat, und die Frage, ob die Umstände für den Erwerb von Wissen günstig sind, *ein und dieselbe*. Dann ist es unmöglich, ein Urteil darüber zu fällen, daß man einen Grund für Wissen hat, ohne zugleich ein Urteil darüber zu fällen, daß günstige Umstände für Wissen bestehen. Wenn man urteilt, daß der sinnliche Eindruck, den man hat, ein Grund für Wissen ist, dann urteilt man, daß die Umstände für die Aktualisierung der Fähigkeit, visuelles Wahrnehmungswissen zu erwerben, günstig sind.

Wenn Wahrnehmungswissen ein Akt einer vernünftigen Erkenntnisfähigkeit ist, dann ist der Begriff eines sinnlichen Eindrucks folglich intrinsisch mit bestimmten Umständen verknüpft: Er beschreibt dann *entweder* einen Eindruck unter *günstigen* Umständen, die genau die Umstände sind, unter denen der Eindruck die Fähigkeit, durch sinnliche Eindrücke etwas zu erkennen, aktualisiert. *Oder* er beschreibt einen Eindruck unter *ungünstigen* Umständen, d. h. unter Umständen, die nicht so sind wie in jenem Fall, in dem der Eindruck diese Fähigkeit aktualisiert. Daraus folgt, daß die Diskussion zwischen Externalismus und Internalismus verfehlt ist. Denn sie lebt von der falschen Voraussetzung, daß die Frage, ob man einen Grund für Wissen hat, und die Frage, ob die Umstände für den Erwerb von Wissen günstig sind, zwei verschiedene Fragen sind. Gemäß der üblichen Weise, den Gegensatz zwischen Externalismus und Internalismus zu formulieren, befindet sich unsere Erläuterung von Wissen folglich jenseits dieses Gegensatzes.[126] Denn

126 Vgl. zu dieser Charakterisierung des Gegensatzes von Internalismus/Externalismus u. a. R. Nozick, *Philosophical Explanations*, S. 281 sowie L. BonJour, »Externalist Theories of Empirical Knowledge«, S. 55 sowie W. Alston, »Internalism and Externalism in Epistemology«. Für einen Überblick vgl. auch P. Baumann, »Im Auge des Betrachters – Über Wissen, Rechtfertigung und Kontext« sowie E. Brendel, »Eine kontextualistische Lösung des Streits zwischen Internali-

nach einer Seite ist die hier vertretene Position offenkundig internalistisch, weil sie darauf beharrt, daß jemand, der etwas weiß, einen geistigen Zugang zu den Faktoren haben muß, die bestimmen, ob er Wissen hat oder nicht. Aber dies zu sagen heißt eben nicht, wie das gemäß dem üblichen Gegensatz verstanden wird: nämlich daß weltliche Tatsachen, wie Nozick den Internalisten charakterisiert, auf geistige Sachverhalte reduziert werden. Es heißt vielmehr umgekehrt, daß es bestimmte geistige Sachverhalte gibt, die man nur unter Bezugnahme auf weltliche Tatsachen überhaupt identifizieren kann und die es daher nur *geben* kann, wenn es diese Tatsachen gibt.

Damit holen wir auch den tieferen Grund für das Ergebnis ein, zu dem wir am Ende des letzten Teils gekommen sind, als wir gesagt haben, daß wir sinnliche Eindrücke disjunktiv verstehen müssen: Wenn Wahrnehmungswissen ein Akt einer vernünftigen Erkenntnisfähigkeit ist, dann ist der Begriff eines sinnlichen Eindrucks genau deswegen disjunktiv zu verstehen, weil er dann intrinsisch mit bestimmten Umständen verknüpft ist. Denn er ist dann ein Begriff, der entweder einen Fall der Aktualisierung der Fähigkeit beschreibt, durch sinnliche Eindrücke zu erkennen, wie die Dinge sind, oder einen Fall des Scheiterns dieser Aktualisierung.

Blicken wir von diesem Ergebnis aus noch einmal zurück auf das, was wir als das Dogma der Erkenntnistheorie beschrieben haben: d. h. den Gedanken, dem zufolge jemand, der einen für Wissen hinreichenden Grund hat, dennoch eine falsche Überzeugung haben kann. Dieses Dogma scheint der Erkenntnistheorie deswegen unaufgebbar, weil sie glaubt, daß die Aufgabe dieses Dogmas identisch sei mit dem inakzeptablen Gedanken, daß es nur deduktives Wissen geben kann, wodurch empirisches Wissen von vornherein ausgeschlossen wäre. Doch die antideduktive Absicht, mehr Wissen zuzulassen als nur deduktives Wissen, eben empirisches Wissen, ist nur dann identisch mit der Behauptung des Dogmas, wenn man den Gedanken fraglos voraussetzt, daß eine gerechtfertigte Überzeugung das Resultat einer Ableitung aus Prämissen sein muß, über deren Wahrheit man unabhängig davon verfügen kann, daß man über eine wahre Überzeugung verfügt. Doch unter dieser Voraus-

sten und Externalisten in der Erkenntnistheorie«. Letztere zieht aus dem Streit die Konsequenz, daß nur eine Mischform befriedigend sein kann. Wir hingegen behaupten, daß nur eine *Auflösung der Prämisse* des Streits eine befriedigende Antwort geben kann.

setzung, so haben wir eingesehen, ist es unmöglich, Wissen zu verstehen. Denn unter dieser Voraussetzung kann man die Idee »günstiger Umstände«, von denen Wissen abhängig ist, nur falsch verstehen. Denn wenn man Wissen als das Resultat einer Ableitung aus Prämissen versteht, dann kann man nicht umhin, genau die Entdeckung zu machen, aus der der Skeptiker seine skeptische Konsequenz zieht: nämlich daß eine solche Ableitung niemals irrtumsfrei sein kann. Wenn Begründen ein notwendiges Element von Wissen ist und das Begründen einer Überzeugung keine andere Form haben kann als die, daß man die Wahrheit der Überzeugung aus Prämissen ableitet, über deren Wahrheit man unabhängig davon verfügt, daß man weiß, daß die Überzeugung, die man damit begründet, wahr ist, dann ist die Entdeckung, daß es unmöglich ist, eine solche Ableitung jemals irrtumsfrei vorzunehmen, eine Entdeckung, die ernst zu nehmen ist: Es ist die Entdeckung, daß es unmöglich ist, jemals eine Überzeugung zu haben, deren Wahrheit man garantieren kann. Es ist die Entdeckung, daß Wissen *unmöglich* ist.

Wie Wissen möglich ist, können wir hingegen verstehen, wenn wir Wissen als Akt einer vernünftigen Erkenntnisfähigkeit verstehen: Daß jemand eine Überzeugung aus einem Grund hat, kraft dessen er ausschließen kann, daß sie falsch ist, heißt dann nicht, daß er eine Überzeugung hat, deren Wahrheit das Resultat einer irrtumsfreien Ableitung aus angeblich unproblematischen Prämissen ist. Sondern es heißt, daß er eine Überzeugung aus einem Grund hat, der eine vernünftige Erkenntnisfähigkeit aktualisiert. Und genau dies erlaubt es uns sodann, den Gedanken richtig zu verstehen, der besagt, daß es eine »wichtige Tatsache« ist, wie Ryle es formuliert, daß jemand, der erkennen kann, sich auch irren kann: Es ist in dem Sinn eine wichtige Tatsache, daß genau dasjenige Allgemeine, das jeden einzelnen Akt des Wissens erklärt, etwas ist, das man unabhängig von dieser »Tatsache« nicht verstehen kann. Jemand, der eine vernünftige Erkenntnisfähigkeit hat, versteht sich daher zugleich als jemand, der prinzipiell der Gefahr ausgesetzt ist, sich über sich und die Welt zu täuschen. Das heißt, er versteht den Satz »Ich weiß, daß p« als einen, der darauf angelegt ist, durch den Satz »Ich glaubte nur, zu wissen, daß p« korrigiert zu werden. Er ist es deswegen, weil er, wenn er wahr ist, die Aktualisierung einer vernünftigen Erkenntnisfähigkeit beschreibt, und damit etwas, zu dessen Natur es gehört, daß seine Aktualisierung durch bestimmte Umstände verhindert werden kann.

Wenn man Wissen als Akt einer vernünftigen Erkenntnisfähigkeit versteht, dann ist es so, daß man die Möglichkeit des Irrtums von der Idee des Wissens nicht herauslösen kann, ohne damit die Idee des Wissens selbst aufzulösen. Dann kann man in der Beschreibung dessen, was erklärt, weshalb jemand etwas weiß – nämlich seine vernünftige Erkenntnisfähigkeit –, nicht von der Möglichkeit des Irrtums abstrahieren, ohne damit diese Erklärung *aufzulösen*. Und genau darum ist es nach der Fähigkeitskonzeption von Wissen so, daß jemand, wenn er sagt, daß er erkennt, wie die Dinge sind, dieser Aussage *nichts* hinzufügt, wenn er nun noch sagt, daß diese Aussage falsch sein kann und es also möglich ist, durch die Aussage korrigiert zu werden, daß er nur glaubt, etwas zu erkennen. Hält man hingegen Wissen für etwas, das man aus Elementen rekonstruieren kann, die grundlegender als Wissen sind, dann kann man das nicht so verstehen: Dann kann man die zweite Aussage nicht als eine Aussage verstehen, mit der man einen Sinn ausdrücklich macht, der in der ersten Aussage schon enthalten war. Dann muß man vielmehr glauben, man mache damit eine weitere gehaltvolle Aussage.[127]

4. Die Fähigkeit, empirische Tatsachen zu erkennen

Wir haben im ersten Teil mit dem Gedanken begonnen, daß die Idee endlichen, objektiven Wissens nur verständlich ist, wenn ein Subjekt

127 In meinem Aufsatz »Wissen vom ›Standpunkte eines Menschen‹« argumentiere ich dafür, daß Derridas dekonstruktive Betrachtung normativer Begriffe genau darin ihre Pointe hat, daß sie auf einem Verständnis unserer Fallibilität beruht, demzufolge die Möglichkeit des Scheiterns an dem Ideal, welches der jeweilige normative Begriff beschreibt, ein *intrinsisches* Element unseres Verständnisses dessen ist, was es heißt, dieses Ideal zu erfüllen. Derrida wird gelegentlich mit dem Vorwurf konfrontiert, er würde aus einem jedem bekannten Phänomen – unserer Fallibilität – unnötig viel Aufhebens machen. Doch Derrida hat nach unseren obigen Überlegungen völlig recht, wenn er meint, daß alles daran hängt, *wie* man diese Fallbilität versteht. Und unser Ergebnis ist, ganz wie auch Derrida es sieht, daß ein Großteil der erkenntnistheoretischen Tradition nicht in der Lage ist, diese Fallibilität als ein *intrinsisches* Merkmal jener Akte zu sehen, die unter Begriffe fallen, die ein Ideal bezeichnen.

über Gründe für Überzeugungen verfügt, die Rezeptivität involvieren. Wir haben das solchen Gründen entsprechende Wissen empirisches Wissen genannt. Wir sind nun in der Lage, angeben zu können, wie solches Wissen möglich ist: Jemand kann empirisches Wissen haben, wenn er eine vernünftige Erkenntnisfähigkeit hat, die wesentlich rezeptiv ist. Und daß ein Subjekt eine rezeptive, vernünftige Erkenntnisfähigkeit hat, heißt, so haben wir eingesehen, daß es bestimmte Tatsachen gibt, die diesem Subjekt geistige Akte aufnötigen – entweder direkt, wie in einem Akt der Wahrnehmung, oder indirekt, wie in einem Akt des Verstehens der Mitteilung eines anderen –, die genau dann, wenn es sie als Grund für eine bestimmte Überzeugung anerkennt, dazu führen, daß es diese Tatsachen erkennt.

Diese Erläuterung schließt ein, daß es möglich ist – und ja auch faktisch vorkommt –, daß jemand etwas sieht, *ohne* das zu glauben, was er sieht, und also ohne zu glauben, daß er etwas sehe. Wie wir oben ausgeführt haben, ist das der Sinn der Rede davon, daß jemand, um etwas zu wissen, den Grund, den er hat, anerkennen muß. Vertreter der Unbegrifflichkeits-These, der zufolge wir den Fall, in dem jemand sieht, daß p, auf der Grundlage von Akten rekonstruieren müssen, die noch keinen begrifflichen Inhalt haben, führen zuweilen das Argument an, daß man nur so die Überzeugungsunabhängigkeit der Wahrnehmung erklären kann. So argumentiert etwa Christiane Schildknecht.[128] Dieser Einwand beruht indes auf einer Alternative, die die Fähigkeitskonzeption unterläuft: nämlich der Alternative, daß jemand, der sieht, daß p, entweder als jemand beschrieben werden muß, der Subjekt eines begrifflichen Aktes ist, der als solcher schon impliziert, daß er glaubt, daß p, oder aber als jemand, der Subjekt eines unbegrifflichen Aktes ist, den er mit der Überzeugung verknüpft, daß p. Wäre diese Alternative vollständig, dann müßte für alle, die die zweite Option zurückweisen, die Überzeugungsunabhängigkeit der Wahrnehmung in der Tat ein rätselhaftes Merkmal sein. Doch für die Fähigkeitskonzeption von Wissen ist es dies nicht. Vielmehr macht die Fähigkeitskonzeption dieses Merkmal gerade verständlich, indem sie Wahrnehmungen als Aktualisierungen einer rezeptiven, vernünftigen Erkenntnisfähigkeit versteht.

128 Ch. Schildknecht, »Anschauungen ohne Begriffe?«, S. 465 f.

Denn die Fähigkeitskonzeption hat ihre Pointe gerade darin, daß sie die Natur von Wahrnehmungen damit auf eine Weise begreift, die sowohl erklären kann, weshalb Wahrnehmungen unabhängig von Überzeugungen vorliegen können – weil jemand, der etwas wahrnimmt, eine *rezeptive* Fähigkeit aktualisiert –, als auch zugleich erklären kann, weshalb Wahrnehmungen mit Überzeugungen wesentlich verknüpft sind – weil die rezeptive Fähigkeit, die jemand aktualisiert, der etwas wahrnimmt, eine *vernünftige* Fähigkeit ist. Denn dies heißt, er aktualisiert eine Fähigkeit, deren paradigmatische Aktualisierung ihre *selbstbewußte* Aktualisierung ist: also jene, in der jemand das, was er wahrnimmt, genau deswegen glaubt, weil er es wahrnimmt. Dies schließt nicht aus, sondern gerade ein, daß jemand etwas wahrnehmen kann, ohne das zu glauben, was er wahrnimmt.

Eine Überzeugung, die aus einer rezeptiven Erkenntnisfähigkeit resultiert, resultiert folglich aus einer Fähigkeit, zu der wesentlich Akte gehören, die sich nicht einer Entscheidung des Subjekts verdanken, sondern die dem Subjekt von bestimmten Tatsachen aufgenötigt werden. Von welcher Art sind diese Tatsachen, denen sich diese Akte verdanken? Nun, wenn es richtig ist, daß eine vernünftige Fähigkeit eine konstitutive Einheit von Elementen ist, dann müssen sich diese Akte einer Art von Tatsache verdanken, die dadurch bestimmt ist, daß sie eine rezeptive Erkenntnisfähigkeit aktualisieren. Wir wollen Tatsachen, die dadurch charakterisiert sind, rezeptive Erkenntnisfähigkeiten zu aktualisieren, empirische Tatsachen nennen. Rezeptive Erkenntnisfähigkeiten sind folglich Fähigkeiten zur Erkenntnis empirischer Tatsachen. Oder, wie wir auch sagen können: Es sind Fähigkeiten zur empirischen Erkenntnis. Rezeptive Erkenntnisfähigkeiten sind folglich intrinsisch welthaltige Fähigkeiten in dem Sinn, daß wir zur Beschreibung dieser Fähigkeiten wesentlich auf *Tatsachen in der Welt* Bezug nehmen müssen. Das heißt, rezeptive Erkenntnisfähigkeiten kann es nur geben, wenn es empirische Tatsachen gibt. Doch was empirische Tatsachen sind, verstehen wir seinerseits nur, indem wir verstehen, was rezeptive Erkenntnisfähigkeiten sind.

Zwischen den beiden rezeptiven Erkenntnisfähigkeiten, die wir hier diskutiert haben, besteht freilich ein formaler Unterschied: Der Unterschied besteht darin, daß in bezug auf die Fähigkeit, Wissen vom Hörensagen zu erwerben, die Welt, die wir beschreiben, wenn wir diese Fähigkeit beschreiben, eine wesentlich soziale Welt ist. Sie schließt die Existenz anderer Subjekte ein, die in verständlichen Worten ihr Wissen mitteilen. Für die Beschreibung der Fähigkeit, Wahrnehmungswissen zu erwerben, ist die Beschreibung von anderen Subjekten hingegen nicht wesentlich. Die Welt, die wir beschreiben, wenn wir diese Fähigkeit beschreiben, ist eine Welt von Entitäten, welche für sich noch offenlassen, welcher Natur diese Entitäten sind: ob es sich um rein materielle Gegenstände, belebte Wesen oder andere Subjekte mit derselben Fähigkeit handelt. Damit soll natürlich nicht gesagt werden, daß man verstehen kann, wie ein einzelnes Subjekt diese Fähigkeit haben kann, ohne dabei vorauszusetzen, daß es diese Fähigkeit mit anderen Subjekten teilt. Keineswegs. Die Fähigkeit, durch sinnliche Eindrücke etwas zu erkennen, erwirbt man wesentlich von anderen Subjekten, die diese Fähigkeit schon haben und miteinander teilen. Darum ist diese Fähigkeit, wie viele andere Fähigkeiten, eine sozial geteilte Fähigkeit. Das heißt, die Aussage, die wir machen, wenn wir über jemanden sagen, er habe die Fähigkeit, durch sinnliche Eindrücke etwas zu erkennen, schließt als solche ein, daß er im Besitz von etwas ist, das er mit anderen teilt. Wir kommen darauf noch genauer im nächsten Teil zurück.[129] Was wir im Moment nur betonen wollen, ist, daß wir bei der Fähigkeit, Wissen vom Hörensagen zu erwerben, schon in der Beschreibung dieser Fähigkeit andere Subjekte erwähnen müssen, was bei der Fähigkeit, durch sinnliche Eindrücke etwas zu erkennen, nicht der Fall ist. Wir betonen hier diesen Unterschied, weil es genau dieser Unterschied ist, der das Wissen vom Hörensagen für manche um so viel problematischer zu machen scheint. Wir haben dies eingangs bei Jonathan Barnes gesehen, der darum glaubt, dieses Wissen bestreiten zu müssen. Doch dieser Unterschied, so können wir nun sehen, macht dieses Wissen um keinen Deut problematischer als Wahrnehmungswissen. Wenn wir verstehen, was Wissen überhaupt ist, verstehen wir beide Arten von Wissen gleichermaßen. Denn dann verstehen wir, daß beide Arten von Wissen einer vernünftigen Fähigkeit zur Erkenntnis empirischer Tatsachen entspringen.

129 In Kap. X. 4.

5. Vernünftige Fähigkeiten als letzte Quelle

Nach unserer Erläuterung von Wissen als Akt einer vernünftigen Erkenntnisfähigkeit erklärt sich die Möglichkeit des Irrtums aus einem Merkmal, das vernünftige Fähigkeiten als solche charakterisiert: nämlich daß ihre Aktualisierung auf günstige Umstände angewiesen ist. Wer eine vernünftige Fähigkeit hat, ist dafür anfällig, in der Aktualisierung dieser Fähigkeit zu scheitern. Sowohl der Skeptiker wie auch die Positionen der Ermäßigung erkennen dieses Angewiesensein von Wissen auf günstige Umstände. Sie erkennen, daß dieses Angewiesensein auf günstige Umstände aus der Idee von Wissen nicht eliminierbar ist. Der Skeptiker zieht aus der Einsicht in dieses Angewiesensein auf günstige Umstände die Konsequenz, daß Wissen nicht möglich ist. Unter der Voraussetzung, unter der der Skeptiker und der Ermäßigungstheoretiker versuchen, Wissen zu verstehen, ist diese Konsequenz zwingend. Denn ohne die Idee einer vernünftigen Erkenntnisfähigkeit ist es unmöglich, zwei Dinge über ein Subjekt *zugleich* zu sagen: nämlich daß es sowohl wahrheitsgarantierende Gründe haben kann als auch, daß es sich irren kann. Denn dann scheint man die Möglichkeit des Irrtums nur um den Preis einräumen zu können, daß man bestreitet, daß dasjenige Subjekt, das sich irren kann, wahrheitsgarantierende Gründe für seine Überzeugungen haben kann. Und also muß man schließen, daß ein Subjekt, das sich irren kann, kein Wissen haben kann.[130]

130 Man möchte vielleicht einwenden, daß es neben der skeptischen und der ermäßigenden Position, von der wir jedoch gezeigt haben, daß sie nur eine Spielart der skeptischen ist, noch eine dritte Position gibt, nämlich die der Philosophie der Dekonstruktion. Darin sieht Ch. Menke deren Pointe: Ihm zufolge will die Dekonstruktion sagen, daß wir dem Skeptiker einerseits zugestehen müssen, daß wir so etwas wie wahrheitsgarantierende Gründe nicht haben können, doch daß wir daraus weder den skeptischen Schluß ziehen können, daß Wissen unmöglich ist, noch den ermäßigenden Schluß, daß wir Wissen haben können, indem wir dies mit der Aufforderung verknüpfen, daß wir den Mangel wahrheitsgarantierender Gründe eben akzeptieren müssen. Wissen ist vielmehr eine Idee, auf die wir uns, wenn wir urteilen, notwendig beziehen müssen, doch deren Verwirklichung für uns prinzipiell problematisch bleibt. Vgl. dazu Ch. Menke, »Können und Glauben. Die Möglichkeit der Gerechtigkeit« sowie »›Absolute Interrogation‹ – Metaphysikkritik und Sinnsubversion bei Jacques Derrida«. Doch auch diese Erläuterung von Wissen würde sich nach unserer Darstellung nur unwesentlich von einer skeptischen Position unterscheiden. Auch sie beruht darauf, daß man Wissen nicht als Akt einer vernünftigen Erkenntnisfähigkeit versteht.

Der Skeptiker glaubt, ein Argument für den Schluß zu haben, daß jemand, der einen sinnlichen Eindruck hat oder die Mitteilung eines anderen versteht, prinzipiell keinen wahrheitsgarantierenden Grund für eine Überzeugung haben kann. Doch der Umstand, der den Skeptiker gleichermaßen wie den Ermäßigungstheoretiker so verwirrt, nämlich daß es um der Objektivität der Inhalte endlichen Wissens willen Fälle geben können muß, in denen wir einen sinnlichen Eindruck haben oder einen anderen etwas sagen hören, ohne dadurch Wissen zu erwerben, und die gleichwohl phänomenal ununterscheidbar sind von jenen Fällen, in denen wir dadurch Wissen erwerben, zwingt uns nicht zu diesem Schluß.[131] Der einzige Schluß, zu dem uns dieses Argument zwingt, ist der Schluß, daß Wissen ein Akt einer vernünftigen Erkenntnisfähigkeit ist und also durch etwas erklärt wird, zu dessen Natur es gehört, von bestimmten Umständen abhängig zu sein. Die Diskussion der Umständeabhängigkeit von Wissen zeigt, daß philosophisch noch nichts erreicht ist mit dem bloßen Gedanken, daß Wissen von günstigen Umständen abhängig ist. Niemand bestreitet das. Die eigentlich philosophische Frage beginnt erst dort, wo wir uns fragen, wie die Aussage, daß Wissen auf günstige Umstände angewiesen ist, zu *verstehen* ist. Worauf es ankommt, ist, wie wir das verstehen, was wir da sagen, wenn wir sagen, daß Wissen von günstigen Umständen abhängig ist: ob als eine gehaltvolle Aussage über Wissen oder als das Ausdrücklichmachen eines formalen Merkmals von Wissen. Die skeptische wie die ermäßigende Position müssen diese Aussage genau deswegen, weil sie Wissen nicht als Akt einer vernünftigen Erkenntnisfähigkeit verstehen, als eine gehaltvolle Aussage verstehen. Wir haben dagegen gezeigt, daß, wenn man sie als eine gehaltvolle Aussage versteht, man Wissen nicht verstehen kann.

Wir verstehen nun, wie Wissen möglich ist, indem wir verstehen, was es heißt, etwas zu wissen: Es heißt, eine vernünftige Erkenntnisfähigkeit auszuüben. Damit verstehen wir nicht nur, wie jemand wissen kann, daß noch Apfelsaft im Kühlschrank ist, sondern wir verstehen zugleich auch, weshalb jemand, der als Grund für eine Überzeugung eine Wahrnehmung anführt, nicht einfach eine weitere ungeschützte Behauptung macht, deren Wahrheit seinerseits

131 Vgl. dazu auch T. Williamson, »Is Knowing a State of Mind?«, S. 536. Die phänomenale Ununterscheidbarkeit zwischen zwei geistigen Akten ist kein Argument dafür, daß es sich um den gleichen geistigen Akt handeln muß.

erst noch zu garantieren ist. Das ist der Einwand, auf den wir am Ende des zweiten Teils gestoßen sind. Der Einwand lautete, daß jemand, der eine Wahrnehmung als Grund für eine Überzeugung anführt, damit eine Aussage macht – nämlich die, daß sein sinnlicher Eindruck ein Fall einer Wahrnehmung ist und nicht bloß der Schein einer Wahrnehmung –, deren Wahrheit in jedem Fall seinerseits erst zu garantieren ist, genau so, wie die Wahrheit der fraglichen Überzeugung, für die er diesen Grund anführt. Diesen Gedanken indes, so sehen wir nun, kann man nur formulieren, wenn man bestreitet, daß jemand, der sieht, daß noch Apfelsaft im Kühlschrank ist, eine vernünftige Erkenntnisfähigkeit aktualisiert. Bestreitet man das, dann muß es in der Tat so aussehen, als würde jemand, der ohne *weitere* Begründung eine Überzeugung damit erklärt, daß er das sieht, was er glaubt, nichts anderes als eine weitere ungedeckte Behauptung aufstellen. Die Fähigkeitskonzeption von Wissen hingegen macht verständlich, weshalb es eine Erklärungs-Asymmetrie zwischen jenem Fall gibt, in dem jemand, der einen sinnlichen Eindruck hat, den Inhalt dieses Eindrucks glaubt, und dem Fall, in dem jemand das nicht tut, sondern statt dessen die Bildung der entsprechenden Überzeugung zurückhält. Die Asymmetrie besteht darin, daß jemand, der einen sinnlichen Eindruck hat, keinen weiteren Grund außer seinem sinnlichen Eindruck anführen muß, um vollständig erklären zu können, weshalb er das tut, was er tut. Wer hingegen einen sinnlichen Eindruck hat und gleichwohl nicht dessen Inhalt glaubt, muß einen *weiteren* Grund außer seinem sinnlichen Eindruck anführen, um erklären zu können, was er tut. Dies ist deswegen so, weil jemand, der seinen sinnlichen Eindruck zum Grund einer Überzeugung macht, als jemand zu verstehen ist, der seine Überzeugung dadurch erklärt, daß er sie als einen Akt seiner Fähigkeit darstellt, durch sinnliche Eindrücke zu erkennen, wie die Dinge sind. Wer hingegen einen sinnlichen Eindruck hat und gleichwohl seine Überzeugung zurückhält, kann das, was er tut, nicht auf diese Weise erklären. So wie Jim seinen Sturz auf der Piste nicht durch seine Fähigkeit, Ski zu fahren, erklären kann, sondern vielmehr auf Umstände Bezug nehmen muß, die erklären, weshalb er an der Ausübung dieser Fähigkeit gehindert war. Ebenso muß jemand, der einen sinnlicher Eindruck, den er hat, nicht zum Grund einer Überzeugung macht, auf Umstände Bezug nehmen, die erklären, weshalb er glaubt, daß er an der Ausübung seiner Fähigkeit, durch sinnliche Eindrücke zu erkennen, wie die Dinge sind, gehindert ist und er also die Ausübung dieser Fähigkeit zurückhält.

Man beachte: Wir sagen, jemand, der auf der Grundlage eines sinnlichen Eindrucks etwas glaubt, braucht keinen weiteren Grund außer seinem sinnlichen Eindruck, um erklären zu können, weshalb er das glaubt, was sein sinnlicher Eindruck ihm vorstellt. Er braucht jedoch weitere Gründe, um die Zurückhaltung seiner Überzeugung erklären zu können. Welchen Status hat diese Aussage in der Fähigkeitskonzeption? Wir können uns den Status dieser Aussage am besten klarmachen, wenn wir ihn mit jenem Status vergleichen, den diese Aussage in einer Position der Ermäßigung hat: etwa der sogenannten »Default-and-challenge«-Konzeption, wie sie von Robert Brandom und Michael Williams im Anschluß an Austin exemplarisch vertreten wird:[132] Vertreter diese Position glauben, daß das skeptische Problem das Resultat einer zu anspruchsvollen normativen Forderung ist. Es ist das Resultat der Forderung, daß ein Subjekt jede Überzeugung, die es hat, begründen muß, um zu dieser Überzeugung berechtigt zu sein. Unter dieser Voraussetzung, so der Gedanke, geraten wir unweigerlich in einen unendlichen Regreß der Begründung. Die Default-and-challenge-Konzeption behauptet sodann, daß wir die normative Forderung an das Subjekt ermäßigen müssen, wenn verständlich sein soll, wie ein Subjekt jemals zu einer Überzeugung berechtigt sein kann. Die Aussage »Ein Subjekt braucht keine positiven Gründe, um berechtigt zu sein, etwas zu glauben, sondern nur keinen Grund für Zweifel an der Wahrheit seiner Überzeugung« erhält damit den Status einer selbstnormativen Aussage darüber, wie wir die normative Forderung verstehen sollen, der ein Subjekt untersteht, wenn es eine Überzeugung bildet.[133]

132 Vgl. R. Brandom, *Making It Explicit*, bes. S. 176-206; M. Williams, *Problems of Knowledge*, bes. S. 150-157. Siehe dazu auch unsere Darstellung in Kap. IV.

133 Es liegt in der Logik dieser Position, daß die Frage nach der Wahrheit dieser Aussage, von der ihre Erklärung der Möglichkeit von Wissen abhängt, nicht in zwingender Weise beantwortet werden kann. In bezug auf Wissen vom Hörensagen hat E. Fricker solche Positionen zu Recht damit kritisiert, daß sie uns doch im Grunde einfach zur Leichtgläubigkeit auffordern. Vgl. E. Fricker, »Against Gullibility«. Darum hängt alles daran, in welcher Weise man den Status dieser Aussage versteht: ob als normative Aussage, die der Erkenntnistheoretiker aufstellt, um damit Wissen begreiflich zu machen, oder als Artikulation desjenigen Verständnisses, das derjenige hat, der vernünftige Erkenntnisfähigkeiten hat. Denn im letzteren Fall hat diese Aussage nichts damit zu tun, daß man hier zur Leichtgläubigkeit aufruft,

Ganz anders in der Fähigkeitskonzeption: Die Behauptung einer Erklärungs-Asymmetrie zwischen dem Fall der Überzeugungsbildung und dem Fall ihrer Zurückhaltung ist hier keine normative Aussage. Die Erklärungs-Asymmetrie, die hier für denjenigen besteht, der einen sinnlichen Eindruck hat und sich fragt, ob er ihn als einen Grund für eine Überzeugung anerkennen soll, ist vielmehr nur eine Instanz jener allgemeinen Erklärungs-Asymmetrie, die die Logik all jener Geschehnisse charakterisiert, die unter ein erklärendes Allgemeines wie Dispositionen, Gewohnheiten und Fähigkeiten fallen: nämlich daß die Erklärung des mißlingenden Falls einer Bezugnahme auf partikulare, kontingente Umstände bedarf, während der gelingende Fall durch dieses Allgemeine unmittelbar erklärt wird: *als* dessen Aktualisierung. Sie hat nicht den Status einer normativen Aussage, sondern ist Ausdruck dafür, daß Wissen ein Akt einer vernünftigen Erkenntnisfähigkeit ist.

Verstehen wir Wissen als Akt einer vernünftigen Erkenntnisfähigkeit, dann bildet ein Subjekt, das einen sinnlichen Eindruck, den es hat, als Grund für eine Überzeugung anerkennt, nicht einfach eine Überzeugung über diesen sinnlichen Eindruck – nämlich die, daß sein sinnlicher Eindruck ein Fall einer Wahrnehmung ist –, sondern es tut zugleich mehr: Es stellt seine Überzeugung als das Resultat der Fähigkeit dar, durch sinnliche Eindrücke zu erkennen, wie die Dinge sind. Und indem es das tut, gibt es nicht nur einen *Grund* an, der in normativer Weise erklärt, weshalb es das glaubt, was es glaubt, sondern es gibt zugleich die *Quelle* an, der dieser Grund entspringt. Dies bedeutet, daß alles, was es nun noch weiter anführen könnte, um zu begründen, weshalb es glaubt, was es glaubt, in nichts anderem bestehen kann als in einer Artikulation dessen, was es heißt, die Fähigkeit auszuüben, durch sinnliche Eindrücke zu erkennen, wie die Dinge sind. Die Behauptung »weil ich sehe, daß noch Apfelsaft im Kühlschrank ist« als Antwort auf die Frage »Warum glaubst du, daß noch Apfelsaft im Kühlschrank ist?« stellt dann nicht einfach eine *weitere* ungeschützte Behauptung dar, sondern es ist eine Behauptung, die ihrem Sinn nach ihre eigene Erklärung enthält: eben eine Erklärung durch die Fähigkeit, durch sinnliche Eindrücke zu erkennen, wie die Dinge sind.

weil diese Aussage dann gar nicht den Sinn hat zu erklären, wie Wissen vom Hörensagen möglich ist, sondern vielmehr umgekehrt ein Phänomen einer solchen Erklärung ist.

Dies heißt nicht, daß man auf die Frage, woher man denn wisse, daß man etwas sehe oder nicht bloß Opfer einer Halluzination sei, keine Antwort geben kann: Man kann freilich etwas sagen. Man kann diese Frage z. B. dadurch beantworten, daß man sagt: »Ich weiß, daß ich etwas sehe, weil ich kraft meines visuellen Eindrucks etwas erkenne, was nicht der Fall sein könnte, wenn ich nichts sehen würde.« Der Skeptiker wird einwenden wollen, dies sei doch keine Antwort, die einem dieses Wissen erklärt. Versteht man Wissen nicht als Akt einer vernünftigen Erkenntnisfähigkeit, dann freilich, da hat der Skeptiker recht, kann diese Antwort nur Ausdruck dafür sein, daß wir uns weigern, unser Wissen zu erklären, und uns statt dessen bloß hilflos im Kreis drehen. Doch wir können Wissen als Akt einer vernünftigen Erkenntnisfähigkeit verstehen. Ja, so haben wir gezeigt: So müssen wir Wissen verstehen, wenn uns überhaupt begreiflich sein soll, daß wir Überzeugungen haben. Richtig ist dann, daß die Antwort »Ich weiß, daß ich sehe, daß noch Apfelsaft im Kühlschrank ist, weil ich kraft meines visuellen Eindrucks erkenne, daß noch Apfelsaft im Kühlschrank ist« keinen weiteren Grund für die Wahrheit der fraglichen Überzeugung angibt, der über jenen Grund *hinausgeht*, den wir angegeben haben, als wir unsere fragliche Überzeugung damit begründet haben, daß wir das, was wir glauben, sehen. Doch wenn man Wissen als Akt einer vernünftigen Erkenntnisfähigkeit versteht, dann bringt eine solche Aussage nicht zum Ausdruck, daß wir uns weigern, unser Wissen zu erklären. Sie bringt dann vielmehr zum Ausdruck, *was Wissen ist*: nämlich eine konstitutive Einheit von Akten, die diese Akte in selbstbewußter Weise erklärt. Wir bringen damit zum Ausdruck, daß Wissen ein Akt einer vernünftigen Fähigkeit ist.

Wir haben am Ende des zweiten Teils vorausgreifend gesagt, daß die Antwort auf die Frage, wie es möglich ist, auf der Grundlage eines visuellen Eindrucks zu wissen, daß noch Apfelsaft im Kühlschrank ist, und die Antwort auf die Frage, wie es möglich ist, zu wissen, daß man sieht, daß noch Apfelsaft im Kühlschrank ist, ein und dieselbe sein muß. Am Ende des zweiten Teils konnten wir das nur vorausgreifend sagen. Denn wir konnten noch nicht sehen, worin die Antwort auf beide Fragen besteht. Die Antwort, die wir nun auf beide Fragen geben, lautet, daß beide Akte des Wissens genau dadurch möglich sind, daß jemand die vernünftige Fähigkeit ausübt, durch visuelle Eindrücke zu erkennen, wie die Dinge in der

Welt sind. Denn wenn es diese Fähigkeit ist, die beide Akte des Wissens erklärt, dann bedeutet dies, daß das Wissen darum, daß ein bestimmter sinnlicher Eindruck, den man hat, ein Fall einer Wahrnehmung ist, keine Prämisse für das Wissen darum ist, wie die Dinge in der Welt sind, sondern vielmehr in einer Aktualisierung genau jener Fähigkeit besteht, die man aktualisiert, wenn man aufgrund eines sinnlichen Eindrucks erkennt, wie die Dinge in der Welt sind. Die Antwort auf beide Fragen also ist: daß Wissen ein selbstbewußtes Können ist.

Vierter Teil
Vernünftige Lebewesen

Wir haben im ersten Teil Überzeugungen als Akte eingeführt, in deren Vollzug das Subjekt eines solchen Aktes von der Norm der Wahrheit geleitet wird. Jemand, der etwas glaubt, beansprucht, etwas Wahres zu glauben. Überzeugungen sind nach diesem Verständnis nicht einfach normative Akte, sondern Akte, deren Normativität wesentlich selbstbewußt ist. Unsere Überlegungen haben uns nun gezeigt, daß wir zu diesem Verständnis von Überzeugungen nur dann berechtigt sind, wenn wir Überzeugungen als Akte verstehen, die im grundlegenden Fall aus der Ausübung einer vernünftigen Erkenntnisfähigkeit hervorgehen. Diese Einsicht in die Natur von Überzeugungen hat offenkundig Konsequenzen für unser Verständnis dessen, was es heißt, ein vernünftiges Lebewesen zu sein. Denn vernünftige Lebewesen haben wir in minimaler Weise durch den Besitz von Begriffen charakterisiert, die sie dazu verwenden, Urteile zu fällen. Wenn es nun dieser Besitz von Begriffen ist, der Menschen von anderen Lebewesen unterscheidet, d. h., wenn Menschen, wie Kant es formuliert, wesentlich »endliche denkende Wesen« sind,[1] dann hat unsere Einsicht in die Natur von Überzeugungen eo ipso Konsequenzen für unser Verständnis dessen, was es heißt, ein menschliches Lebewesen zu sein. Denn unser Nachweis, daß der Besitz einer vernünftigen Erkenntnisfähigkeit grundlegend dafür ist, daß jemand Überzeugungen haben kann, ist dann identisch mit dem Nachweis, daß vernünftige Lebewesen, wie Menschen es sind, als solche erkenntnisfähig sind.

Damit gewinnen wir aus unseren anfänglich erkenntnistheoretischen Überlegungen eine Einsicht, durch die die Erkenntnistheorie sich als eine Gestalt der Philosophie des Geistes erweist, ganz wie umgekehrt die Philosophie des Geistes sich als eine Gestalt der Erkenntnistheorie erweist. Denn wenn unser Verständnis der Natur von Überzeugungen richtig ist, dann zeigt es, daß die Antwort auf die Frage, was es heißt und wie es möglich ist, Subjekt eines geistigen Aktes von der Art einer Überzeugung zu sein, und die Antwort auf die Frage, was es heißt und wie es möglich ist, Subjekt einer Erkenntnis zu sein, ein und dieselbe ist: Es heißt, ein Lebewesen zu

1 I. Kant, *Kritik der reinen Vernunft*, B 72.

sein, das im Besitz einer vernünftigen Erkenntnisfähigkeit ist. Wir wollen im folgenden die Bedeutung dieser Einsicht für unser Verständnis der Natur vernünftiger Lebewesen weiter ausarbeiten. Die Konsequenz dieser Einsicht wird sein, daß wir vernünftige Lebewesen als Lebewesen verstehen müssen, die in einem unauflösbar doppelten Verhältnis zu Wissen stehen: Wissen ist für sie zum einen ein *Faktum*: eben das Faktum ihrer vernünftigen Erkenntnisfähigkeit. Und Wissen ist für sie zugleich ein *Ideal*: eben das Ideal, das sie verwirklichen, wenn sie diese Fähigkeit ausüben. Beide Charakterisierungen von Wissen gehören für diese Lebewesen unzertrennlich zusammen. Ein vernünftiges Lebewesen zu sein heißt dann, ein Wesen zu sein, das unauflösbar doppelt mit Wissen verwoben ist: gleichermaßen als einem Faktum wie einem Ideal. Aus diesem doppelten Verwobensein mit Wissen ist die Idee eines vernünftigen Lebewesens nicht herauszulösen, ohne damit diese Idee selbst aufzulösen.

IX. Das Ideal der Fähigkeit

1. Die Freiheit der Vernunft

Wenn wir sagen, daß Wissen eine vernünftige Fähigkeit ist, dann sagen wir damit, so haben wir im letzten Teil gezeigt, unter anderem dies: Wir sagen damit, daß der Begriff der Überzeugung nicht grundlegender als der des Wissens ist. Denn wir sagen damit, daß der Wissensbegriff keine analytische Einheit von Elementen beschreibt, sondern eine konstitutive Einheit. Und dies bedeutet, daß alle Begriffe, durch die wir diese Einheit erläutern, unter anderem der Begriff einer Überzeugung, ihren grundlegenden Sinn dadurch erhalten, daß sie Elemente einer vernünftigen Erkenntnisfähigkeit beschreiben. Außerhalb des Zusammenhangs jener Begriffe, in denen wir eine vernünftige Erkenntnisfähigkeit beschreiben, hat der Begriff der Überzeugung keinen bestimmten Sinn.

Der Sinn, den der Begriff der Überzeugung als Teil der Beschreibung einer vernünftigen Erkenntnisfähigkeit hat, können wir nun wie folgt erläutern: Als Teil der Beschreibung einer vernünftigen Erkenntnisfähigkeit gehört es zum Sinn des Begriffs der Überzeugung, die Akte, die unter ihn fallen, ganz gleich welchen Inhalts, durch eine bestimmte Form von Spontaneität zu charakterisieren. Denn als Teil einer vernünftigen Erkenntnisfähigkeit beschreibt er Akte, die das Resultat von Gründen sind, in deren Lichte das Subjekt diesen Akt als wahr erkennt. Ein Akt, der das Resultat von Gründen ist, in deren Lichte das Subjekt diesen Akt als wahr erkennt, ist das Resultat einer bestimmten Art von Entscheidung: nämlich einer überlegten Entscheidung darüber, was zu glauben war. Und daß ein Akt das Resultat einer überlegten Entscheidung ist, heißt, daß das, was diesen Akt bestimmt, nicht in etwas außerhalb des Subjekts dieses Aktes liegt, sondern seine Quelle im Subjekt dieses Aktes selber hat: Ein Akt, der einer überlegten Entscheidung entspringt, ist ein *selbstbestimmter* Akt. Der Begriff der Entscheidung, den wir zur Charakterisierung von Überzeugungen verwenden, hat den Sinn, dieses Moment der Selbstbestimmung zu beschreiben, das Überzeugungen in den grundlegenden Fällen charakterisiert, d. h. in genau jenen Fällen, in denen sie das Resultat der Ausübung einer vernünftigen Erkenntnisfähigkeit sind.

Der Begriff von Spontaneität, durch den die Fähigkeitskonzeption von Wissen Überzeugungen charakterisiert, ist folglich kein Begriff von Spontaneität, dem zufolge unter Spontaneität eine Freiheit *von* aller Nötigung zu verstehen ist. Es ist vielmehr ein Begriff von Spontaneität, dem zufolge darunter die Freiheit *zu* einer bestimmten Art von Nötigung zu verstehen ist: einer Nötigung durch Gründe, einer *rationalen* Nötigung.[2] Daß jemand, der etwas glaubt, einen Akt der Freiheit ausübt, heißt also gerade nicht, daß etwas zu glauben ein Akt der Willkür ist. Im Gegenteil. Es heißt, daß etwas zu glauben in den grundlegenden Fällen ein Akt der Ausübung einer vernünftigen Fähigkeit ist. Und das heißt, es ist in den grundlegenden Fällen ein Akt, der deswegen vorliegt, weil ein Subjekt einen Grund hat, in dessen Lichte es *genötigt* ist, das zu glauben, was es glaubt. Daß jemand eine Überzeugung hat, heißt folglich, daß er Subjekt eines Aktes ist, der nicht nur aus der Perspektive von irgend jemand normativ erklärt werden kann, sondern der in den grundlegenden Fällen vom Subjekt der Überzeugung selbst normativ erklärt werden kann: eben dadurch, daß es genau jene Gründe für sie anführt, aus denen es sie hat. Und das heißt nichts anderes, als daß ein Subjekt in den grundlegenden Fällen seine Überzeugung dadurch normativ erklärt, daß es sie als das Resultat der Ausübung seiner Fähigkeit darstellt, zu erkennen, wie die Dinge sind. Ganz so wie der Skifahrer, der nach dem Drehschwung den Außenski belastet, seine Handlung dadurch normativ erklärt, daß er diese als einen Akt der Ausübung der Fähigkeit, Ski zu fahren, darstellt.

Wenn Überzeugungen ein Element vernünftiger Erkenntnisfähigkeiten sind, dann ist es folglich ein wesentlicher Aspekt dessen, der etwas glauben kann, daß er über Ausdrücke verfügt, mit denen er sich auf seine Erkenntnisfähigkeit beziehen und dadurch eine normative Erklärung für seine Überzeugungen geben kann. Daraus folgt umgekehrt, daß nur jemand, der eine solche Erklärung selbst geben kann, Subjekt von Akten sein kann, deren Vorliegen durch eine vernünftige Erkenntnisfähigkeit erklärt wird. Jemand muß auf die Frage: »Warum glaubst du, daß p?« die Antwort geben können: »weil ich sehe, daß p« oder »weil ich von jemandem erfahren habe,

2 Zum konstitutiven Zusammenhang zwischen dem für Überzeugungen einschlägigen Begriff von Freiheit und dem Begriff der rationalen Nötigung vgl. auch R. Brandom, »Freedom and Constraint by Norms« sowie J. McDowell, *Mind and World*, S. 5 ff.

daß p«, damit wir seine Akte als Aktualisierungen vernünftiger Erkenntnisfähigkeiten verstehen können. Ein Wesen, das nicht in der Lage ist, eine Antwort auf die epistemische Warum-Frage zu geben, ist entweder gar nicht, wie etwa im Fall von Tieren, oder noch nicht, wie im Fall von kleinen Kindern, Subjekt von Akten, die unter Begriffe fallen, die ihren Sinn dadurch erhalten, daß sie Teil der Beschreibung einer vernünftigen Erkenntnisfähigkeit sind. Ein Wesen, das die epistemische Warum-Frage prinzipiell nicht beantworten kann, ist entweder kein vernünftiges Lebewesen oder ein Lebewesen, dessen Vernunft sich noch entwickeln muß.

Dies bedeutet freilich nicht, daß ein Lebewesen, das keine Antwort auf die epistemische Warum-Frage geben kann, keine sinnlichen Eindrücke haben kann. Frösche haben sinnliche Eindrücke. Und Hasen und kleine Kinder auch. Doch ihre sinnlichen Eindrücke können nicht unter denselben Begriff fallen, unter den die sinnlichen Eindrücke von Wesen fallen, die im Besitz einer solchen Erklärung sind. Sie fallen nicht unter einen Begriff von sinnlichen Eindrücken, der als solcher enthält, daß dem Subjekt eines solchen Eindrucks Tatsachen zugänglich sind, auf die es sich zur Begründung seines Urteils beziehen kann.[3] Der Begriff eines sinnlichen Eindrucks muß in bezug auf Wesen, die nicht über eine solche Erklärung verfügen, einen anderen Sinn haben, weil er seinen Sinn nicht durch jene Einheit von Begriffen erhalten kann, die eine vernünftige Erkenntnisfähigkeit beschreiben. Wenn ein Hase einen sinnlichen Eindruck hat, dann hat er nicht dasselbe wie das, was ein

3 Vgl. zu diesem Punkt dezidiert J. McDowell, *Mind and World*, S. 66-86. Dieser Punkt wird oft mißverstanden, nämlich so, als würde man damit Tieren sinnliche Eindrücke absprechen. Oder als würde man einen »metaphysischen« Begriff des Menschen verwenden, wenn man bestreitet, daß Tiere dieselben sinnlichen Eindrücke haben wie Menschen. Vgl. etwa C. Wright, »Human Nature?«. Doch diese Einwände beruhen auf einer Voraussetzung, die unsere obige Betrachtung gerade *bestreitet*: nämlich der Voraussetzung, daß der Begriff eines sinnlichen Eindrucks ein selbständiger Begriff ist, dessen Sinn sich unabhängig von der Bezugnahme auf eine Fähigkeit bestimmen läßt. Unsere Pointe besteht nicht in einer Aussage über die Natur des Menschen, sondern in dem Gedanken, daß es sich beim Begriff eines sinnlichen Eindrucks um einen Begriff handelt, der Teil der Beschreibung einer konstitutiven Einheit ist. Und genau dann, wenn sein Sinn dadurch bestimmt ist, daß er Teil der Beschreibung einer vernünftigen Erkenntnisfähigkeit ist, dann hat er einen Sinn, der *nicht anwendbar* ist auf Tiere und kleine Kinder.

Mensch hat, wenn dieser einen sinnlichen Eindruck hat. Denn das, was ein Mensch hat, wenn er einen sinnlichen Eindruck hat, ist etwas, dessen Sinn dadurch bestimmt ist, daß es Teil der Beschreibung einer vernünftigen Erkenntnisfähigkeit ist. Und genau diesen Sinn hat es beim Hasen nicht.

Wenn man behauptet, Hasen und urteilsfähige Lebewesen hätten dieselben sinnlichen Eindrücke, dann bestreitet man, daß der Wissensbegriff seine grundlegende Verwendung in der Beschreibung einer vernünftigen Erkenntnisfähigkeit hat. Denn dann bestreitet man, daß der Sinn des Begriffs eines sinnlichen Eindrucks in seiner Anwendung auf urteilsfähige Wesen dadurch bestimmt wird, daß er Element einer konstitutiven Einheit von Begriffen ist, die zusammen eine vernünftige Erkenntnisfähigkeit beschreiben. Wenn der Wissensbegriff seine grundlegende Verwendung darin hat, eine vernünftige Erkenntnisfähigkeit zu beschreiben, dann ist der Begriff eines sinnlichen Eindrucks, der unabhängig ist von der Frage, ob er auf ein Wesen angewendet wird, das sich bewußt auf seine sinnlichen Eindrücke beziehen kann, um damit normativ zu erklären, warum es etwas glaubt, eine Abstraktion: eine Abstraktion von einer grundlegenderen Beschreibung sinnlicher Eindrücke als etwas, das entweder auf Wesen anwendet wird, die diese Fähigkeit haben, oder aber auf Wesen, die diese Fähigkeit nicht bzw. noch nicht haben.

2. Das Ideal der Verantwortung: ein unerreichbares Ziel?

Wir haben ganz zu Beginn gesagt, daß jemand, der eine wahre Überzeugung ins Blaue hinein bildet, kein Wissen hat. Wir verstehen nun, weshalb das so ist. Er hat deswegen kein Wissen, weil eine ins Blaue hinein gebildete Überzeugung nicht einer vernünftigen Erkenntnisfähigkeit entspringt. Jemand kann eine wahre Überzeugung durch Zufall haben oder aber, weil er eine vernünftige Erkenntnisfähigkeit aktualisiert. Und nur im letzteren Fall hat er Wissen. Solange wir nicht über die Kategorie einer vernünftigen Erkenntnisfähigkeit verfügen, können wir den Unterschied zwischen richtigem Raten und Wissen nicht auf diese Weise beschreiben. Der Begriff, mit dem dieser Unterschied gewöhnlich in all jenen Konzeptionen beschrieben wird, die mit der Fähigkeitskonzeption darin übereinkommen, daß der Wissensbegriff ein normativer Begriff ist, ist der Begriff der »doxastischen Verantwortung«.[4] Der Unterschied wird dann so ausgedrückt: Jemand, der einfach etwas errät, verhält sich nicht doxastisch verantwortlich, weil er überhaupt nichts dazu getan hat, die Wahrheit seiner Überzeugung sicherzustellen. Um jedoch Wissen zu haben, muß man seine Überzeugung in einer doxastisch verantwortlichen Weise gebildet haben. Daß ein Subjekt etwas weiß, so die Idee, schließt ein, daß das Subjekt dieses Wissens sich doxastisch verantwortlich verhalten hat.

Wir wollen uns im folgenden klarmachen, welche Rolle der Begriff der doxastischen Verantwortung in der Beschreibung von Überzeugungen hat. Fragen wir uns hierfür zunächst, welchen Sinn der Begriff der doxastischen Verantwortung bekommt, wenn man ihn nicht als Beschreibung eines Phänomens einer vernünftigen Erkenntnisfähigkeit versteht. Die gemeinsame Voraussetzung aller Konzeptionen von Wissen, die versuchen, Wissen ohne die Kategorie einer vernünftigen Erkenntnisfähigkeit zu begreifen, so haben wir gezeigt, besteht in folgendem Gedanken: Wissen ist ein Phänomen, das ausgehend von einem Akt rekonstruiert werden muß, der demjenigen Fall, in dem jemand etwas weiß, und demjenigen, in dem jemand kein Wissen hat, gemeinsam ist. Der größte gemeinsame Nenner all dieser Konzeptionen ist in bezug auf Wahrnehmungswissen ein sinnlicher Eindruck, der dadurch charakterisiert ist, daß sein Vorliegen unabhängig von der Tatsache ist, die man auf seiner Grundlage glauben würde. Wenn wir Wahrnehmungswissen ausgehend von *solchen* sinnlichen Eindrücken zu rekonstruieren versuchen, dann hat der Begriff der doxastischen Verantwortung den Sinn, das Verhalten desjenigen, der von einem solchen sinnlichen Eindruck zur Bildung einer Überzeugung übergeht, bestimmten Regeln zu unterwerfen, die er befolgen muß, damit sein Verhalten als eines gilt, das doxastisch verantwortlich ist.

Nach den begrifflichen Unterscheidungen, die wir im letzten Teil getroffen haben, können wir jede Konzeption von Wahrnehmungswissen, die den Wissensbegriff als einen normativen Begriff versteht

4 So u. a. M. Williams, *Problems of Knowledge*, S. 21-37; R. Fogelin, *Pyrrhonian Reflections*, S. 26 ff., 88 ff.; R. Brandom, *Making It Explicit*, Kap. 3-4. Vgl. dazu auch programmatisch R. Firth, »Are Epistemic Concepts Reducible to Ethical Concepts?«; W. Alston, »Concepts of Epistemic Justification«; R. Feldman u. E. Conee, »Evidentialism«; J. Heil, »Doxastic Agency«; H. Kornblith, »Justified belief and epistemically responsible action«.

und keine Fähigkeitskonzeption von Wissen ist, eine »Regel-Konzeption von Wissen« nennen.[5] Das sind alle Konzeptionen, die im Dilemma von Skeptizismus und Ermäßigung gefangen sind. Denn sie alle behaupten, daß der Nexus zwischen einem sinnlichen Eindruck und einer Überzeugung durch doxastische Regeln reguliert ist, die einem Subjekt vorschreiben, was es tun muß, damit seine Überzeugung als eine zählt, die doxastisch verantwortlich gebildet wurde, und damit als eine, die ein Kandidat für Wissen ist. Machen wir uns klar, was es heißt, daß der Nexus zwischen einem sinnlichen Eindruck und einer Überzeugung durch regulative Regeln der doxastischen Verantwortung bestimmt ist:

Erstens: Regulative Regeln sind Regeln, die gegenüber dem, was sie regeln, logisch nachträglich sind. Wir verstehen nach dieser Konzeption also, was es heißt, daß ein Subjekt einen sinnlichen Eindruck hat, und was es heißt, daß ein Subjekt eine Überzeugung hat, ohne auf diese Regeln Bezug nehmen zu müssen. Zweitens: Es sind Regeln, deren Sinn es ist, einen normativen Unterschied zu etablieren zwischen Überzeugungen, die einfach zufälligerweise wahr sind, und solchen, die kraft dessen wahr sind, daß das Subjekt etwas zur Sicherstellung ihrer Wahrheit getan hat. Drittens: Es sind Regeln, die nicht als solche Gründe dafür liefern, das zu tun, was sie einem vorschreiben. Das heißt, sie erlauben die Frage, warum man ihnen folgen soll, d. h., warum man seine Überzeugungen doxastisch verantwortlich bilden soll. Die Möglichkeit dieser Frage macht deutlich, daß es sich um Regeln handelt, deren Wirksamkeit für das Subjekt davon abhängt, daß das Subjekt ihnen durch einen Akt der Anerkennung eine Wirksamkeit verleiht. Was ein Subjekt indes dazu bringt, diese Regeln anzuerkennen, können diese Regeln selbst nicht erklären. Um das zu erklären, müssen wir vielmehr auf eine weitere Voraussetzung Bezug nehmen, etwa darauf, daß das Subjekt eine wahre Überzeugung bilden will. Wenn wir davon ausgehen, daß ein Subjekt eine wahre Überzeugung bilden will und es der Sinn dieser Regeln ist, den Prozeß der Bildung einer Überzeugung so zu regulieren, daß die Überzeugung, wenn sie wahr ist, aus der Perspektive des Subjekts nicht zufälligerweise wahr ist, sondern kraft dessen, daß es diese Regeln befolgt hat, dann können wir verstehen,

5 Vgl. zu dieser Charakterisierung bzw. zu diesem Selbstverständnis der Vertreter solcher Konzeptionen u. a. W. Sellars, »Epistemic Principles«; A. Goldman, »Epistemics: The regulative theory of cognition«; J. Pollock, »Epistemic Norms«.

daß ein solches Subjekt einen Grund hat, sich diesen Regeln zu unterwerfen.

Es liegt im Wesen von Regel-Konzeptionen von Wissen, daß sich die verschiedenen Konzeptionen auf einer Skala eintragen lassen: An deren unterem Ende steht diejenige Konzeption, die am *wenigsten* von einem Subjekt hinsichtlich dessen verlangt, was es tun muß, um als doxastisch verantwortlich zu zählen. An deren oberstem Ende steht diejenige Konzeption, die am *meisten* von einem Subjekt verlangt. Diejenige Konzeption, die am wenigsten von einem Subjekt verlangt, ist die schon mehrfach angeführte sogenannte »Default-and-challenge-Konzeption von Wissen«. Sie besagt, daß sich ein Subjekt doxastisch verantwortlich verhält, wenn es sich an die Vorschrift hält, daß es nur dann auf der Grundlage eines sinnlichen Eindrucks eine Überzeugung bildet, wenn es *de facto* keine Überlegungen hat, die Zweifel an der Wahrheit der Überzeugung wecken. Dies ist die minimale Konzeption, weil sie vom Subjekt weder verlangt, daß es Maßnahmen für den Erwerb von Informationen ergreift, die für die Wahrheit der Überzeugung relevant sind, noch verlangt sie, daß das Subjekt aktiv Überlegungen über Dinge anstellt, die für die Wahrheit der Überzeugung relevant sind. Sie verlangt lediglich die Abwesenheit von Überlegungen, die Zweifel an der Wahrheit der Überzeugung wecken. Aus der Perspektive der »Default-and-challenge-Konzeption« formulieren alle Regel-Konzeptionen von Wissen, die mehr von einem Subjekt verlangen, einen zu hohen Standard für Wissen.

Indes, daß es Konzeptionen gibt, die einen höheren Standard formulieren, liegt in der Logik dieser Konzeptionen selbst. Denn der Sinn dieser regulativen Regeln soll ja der sein, einen normativen Unterschied zu etablieren zwischen Überzeugungen, die aus der Perspektive des Subjekts zufälligerweise wahr sind, und Überzeugungen, die kraft dessen wahr sind, daß das Subjekt etwas zur Sicherstellung ihrer Wahrheit getan hat. Je anspruchsvoller daher die Regel für doxastisch verantwortliches Verhalten ist, desto geringer ist die Wahrscheinlichkeit, daß die Überzeugung, die das Resultat ihrer Befolgung ist, falsch ist. Und desto höher ist also die Wahrscheinlichkeit, daß die Überzeugung den Status von Wissen hat. Das heißt, das Ideal einer solchen Regel ist eine Regel, in deren Befolgung die Wahrscheinlichkeit, daß ein Subjekt eine falsche Überzeugung bildet, gleich Null ist. Das Ideal ist eine Regel, deren

Befolgung es ausschließt, daß die Überzeugung falsch ist. Dies wäre die maximale Konzeption doxastischer Verantwortung.

Es ist genau eine solche Regel, von der die skeptische Konzeption behauptet, daß wir sie befolgen können müßten, um Wissen zu haben, und die wir zugleich unmöglich befolgen können, wenn das Wissen, um das es geht, ein Wissen von Inhalten ist, in bezug auf die es möglich sein soll, daß wir uns irren. Beides, so der Skeptiker, sind notwendige Elemente des Wissensbegriffs: maximale doxastische Verantwortung einerseits, die die Falschheit der Überzeugung ausschließt, und die Möglichkeit des Irrtums andererseits. Doch beide Elemente, so der Skeptiker weiter, sind nicht miteinander zu vereinbaren. Der Begriff der doxastischen Verantwortung beschreibt in diesen Konzeptionen folglich ein *paradoxes Ideal* in folgendem Sinn: Sein Ideal besteht in einer Regel, die genau das Phänomen, das wir durch diese Regel zu verstehen versuchen, nämlich Wissen von Inhalten, in bezug auf die Irrtum möglich ist, *auflöst*. Denn die Befolgung einer solchen Regel wäre genau dann und nur dann möglich, wenn die Möglichkeit des Irrtums prinzipiell ausgeschlossen wäre.

Daraus folgt, daß jede Konzeption, die eine schwächere regulative Regel formuliert, die bestimmt, was es heißt, sich doxastisch verantwortlich zu verhalten, das Verhalten eines Subjekts auf eine Weise charakterisieren muß, der zufolge es aus der Perspektive des Subjekts stets *verbesserungsfähig* ist. Egal welcher Regel es folgt: solange diese Regel schwächer ist, als die maximale Konzeption es verlangen würde, ist es für das Subjekt stets so, daß es sich doxastisch immer noch verantwortlicher verhalten könnte, als es dies *de facto* gerade getan hat, auch wenn es schon alles getan hat, was die es leitende Regel von ihm verlangt. Es könnte etwa noch weitere Informationen erwerben, die für die Wahrheit der fraglichen Überzeugung relevant sind und die es ihm erlauben würden, die Wahrscheinlichkeit, daß seine Überzeugung falsch ist, weiter zu verringern. Solange die Regel für doxastisches Verhalten schwächer ist, als die maximale Konzeption es verlangen würde, bleibt für ein Subjekt, das sich doxastisch verantwortlich verhält, stets Spielraum dafür, sich noch verantwortlicher zu verhalten. Es bleibt stets Spielraum dafür, *mehr* zu tun als das, was von einem verlangt wird, um als doxastisch verantwortlich zu gelten.

3. Verantwortung als Phänomen vernünftiger Fähigkeiten

Betrachten wir nun, welchen Sinn der Begriff der doxastischen Verantwortung in der Fähigkeitskonzeption von Wissen hat. Stellen wir uns hierfür zunächst einen Fall vor, in dem jemand Informationen besitzt, die nahelegen, daß das, was er glauben würde, wenn er diese Informationen nicht besäße, falsch ist. Stellen wir uns etwa Günter vor, der gerade vom Augenarzt kommt, der ihm gesagt hat, daß er aufgrund einer Unterversorgung seines Augennervs in den folgenden Wochen damit leben muß, sehr häufig und in jedem Fall bei geringer Beleuchtung Doppelbilder zu sehen. Stellen wir uns vor, Günter glaubt dem Arzt, geht nach Hause und hat beim Blick auf den nur gering beleuchteten Eßtisch den sinnlichen Eindruck zweier völlig identischer Teetassen. Gehen wir einmal davon aus, daß es sich hier um einen offensichtlichen Fall handelt, in dem es für Günter doxastisch unverantwortlich wäre, nun zu glauben, es stünden zwei Teetassen auf dem Eßtisch. Für Günter ist es vielmehr doxastisch verantwortlich zu glauben, er sehe Doppelbilder.

Wenn es sich hier um einen offenkundigen Fall handelt, dann können wir an diesem Fall erkennen, daß die Beantwortung der Frage, ob sich jemand doxastisch verantwortlich verhält, unabhängig davon ist, ob die Überzeugungen des Subjekts, die es für dieses Subjekt doxastisch unverantwortlich machen, nun zu glauben, es sehe zwei Teetassen, wahr sind.[6] Denn der Arzt mag sich bei seiner Diagnose geirrt haben, oder er mag Günter angelogen haben. Worauf es ankommt, ist, daß, wenn Günter glaubt, was der Arzt ihm gesagt hat, es für ihn doxastisch unverantwortlich ist zu glauben, es stünden zwei Teetassen auf dem Eßtisch. Der Begriff der doxastischen Verantwortung ist ein Begriff, so zeigt das Beispiel, der von der tatsächlichen kognitiven *Perspektive* desjenigen Subjekts abhängig ist, dessen Verhalten wir durch diesen Begriff beurteilen. Eine Analogie: Stellen wir uns Jim vor, der für heute plant, eine schwierige, abseits gelegene, nicht-öffentliche Piste zu fahren, die weder gesichert noch planiert ist, sondern zu jenen Pisten gehört, die nur von Extremskifahrern gelegentlich gemeistert werden. Wie immer auf solchen Pisten herrscht dort Lawinengefahr, doch bislang ist noch nie etwas

6 Vgl. dazu auch J. Greco, »Internalism and epistemically responsible belief«, S. 245 f.

passiert. Und nun stellen wir uns vor, daß Jim morgens im Radio hört, daß heute in den Bergen aufgrund der großen Schneefälle in den letzten Tagen und des anschließenden wärmeren Wetters besonders große Lawinengefahr herrscht. In einer solchen Situation auf eine ungesicherte Piste zu gehen wäre für Jim höchst unverantwortlich. Und zwar ganz gleich, ob die Radiomeldung wahr ist oder ob sich der Radiosprecher nur einen Scherz erlaubt hat oder er aus Versehen die Lawinenmeldung vom letzten Jahr mit der von diesem Jahr verwechselt hat. Die Antwort auf die Frage, ob Jims Verhalten unter diesen Umständen verantwortlich ist oder nicht, ist auch hier unter anderem abhängig von der Frage, was Jim glaubt.

Nun haben wir gesagt, daß der Begriff des Wahrnehmungswissens ganz wie der Begriff des Skifahrens ein Begriff für eine vernünftige Fähigkeit ist. Wenn dies so ist, dann können wir die beiden obigen Fälle wie folgt erklären: Daß es sich hier um vernünftige Fähigkeiten handelt, heißt unter anderem, daß die Subjekte dieser Fähigkeiten ein (wie auch immer rudimentäres) Verständnis davon haben, was es heißt, die Fähigkeit auszuüben. Das bedeutet, sie haben ein Verständnis davon, daß der Vollzug von Akten, die Ausübungen dieser Fähigkeit sind, vom Vorliegen bestimmter, sogenannter günstiger Umstände abhängig ist, ohne deren Vorliegen – je nach Umstand – die Ausübung der Fähigkeit entweder ganz unmöglich oder höchst schwierig ist. Eine Situation, in der all jene Umstände vorliegen, unter denen die Fähigkeit aktualisiert werden kann, können wir eine »Gelegenheit« nennen.[7] Das heißt, jemand, der im Besitz einer vernünftigen Fähigkeit ist, hat als solcher ein Verständnis davon, daß die Ausübung seiner Fähigkeit vom Vorliegen einer Gelegenheit abhängig ist. Und damit hat er zugleich ein prinzipielles Verständnis von Umständen, unter denen es unmöglich oder höchst schwierig ist, die Fähigkeit auszuüben: eben unter all jenen Umständen, die nicht so sind, wie sie in jenem Fall sind, in dem man die Fähigkeit ausübt. Ohne Schnee ist es unmöglich, Ski zu fahren; ohne Wasser ist es unmöglich, zu schwimmen; ohne Licht ist es unmöglich, etwas zu sehen; ohne einen Infor-

7 Vgl. dazu auch die Bestimmung des Begriffs der Gelegenheit bei Kenny, der sagt: »Opportunities are circumstances which permit the excercises of abilities. If I am to have an opportunity to do something there must be no external impediment to my doing it.« In: A. Kenny, *The Metaphysics of Mind*, S. 68.

manten, der einem sein Wissen in verständlichen Worten mitteilt, ist es unmöglich, Wissen vom Hörensagen zu erwerben.

Wenn aber das so ist, dann erklärt dies, weshalb jemand, der eine vernünftige Fähigkeit hat, *als solcher* – d. h. kraft dessen, daß er diese Fähigkeit hat – in vernünftiger Weise empfänglich ist für Überlegungen, die sich auf die Umstände der Aktualisierung dieser Fähigkeit beziehen, und er in diesem Sinn das, was er tut, in verantwortlicher Weise tut. Denn in vernünftiger Weise für Überlegungen über die Pistenverhältnisse empfänglich zu sein ist für jemanden, der Ski fahren kann, dann nichts, was er über seine Fähigkeit, Ski zu fahren, noch außerdem erwerben muß. Es ist vielmehr etwas, das er genau dadurch erwirbt, daß es die Fähigkeit erwirbt, Ski zu fahren. Und ebenso ist es mit jemandem, der die vernünftige Fähigkeit hat, durch sinnliche Eindrücke zu erkennen, wie die Dinge sind. In vernünftiger Weise für Überlegungen über die Umstände empfänglich zu sein ist nichts, was jemand zusätzlich zu seiner Fähigkeit, durch sinnliche Eindrücke zu erkennen, wie die Dinge sind, noch erwerben muß. Es ist etwas, was er genau dadurch erwirbt, daß er diese Fähigkeit erwirbt.

Der Begriff der Verantwortung hat nach der Fähigkeitskonzeption folglich nicht den Sinn, einen Akt, der noch keine normative Signifikanz hat, unter eine normative Unterscheidung zu bringen. Er hat vielmehr den Sinn, ein Aspekt des Verhaltens desjenigen zu beschreiben, der eine vernünftige Fähigkeit ausübt und damit etwas tut, das als solches in der Verwirklichung einer Norm besteht. Der Aspekt, den dieser Begriff beschreibt, ist der, daß jemand, der eine vernünftige Fähigkeit ausübt, genau deswegen, weil er als jemand zu verstehen ist, der in vernünftiger Weise eine Norm verwirklicht, als jemand zu verstehen ist, der in vernünftiger Weise für die Umstände seines Tuns empfänglich ist. Der Begriff der Verantwortung ist also in diesem Sinn ein *fähigkeitsabhängiger Begriff*. Die Rede von einem Verhalten als verantwortlich oder unverantwortlich macht nur Sinn in bezug auf ein Verhalten, das unter eine vernünftige Fähigkeit fällt, denn diese ist es jeweils, die dem Begriff der Verantwortung allererst einen bestimmten Sinn verleiht. Daraus folgt, daß der Sinn des für Überzeugungen einschlägigen Begriffs der Verantwortung, d. h. der Begriff der doxastischen Verantwortung, dadurch bestimmt ist, daß er Teil der Beschreibung einer vernünftigen Erkenntnisfähigkeit ist. Die grundlegende Erläuterung des Begriffs der doxastischen Verantwortung lautet dann: Jemand verhält sich doxastisch verantwortlich, wenn er genau das tut, was jemand tut, der eine vernünftige Erkenntnisfähigkeit ausübt. Und genau dann hat der Begriff der doxastischen Verantwortung keinen paradoxen Sinn mehr: Er beschreibt dann kein paradoxes Ideal, dem wir uns immer nur *annähern* können, sondern er beschreibt ein Ideal, das als Phänomen einer vernünftigen Erkenntnisfähigkeit *wirklich* ist.

Der Kontrast zwischen dem Sinn, den der Begriff der doxastischen Verantwortung hat, wenn man ihn für eine regulative Regel hält, und dem, den er hat, wenn man ihn für die Beschreibung eines Phänomens einer vernünftigen Erkenntnisfähigkeit hält, wird nirgends deutlicher als darin, daß die Fähigkeitskonzeption es einem erlaubt, bestimmte Fälle, in denen jemand daran *gehindert* war, Wissen zu erwerben, dadurch zu erklären, daß er *zuviel wußte*. Betrachten wir einen solchen Fall: Stellen wir uns einen kleinen Jungen vor, der, aus welchen Gründen auch immer, schon seit Monaten regelmäßig zu seinen Eltern ins Wohnzimmer gerannt kommt und »Feuer, Feuer, Feuer!« ruft, obgleich niemals irgendwo in der Wohnung noch in der unmittelbaren Umgebung der Wohnung etwas brennt. Die Eltern wissen dies mittlerweile. Sie wissen, daß in all diesen Fällen die Rufe ihres kleinen Sohns nicht darauf zurückgingen, daß es in der Wohnung brannte. Nun stellen wir uns vor, es brennt ein kleines Feuer vor dem Fenster des Kinderzimmers des kleinen Jungen. Er sieht dies, rennt daraufhin zu seinen Eltern ins Wohnzimmer und ruft wie immer »Feuer, Feuer, Feuer!«.[8] In einem solchen Fall stellt das Wissen, das die Eltern über den Jungen haben und welches nahelegt, daß es höchst unwahrscheinlich ist, daß der Junge dies deswegen ruft, weil es irgendwo brennt, ein Hindernis dafür dar, die Rufe des Jungen als das anzuerkennen, was sie sind: ein Grund, zu glauben, daß es brennt. Aus der Perspektive der Eltern ist es doxastisch unverantwortlich, dem Jungen zu glauben. Aufgrund ihres Wissens über den Jungen sind sie daran gehindert, Wissen durch die Mitteilung des Jungen zu erwerben. Ergänzen wir nun jedoch die Situation um eine Tante, die sich von den Eltern darin unterscheidet, daß sie dieses Wissen über die vergangenen Feuerrufe des Jungen nicht hat, weil sie nur alle paar Jahre zu Besuch kommt. Weil sie dieses Wissen nicht hat, ist es für sie nicht doxastisch unverantwort-

8 Vgl. zur Diskussion eines solchen Falls auch J. McDowell, »Knowledge by Hearsay«, S. 436 f.

lich, die Mitteilung des Jungen als einen Grund dafür anzuerkennen, daß es brennt. Sie kann im Unterschied zu den Eltern von dem Jungen das Wissen erwerben, daß es in der unmittelbaren Umgebung brennt.

Die Fähigkeitskonzeption von Wissen erlaubt es uns, einen bestimmten Fall, in dem jemand daran gehindert war, ein bestimmtes Wissen zu erwerben, dadurch zu erklären, daß er zuviel wußte. Denn die Fähigkeitskonzeption von Wissen ermöglicht es, eine bestimmte Situation als eine Situation zu beschreiben, die für zwei Subjekte darin identisch sein kann, daß für beide die Gelegenheit besteht, ihre Erkenntnisfähigkeit auszuüben, etwa ihre Fähigkeit, Wissen vom Hörensagen zu erwerben. Genau das ist oben der Fall. Sowohl die Eltern wie die Tante sind in einer Situation, in der für beide diese Gelegenheit besteht. Doch nur die Tante kann diese Gelegenheit zum Wissenserwerb ergreifen, und zwar deswegen, weil sie über bestimmte Informationen nicht verfügt, die es für die Eltern doxastisch unverantwortlich machen, ihre Fähigkeit, Wissen vom Hörensagen zu erwerben, in der Weise auszuüben, daß sie die Überzeugung bilden, daß es in ihrer Umgebung irgendwo brennt. Die Informationen über den Jungen, über die sie verfügen, stellen in diesem Fall selbst einen Umstand dar, der erklärt, weshalb sie ihre Fähigkeit, Wissen vom Hörensagen zu erwerben, nicht aktualisieren.

Darin, daß die Fähigkeitskonzeption einen solchen Fall aus der Natur von Wissen selbst erklären kann, zeigt sich besonders nachdrücklich, daß der Begriff der doxastischen Verantwortung hier einen anderen Sinn als in Regel-Konzeptionen hat. Denn hält man den Begriff der doxastischen Verantwortung für eine regulative Regel, dann beschreibt man die Situation desjenigen, der versucht, Wissen zu erwerben, auf eine Weise, die impliziert, wie wir oben gesehen haben, daß es für das Subjekt prinzipiell möglich ist, sich *noch verantwortlicher* zu verhalten: etwa, indem es sich noch mehr Informationen über die Umstände beschafft, unter denen es versucht, Wissen vom Hörensagen zu erwerben.[9] In der Fähigkeitskonzeption hingegen ist eine solche Idee widersinnig. Die Idee eines immer verantwortlicheren Verhaltens und damit die Idee einer unendlichen Annäherung an ein niemals zu erreichendes Ideal der Verant-

9 So auch die These von R. Fogelin, *Pyrrhonian Reflections*, S. 31 ff.

wortung kann hier von vornherein keine Anwendung finden. Denn wenn jemand von einem anderen erfährt, daß es brennt, dann gibt es für ihn *nichts*, wodurch er seine kognitive Situation verbessern und sich dadurch doxastisch noch verantwortlicher verhalten könnte. Er ist vielmehr in einer Situation, in der er das Ideal der doxastischen Verantwortung vollständig verwirklichen kann: Er kann etwas aus einem Grund glauben, mit dem er ausschließen kann, daß seine Überzeugung, daß es brennt, falsch ist. Und genau dies, nämlich daß die Idee einer unendlichen Verbesserbarkeit der kognitiven Situation innerhalb der Fähigkeitskonzeption widersinnig ist, zeigt sich darin, daß sie es erlaubt, die kognitive Situation eines Subjekts als eine zu beschreiben, die dadurch, daß es mehr wußte, schlechter war, als sie ohne dieses Wissen gewesen wäre.

4. Formen des Scheiterns, Tadel und Entschuldigung

Es charakterisiert die Natur vernünftiger Fähigkeiten, so haben wir gesehen, daß ihre Aktualisierung durch Umstände verhindert werden kann, die selbst ein Phänomen dieser Fähigkeit sind. Für ein Subjekt, das eine vernünftige Fähigkeit hat, sind folglich drei Fälle denkbar: Erstens: Es liegt keine Gelegenheit vor. Die Fähigkeit wird nicht aktualisiert. Zweitens: Es liegt eine Gelegenheit vor. Die Fähigkeit wird aktualisiert. Drittens: Es liegt eine Gelegenheit vor, aber das Subjekt glaubt oder verfügt über Informationen, die nahelegen, daß keine Gelegenheit vorliegt. Dann ist dieser Umstand selbst einer, der die Aktualisierung der Fähigkeit verhindert. Die Denkbarkeit dieses letzten Falls macht die Besonderheit vernünftiger Fähigkeiten aus: daß sie *sich selbst* an ihrer Aktualisierung hindern können in dem Sinn, daß sie ein Phänomen erklären, das seinerseits ein Grund für ihre Nicht-Aktualisierung ist. Nur vernünftige Fähigkeiten können sich in dieser Weise an ihrer Aktualisierung hindern.

Diese besondere Form der Verhinderung, die ausschließlich vernünftige Fähigkeiten charakterisiert, bringt es mit sich, daß die uns hier interessierenden zwei vernünftigen Erkenntnisfähigkeiten die folgenden drei Fälle der Privation denkbar machen, die zusammen den Sinn artikulieren, den die Behauptung hat, daß es ein formales Merkmal dieser Fähigkeiten ist, fallibel zu sein:

(1) Jemand hat den sinnlichen Eindruck, daß p, ohne wahrzunehmen, daß p. Jemand hört einen anderen sagen, daß p, ohne von einem anderen zu erfahren, daß p.
(2) Jemand glaubt, wahrzunehmen, daß p, ohne wahrzunehmen, daß p. Jemand glaubt, von einem anderen zu erfahren, daß p, ohne von einem anderen zu erfahren, daß p.
(3) Jemand nimmt wahr, daß p, ohne zu glauben und also zu wissen, daß p. Jemand erfährt von einem anderen, daß p, ohne zu glauben und also zu wissen, daß p.

Der erste Fall beschreibt in dem Sinn einen Fall der Privation, daß er einen sinnlichen Eindruck eines Subjekts beschreibt, der nicht der Fähigkeit, Wahrnehmungswissen zu erwerben, entspringt. Gleichwohl wird er durch diese Fähigkeit erklärt, jedoch nicht »an sich«, wie Aristoteles es ausdrückt,[10] sondern nur vermittelt: nämlich dadurch, daß die Bezugnahme auf die Fähigkeit es uns ermöglicht, jene Umstände zu identifizieren, die erklären, weshalb dieser sinnliche Eindruck keine Wahrnehmung ist. Doch diese Beschreibung des Falls läßt für sich noch offen, ob es sich um einen Fall von Irrtum handelt. Um einen solchen Fall handelt es sich erst dann, wenn das Subjekt, das nichts wahrnimmt, gleichwohl glaubt, etwas wahrzunehmen, und sich damit in einen Irrtum verstrickt.

Der zweite Fall, in dem man glaubt, etwas wahrzunehmen, ohne etwas wahrzunehmen, beschreibt ebenfalls einen sinnlichen Eindruck, der kein Fall einer Wahrnehmung ist. (2) setzt also (1) voraus. Doch (2) setzt *noch mehr* voraus: Es setzt auch voraus, daß das Subjekt nicht weiß, daß keine Gelegenheit zum Erkennen besteht, sondern ungünstige Umstände vorliegen, unter denen die Aktualisierung seiner Fähigkeit, durch sinnliche Eindrücke etwas zu erkennen, unmöglich ist. Nur wenn das Subjekt nicht weiß, daß ungünstige Umstände für die Aktualisierung dieser Fähigkeit bestehen, kann es glauben, etwas wahrzunehmen, ohne etwas wahrzunehmen. Die Fähigkeitskonzeption macht damit unter anderem sichtbar, daß der Irrtum, statt etwas zu sein, das man einfach fraglos voraussetzen kann, einer anspruchsvollen Erklärung bedarf. Die Fähigkeitskonzeption stellt damit die explanatorische Ordnung, von der alle Konzeptionen ausgehen, die glauben, Wissen ohne Be-

10 Aristoteles, *Metaphysik* IX, 1046b 11.

zugnahme auf eine vernünftige Erkenntnisfähigkeit verstehen zu können, auf den Kopf: Denn diese Konzeptionen fragen, wie Wissen möglich ist, ohne sich ihrerseits zu fragen, wie man die Möglichkeit des Irrtums verstehen kann. Diese setzen sie einfach fraglos voraus. Die Fähigkeitskonzeption macht dagegen sichtbar, nicht nur, daß die Möglichkeit des Irrtums von der Möglichkeit von Wissen abhängig ist. Sondern auch, daß die Erklärung des Irrtums in einem bestimmten Sinn anspruchsvoller ist als die Erklärung von Wissen. Denn während ein Akt des Wissens unmittelbar durch die Erkenntnisfähigkeit erklärt wird, verlangt die Erklärung des Irrtums darüber hinaus die Erwähnung von Umständen, die erklären, weshalb eine bestimmte Überzeugung, die ein Akt des Wissens sein könnte, kein Akt des Wissens ist. Versteht man Wissen nicht als Akt einer vernünftigen Erkenntnisfähigkeit, dann muß es für einen unsichtbar bleiben, daß der Irrtum, der die Möglichkeit von Wissen scheinbar zum Problem macht, statt einfach verständlich zu sein, in einem gewissen Sinn einer anspruchsvolleren Erklärung bedarf als Wissen.

So ist es auch im dritten Fall. Ganz wie im zweiten Fall macht die Fähigkeitskonzeption auch hier sichtbar, daß es sich hierbei, statt um eine triviale logische Möglichkeit, die Wissen zum Problem macht, um eine Möglichkeit handelt, die eine anspruchsvolle Erklärung verlangt. Denn auch hier gilt, daß wir einen solchen Fall nicht unmittelbar durch die vernünftige Fähigkeit, Wahrnehmungswissen zu erwerben, erklären können. Vielmehr müssen wir für die Erklärung eines solchen Falls darauf Bezug nehmen, daß das Subjekt Überlegungen anstellt, die nahelegen, daß ungünstige Umstände bestehen, die, wenn sie bestünden, es daran hindern würden, etwas wahrzunehmen. Nur wenn jemand über solche Überlegungen verfügt, können wir erklären, weshalb er seinen sinnlichen Eindruck nicht als einen Grund dafür anerkennt, das zu glauben, was er wahrnimmt. Die Erklärung eines solchen Falls verlangt die Bezugnahme auf einen, nennen wir ihn reflexiven Umstand – daß ein bestimmtes Subjekt hier und jetzt bestimmte Überlegungen über die Umstände hat –, ohne den nicht erklärt werden kann, weshalb ein Subjekt, das etwas wahrnimmt, das nicht glaubt und also weiß, was es wahrnimmt.

Daß empirisches Wissen ein Akt einer vernünftigen Fähigkeit ist, heißt folglich, daß empirisches Wissen ein Akt ist, dessen Vollzug auf zwei verschiedenen Ebenen mißlingen kann: Erstens auf der Ebene, auf der ungünstige Umstände die Einheit zerstören, die zwischen einem *sinnlichen Eindruck* und einer *Wahrnehmung* besteht. Es liegt dann ein sinnlicher Eindruck vor, der kein Fall einer Wahrnehmung ist. Und zweitens auf der Ebene, die es nur im Fall vernünftiger Fähigkeiten gibt, auf der ein sogenannter reflexiver Umstand die Einheit zerstört, die zwischen *Wahrnehmen* und *Wissen* besteht. Es liegt dann eine Wahrnehmung vor, die kein Fall von Wissen ist.[11]

Stellen wir uns nun noch einmal jemanden vor, der sich aufgrund eines sinnlichen Eindrucks, den er hat, irrt, weil er irrtümlicherweise glaubt, er würde etwas wahrnehmen. Die Erklärung dafür, daß er sich irrt, so haben wir oben gesagt, ist, daß keine Gelegenheit für den Erwerb von Wahrnehmungswissen bestand und er dies nicht wußte. Nun aber stellen wir uns vor, daß er über Informationen verfügt, die es nahelegen, daß keine solche Gelegenheit besteht. Gleichwohl schenkt er diesen Überlegungen einfach kein Gewicht. So wie der jugendliche Pistenstürmer der Lawinenmeldung im Radio kein Gewicht schenkt und sich mit einem leichtsinnigen »Ach, mir wird schon nichts passieren!« übermütig auf die ungesicherten Pisten stürzt. Dies macht den Irrtum zu einem, für den wir dem anderen genau deswegen, weil er diesen Informationen kein Gewicht geschenkt hat, einen Vorwurf machen. Wir *tadeln* ihn, weil jemand, der eine vernünftige Erkenntnisfähigkeit hat, diesen Informationen Gewicht schenken sollte. Jemand, der diesen Informationen kein Gewicht schenkt, verhält sich nicht wie jemand, der eine vernünftige Erkenntnisfähigkeit ausübt. Er verhält sich unvernünftig. Und genau deswegen tadeln wir ihn für seinen Irrtum.

Betrachten wir dagegen den Fall des Irrtums, in dem der andere über keine solchen Informationen verfügt. Es gibt nichts, das es für ihn vernünftig machen könnte, zu glauben, daß er nicht in einer Si-

11 B. Stroud übersieht die Möglichkeit eines solchen Auseinanderfallens, weil er fälschlicherweise glaubt, daß die These, die Wahrnehmungen vernünftiger Wesen hätten stets einen begrifflichen Inhalt, identisch sei mit der These, die Wahrnehmungen vernünftiger Wesen implizierten stets, daß die Subjekte dieser Wahrnehmungen diesen Inhalt bejahen und also die ihnen entsprechende Überzeugung bilden. Vgl. B. Stroud, »Sense-experience and the grounding of thought«. Zur Korrektur dieses Mißverständnisses vgl. dazu auch die Antwort von J. McDowell in »Responses: Barry Stroud«.

tuation ist, die eine Gelegenheit für den Erwerb von Wissen darstellt. In einem solchen Fall sprechen wir ihn von jenem Vorwurf frei, mit dem wir ihn im ersten Fall konfrontieren. Wir *entschuldigen* seinen Irrtum, obgleich seine Überzeugung nicht so ist, wie sie sein sollte. Aber wir sprechen ihn vom Tadel frei, weil er in der Bildung seiner Überzeugung nichts getan hat, was jemand nicht tun würde, der eine vernünftige Erkenntnisfähigkeit ausübt. Er hat im Unterschied zu obigem Subjekt nichts Unvernünftiges getan, als er seinen sinnlichen Eindruck für eine Wahrnehmung hielt.

Die Fähigkeitskonzeption von Wissen verlangt folglich, daß wir zwischen zwei Arten der Rechtfertigung von Überzeugungen unterscheiden müssen. Im Anschluß an Fogelin können wir diese zwei Arten der Rechtfertigung die epistemische und die deontologische Rechtfertigung nennen. Daß ein Subjekt epistemisch gerechtfertigt ist, etwas zu glauben, heißt nach Fogelin, daß es einen Grund hat, etwas zu glauben, das die Wahrheit dieser Überzeugung garantiert. Daß ein Subjekt deontologisch gerechtfertigt ist, etwas zu glauben, heißt dagegen nicht, die Qualität der Gründe zu beurteilen, die ein Subjekt für seine Überzeugung hat, sondern das Verhalten des Subjekts, das zur Bildung einer Überzeugung geführt hat. Die Fähigkeitskonzeption, so zeigt sich nun, bestreitet nicht nur nicht den Sinn dieser Unterscheidung. Sie zeigt vielmehr umgekehrt, *wie* wir beide Begriffe der Rechtfertigung nur verstehen können. Die Fähigkeitskonzeption zeigt, daß wir beide Begriffe nur verstehen können, wenn wir sie als Begriffe verstehen, die Phänomene einer vernünftigen Erkenntnisfähigkeit beschreiben. Beide Beurteilungshinsichten können wir nur verstehen, wenn wir die sie orientierenden Begriffe als *fähigkeitsabhängige* Begriffe verstehen, deren grundlegende Erläuterung dann wie folgt lautet: Daß jemand eine *epistemisch* gerechtfertigte Überzeugung hat, heißt: Er hat eine Überzeugung, die eine vernünftige Erkenntnisfähigkeit aktualisiert. Daß jemand eine *deontologisch* gerechtfertigte Überzeugung hat, heißt: Er hat bei der Bildung seiner Überzeugung das getan, was jemand tut, der eine vernünftige Erkenntnisfähigkeit aktualisiert.

Auch und gerade nach der Fähigkeitskonzeption von Wissen gibt es folglich eine Kluft zwischen einer deontologisch gerechtfertigten Überzeugung, d. h. einer, die auf doxastisch verantwortliche Weise gebildet wurde, und Wissen. Genau jene Kluft, die die Gettier-Fälle illustrieren. Jemand kann deontologisch gerechtfertigt sein, etwas zu glauben, *ohne* etwas zu wissen. Doch entscheidend ist, *wie* wir diese Kluft verstehen. Nach der Fähigkeitskonzeption sind diese Fälle als Fälle zu beschreiben, in denen sich jemand so verhalten hat, wie sich jemand verhält, der eine vernünftige Erkenntnisfähigkeit aktualisiert, ohne jedoch eine solche Fähigkeit zu aktualisieren. Doxastische Tadellosigkeit garantiert nicht Wissen.[12] Doch dies formuliert keine Einsicht in die Grenze dessen, was wir mit doxastisch tadellosem Verhalten erreichen können. Denn genau dies – nämlich die Garantie von Wissen –, so macht allein die Fähigkeitskonzeption sichtbar, ist überhaupt nicht der Sinn des Begriffs der doxastischen Tadellosigkeit. Und genau dies, nämlich daß die Garantie von Wissen gar nicht der Sinn des Begriffs der doxastischen Tadellosigkeit ist, macht der umgekehrte Fall des »Feuer« rufenden Jungen, den wir oben beschrieben haben, ausdrücklich: Denn dies ist ein Fall, in dem die Eltern zwar epistemisch gerechtfertigt sind, etwas zu glauben, aber nicht deontologisch, was sie daran hindert, den Grund, den sie haben, zu ergreifen.

Wenn der Wissensbegriff der Begriff einer vernünftigen Fähigkeit ist und also eine vernünftige Erkenntnisfähigkeit dasjenige ist, das dem Begriff der Überzeugung seinen Sinn verleiht, dann heißt dies, daß die Bildung einer Überzeugung einer Norm untersteht, die mehrere Hinsichten der Beurteilung enthält, in bezug auf die eine Überzeugung jeweils defizient sein kann: Sie kann nicht wahr sein; sie kann nicht epistemisch gerechtfertigt sein, und sie kann doxastisch unverantwortlich gebildet worden sein. Das heißt, die Norm, der wir uns unterstellen, wenn wir eine Überzeugung bilden, ist eine komplexe Norm: Es ist die Norm des Wissens.[13] Wenn wir eine Überzeugung bilden, dann unterstellen wir uns nicht nur der Norm der Wahrheit. Wir unterstellen uns einer Norm, die der Norm der

12 Im Fall des Wissens vom Hörensagen bedeutet dies, daß Fälle möglich sind, in denen sich jemand doxastisch tadellos verhalten hat, als er der Mitteilung eines anderen glaubte, er aber gleichwohl eine falsche Überzeugung erworben und also kein Wissen hat. A. Ross spricht hier von einem »entschuldbaren Glauben«. Unser Verhalten ist in einem solchen Fall von einem »Vorwurf freigesprochen«. In: A. Ross, »Warum glauben wir, was man uns sagt?«, S. 71. Worauf es hier einzig ankommt, ist, daß man den Status dieser Kluft zwischen doxastischer Tadellosigkeit und Wissen richtig versteht: nämlich *nicht* als eine Kluft, die *prinzipiell* nur der Zufall schließen kann.

13 So auch T. Williamson, *Knowledge and its Limits*, S. 11, 33, 41 ff.

Wahrheit allererst einen Sinn gibt: der Norm einer vernünftigen Erkenntnisfähigkeit.

5. Die Unverfügbarkeit vernünftiger Fähigkeiten

Es ist ein definierendes Merkmal jeder Konzeption von Wissen, die glaubt, der Wissensbegriff sei der Begriff einer analytischen Einheit, daß sie den Begriff eines Grundes für Wissen als die Beschreibung von etwas verstehen muß, das die Frage, ob die Überzeugung, die er begründet, wahr ist, stets offenläßt. Es ist daher ein definierendes Merkmal jeder analytischen Konzeption von Wissen, daß sie Wissen als etwas verstehen muß, das dem Subjekt in einem bestimmten Sinn unverfügbar ist: nämlich in dem Sinn, daß Wissen etwas ist, dessen Vorliegen das Subjekt prinzipiell nicht durch Gründe garantieren kann. Denn der Begriff eines wahrheitsgarantierenden Grundes beschreibt nach der analytischen Konzeption von Wissen ein Unding. Die Fähigkeitskonzeption von Wissen bestreitet dagegen, daß Wissen eine analytische Einheit von Elementen ist, und macht dadurch unter anderem Raum für den Begriff eines wahrheitsgarantierenden Grundes.

Man könnte nun meinen, daß die Fähigkeitskonzeption von Wissen, eben weil sie begreiflich macht, wie jemand Subjekt eines wahrheitsgarantierenden Grundes sein kann, damit bestreitet, daß Wissen in einem bestimmten Sinn unverfügbar ist. Doch dies wäre ein Mißverständnis. Auch nach der Fähigkeitskonzeption von Wissen vollzieht jemand, der Wissen erwirbt, einen Akt, der ihm in einem bestimmten Sinn unverfügbar ist. Doch die Idee der Unverfügbarkeit von Wissen hat in der Fähigkeitskonzeption von Wissen einen anderen Sinn als in der analytischen Konzeption von Wissen. Innerhalb der analytischen Konzeption von Wissen ist der Gedanke, daß Wissen für das Subjekt unverfügbar ist, ein *skeptischer* Gedanke. Denn dort ist er identisch mit dem Gedanken, daß ein Subjekt prinzipiell keinen Grund für eine Überzeugung haben kann, der die Wahrheit seiner Überzeugung garantiert. Verstehen wir dagegen Wissen als Akt einer vernünftigen Erkenntnisfähigkeit, dann bestreiten wir damit, daß Wissen *in diesem Sinn* unverfügbar ist. Denn wenn Wissen ein Akt einer vernünftigen Erkenntnisfähigkeit ist, dann heißt dies, daß jemand, der diese Fähigkeit hat, gelegentlich Überzeugungen hat, die das Resultat dieser Fähigkeit sind. Und dies bedeutet, daß er gelegentlich Überzeugungen aus einem Grund hat, der ihre Wahrheit garantiert. Daß Wissen dem Subjekt unverfügbar ist, kann demzufolge nicht heißen, daß ein Subjekt prinzipiell nur Überzeugungen bilden kann, von denen aus der kognitiven Perspektive des Subjekts stets fraglich bleibt, ob sie wahr sind. So daß man dann hinzufügen muß, daß, wenn eine solche Überzeugung dann tatsächlich wahr ist, dies stets ein Moment des glücklichen Zufalls involviert.[14] Wenn Wissen ein Akt einer vernünftigen Erkenntnisfähigkeit ist, dann kann die Idee der Unverfügbarkeit von Wissen offenkundig nicht den Sinn haben, Ausdruck einer Unfähigkeit zu sein: eben der Unfähigkeit, Überzeugungen aus Gründen zu haben, die deren Wahrheit garantieren. Der Sinn, den die Idee der Unverfügbarkeit von Wissen nach der Fähigkeitskonzeption von Wissen hat, ist vielmehr der: Diese Idee bringt nicht mehr und nicht weniger zum Ausdruck als daß Wissen genau deswegen, weil es ein Akt einer vernünftigen Fähigkeit ist, prinzipiell scheitern kann, weil die Ausübung dieser Fähigkeit auf bestimmte Umstände angewiesen ist, von denen es prinzipiell möglich ist, daß sie nicht vorliegen, sondern statt dessen vielmehr ungünstige Umstände vorliegen, die die Ausübung dieser Fähigkeit verhindern.

Daß Wissen dem Subjekt in einem bestimmten Sinn unverfügbar ist, ist nach der Fähigkeitskonzeption von Wissen also nicht Ausdruck dafür, daß das Subjekt mit einer Unfähigkeit ausgestattet ist, die es nicht überwinden kann. Es ist vielmehr umgekehrt Ausdruck dafür, daß Wissen ein Akt einer Fähigkeit ist und damit ein Akt, der in irreduzibler Weise auf das Vorliegen bestimmter Umstände angewiesen ist. Darum kann jemand, der eine vernünftige Erkenntnisfähigkeit hat, bestenfalls dahin kommen, diese fehlerfrei auszuüben. Doch dies, daß er sie fehlerfrei ausübt, ändert nichts daran, wie wir oben gezeigt haben, daß das, was er fehlerfrei ausübt,

14 So auch L. Zagzebski in ihrer Kritik an ermäßigenden Positionen in *Virtues of the Mind*, S. 79 ff. sowie im Anschluß an Zagzebski W. Detel, »Wissen und Kontext«, S. 266 f. Es besteht im Bereich der Moralphilosophie eine ganz analoge Gefahr, den Status, welchen die Idee des glücklichen Zufalls bei der Erklärung moralisch richtiger Handlungen hat, zu mißdeuten: nämlich so, daß man ihn als etwas versteht, das nicht intrinsisch zum Begriff der moralischen Verantwortung gehört, sondern etwas ist, das überdies noch hinzukommen muß, damit die moralisch *verantwortliche* Handlung auch tatsächlich moralisch *richtig* ist. Vgl. dazu B. Williams, »Moral Luck« sowie T. Nagel, »Moral Luck«.

dafür anfällig ist, in seiner Aktualisierung zu scheitern. Auch nach der Fähigkeitskonzeption gibt es folglich einen Sinn, in dem man sagen kann, daß Wissen ein Akt ist, den das Subjekt dieses Aktes »nicht vollständig« rational kontrollieren kann: nämlich den Sinn, in dem man damit sagt, daß es genau deswegen, weil Wissen ein Akt einer vernünftigen Fähigkeit ist, *keinen* Wissensakt geben kann, der nicht vom Vorliegen günstiger Umstände abhängig ist. Denn das bedeutet, daß unter anderem auch ein solcher Erkenntnisakt, der sich auf die Umstände der Ausübung dieser Fähigkeit richtet und mit dem man versucht, das Vorliegen von günstigen Umständen für die Ausübung dieser Fähigkeit rational zu kontrollieren, von genau derselben Art wie der kontrollierte Akt ist: eben ein Akt einer Erkenntnisfähigkeit und also ein Akt, dessen Verwirklichung aus genau demselben Grund und in derselben Weise von Umständen abhängig ist wie der dadurch kontrollierte Akt.

Daß Wissen in einem bestimmten Sinn unverfügbar ist, heißt nach der Fähigkeitskonzeption folglich nichts anderes, als daß ein Subjekt beim Erwerb von Wissen *an keiner Stelle* einen Akt vollzieht, mit dem es jene Fähigkeit verläßt, in deren Ausübung es Wissen gewinnt. Wenn wir daher sagen, daß jemand, der Wissen erwirbt, einen Akt vollzieht, dessen Vollzug er »nicht vollständig« rational kontrollieren kann, dann hat die Rede von »nicht vollständig« hier einen ausschließlich *polemischen* Sinn. Denn der Sinn dieser Rede besteht einzig darin, die Idee einer Art von rationaler Kontrolle abzuweisen, von der zugleich behauptet wird, daß sie *widersinnig* ist. Denn die Idee eines Aktes, über dessen Vollzug jemand eine »vollständige« rationale Kontrolle hat, wäre die Idee eines Aktes, in dessen Vollzug man nicht auf bestimmte Umstände angewiesen ist. Doch dies könnte nur ein Akt sein, der kein Akt einer vernünftigen Fähigkeit ist. Wenn also Wissen ein Akt einer vernünftigen Fähigkeit ist, dann ist die Idee einer vollständigen rationalen Kontrolle über diesen Akt eine widersinnige Idee.

Daß ein Subjekt im Erwerb von Wissen in irreduzibler Weise vom Vorliegen bestimmter Umstände abhängig ist, ist nach der Fähigkeitskonzeption von Wissen folglich kein Ausdruck einer Schwäche dieser Subjekte, die sie bedauerlicherweise nicht überwinden können. Diese Abhängigkeit zu eliminieren hieße vielmehr, den Begriff dessen aufzulösen, das erklärt, wie sie Wissen erwerben können: eben den Begriff der Fähigkeit. Diese irreduzible Abhängigkeit von Umständen machen all jene Fälle explizit, in denen sich ein Subjekt doxastisch tadellos verhält, d. h. genau das tut, was jemand tut, der Wissen erwirbt und sich gleichwohl irrt. Diese Fälle machen explizit, daß *jeder* Akt von Wissen in irreduzibler Weise auf günstige Umstände angewiesen ist. Wenn Wissen einer vernünftigen Erkenntnisfähigkeit entspringt, dann ist jeder Wissensakt in diesem Sinn von einem Element des glücklichen Zufalls abhängig. Die Einsicht in die Untilgbarkeit eines Elements glücklichen Zufalls im Wissenserwerb hat nun jedoch keine skeptische Bedeutung mehr. Denn in der Fähigkeitskonzeption von Wissen wird diese Einsicht von jener Erklärung losgelöst, mit der die analytische Konzeption von Wissen die Untilgbarkeit des Zufalls erklärt. Die Untilgbarkeit des Zufalls wird nicht dadurch erklärt, daß es eine unüberbrückbare Kluft gibt zwischen den Gründen, die wir für unsere Überzeugungen haben können, und deren Wahrheit. Sie wird dadurch erklärt, daß Wissen ein Akt einer vernünftigen Erkenntnisfähigkeit ist und damit ein Akt, der unter eine Norm fällt, deren Verwirklichung von bestimmten, sogenannten günstigen Umständen abhängig ist.

Daß Wissen für das Subjekt unverfügbar ist, heißt nicht, daß das Subjekt sich der Wahrheit seiner Überzeugungen nicht versichern kann. Es heißt, daß es sich der Wahrheit seiner Überzeugungen kraft der Aktualisierung einer Erkenntnisfähigkeit versichern kann.

X. Das Faktum der Fähigkeit

1. Was sind objektive Tatsachen?

Endliches Wissen, so haben wir zu Beginn gesagt, ist dadurch charakterisiert, daß seine Inhalte objektiv sind. Die minimale Erläuterung der Rede von »objektiven Inhalten«, die wir eingeführt haben, war die: Daß ein Inhalt objektiv ist, heißt, daß seine Wahrheit unabhängig davon festliegt, daß jemand diesen Inhalt glaubt. In bezug auf objektive Inhalte ist es daher logisch möglich, daß ein Subjekt sich in seinem Urteil über diese Inhalte irrt. Davidson hat diese minimale Erläuterung von Objektivität so ausgedrückt: Daß die Inhalte unseres Wissens objektiv sind, heißt, daß es logisch möglich ist, daß jede *einzelne* unserer Überzeugungen falsch ist.[15] Diese Davidsonianische Erläuterung der Objektivität der Inhalte unseres Wissens nimmt offenkundig nicht Bezug auf die Idee einer vernünftigen Erkenntnisfähigkeit. Wenn nun indes richtig ist, was wir behaupten, nämlich daß die grundlegende Verwendung des Wissensbegriffs darin besteht, eine vernünftige Fähigkeit zu beschreiben, dann bedeutet dies, daß auch der Begriff der Objektivität, den wir zur Erläuterung von Wissen verwenden, allererst durch Bezugnahme auf eine solche Fähigkeit seinen Sinn erhält. Dies heißt nicht, daß obige Erläuterung der Objektivität der Inhalte unseres Wissens falsch ist. Doch es heißt, daß das grundlegende Verständnis der Objektivität dieser Inhalte dadurch bestimmt wird, daß wir Wissen als die Aktualisierung einer vernünftigen Erkenntnisfähigkeit verstehen. Wie sieht dieses grundlegende Verständnis aus?

Wir kommen diesem Verständnis näher, wenn wir uns zunächst klarmachen, welche Erläuterung von Objektivität nach der Fähigkeitskonzeption von Wissen unmöglich ist: nämlich jene Erläuterung, von der etwa Michael Williams behauptet, sie sei »noncontroversial«.[16] Williams' These ist, daß der Begriff der Objektivität, der den Status der Inhalte etwa unseres Wahrnehmungswissens charakterisiert, durch den Gedanken erläutert wird, daß es logisch möglich ist, daß wir *genau dieselben* sinnlichen Eindrücke haben

15 D. Davidson, »Eine Kohärenztheorie der Wahrheit und der Erkenntnis«, S. 274.
16 M. Williams, *Unnatural Doubts*, S. 73 ff., 77, 248 f.

könnten wie die, die wir jetzt haben, *ohne* daß wir Wahrnehmungswissen haben. Daß er diese Erläuterung trivial nennt, soll besagen, daß sie unabhängig von jeder bestimmten Auffassung der Natur von Wissen ist. Deswegen ist sie, so glaubt er, auch neutral in bezug auf das skeptische Problem. Skeptische Konsequenzen hat dieses Verständnis der Objektivität der Inhalte von Wahrnehmungswissen erst dann, so Williams, wenn wir es mit einer bestimmten Auffassung der Natur von Wissen verbinden: nämlich jener Auffassung von Wissen, der zufolge Überzeugungen über die Welt nur dann den Status von Wissen haben können, wenn sie in solchen sinnlichen Eindrücken begründet sind.[17]

Indes, Williams irrt, wie wir gezeigt haben, wenn er diesen Gedanken für die tiefste Wurzel des skeptischen Problems hält. Denn die tiefste Wurzel des skeptischen Problems ist eine Voraussetzung, die allgemeiner ist: die Voraussetzung, daß man Wissen aus Elementen rekonstruieren kann, die unabhängig vom Begriff des Wissens sind. Es ist die Voraussetzung, daß der Wissensbegriff eine analytische Einheit beschreibt. Wenn der Wissensbegriff dagegen der Begriff für eine vernünftige Fähigkeit ist, dann kann man die Objektivität der Inhalte von Wahrnehmungswissen nicht durch den Gedanken erläutern, daß es logisch möglich ist, daß wir genau dieselben sinnlichen Eindrücke hätten wie die, die wir jetzt haben, ohne daß wir Wissen haben. Denn gemäß der Fähigkeitskonzeption von Wissen ist es so, daß jemand, der Wahrnehmungswissen hat, nicht dieselben sinnlichen Eindrücke hat wie jemand, der kein Wissen hat. Statt trivial zu sein, beruht Williams' Erläuterung der Objektivität der Inhalte von Wahrnehmungswissen selbst schon auf einer bestimmten Auffassung der Natur von Wissen: nämlich einer Auffassung, die von vornherein bestreitet, daß Wissen als ein vernünftiges Können zu verstehen ist.

Nach der Fähigkeitskonzeption von Wissen ist die Objektivität der Inhalte, etwa von Wahrnehmungswissen, wie folgt zu erläutern: Die Inhalte von Wahrnehmungswissen sind objektiv in dem Sinn, daß es sich um Tatsachen handelt, die dadurch definiert sind, die Aktualisierung der Fähigkeit, durch sinnliche Eindrücke zu erkennen, wie die Dinge sind, bewirken zu können. Es sind Tatsachen, die vermittels dieser Fähigkeit erkenn*bar* sind. Die Tatsachen, die der

17 Ebd., S. 72, 75-79.

Inhalt von Wahrnehmungswissen sind, sind also in dem Sinn objektive Tatsachen, daß ihr Vorliegen nicht abhängig ist von einzelnen Akten wahrnehmungsmäßigen Erkennens. Es sind vielmehr Tatsachen, die gegenüber jedem einzelnen Akt wahrnehmungsmäßigen Erkennens vorgängig und unabhängig von ihm sind. Das bedeutet nicht nur, daß diese Tatsachen von jeder Aktualisierung einer solchen Fähigkeit unabhängig sind. Es bedeutet auch, daß diese Tatsachen von jeder bestimmten Gestalt dieser Fähigkeit, von der wir in unserer bisherigen Betrachtung stets abstrahiert haben, unabhängig sind.

Eine bestimmte Gestalt nimmt die vernünftige Fähigkeit, Wahrnehmungswissen zu erwerben, stets dann an, wenn wir sie mit einem individuell bestimmten Lebewesen verknüpfen, etwa mit Jim oder Denis oder Lisa.[18] Charakterisieren wir ein bestimmtes Individuum durch den Besitz einer vernünftigen Erkenntnisfähigkeit, dann sprechen wir in einer solchen Verknüpfung nicht mehr von einer vernünftigen Erkenntnisfähigkeit *überhaupt*, sondern von einer *individuell bestimmten* vernünftigen Erkenntnisfähigkeit. Deren Bestimmtheit ist sodann als eine Funktion der Bestimmtheit der begrifflichen und sinnlichen Fähigkeiten zu verstehen, die dieses individuell bestimmte Lebewesen hat und in deren konstitutiver Einheit seine vernünftige Erkenntnisfähigkeit besteht. Denn ein individuell bestimmtes Lebewesen hat stets je bestimmte begriffliche Fähigkeiten und je bestimmte sinnliche Fähigkeiten. Jemand kann zum Beispiel kurzsichtig sein. Wenn er kurzsichtig ist, dann kann er beispielsweise im Unterschied zu jemand, der prima Augen hat, nicht (ohne Brille) sehen, daß dort hinten, am Ende der Straße, ein Tennisplatz ist. Und jemand kann zwar prima Augen haben, aber nicht über den Begriff des Tennisplatzes verfügen. Dann kann er ebenfalls nicht sehen, daß da hinten ein Tennisplatz ist. Gleichwohl handelt es sich nach der Fähigkeitskonzeption von Wissen bei der Tatsache, daß da hinten ein Tennisplatz ist, um eine objektive Tatsache in dem Sinn, daß es sich um eine vermittels sinnlicher Eindrücke erkenn*bare* Tatsache handelt. Dies schließt nicht aus, sondern umgekehrt vielmehr ein, daß eine individuell bestimmte vernünftige Erkenntnisfähigkeit eine Gestalt haben kann, die derart ist, daß diese Tatsache ihre Aktualisierung *nicht ohne weiteres* bewirken

18 Vgl. zu dieser Unterscheidung J. McDowells analoge Unterscheidung in bezug auf den Aristotelischen Begriff der Tugend in *Mind and World*, S. 78-84.

kann, sondern hierfür weitere Maßnahmen erforderlich sind, wie etwa die, daß das Subjekt einer solchen Fähigkeit eine Brille zur Hand nimmt oder den dafür erforderlichen Begriff erwirbt.

Wir müssen also zwei Ebenen, auf denen wir eine vernünftige Erkenntnisfähigkeit beschreiben, voneinander unterscheiden: einmal die Ebene, auf der wir beschreiben, was es heißt, eine vernünftige Erkenntnisfähigkeit zu haben. Und einmal die Ebene, auf der wir eine bestimmte Gestalt einer solchen Fähigkeit beschreiben, mit der wir es stets dann zu tun haben, wenn es darum geht, die Fähigkeit eines individuell bestimmten Lebewesens zu beschreiben. Die Beschreibung dessen, was es heißt, eine Erkenntnisfähigkeit zu haben, ist insofern eine abstraktive Beschreibung dieser Fähigkeit, als sie davon abstrahiert, daß es diese Fähigkeit nur so und genau so gibt, daß ein individuell bestimmtes Lebewesen sie hat. Die abstraktive Beschreibung der Fähigkeit ist die Beschreibung der Fähigkeit in jener Form, in der sie *jeden* Fall der Aktualisierung dieser Fähigkeit charakterisiert, ganz gleich, welchen bestimmten Inhalt die aus ihr resultierende Erkenntnis jeweils hat. Und es ist genau diese Ebene der Beschreibung der Fähigkeit, auf der der Begriff der Objektivität, welcher die Inhalte dieses Wissens charakterisiert, bestimmt wird. Der Begriff der Inhalte von Wahrnehmungswissen ist gemäß der Fähigkeitskonzeption folglich nicht der Begriff dessen, was jemand oder wir alle hier und jetzt de facto vermittels sinnlicher Eindrücke erkennen. Es ist auch nicht der Begriff dessen, was für ein individuell bestimmtes Lebewesen oder für uns alle hier und jetzt de facto vermittels sinnlicher Eindrücke erkennbar ist, gegeben die Begriffe und Sinne, die ein individuell bestimmtes Lebewesen oder wir alle hier und jetzt de facto haben. Es ist vielmehr der Begriff dessen, was vermittels der Aktualisierung einer vernünftigen Fähigkeit, Wahrnehmungswissen zu erwerben, erkennbar ist.[19]

Die Fähigkeitskonzeption von Wissen unterläuft mit dieser Erläuterung der Objektivität der Inhalte von Wissen offenkundig die Frage, ob denn der Wahrheitsbegriff, den wir zur Charakterisierung von Überzeugungen verwenden, ein epistemischer Begriff sei oder nicht.[20] Ohne die Kategorie einer vernünftigen Erkenntnisfähigkeit

19 Vgl. hierzu die analoge Unterscheidung bei McDowell zwischen »acts of thinking« und »thinkables« in *Mind and World*, S. 28 f.

20 Zur umfangreichen Diskussion dieser Frage seien hier nur ein paar exemplarische Autoren genannt, vgl. u. a. D. Davidson, »Eine Kohärenztheorie der Wahrheit

sieht es so aus, als könne man auf diese Frage nur so antworten, daß man sie entweder bejaht oder verneint. Bejaht man diese Frage, dann sagt man damit folgendes: Das, was es heißt, daß eine Überzeugung wahr ist, ist durch Begriffe zu erläutern – wie etwa durch den Begriff des idealen Gerechtfertigtseins oder durch den Begriff des Gehalts eines idealen rationalen Konsenses –, die grundlegender als der Wahrheitsbegriff sind und unabhängig von diesem verständlich sind. Daß der Wahrheitsbegriff epistemisch ist, besagt nach diesen Auffassungen dann, daß man ihn auf Begriffe zurückführen kann, für deren Verständnis man nicht schon den Wahrheitsbegriff benötigt. Diese Reduktion von Wahrheit auf grundlegendere Begriffe ist das definierende Charakteristikum sogenannter »anti-realistischer Positionen«. Die einzige Alternative zu einer anti-realistischen Position scheint dann nur mehr eine Position zu sein, die behauptet, der Wahrheitsbegriff sei ein nicht-epistemischer Begriff. Das heißt, die einzige Alternative zu einer anti-realistischen Position scheint dann nur mehr eine Position zu sein, die den Wahrheitsbegriff selbst für einen grundlegenden Begriff hält, der nicht weiter erläutert werden kann.[21]

Die Fähigkeitskonzeption von Wissen unterläuft diese Fragestellung, indem sie den hier vorausgesetzten Kontrast zwischen sogenannten epistemischen Begriffen und dem Wahrheitsbegriff zurückweist. Denn nach der Fähigkeitskonzeption von Wissen ist es vielmehr umgekehrt so, daß man sogenannte epistemische Begriffe, wie etwa der Begriff der Rechtfertigung, ohne den Begriff der Wahrheit gar nicht verstehen kann. Denn das, was nach der Fähigkeitskonzeption von Wissen einen Begriff zu einem epistemischen Begriff macht, ist, daß er Teil der Beschreibung einer vernünftigen Erkenntnisfähigkeit ist. Und eine solche kann man ohne den Begriff der Wahrheit nicht beschreiben.

und der Erkenntnis«; M. Dummett, »Wahrheit« sowie »Was ist eine Bedeutungstheorie?«; W. Künne, »Bolzanos blühender Baum. Plädoyer für eine nicht-epistemische Wahrheitsauffassung«; H. Putnam, *Vernunft, Wahrheit, Geschichte*, S. 83; J. Habermas, *Vorstudien und Ergänzungen zur Theorie des kommunikativen Handelns*, S. 174-183; R. Rorty, »Solidarität oder Objektivität?« sowie A. Wellmer, »Wahrheit, Kontingenz, Moderne«.

21 Siehe exemplarisch D. Davidson, »Eine Kohärenztheorie der Wahrheit und der Erkenntnis«: »Der Wahrheitsbegriff ist [...] glasklar: Ich fasse ihn als grundlegend auf« (S. 273).

2. Die Einheit von Vernunft und Welt

Wenn die grundlegende Verwendung des Begriffs des Wahrnehmungswissens darin besteht, eine vernünftige Fähigkeit zu beschreiben, in deren Ausübung jemand Wahrnehmungswissen erwirbt, dann heißt dies, so haben wir argumentiert, daß man ein Subjekt nur dann als Subjekt von Überzeugungen beschreiben kann, deren Wahrheit davon abhängig ist, wie die Dinge in der Welt sind, wenn man es *zugleich* als Subjekt einer vernünftigen, rezeptiven Erkenntnisfähigkeit beschreibt. Nun aber haben wir oben gesehen, daß die Beschreibung einer solchen Fähigkeit die Beschreibung einer Welt empirischer Tatsachen enthält. Daraus folgt, daß es unmöglich ist, von einem Subjekt zu sagen, es habe Überzeugungen, deren Wahrheit von der Welt abhängig ist, ohne zugleich eine Welt von Tatsachen zu beschreiben: eben genau jene Welt von Tatsachen, die dadurch definiert sind, die Aktualisierung seiner vernünftigen, rezeptiven Erkenntnisfähigkeit bewirken zu können: also empirische Tatsachen.

Damit können wir die Prämisse des Dilemmas der Erkenntnistheorie zwischen Skeptizismus und Ermäßigung rückblickend durch einen Gedanken charakterisieren, der aus der Perspektive dieser Positionen *so* freilich nicht artikuliert werden kann: Das Dilemma setzt den Gedanken voraus, daß die Fähigkeit eines Subjekts, Begriffe zur Bildung von Überzeugungen zu verwenden, deren Wahrheit von der Welt abhängig ist, *unabhängig* von einer Welt von empirischen Tatsachen begreiflich ist. Denn beide Positionen setzen voraus, daß man verstehen kann, daß ein Subjekt im Besitz der Fähigkeit sein kann, Begriffe zur Bildung von objektiven Überzeugungen zu verwenden, ohne dabei auf eine vernünftige, rezeptive Erkenntnisfähigkeit Bezug nehmen zu müssen.[22] Der Skeptiker ist dann – im Unterschied zum Ermäßigungstheoretiker – konsequent genug einzusehen, daß wir unter dieser Voraussetzung nicht begreifen können, wie ein Subjekt, das (in diesem Sinn) begriffliche Fähigkeiten hat, Wissen von der Welt haben kann. Doch er ist nicht

22 Die grundlegendste dieser Fähigkeiten ist offenkundig die Fähigkeit, Wahrnehmungswissen zu erwerben. Diese ist in dem Sinn grundlegend, daß man auf sie schon Bezug nehmen muß, um die Fähigkeit, Wissen zum Hörensagen zu erwerben, erläutern zu können. (Und zwar sowohl auf der Seite des mitteilenden Subjekts wie auch auf der Seite des die Mitteilung empfangenden Subjekts.)

konsequent genug, diese Voraussetzung als den Grund dafür zu erkennen, weshalb ihm die Möglichkeit von Wissen als rätselhaft erscheint. Denken wir diese Voraussetzung jedoch zu Ende, so haben wir gesehen, dann löst sie sich selbst auf. Wir haben eingesehen, daß es unmöglich ist, ein Lebewesen als im Besitz von Begriffen zu verstehen, ohne dieses Lebewesen als Subjekt einer vernünftigen, rezeptiven Erkenntnisfähigkeit zu verstehen.

Der Besitz begrifflicher Fähigkeiten, von dem der Besitz vernünftiger, rezeptiver Erkenntnisfähigkeiten abhängig ist, so folgt daraus, ist also der Besitz von etwas, das seinerseits vom Besitz vernünftiger, rezeptiver Erkenntnisfähigkeiten abhängig ist. Ein sinnliches Lebewesen, das nicht im Besitz von Begriffen ist, kann nicht im Besitz einer vernünftigen, rezeptiven Erkenntnisfähigkeit sein. Doch wenn ein sinnliches Lebewesen im Besitz von Begriffen ist, ist es *eo ipso* im Besitz einer vernünftigen, rezeptiven Erkenntnisfähigkeit. Ein sinnliches Lebewesen, das Begriffe erwirbt, erwirbt genau dadurch, daß es diese Begriffe erwirbt, eine vernünftige, rezeptive Erkenntnisfähigkeit. Daß es in den Besitz von Begriffen gekommen ist, heißt, daß es in den Besitz einer vernünftigen, rezeptiven Erkenntnisfähigkeit gekommen ist. Der Erwerb von Begriffen und der Erwerb einer vernünftigen, rezeptiven Erkenntnisfähigkeit ist *ein und dasselbe*.

Wenn es aber ein und dasselbe ist, zu sagen, ein sinnliches Lebewesen habe begriffliche Fähigkeiten, wie zu sagen, es sei im Besitz einer vernünftigen, rezeptiven Erkenntnisfähigkeit, dann bedeutet das: Die Idee eines Lebewesens, das begriffliche Fähigkeiten hat, ist intrinsisch mit der Idee einer Welt von empirischen Tatsachen verknüpft, die für dieses Lebewesen prinzipiell erkennbar sind. Es heißt, daß man ein Lebewesen unmöglich als ein mit Begriffen begabtes und in diesem Sinn *vernünftiges* Lebewesen beschreiben kann, ohne zugleich eine Welt von *empirischen Tatsachen* zu beschreiben, die für dieses Lebewesen erkennbar sind. Der Gedanke, daß es Lebewesen gibt, die vernünftige Akte vollziehen können, enthält dann als solcher den Gedanken, daß diese Lebewesen Teil einer Welt von empirischen Tatsachen sind, die für diese Lebewesen prinzipiell erkennbar sind. Ganz wie der Gedanke, daß es eine Welt von empirischen Tatsachen gibt, als solcher den Gedanken enthält, daß es inmitten dieser Welt vernünftige Lebewesen gibt, die diese Welt erkennen können. Denn beide Gedanken, so können wir nun einsehen, beschreiben zwei Aspekte eines grundlegenderen Phänomens, von dem beide abhängig sind: nämlich daß es Lebewesen mit einer vernünftigen, rezeptiven Erkenntnisfähigkeit gibt. Wenn wir also sagen, daß es Lebewesen gibt, die eine vernünftige, rezeptive Erkenntnisfähigkeit haben, dann sagen wir damit, daß das, was diese Lebewesen vernünftigerweise denken können, und das, was der Fall sein kann, ein und dasselbe sind.

Dies macht die Vorstellung eines Standpunktes widersinnig, von dem aus ein Subjekt, das begriffliche Fähigkeiten hat, sich des Umstands versichern kann, daß es durch eine Ausübung seiner begrifflichen Fähigkeiten Tatsachen in der Welt erkennen kann, ohne genau dies in der Charakterisierung dieses Subjekts schon vorauszusetzen. Denn die Idee, daß dieses Subjekt begriffliche Fähigkeiten hat, enthält als solche schon die Idee einer Welt von empirischen Tatsachen, die es in der Ausübung seiner begrifflichen Fähigkeiten erkennen kann. Ein Subjekt, das begriffliche Fähigkeiten hat, kann diese Frage folglich auf keine Weise *aufwerfen*, die nicht schon voraussetzt, daß diese Frage *beantwortet* ist.

3. Die kritische Funktion der Vernunft

Wenn ein sinnliches Lebewesen im Besitz von Begriffen ist, die es zur Bildung von Urteilen verwenden kann, so haben wir eingesehen, dann ist es *eo ipso* im Besitz einer vernünftigen, rezeptiven Erkenntnisfähigkeit. Denn der Besitz von Begriffen ist nichts, was man unabhängig davon verstehen kann, daß ein Subjekt im Besitz einer vernünftigen, rezeptiven Erkenntnisfähigkeit ist. Im paradigmatischen Fall besteht die Aktualisierung der Fähigkeit eines Subjekts, Begriffe zum Urteilen zu verwenden, folglich in der Aktualisierung einer vernünftigen, rezeptiven Erkenntnisfähigkeit. *Im paradigmatischen Fall besteht Urteilen im Erkennen.*

Diese Konsequenz unserer Überlegungen, auf die wir zum ersten Mal am Ende des zweiten Teils gestoßen sind, mag vielleicht immer noch Widerstand erwecken. Denn scheinen wir damit nicht einem unkritischen Verhältnis gegenüber unseren begrifflichen Fähigkeiten das Wort zu reden? Wollen wir damit sagen, daß die Begriffe, über die wir verfügen, prinzipiell derart sind, daß der Gedanke keinen Sinn macht, wir müßten in einem *kritischen* Verhältnis zu ihnen stehen, d. h. in einem Verhältnis, in dem wir unsere Begriffe stets auch daraufhin befragen, ob wir sie überhaupt verwenden sollen oder ob es nicht vielmehr richtig ist, bestimmte Begriffe aufzugeben? So verfügten etwa die Menschen im Mittelalter über den Begriff der Hexe, mit dem sie bestimmte Frauen als teuflische Gestalten brandmarkten, welche sie dann im Wasser ertränken mußten. Wenn wir nun heute nicht mehr über den Begriff der Hexe verfügen, dann doch deswegen, so will man sagen, weil es falsch ist, daß die Menschen im Mittelalter über den Begriff der Hexe verfügten, und weil es richtig ist, ihn aufzugeben. Denn es gibt keine Hexen. Der Einwand will sagen, daß wir, wenn wir behaupten, der paradigmatische Fall der Aktualisierung begrifflicher Fähigkeiten sei derjenige, in dem jemand etwas erkennt, aus dem Gedanken einer Kritik von Begriffen keinen Sinn machen können. Und zwar deswegen, so die Idee, weil wir damit von vornherein ausschließen, daß ein Subjekt über Begriffe verfügen kann, die derart sind, daß es, wenn es diese zu einem Urteil verknüpfen würde, mit ihnen nicht nur gelegentlich, sondern prinzipiell ein falsches Urteil fällen würde.

Wenn dies so wäre, dann wäre die Fähigkeitskonzeption von Wissen in der Tat inkohärent. Wenn sie keinen Sinn machen kann aus der Idee, daß die begrifflichen Unterscheidungen, die wir treffen, Unterscheidungen sind, zu deren kritischer Überprüfung wir als vernünftige Wesen verpflichtet sind, dann ist nicht zu sehen, wie Begriffe konstitutive Elemente einer *vernünftigen* Fähigkeit sein können. Wenn die Fähigkeitskonzeption aus der Idee einer solchen Verpflichtung zur kritischen Überprüfung unserer Begriffe keinen Sinn machen kann, dann ist die Rede davon, daß Begriffe Elemente einer vernünftigen Fähigkeit sind, nur einfach leer.[23]

Doch der Einwand beruht auf einem Mißverständnis: Wenn wir sagen, daß die Aktualisierung begrifflicher Fähigkeiten im paradig-

23 Aus diesem Grund hat etwa Adorno zu Recht darauf beharrt, daß es einen Zusammenhang zwischen Gesellschaftstheorie und Erkenntnistheorie gibt. Da jedoch Adorno nicht über die Kategorie einer vernünftigen Erkenntnisfähigkeit verfügt, kann er diesen Zusammenhang nur als die Einsicht mißverstehen, daß Erkennen, weil es auf gesellschaftlich tradierte Begriffe angewiesen ist, deren kritische Überprüfung stets nur endlich sein kann, prinzipiell scheitern muß. Vgl. dazu ausführlicher meinen Aufsatz »Freiheit zum Objekt. Eine Kritik der Aporie des Erkennens«.

matischen Fall als Aktualisierung vernünftiger Erkenntnisfähigkeiten zu verstehen ist, dann sagen wir damit nicht nur nicht, daß keine Verpflichtung zur kritischen Überprüfung unserer begrifflichen Fähigkeiten besteht. Wir sagen damit vielmehr, daß wir die Idee einer solchen Verpflichtung, auf deren Notwendigkeit der Einwand zu Recht beharrt, nur verstehen können, wenn wir begriffliche Fähigkeiten genau so verstehen, wie wir sie nach der Fähigkeitskonzeption von Wissen verstehen müssen: nämlich als Elemente einer vernünftigen Erkenntnisfähigkeit. Denn wir sagen ja nicht, daß *jeder* Fall der Aktualisierung von begrifflichen Fähigkeiten im Erwerb von Wissen besteht. Vielmehr haben wir oben gezeigt, daß und weshalb es ein formales Merkmal einer vernünftigen Erkenntnisfähigkeit ist, daß ihre Ausübung scheitern kann.

Doch dies, so wird der Einwand vermutlich sagen wollen, erklärt nur die gewöhnlichen Fälle von falschen Urteilen, also die, in denen wir halluzinieren etc. Der Einwand will jedoch radikalere Fälle von falschen Urteilen ins Spiel bringen: solche, die in der Verknüpfung von Begriffen bestehen, deren Verknüpfung zu einem Urteil *prinzipiell* falsch ist. Urteile etwa über Frauen, in denen wir diese als Hexen brandmarken. Doch auch für solche Fälle macht die Fähigkeitskonzeption von Wissen nicht nur Platz, sondern sie macht sie allererst verständlich. Denn gerade dadurch, daß sie sagt, daß die Aktualisierung begrifflicher Fähigkeiten im paradigmatischen Fall als Aktualisierung vernünftiger Erkenntnisfähigkeiten zu verstehen ist, räumt sie die Möglichkeit von Fällen ein, in denen Begriffe zu Urteilen miteinander verknüpft werden, die *nicht so sind, wie sie sein sollen*: nämlich Erkenntnisse. Genau deswegen, weil die Aktualisierung begrifflicher Fähigkeiten im paradigmatischen Fall als Aktualisierung vernünftiger Erkenntnisfähigkeiten zu verstehen ist, besteht für jemanden, der begriffliche Fähigkeiten hat, die Verpflichtung, seine Begriffe kritisch daraufhin zu überprüfen, ob ihre Verwendung zu Urteilen führt, die genau so sind, wie Urteile sein sollen: Erkenntnisse. Diese Verpflichtung zur kritischen Überprüfung der Begriffe ist selbst ein Phänomen einer vernünftigen Erkenntnisfähigkeit, und gerade nicht etwas, das unvereinbar mit ihr ist.

Indes, die Fähigkeitskonzeption von Wissen behauptet nicht nur, daß diese Verpflichtung zur kritischen Überprüfung ein Phänomen einer vernünftigen Erkenntnisfähigkeit ist. Sie behauptet überdies, daß eine Konzeption, die begriffliche Fähigkeiten nicht auf diese Weise versteht, aus der Idee einer solchen Verpflichtung keinen Sinn machen kann. Denn fragen wir uns, wie eine Regel-Konzeption von Wissen eine solche Idee verstehen kann: Ihre Vertreter werden sagen, daß eine solche Verpflichtung eine regulative Regel beschreibt, der jeder unterliegt, der über Begriffe verfügt. Da Vertreter einer solchen Konzeption jedoch dogmatisch bestreiten, daß wir die Idee von geistigen Akten verstehen können, die einem Subjekt einen Grund liefern, der die Wahrheit einer Überzeugung über die Welt garantiert, muß man sich fragen, wie ein Subjekt, das prinzipiell nicht über solche geistigen Akte verfügt, die Idee einer solchen Verpflichtung verstehen kann. Denn wenn es nach dieser Voraussetzung so ist, daß der bestmögliche Grund, den ein Subjekt je für eine Überzeugung haben kann, stets offenläßt, wie die Dinge in der Welt sind, dann muß man sich fragen, in welcher Weise ein solches Subjekt die Verpflichtung verstehen kann, seine begrifflichen Fähigkeiten kritisch zu überprüfen. Denn wie soll ein solches Subjekt eine solch kritische Überprüfung durchführen? Wenn es prinzipiell keine geistigen Akte vollziehen kann, die die Wahrheit bestimmter Überzeugungen garantieren, wie kann es dann seine Begriffe daraufhin überprüfen, ob sie es ihm ermöglichen, zu wahren Urteilen zu kommen? Wenn es nichts im geistigen Leben eines Subjekts gibt, das es ihm erlaubt, die Frage, ob ein Urteil wahr ist, so zu beantworten, daß diese Frage nicht mehr offen ist, dann kann der Gedanke einer kritischen Überprüfung seiner begrifflichen Fähigkeiten für ein solches Subjekt keinen Sinn machen.

Wir sehen: Die Fähigkeitskonzeption von Wissen schließt den Gedanken, daß jemand, der im Besitz begrifflicher Fähigkeiten ist, zu einer kritischen Überprüfung derselben verpflichtet ist, nicht nur nicht aus, sondern macht ihn umgekehrt allererst verständlich: als ein wesentliches Phänomen dieser Fähigkeit.

4. Der Erwerb vernünftiger Fähigkeiten: Die Idee des Lernens

Vernünftige Fähigkeiten, so haben wir mit Aristoteles gesagt, sind etwas, in dessen Besitz ein Subjekt dadurch kommt, daß es diese in einer spezifischen Weise erwirbt: nämlich dadurch, daß es sie lernt.

Vernünftige Fähigkeiten gehören zu jenen, die ein Subjekt nicht »von Natur« aus hat, sondern dadurch, daß es sie sich »durch die Betätigung angeeignet« hat.[24] Als wir vernünftige Fähigkeiten auf diese Weise einführten, d.h. als Fähigkeiten, die zu den »durch die Betätigung« erworbenen Fähigkeiten gehören, konnten wir noch nicht die Frage beantworten, ob vernünftige Fähigkeiten notwendigerweise mit einer spezifischen Form des Erwerbs verknüpft sind. Wir haben vielmehr vorausgreifend angenommen, daß man diese Fähigkeiten durch Lernen erwirbt. Wir wollen nun fragen, ob das tatsächlich richtig ist. Ist es ein Wesensmerkmal vernünftiger Fähigkeiten, daß man sie nicht »von Natur« aus hat, sondern nur durch die spezifische Weise des Erwerbs, die wir als »Lernen« bezeichnen?

Machen wir uns hierfür zunächst den Sinn der Unterscheidung klar, die Aristoteles zwischen Formen des Erwerbs von Fähigkeiten trifft. Wenn Aristoteles Fähigkeiten dadurch unterscheidet, daß er von den einen sagt, man habe sie »von Natur« aus, und von den anderen, man habe sie sich »durch die Betätigung angeeignet«, dann geht es ihm nicht einfach darum, Fähigkeiten, die man »von Geburt« an hat, von solchen zu unterscheiden, die man erst nach der Geburt entwickelt. Die Tatsache, daß man eine bestimmte Fähigkeit erst nach der Geburt entwickelt, bedeutet nach Aristoteles nicht, daß man sie nicht »von Natur« aus hat. Die bloße Idee eines bestimmten Zeitpunktes – vor der Geburt, nach der Geburt – enthält keine wesentliche Unterscheidung zwischen Fähigkeiten. Der Unterschied, wenn er ein wesentlicher sein soll, muß sich nach Aristoteles auf die Art des Verhältnisses beziehen, in dem die Fähigkeit zu den Akten, die unter sie fallen, steht. Aristoteles bestimmt diesen Unterschied wie folgt: Auf der einen Seite gibt es Fähigkeiten, die mit den Akten, die sie erklären, so verknüpft sind, daß man sich auf diese Akte nicht seinerseits beziehen kann, um damit diese Fähigkeiten zu erklären. So haben wir unsere Augen nicht dadurch erworben, daß wir viel gesehen haben, sondern weil wir Augen haben, haben wir sie »dann betätigt«.[25] Diesen Fähigkeiten stehen Fähigkeiten gegenüber, die mit den Akten, die sie erklären, so verknüpft sind, daß diese Akte ihrerseits diese Fähigkeiten erklären, indem sie erklären, wie jemand in den Besitz dieser Fähigkeiten kommt. Aristoteles schreibt entsprechend:

24 Aristoteles, *Nikomachische Ethik* II, 1103a 23-31.
25 Ebd, 1103a 30.

Die Tugenden dagegen erwerben wir, indem wir sie zuvor ausüben, wie dies auch für die sonstigen Fertigkeiten gilt. Denn was wir durch Lernen zu tun fähig werden sollen, das lernen wir eben, indem wir es tun: durch Bauen werden wir Baumeister und durch Kitharaspielen Kitharisten.[26]

Aristoteles behauptet also, daß Fähigkeiten sich wesentlich dadurch unterscheiden, wie sie von dem Wesen, das sie hat, erworben werden, und daß es hierfür zwei Möglichkeiten gibt: Entweder der Besitz dieser Fähigkeit wird »durch Natur« erklärt oder »durch die Betätigung«. Akte, die unter Fähigkeiten fallen, fallen also entweder so unter die ihnen entsprechende Fähigkeit, daß die Wirklichkeit dieser Fähigkeit nicht durch diese Akte erklärt wird, oder so, daß sie durch diese Akte erklärt wird. Und vernünftige Akte, so Aristoteles weiter, gehören wesentlich zu einer Fähigkeit der zweiten Kategorie. Wir wollen nun fragen, wie sich anhand dessen, was wir uns bislang über vernünftige Fähigkeiten klargemacht haben, der Gedanke begreifen läßt, daß vernünftige Fähigkeiten »durch die Betätigung« erklärt werden.

Um dies zu begreifen, müssen wir zunächst fragen, wie man es überhaupt verstehen kann, daß es bestimmte Fähigkeiten gibt, die dadurch charakterisiert sind, daß sie von den Akten, die sie erklären, erklärt werden. Wie kann man das, was Aristoteles hier als ein Wesensmerkmal bestimmter Fähigkeiten beschreibt, überhaupt als ein Verhältnis der Erklärung verstehen und nicht einfach als ein sinnloses Kreisen zwischen zwei Elementen, das nichts erklärt. Aristoteles' Antwort darauf lautet: Ein solches Erklärungsverhältnis können wir genau dann verstehen, wenn die Szene der Erklärung nicht nur ein einziges Subjekt enthält, sondern mindestens zwei Subjekte, die in *asymmetrischer* Weise miteinander vermittelt sind. Denn dann können wir das eine dieser beiden Subjekte so beschreiben, daß es Akte vollzieht, deren Identität man nur unter Bezugnahme auf eine bestimmte vernünftige Fähigkeit bestimmen kann, von denen wir jedoch zugleich sagen können, daß sie diese Identität *nicht unmittelbar* dadurch haben, daß dieses Subjekt selbst im Besitz dieser Fähigkeit ist. Sondern diese Identität haben die Akte dieses Subjekts nur *vermittelt* dadurch, daß es in einer bestimmten Beziehung zu einem anderen Subjekt steht, das im Besitz genau jener vernünftigen Fähigkeit ist, kraft deren die Akte des ersteren Subjekts eben die

26 Ebd., 1103a 30-1103b 1.

Identität haben, die sie haben: also kraft deren sie Akte sind, die unter die Fähigkeit des Skifahrens, des Bauens oder des Kitharaspielens fallen, und zwar in der spezifischen Weise, daß sie Akte des Erwerbs dieser Fähigkeit sind.[27]

Nennen wir solche Akte, die in der spezifische Weise unter eine vernünftige Fähigkeit fallen, daß man in diesen Akten diese Fähigkeit noch nicht ausübt, sondern sie vielmehr erst erwirbt, *Akte der Übung* dieser Fähigkeit. Daß man eine Fähigkeit übt, heißt also, daß man Akte vollzieht, deren Identität von etwas abhängig ist, zu dessen Beschreibung es nicht genügt, allein auf das Subjekt dieser Akte Bezug zu nehmen, sondern zu dessen Beschreibung man auf ein *weiteres* Subjekt (oder eine ihm logisch analoge Instanz) rekurrieren muß, das genau dasjenige »Element« mitbringt, von dem die Identität dieser sogenannten Übungsakte abhängig ist: d. h. auf ein Subjekt, das die Fähigkeit, um deren Übung es geht, *hat*. Daß ein Subjekt eine bestimmte Fähigkeit übt, heißt folglich, daß dieses Subjekt Akte vollzieht, für deren Verständlichkeit wir über dieses »übende« Subjekt hinaus auf ein anderes Subjekt blicken müssen, das in einer entscheidenden Hinsicht *anders* ist als das übende Subjekt: Wir müssen auf ein Subjekt blicken, das diese Fähigkeit schon hat. Und das heißt, wir müssen auf ein Subjekt blicken, das Akte vollzieht, die unmittelbar durch das Subjekt dieser Akte erklärt werden und zu denen das übende Subjekt in einer bestimmten Beziehung steht. Indem wir in die Betrachtung ein Subjekt einbeziehen, das sich von dem übenden Subjekt dadurch unterscheidet, daß seine Akte unmittelbar durch es selbst erklärt werden – d. h., es vollzieht Akte, in denen es die Fähigkeit ausübt: es fährt Ski, baut ein Haus oder spielt Kithara –, können wir erklären, wie es Akte geben kann, die durch die Fähigkeit erklärt werden, ohne daß das Subjekt dieser Akte schon im Besitz dieser Fähigkeit ist, sondern durch diese Akte die Fähigkeit erwirbt.

Wir haben gesagt, das übende Subjekt müsse, um als ein übendes Subjekt verständlich zu sein, in einer bestimmten Beziehung zu einem anderen, ihm in der relevanten Hinsicht überlegenen Subjekt stehen. Fragen wir uns nun, ob diese Beziehung einen spezifischen Charakter haben muß, wenn das, was durch diese Art der Beziehung

27 Vgl. zu dieser Auslegung von Aristoteles auch M. Burnyeat, »Aristotle on Learning to be Good«, der die oben allgemein beschriebene Form des Erwerbs vernünftiger Fähigkeiten am spezifischen Fall des Erwerbs ethischer Tugenden diskutiert.

erklärt wird, der Erwerb einer vernünftigen Fähigkeit sein soll. Daß es um den Erwerb nicht einfach irgendeiner Fähigkeit, sondern einer vernünftigen Fähigkeit geht, heißt, so haben wir uns klargemacht, daß es um den Erwerb einer Fähigkeit geht, zu der wesentlich Akte gehören, in denen auf diese Fähigkeit selbst Bezug genommen wird: Akte des Verstehens und Erklärens. Denn jemand, der eine vernünftige Fähigkeit ausübt, so haben wir uns klargemacht, vollzieht Akte, die nicht einfach mit einer Norm übereinstimmen, sondern die deswegen mit einer Norm übereinstimmen, weil er in diesen Akten von dieser Norm geleitet wird, so daß er selbst unter Bezugnahme auf diese Norm erklären kann, weshalb er das tut, was er tut.

Dies aber hat Konsequenzen für die Art von Beziehung, in der das übende Subjekt zu dem überlegenen Subjekt stehen muß. Denn es bedeutet, daß die Beziehung zwischen diesen beiden Subjekten unter anderem durch genau solche Akte charakterisiert sein muß: Akte, in denen auf die Fähigkeit selbst Bezug genommen wird und diese zum Inhalt eines Verstehens und Erklärens gemacht wird. Denn nur wenn zu der Beziehung zwischen den Subjekten solche Akte gehören, können wir das, was das andere Subjekt tut, als das Üben einer vernünftigen Fähigkeit verstehen. Das heißt als das Üben einer Fähigkeit, in deren Besitz zu sein heißt, daß man unter anderem auch solche reflexiven Akte vollziehen kann. Wir wollen diese Art der Beziehung zwischen zwei Subjekten, die durch solche Akte charakterisiert ist, eine Beziehung des *Lehrens und Lernens* nennen und die beiden zu einer solchen Beziehung gehörenden Subjekte Lehrer und Schüler. Dann können wir sagen, daß vernünftige Fähigkeiten nicht einfach in irgendeiner Weise geübt werden, sondern in einer spezifischen Weise: Sie werden verstehend und erklärend geübt. Kurz: Sie werden gelernt. Ryle drückt diesen intrinsischen Zusammenhang zwischen vernünftigen Fähigkeiten und dieser spezifischen Weise ihres Erwerbs so aus: »Die Fähigkeit, etwas nach gewissen Regeln zu tun, macht das Verstehen dieser Regeln notwendig. Deshalb ist ein gewisses Verständnis von Sätzen zur Erwerbung all dieser Fähigkeiten nötig.«[28] Daraus folgt freilich nicht, wie Ryle ganz richtig hinzufügt, »daß die Ausübung dieser Fähigkeiten von der Ausübung des Satzverständnisses begleitet sein muß.

28 G. Ryle, *Der Begriff des Geistes*, S. 59.

Ich hätte nicht Brustschwimmen lernen können, wenn ich die Anweisungen nicht verstanden hätte; aber ich muß nun beim Brustschwimmen diese Anweisungen nicht aufsagen.«[29]

Die Erklärung des Erwerbs einer vernünftigen Fähigkeit ist nach unseren Aristotelischen Überlegungen also keineswegs in einem schlechten Zirkel gefangen. Der Erwerb einer vernünftigen Fähigkeit ist vielmehr als ein Prozeß der Transformation zu begreifen: von Akten, die durch die Fähigkeit vermittels der Bezugnahme auf einen Lehrer erklärt werden, hin zu Akten, die vermittels der Bezugnahme auf das Subjekt selber erklärt werden; von einem Subjekt, das noch nicht im Besitz dieser Fähigkeit ist, vermittels einer Beziehung des Lehrens und Lernens hin zu einem Subjekt, das diese Fähigkeit nun selber hat. Wann immer jemand eine vernünftige Fähigkeit besitzt, hat er sie lernend erworben. Die Idee des Lernens beschreibt ein Wesensmerkmal vernünftiger Fähigkeiten. Ohne die Idee des Lernens kann man diese nicht verstehen.[30]

Wenn es sich so verhält, dann heißt dies, daß man die Frage danach, wie denn diese Lerngeschichte je beginnen konnte, nicht aufwerfen kann, ohne sie entweder immer schon beantwortet zu haben oder aber den Gegenstand der Frage genau dadurch, daß man nach einer Erklärung fragt, die von der Idee des Lernens abstrahieren möchte, aufzulösen. Wenn unsere Überlegungen zu vernünftigen Fähigkeiten richtig sind, dann gehört es zum Wesen vernünftiger Fähigkeiten, daß man sie nur durch eine Lerngeschichte erklären kann, und das heißt durch eine Geschichte, die die Wirklichkeit der fraglichen Fähigkeit an jeder Stelle in Anspruch nimmt. Eine Erklärung für vernünftige Fähigkeiten zu suchen, die ohne die Idee des Lernens auskommt, heißt daher nicht einfach, sich auf die Suche nach etwas zu begeben, das man vielleicht nicht herausfinden kann.

29 Ebd., S. 59 f.

30 Daß eine der wesentlichen Einsichten von Hegels Philosophie des Geistes in der Verknüpfung geistiger Fähigkeiten mit einem spezifischen Erwerbsprozeß besteht, nämlich dem des Lernens, behauptet u. a. P. Stekeler-Weithofer, *Philosophie des Selbstbewußtseins*, bes. S. 418. Dies überrascht nicht, sondern macht nur einmal mehr die Aristotelischen Grundlagen der Philosophie Hegels in diesem Punkt deutlich. Vgl. dazu auch Ch. Menke, »Geist und Leben. Zu einer genealogischen Kritik der Phänomenologie«, der insbesondere den asymmetrischen Charakter hervorhebt, der nach Hegels Verständnis die Beziehung charakterisiert, die den Erwerb geistiger Fähigkeiten erklärt.

Es heißt vielmehr, sich auf eine Suche nach etwas zu begeben, das es nicht geben kann.

5. Der Vorrang der Fähigkeit vor dem Zweifel

Die Fähigkeitskonzeption von Wissen versteht Wissen damit auf eine Weise, die den skeptischen Zweifel unterläuft, indem sie zeigt, daß die Verständlichkeit dieses Zweifels eine Bedingung hat, die diesen Zweifel widersinnig macht. Wir wollen die Pointe dieser Behauptung anhand eines Einwands erläutern, der vorgibt, zuzugestehen, daß Wissen das Resultat einer vernünftigen Erkenntnisfähigkeit ist, aber daran festhalten möchte, daß mit diesem Verständnis der Natur von Wissen nur eine bestimmte Art des skeptischen Zweifels als widersinnig zurückgewiesen werden kann: der sogenannte lokale Zweifel, d. h. der Zweifel, der sich auf die Frage bezieht, wie ich jemals wissen kann, ob eine bestimmte einzelne Überzeugung wahr ist. In bezug auf diese Frage entzieht die Fähigkeitskonzeption, so wird zugestanden, dem skeptischen Räsonnement ihren Sinn. Denn das Argument für den lokalen Zweifel lautet: Es ist logisch möglich, daß ich einen sinnlichen Eindruck habe, der sich für mich nicht von einer Wahrnehmung unterscheidet, und meine Überzeugung gleichwohl falsch ist. Wenn dies logisch möglich ist, dann können sinnliche Eindrücke niemals Gründe für Überzeugungen sein, die deren Wahrheit garantieren. Die Fähigkeitskonzeption unterläuft dieses Räsonnement, indem sie zeigt, daß schon der *erste* Schritt dieses Räsonnements, nämlich die Idee einer Kluft zwischen sinnlichen Eindrücken und Wahrnehmungen, genau jene Lösung voraussetzt, deren Unmöglichkeit das Räsonnement behauptet. Denn sie zeigt, daß nur jemand, der im Besitz einer vernünftigen Fähigkeit ist, deren Aktualisierungen in sinnlichen Eindrücken bestehen, die man nur haben kann, *wenn* und *weil* die Dinge so sind, wie man aufgrund eines solchen sinnlichen Eindrucks glauben würde, daß sie sind, die Möglichkeit sinnlicher Eindrücke verstehen kann, die *keine* Gründe für Wissen sind.

Der Einwand, um den es geht, will nun zugestehen, daß die Fähigkeitskonzeption diese Art von lokalem Zweifel in der Tat als widersinnig auflöst. Doch er möchte daran festhalten, daß es einen grundlegenderen Zweifel gibt. Nennen wir ihn den globalen Zweifel. Der globale Zweifel richtet sich nicht auf eine einzelne Überzeugung, sondern auf die Gesamtheit unserer Überzeugungen. Das Argument für ihn lautet: Es ist logisch möglich, daß *kein einziger* unserer sinnlichen Eindrücke eine Wahrnehmung ist und also keine einzige unserer Überzeugungen den Status von Wissen hat, weil die wahrnehmbaren Tatsachen, die es gibt, uns *immer* unter Umständen begegnen, unter denen wir sie nicht wahrnehmen können. Nichts von dem, was die Fähigkeitskonzeption sagt, scheint diese logische Möglichkeit auszuschließen. Denn diese logische Möglichkeit scheint gemäß der Fähigkeitskonzeption keine andere als die zu sein, daß wir im Besitz einer Fähigkeit sein können, an deren Aktualisierung wir immer gehindert werden. Der Einwand will nun sagen, daß die Fähigkeitskonzeption diesen Zweifel nicht als widersinnig erweisen kann, sondern er sich auch auf ihrer Grundlage formulieren läßt.[31] Doch genau dann, so der Einwand weiter, wenn dieser globale Zweifel nicht aufgelöst ist, ist auch die Auflösung des lokalen Zweifels in letzter Instanz wertlos. Die Fähigkeitskonzeption kann den lokalen Zweifel nur scheinbar auflösen, weil sie den globalen Zweifel nicht auflösen kann, von dessen Auflösung eine wirkliche Auflösung des lokalen Zweifels abhängig ist.

Es ist nun wenig befriedigend, auf das Räsonnement, das dem Argument für den globalen Zweifel zugrunde liegt, so zu antworten, daß man sagt, es sei doch unvernünftig, die Möglichkeit anzunehmen, daß wir im Besitz einer Fähigkeit sind, an deren Aktualisierung wir immer gehindert werden. Sicher, es gibt keinen Grund, diese Möglichkeit anzunehmen. Doch das skeptische Räsonnement behauptet auch nicht, daß es einen Grund gibt, dies anzunehmen. Es behauptet lediglich, daß wir diese Möglichkeit nicht ausschließen können. Und wenn wir diese Möglichkeit nicht ausschließen können, müssen wir unsere Situation wie folgt beschreiben: Es ist richtig, daß wir keinen Grund haben, diese Möglichkeit anzuneh-

31 Die meisten anti-skeptischen Argumente verwenden diese Unterscheidung zwischen globalem und lokalem Zweifel, um dann zu zeigen, daß der globale Zweifel widersinnig ist. Der lokale Zweifel wird von ihrer Argumentation (z. B. bei Davidson) nicht berührt. Unsere Deutung von Wissen als vernünftige Fähigkeit hat ihre Pointe darin, wie wir zeigen werden, daß sie einer solchen Unterscheidung zwischen lokalem und globalem Zweifel keinen wirklichen Sinn geben kann. Wenn wir Wissen als Akt einer vernünftigen Erkenntnisfähigkeit verstehen, dann ist es *ein und dieselbe* Antwort, die wir auf *jeden* Zweifel geben, ganz gleich in welcher Weise er sich artikuliert.

men, und dennoch könnte sie bestehen. Nach unserer obigen Terminologie könnten wir auch sagen: Wir verhalten uns gewiß doxastisch verantwortlich, wenn wir nicht glauben, daß sie besteht, und doch kann dies nicht garantieren, daß sie nicht besteht.[32]

Der Einwand will sagen, daß die Fähigkeitskonzeption gegen diese Möglichkeit nichts ausrichten kann und darum in letzter Instanz wertlos ist. Denn die Fähigkeitskonzeption kann diesem Einwand zufolge Wissen nur unter einer Voraussetzung begreiflich machen, deren Wahrheit sie selbst nicht ausweisen kann: unter der Voraussetzung, daß gelegentlich genau jene Umstände bestehen, von denen die Aktualisierung dieser Fähigkeit abhängig ist. Doch stimmt das? Betrachten wir den Einwand genauer: Der Einwand will zugestehen, daß ein Subjekt sich selbst als im Besitz einer vernünftigen Erkenntnisfähigkeit verstehen kann und zugleich annehmen kann, daß es an deren Ausübung immer gehindert wird. Der Einwand knüpft damit an ein konstitutives Merkmal vernünftiger Fähigkeiten an: nämlich daß vernünftige Fähigkeiten in selbstbewußter Weise besessen werden. Jemand, der eine vernünftige Fähigkeit hat, hat als solcher die Fähigkeit, sich in unterschiedlichen Formen des Verstehens, Überlegens und Erklärens auf die Fähigkeit, die er hat, zu beziehen. Und nun möchte der Einwand behaupten, daß *eine* Überlegung eines solchen Subjekts die sein kann, daß es an der Ausübung jener Fähigkeit, von der es glaubt, daß es sie hat, immer gehindert wird. Mit dem Selbstverständnis von jemandem, der sich als Subjekt einer vernünftigen Erkenntnisfähigkeit versteht, ist es vereinbar, so die Idee, daß er annimmt, daß er an der Ausübung ebenjener Erkenntnisfähigkeit, als deren Subjekt er sich versteht, immer gehindert wird. Unter welcher Voraussetzung ist ein solches Selbstverständnis möglich?

Nun, ein solches Selbstverständnis ist nur möglich, wenn es möglich ist, sich als Subjekt einer vernünftigen Erkenntnisfähigkeit zu verstehen, ohne daß man auch nur ein einziges Mal etwas in seinem Leben erkannt hat. Nun fragen wir uns, wie jemand zu einem sol-

32 So etwa versteht Strawson seine eigene Position in »Perception and its Objects«. Daß damit bei Strawson die Selbstzuschreibung einer Wahrnehmung von einer ungestützten Annahme abhängig ist und damit die Idee von Wahrnehmungswissen zunichte gemacht wird, hat J. Hyman in mehreren Aufsätzen herausgearbeitet (u. a. in: »The Causal Theory of Perception« und »The Evidence of the Senses«), ohne jedoch selbst die richtige Konsequenz daraus zu ziehen.

chen Verständnis von sich selbst gekommen sein kann. Verschiedene Erklärungen scheinen hier denkbar: Etwa durch einen Prediger, der durch die Lande gezogen ist und unter anderem auch dieses Subjekt dazu überredet hat, zu glauben, es sei im Besitz einer vernünftigen Erkenntnisfähigkeit. Aus unerfindlichen Gründen, so könnten wir die Geschichte weiterspinnen, haben alle Menschen dieser Welt diesem Prediger irgendwann geglaubt und fortan sich selbst als Subjekte verstanden, die im Besitz von vernünftigen Erkenntnisfähigkeiten sind. Oder durch eine spontane Eingebung, die jeder Mensch im Laufe seiner natürlichen Entwicklung eines Tages plötzlich hat und die ihm sagt, er sei im Besitz vernünftiger Erkenntnisfähigkeiten. Oder durch eine religiöse Offenbarung etc. Wir müssen hier nicht weiter spekulieren. Denn entscheidend ist, daß wir unter der gegebenen Voraussetzung *eine* Erklärung *nicht* geben können: nämlich die, die das Verständnis dieses Wesens von sich selbst als einem Subjekt, das im Besitz einer vernünftigen Erkenntnisfähigkeit ist, dadurch erklärt, daß das Subjekt diese Fähigkeit *ausübt*. Denn genau daran, so lautet die Möglichkeit, die wir erwägen, soll dieses Wesen ja immer gehindert sein. Doch wenn das Verständnis eines Wesens von sich selbst als Subjekt einer vernünftigen Erkenntnisfähigkeit nicht dadurch erklärt werden kann, daß dieses Wesen diese Fähigkeit ausübt, dann heißt das, daß dieses Verständnis kein Wissen sein kann. Denn etwas zu wissen heißt ja, daß jemand eine Überzeugung hat, die das Resultat einer vernünftigen Erkenntnisfähigkeit ist. Das Verständnis dieses Wesens von sich selbst als Subjekt einer vernünftigen Erkenntnisfähigkeit kann für dieses Wesen also nur den Status einer Annahme, einer Hypothese, eines grundlosen Glaubens haben.

Stellen wir uns nun dagegen ein Wesen vor, dessen Verständnis von sich selbst als jemand, der im Besitz einer vernünftigen Erkenntnisfähigkeit ist, genau dadurch erklärt werden kann, daß es diese Fähigkeit ausübt. Dies bedeutet, daß ein solches Wesen *weiß*, daß es im Besitz einer vernünftigen Erkenntnisfähigkeit ist. Denn dieses Wesen hat dann ein Verständnis von sich selbst als Subjekt einer vernünftigen Erkenntnisfähigkeit, das es nicht haben könnte, wenn der Inhalt dieses Verständnisses falsch wäre. Es ist ein Verständnis, das es genau deswegen hat, *weil* es eine vernünftige Erkenntnisfähigkeit hat. Daraus folgt, daß in bezug auf jemand, der weiß, daß er im Besitz einer vernünftigen Erkenntnisfähigkeit ist, der globale Zweifel *widersinnig* ist. Denn wenn das Selbstverständnis eines Wesens, dem zufolge es im Besitz einer vernünftigen Erkenntnisfähigkeit ist, Wissen ist, dann ist für ein solches Wesen die Möglichkeit, die der globale Zweifel ins Spiel bringen will, ausgeschlossen: Sie ist ausgeschlossen, weil dieses Wissen von sich selbst auf einer Erklärung beruht, das genau jene Möglichkeit – nämlich daß das Subjekt prinzipiell an der Ausübung seiner Erkenntnisfähigkeit gehindert wird – ausschließt.

Doch damit, so scheint es, haben wir den Einwand nicht entkräftet, sondern nur erkannt, daß wir ihn genauer formulieren müssen, nämlich so: Die Fähigkeitskonzeption von Wissen erklärt Wissen auf eine Weise, die folgenden Fall zu denken erlaubt: Jemand, der nicht weiß, daß er eine vernünftige Erkenntnisfähigkeit hat, sondern dies nur hypothetisch annimmt, kann die Möglichkeit nicht ausschließen, daß er an der Ausübung genau jener Erkenntnisfähigkeit, von der er nicht weiß, ob er sie hat, immer gehindert wird. Für ein solches Wesen ist eine solche Möglichkeit nicht widersinnig, sondern denkbar. Genau das ist richtig. Und genau so muß es sein, wenn Wissen ein Akt einer vernünftigen Fähigkeit ist. Denn dies bedeutet, daß man die Möglichkeit, die der Einwand ins Spiel bringen will, nur *so und genau so* ausschließen kann, daß man jene vernünftige Erkenntnisfähigkeit ausübt, von der man sich fragt, ob man an ihrer Ausübung immer gehindert wird. Das Wissen darum, daß das, was man gerade tut, in der Ausübung einer vernünftigen Erkenntnisfähigkeit besteht und es also falsch ist zu glauben, man würde immer an deren Ausübung gehindert, ist kein Wissen, das man haben kann, ohne eben genau jene Fähigkeit auszuüben. Dies zu verlangen, also zu verlangen, ein Subjekt müßte das Wissen darum, daß es an der Ausübung seiner vernünftigen Erkenntnisfähigkeit nicht (sei es hier und jetzt oder prinzipiell) gehindert wird, unabhängig von einer solchen Ausübung haben, heißt vielmehr, daß man den Gedanken nicht zu Ende denkt, den man zuzugestehen vorgibt: eben daß Wissen ein Akt einer vernünftigen Erkenntnisfähigkeit ist. Man verlangt von diesem Subjekt nicht etwas, das dieses Subjekt nicht erfüllen kann. Nein, man verlangt von ihm etwas, das man nur verlangen kann, wenn man bestreitet, daß die grundlegende Verwendung des Wissensbegriffs darin besteht, eine vernünftige Fähigkeit zu beschreiben. Wenn dies so ist, dann muß das Wissen eines Subjekts davon, daß es nicht prinzipiell an der

Ausübung seiner vernünftigen Erkenntnisfähigkeit gehindert wird – wie jedes Wissen –, als etwas verstanden werden, das dieses Subjekt nur dadurch und genau dadurch hat, daß es eine vernünftige Erkenntnisfähigkeit ausübt.

Welche Antwort also geben wir damit auf den Skeptiker? Nach Cavell muß jede befriedigende Auseinandersetzung mit dem Skeptizismus am Ende darin münden, daß sie das Selbstverständnis des Skeptikers verändert. »A formidable criticism of skepticism – as of any philosophy – will have to discover and alter its understanding of itself.«[33] Einer Auseinandersetzung mit dem Skeptizismus kann es nach Cavell folglich nicht einfach darum gehen, den Zweifel zu beseitigen. Man muß vielmehr den Zweifel des Skeptikers auf eine Weise verständlich machen, die zeigt, daß dieser Zweifel nicht *bloß* ein Fehler, ein Irrtum ist, sondern auch eine »Wahrheit« enthält: eine Wahrheit indes, für die der Zweifel am Wissen der falsche Ausdruck ist. Genau von solch einer Art ist unsere Antwort auf den skeptischen Zweifel: Sie zeigt, daß der Zweifel des Skeptikers der falsche Ausdruck für eine richtige Einsicht ist, die wir wie folgt beschreiben können: Der Skeptiker will sagen, daß Wissen unmöglich ist, weil es eine prinzipiell unüberbrückbare Kluft zwischen den bestmöglichen Gründen gibt, die man für seine Überzeugungen haben und anführen kann, und deren Wahrheit. Die Prämisse dieser Idee ist, daß man die Idee eines Grundes unabhängig von der Idee des Wissens verstehen kann. Doch das können wir nicht. Dies zeigt, daß der Wissensbegriff keine analytische Einheit beschreiben kann, sondern vielmehr die Einheit einer vernünftigen Fähigkeit. Wenn das so ist, dann können wir die richtige Einsicht des Skeptikers wie folgt ausdrücken: Es ist die Einsicht, daß ein einzelner Akt des Wissens genau deswegen, weil Wissen ein Akt einer vernünftigen Erkenntnisfähigkeit ist, von einem *Faktum* abhängig ist, dessen sich das Subjekt dieses Wissens nicht anders denn durch einen Akt versichern kann, der seinerseits schon von genau diesem Faktum *abhängig* ist: vom Faktum ebenjener Fähigkeit, aus der Wissen resultiert. Wenn Wissen ein Akt einer vernünftigen Erkenntnisfähigkeit ist, dann ist es unmöglich, daß ein Wesen sich irgendeines Faktums – und also auch des Faktums dieser Fähigkeit selbst – versichern kann, ohne diese Fähigkeit in Anspruch zu nehmen.

33 S. Cavell, *The Claim of Reason*, S. 38.

Doch dies zu sagen hat nun keinen skeptischen Sinn mehr. Denn wenn Wissen einer vernünftigen Erkenntnisfähigkeit entspringt, dann ist diese Unmöglichkeit kein Ausdruck einer Begrenzung, kein Ausdruck dafür, daß wir etwas nicht tun können. Sie ist Ausdruck dafür, daß das, *was* wir tun, in der Ausübung einer vernünftigen Fähigkeit besteht. Diese Unmöglichkeit ist Ausdruck dafür, daß wir das, was wir tun – wir versichern uns des Faktums einer vernünftigen Erkenntnisfähigkeit –, nur so und genau *so* tun können, daß wir dabei genau jene Fähigkeit ausüben, deren wir uns hierbei versichern. Daß man sich des Besitzes einer vernünftigen Erkenntnisfähigkeit nicht anders denn durch ihre Ausübung versichern kann, ist nicht Ausdruck dafür, daß es hier etwas gibt, das man nicht tun kann und man sich nur wünschen kann, zu tun. Es ist Ausdruck dafür, daß Wissen ein Akt ist, für den die Bezugnahme auf eine vernünftige Fähigkeit an jeder Stelle *unhintergehbar* ist.

Daher kann man gegen die Fähigkeitskonzeption nicht einwenden, daß sie in letzter Instanz eben doch nicht zeigen kann, was die Erkenntnistheorie seit Descartes zu tun versucht, nämlich daß wir *tatsächlich* Wissen haben, sondern statt dessen nur zeigen kann, wie es zu verstehen wäre, *wenn* wir Wissen hätten.[34] Denn die Fähigkeitskonzeption läßt die Frage, ob wir tatsächlich Wissen haben, keineswegs offen, sondern gibt, in einem bestimmten Sinn, eine Antwort auf diese Frage. Die Fähigkeitskonzeption beantwortet diese Frage in dem Sinn, daß sie kraft dessen, daß sie zeigt, was Wissen ist, zeigt, was es heißt, sie zu beantworten: Wenn Wissen ein Akt einer vernünftigen Erkenntnisfähigkeit ist, dann heißt dies, daß man die Frage, ob irgend jemand, etwa man selbst, im Besitz einer vernünftigen Erkenntnisfähigkeit ist, genau dadurch und nur dadurch beantworten kann, daß man diese Fähigkeit *ausübt.* Wenn Wissen ein Akt einer vernünftigen Erkenntnisfähigkeit ist, dann heißt dies, daß das Verlangen nach einer Antwort auf die Frage, ob irgend jemand im Besitz einer Erkenntnisfähigkeit ist, die einem von außerhalb dieser Fähigkeit zur Verfügung steht, ein widersinniges Verlangen ist. Wenn Wissen ein Akt einer vernünftigen

34 So der Einwand von Ch. Menke in »Die Dialektik der Ästhetik: Der neue Streit zwischen Philosophie und Dichtkunst«. Darin, so Menke, liege die unhintergehbare Grenze der Philosophie, daß sie das Faktum der Fähigkeiten, die sie beschreibt, nicht ausweisen kann.

Erkenntnisfähigkeit ist, dann muß das Wissen darum, daß *man selbst* ein Wesen ist, das Wissen haben kann, seinerseits ein Akt dieser Fähigkeit sein.

Es ist daher auch wichtig zu sehen, daß die Fähigkeitskonzeption von Wissen nicht behauptet, daß jemand daraus, daß er sich selbst als erkennendes Wesen versteht, *ableiten* kann, daß er eine vernünftige Erkenntnisfähigkeit hat. Sie sagt vielmehr, daß nur jemand, der diese Fähigkeit hat, sich in der Weise als jemand verstehen kann, der diese Fähigkeit hat, daß er dabei *weiß*, daß er diese Fähigkeit hat. Die Fähigkeitskonzeption besagt, daß jemand, der eine vernünftige Erkenntnisfähigkeit hat, den Umstand, daß er diese Fähigkeit hat, unter anderem darin zum Ausdruck bringt, daß er den Begriff des Wissens auf sich anwendet. Doch sie sagt nicht, daß jemand daraus, daß er diesen Begriff auf sich anwendet, diesen Umstand ableiten kann. Genau diese *Unableitbarkeit* der Fähigkeit und damit die Unableitbarkeit von Wissen von außerhalb der Fähigkeit ist es, die der Skeptizismus – in mißverstandener Weise – in seinem Zweifel zum Ausdruck bringt. Wäre ein Beweis dafür, daß wir erkenntnisfähige Wesen sind, von außerhalb einer vernünftigen Erkenntnisfähigkeit möglich, d. h. ohne das *Faktum* einer Erkenntnisfähigkeit schon in Anspruch zu nehmen, dann wäre Wissen genau das nicht: ein Akt einer vernünftigen Erkenntnisfähigkeit.

Was hindert den Skeptiker, dies zu erkennen? Als erste Antwort möchte man vielleicht folgende geben: Nun, das, was ihn daran hindert, sind bestimmte Überlegungen, die er anstellt, nämlich das sogenannte Irrtums-Argument.[35] Diese Überlegungen stehen ihm im Weg. Aus der Perspektive der Fähigkeitskonzeption von Wissen kann man dieses Argument nicht mehr formulieren. Versteht man Wissen als Akt einer vernünftigen Erkenntnisfähigkeit, dann können diese Überlegungen gar nicht in Gang kommen. Doch das bedeutet, daß darin, daß jemand das Irrtums-Argument formuliert, schon vorausgesetzt ist, daß er nicht erkennt, daß Wissen ein Akt einer vernünftigen Erkenntnisfähigkeit ist. Und das heißt, die Überlegungen, die in die Aporie des Wissens münden, können nicht begründen, weshalb der Skeptiker nicht erkennt, daß Wissen ein Akt einer vernünftigen Erkenntnisfähigkeit ist. Aus diesem Grund spricht Cavell mit Recht davon, daß der skeptische Zweifel auf einer

35 Vgl. in dieser Arbeit Kap. III. 2.

Leugnung (»denial«) beruht.[36] Das, was es in der Erkenntnistheorie zu erkennen gilt – nämlich daß Wissen ein Akt einer vernünftigen Erkenntnisfähigkeit ist –, ist ein Inhalt, zu dem wir in einem ganz eigentümlichen kognitiven Verhältnis stehen. Es ist ein Inhalt, der dadurch charakterisiert ist, daß man um ihn nur in einer ganz bestimmten Weise *nicht* wissen kann: nämlich nur so, daß man das Wissen, das man von ihm hat, leugnet.

Diese Beschreibung des Skeptikers als jemanden, der etwas, das er weiß, leugnet, setzt freilich voraus, daß *wir* dies explizit erkannt haben: daß wir explizit erkannt haben, daß Wissen eine vernünftige Fähigkeit ist. Wie war das möglich? Wie haben *wir* das erkannt? Erinnern wir uns an unsere transzendentale Argumentation.[37] Wir haben dies dadurch erkannt, daß wir die Leugnung des Skeptikers bis hin zu jenem Punkt befragt haben, an dem wir gefragt haben, wie denn jene Überzeugungen, die der Skeptiker zur Formulierung seines Zweifels voraussetzen muß, überhaupt möglich sind. Wir haben erkannt, daß es unmöglich ist, diese Überzeugungen zu erklären, solange man keinen Begriff für geistige Akte hat, die als solche eine Erklärung ihres begrifflichen Inhalts enthalten. In einem zweiten Schritt haben wir dann gezeigt, *wie* wir einen solchen Begriff haben können: Einen solchen Begriff haben wir genau dann, wenn wir ihn als die Beschreibung eines geistigen Aktes verstehen, der eine vernünftige Erkenntnisfähigkeit aktualisiert. Wir haben das explizite Wissen davon, daß Wissen ein Akt einer vernünftigen Erkenntnisfähigkeit ist, also dadurch gewonnen, daß wir erkannt haben, daß es unmöglich ist, ihn konsequent zu leugnen. Indem wir die Leugnung des Skeptikers an den Punkt ihrer Selbstaufhebung getrieben haben, haben wir erkannt, daß der Begriff einer vernünftigen Erkenntnisfähigkeit ein *notwendiger* Begriff ist.

Dies legt nahe, daß der Skeptizismus keine vermeidliche Verwirrung der Erkenntnistheorie darstellt, sondern eine unvermeidliche Stufe im Gang der Erkenntnistheorie ist. Denn nur vermittels der skeptischen Leugnung des Begriffs einer vernünftigen Erkenntnis-

36 Vgl. S. Cavell, *The Claim of Reason*, S. 154; »Aesthetic Problems of Modern Philosophy«, S. 96, sowie »Must we mean what we say?«, S. 21. So verstehe ich auch Wittgensteins Deutung des skeptischen Problems. Vgl. dazu meinen Aufsatz »Understanding scepticism: Wittgenstein's paradoxical reinterpretation of sceptical doubt«, in dem ich dies entwickle.

37 Vgl. in dieser Arbeit Kap. V. 3.

fähigkeit konnten wir erkennen, daß es sich hier um einen notwendigen Begriff handelt, und damit das immer schon vorliegende Wissen darum, daß Wissen ein Akt einer vernünftigen Erkenntnisfähigkeit ist, zum Inhalt einer *philosophischen* Erkenntnis machen.[38] Denn natürlich kann man im Besitz einer vernünftigen Erkenntnisfähigkeit sein, ohne zu verstehen, daß der Begriff einer vernünftigen Erkenntnisfähigkeit notwendig ist, um sich als ein vernünftiges, »endlich denkendes Wesen« zu begreifen. Die Notwendigkeit dieses Begriffs kann man nur dadurch erkennen, daß man sich mit dem Versuch auseinandersetzt, ihn zu leugnen. Damit ist der Skeptiker eine unvermeidliche Gestalt sowohl der Erkenntnistheorie wie auch der Philosophie des Geistes: Ohne ihn könnten wir nicht philosophisch *erkennen*, was es heißt, ein vernünftiges Wesen zu sein.

6. Wesen, die sich selbst erkennen

Wir haben gezeigt, was die Quellen von Wissen sind. Die Quellen von Wissen sind vernünftige, rezeptive Erkenntnisfähigkeiten. Die Unterscheidung zwischen empirischem Wissen und nicht-empirischem Wissen ist dabei eine Unterscheidung, die sich, wie wir gesehen haben, gleichsam gleichursprünglich aus dieser grundlegenden Beschreibung von Wissen ergibt. Denn wenn Wissen als Wissen von Inhalten zu verstehen ist, in bezug auf die Irrtum möglich ist, führt uns dies notwendig auf den Begriff einer vernünftigen, rezeptiven Erkenntnisfähigkeit und damit auf den Begriff empirischen Wissens. Doch zugleich hat die Erläuterung dessen, was es heißt, eine vernünftige, rezeptive Erkenntnisfähigkeit zu haben, seinerseits erbracht, daß jemand, der eine solche Fähigkeit besitzt, nicht nur über

38 In meinem Aufsatz »Wissen vom ›Standpunkte eines Menschen‹« argumentiere ich dafür, daß Derridas Verständnis von Philosophie als Dekonstruktion als die Umsetzung genau dieses Gedankens verstanden werden kann: nämlich des Gedankens, daß der Gewinn einer philosophischen Einsicht in die Verfaßtheit derjenigen Phänomene, die wir durch normative Begriffe beschreiben, wie etwa der Begriff des Wissens, nur im Durcharbeiten durch jene Position zu gewinnen ist, in der diese Begriffe aporetisch erscheinen. Die Dekonstruktion ist m. E. also falsch verstanden, wenn man glaubt, sie wolle behaupten, diese Aporien seien unauflösbar. Sie ist vielmehr die in die philosophische Praxis umgesetzte Einsicht, daß ein philosophisches Verständnis dieser Begriffe nur im »Durchgang« durch ihre Aporie zu gewinnen ist.

empirisches Wissen verfügt, sondern zugleich auch über nicht-empirisches Wissen: nämlich das Wissen um seine Fähigkeit selbst, welches sich in den verschiedenen Formen der verstehenden Bezugnahme auf diese Fähigkeit manifestiert. Indem wir uns also klargemacht haben, wie man empirisches Wissen haben kann, haben wir uns nicht nur klargemacht, daß man empirisches Wissen nur haben kann, wenn man auch nicht-empirisches Wissen hat. Wir haben uns dadurch zugleich klargemacht, *wie* man dieses nicht-empirische Wissen, das für empirisches Wissen notwendig ist, haben kann: eben indem man im Besitz genau jener vernünftigen, rezeptiven Erkenntnisfähigkeit ist, die empirisches Wissen erklärt. Empirisches und nicht-empirisches Wissen bilden folglich eine notwendige Einheit. Man kann das eine nicht ohne das andere haben.

Wenn wir sagen, daß die Quellen des Wissens vernünftige, rezeptive Erkenntnisfähigkeiten sind, dann hat die Rede von den *Quellen* des Wissens, wie wir gezeigt haben, einen vierfachen Sinn: Vernünftige, rezeptive Erkenntnisfähigkeiten sind (1) die Quelle des *Sinns* der Begriffe, in denen wir Wissen erläutern. Wir haben gezeigt, welche Begriffe dies unter anderem sind: der Begriff der Überzeugung, der Wahrheit, der Rechtfertigung, der Wahrnehmung, der Tatsache. Vernünftige Erkenntnisfähigkeiten sind (2) die Quelle der *Normativität* der Akte, die durch Begriffe beschrieben werden, für deren Sinn die Bezugnahme auf eine vernünftige, rezeptive Erkenntnisfähigkeit konstitutiv ist. D. h. es sind Akte, die, indem sie unter einen solchen Begriff fallen, unter eine bestimmte Norm fallen: d. h. unter eine Vorstellung davon, wie dieser Akt sein soll. Vernünftige Erkenntnisfähigkeiten sind (3) die Quelle der *Erklärung* genau dieser Akte. Das heißt, die Begriffe, die Akte einer vernünftigen, rezeptiven Erkenntnisfähigkeit beschreiben, bringen diese Akte nicht nur unter eine bestimmte Norm, sondern zugleich unter eine bestimmte Form der Erklärung: ebenjene Form der Erklärung, in der man einen Akt dadurch begreiflich macht, daß man ihn als die Verwirklichung genau jener Norm darstellt, unter die er fällt. Und vernünftige Erkenntnisfähigkeiten sind schließlich (4) die Quelle des *Selbstbewußtseins* dieser Akte. Das heißt, die Begriffe, die Akte einer vernünftigen, rezeptiven Erkenntnisfähigkeit beschreiben, sind Begriffe für wesentlich selbstbewußte Akte. Die Norm, die diese Akte verwirklichen, ist daher eine wesentlich selbstbewußte Norm. Die Erklärung, die sie für die Akte liefern, die unter sie fallen, ist daher eine, die die Subjekte dieser Akte selbst geben können.

Das Projekt der Erkenntnistheorie steht und fällt damit, daß die Frage nach den Quellen des Wissens eine sinnvolle Frage ist und es auf diese Frage eine allgemeine Antwort gibt. Das einhellige Verdikt von Autoren wie u. a. Quine, Austin und Rorty, die für die zeitgenössische Erkenntnistheorie in je unterschiedlicher Weise maßgeblich sind, lautet dagegen, daß wir am Scheitern der traditionellen Erkenntnistheorie, wie sie von Descartes über die Empiristen des 18. Jahrhunderts (u. a. Locke, Berkeley, Hume) sowie die Empiristen zu Beginn des 20. Jahrhunderts (u. a. Ayer, Russell, Carnap) aufgefaßt wurde, lernen können, daß eine solche Frage nicht sinnvoll sein kann. Daher sei das Projekt der Erkenntnistheorie kein sinnvolles philosophisches Unternehmen. Quine etwa begründet diesen Gedanken folgendermaßen: Wir haben eingesehen, so Quine, daß eine »erkenntnistheoretische Reduktion unmöglich ist«, unter der sich Quine eine Reduktion vorstellt, »in der jeder Satz einem Satz aus logisch-mathematischen und Beobachtungsbegriffen gleichgesetzt wird.«[39] Daraus folgt nach Quine, daß die Idee von Erkenntnistheorie als einer Disziplin, die sich mit den »rationale[n] Grundlagen« des Wissens beschäftigt, als ein irriges Projekt aufzugeben ist.[40]

Austin geht noch weiter, indem er den Gedanken, daß eine empirische Erkenntnis »Grundlagen« hat, selbst schon als eine »Doktrin« deutet, ebenjene »Doktrin«, mit der die Erkenntnistheorie steht und fällt.[41] »Denn selbst wenn wir von der sehr riskanten und mutwilligen Annahme ausgingen«, so Austin, »daß, was eine bestimmte Person zu einem bestimmten Zeitpunkt an einem bestimmten Ort weiß, sich in ein Gebilde von Grundlagen und Superstruktur analysieren läßt, so wäre es doch ein Fehler zu glauben, dasselbe ließe sich für die Erkenntnis im allgemeinen machen. Dies ist unmöglich, weil es keine *allgemeine* Antwort auf die Frage geben kann: was denn als Evidenz wofür zu gelten hat, was gewiß, was zweifelhaft ist, was Evidenz braucht, was nicht, was verifiziert werden kann und was nicht. Wenn Erkenntnistheorie darin besteht,

39 W. V. Quine, »Naturalisierte Erkenntnistheorie«, S. 114.
40 Ebd., S. 97.
41 J. Austin, *Sinn und Sinneserfahrung*, S. 134.

Grundlagen für solch eine Antwort zu finden, dann gibt es sie nicht.«[42]

Rorty formuliert denselben Gedanken, wenn er Erkenntnistheorie als den Versuch bestimmt, »die unwandelbaren Strukturen« herauszufinden, »innerhalb derer sich Erkenntnis, Leben und Kultur aufzuhalten haben«.[43] Die Erkenntnistheorie ruht nach Rorty daher ebenfalls einer »Doktrin« auf, nämlich der Doktrin, daß, »um rational, wirklich menschlich sein zu können, man mit anderen Menschen zur Übereinstimmung kommen können [müsse]. Eine Erkenntnistheorie konstruieren heißt, das größte Maß an Gemeinsamkeiten mit anderen ausfindig machen. Die Annahme, eine Erkenntnistheorie sei möglich, ist identisch mit der Annahme, es gebe eine solche gemeinsame Grundlage.«[44] Wir müssen indes erkennen, so Rorty, daß es eine solch gemeinsame Grundlage nicht geben kann: »[Wir] bestreiten, daß es ein Fundament gibt, das die gemeinsame Grundlage aller Wissensansprüche abgeben könnte.«[45] Und dies heißt, wir müssen erkennen, daß Erkenntnistheorie ein sinnloses Unternehmen ist, weil es genau das nicht gibt, wovon sie glaubt, es ans Licht oder zur Klarheit bringen zu können.

Der gemeinsame Gedanke von Quine, Austin und Rorty ist – und diese drei seien hier nur exemplarisch genannt –, daß Erkenntnistheorie, insofern sie als Frage nach den Quellen des Wissens definiert ist, kein sinnvolles philosophisches Unternehmen ist, weil es auf diese Frage keine allgemeine Antwort geben könne. Die Prämisse dieses Gedankens ist ein bestimmtes Verständnis der Art von allgemeiner Antwort, die wir suchen, wenn wir eine solche Frage stellen. Es ist die Prämisse, daß wir nach einer *reduktiven* Antwort in folgendem Sinn suchen: Wir suchen nach einer Antwort, die uns in allgemeiner Weise erklärt, wie ein einzelner Akt des Wissens möglich ist, ohne daß wir in dieser Erklärung schon den Wissensbegriff in Anspruch nehmen. Die Einsicht, zu der diese Autoren sodann zu Recht kommen, ist, daß eine *solche* Erklärung unmöglich ist. Doch wie kommt man von dieser Einsicht zu der Behauptung, daß Erkenntnistheorie ein sinnloses Projekt ist? Dieser Schritt kann für einen nur dann zwingend sein, wenn man *mit* der Tradition der

42 Ebd., S. 155 f.
43 R. Rorty, *Der Spiegel der Natur. Eine Kritik der Philosophie*, S. 183.
44 Ebd., S. 344.
45 Ebd., S. 345.

Erkenntnistheorie, die man im ganzen zu verabschieden trachtet, an der von dieser Tradition niemals befragten Prämisse festhält: nämlich daß der Wissensbegriff durch Begriffe zu erläutern ist, die *grundlegender* als der Wissensbegriff selbst sind und die man also unabhängig von diesem verstehen kann.

Wenn wir sagen, daß Wissen als Akt einer vernünftigen Fähigkeit zu verstehen ist, dann weisen wir diese Prämisse zurück. Wenn Wissen ein Akt einer vernünftigen Fähigkeit ist, dann ist es nicht einfach so, daß eine solche Erklärung von Wissen unmöglich ist in dem Sinn, daß jeder Versuch einer solchen Erklärung zum Scheitern verurteilt ist. Sondern dann beruht die Idee einer solchen Erklärung von Wissen schon auf einem Mißverständnis darüber, was Wissen ist. Daraus, daß eine solche Erklärung von Wissen unmöglich ist, darauf zu schließen, daß die Frage der Erkenntnistheorie nach den Quellen des Wissens keine sinnvolle Frage ist, setzt genau dasselbe Mißverständnis der Natur des Wissens voraus, das auch das Scheitern jener erkenntnistheoretischen Tradition begründet, die man zu verabschieden trachtet. Wenn wir behaupten, daß der Wissensbegriff keine analytische Einheit beschreibt, sondern die Einheit einer vernünftigen Fähigkeit, dann gehen wir folglich mit einem Bein radikaler über die Tradition der Erkenntnistheorie hinaus, als es jene ihrer Kritiker tun, die glauben, sie im ganzen hinter sich lassen zu können. Und wir stellen uns doch zugleich mit dem anderen Bein ganz in diese Tradition hinein: Wir beanspruchen, eine allgemeine Antwort auf die Frage nach den Quellen des Wissens zu geben. Doch die Antwort, die wir geben, enthält nicht nur ein anderes Verständnis von der Art der Erklärung, als es jener Tradition vorschwebt. Wir sagen mit dieser Antwort zugleich auch, wie man die Frage nach den Quellen des Wissens einzig beantworten kann: nämlich dadurch, daß man jene Fähigkeit ausübt, die die Quelle von Wissen ist.

Diese Antwort auf die Frage nach Quellen des Wissens müssen wir geben, so haben wir erkannt, solange wir uns selbst als vernünftige Lebewesen verstehen. Wir können uns nicht als vernünftige Lebewesen verstehen, wenn wir uns nicht als Wesen verstehen, die im Besitz einer vernünftigen Erkenntnisfähigkeit sind. Und das heißt, wir können uns nicht als vernünftige Lebewesen verstehen, wenn wir uns nicht als Wesen verstehen, für die Wissen stets beides zugleich ist: ein Faktum und ein Ideal. Denn wenn Wissen für vernünftige Wesen ein Akt einer Fähigkeit ist, dann heißt dies, so haben wir gesehen, daß für diese Wesen Wissen genau deswegen ein *Ideal* ist, von dem sie in ihrem Denken und Überlegen geleitet werden, weil es als Fähigkeit ein *Faktum* für sie ist. Zu verstehen, was es heißt, ein vernünftiges Lebewesen zu sein, heißt zu verstehen, was es heißt, ein Wesen zu sein, für das Wissen einen unauflösbaren Doppelcharakter hat. Zum einen ist es ein Faktum: eben das Faktum seiner vernünftigen Erkenntnisfähigkeit. Und zugleich ist es ein Ideal: eben genau dasjenige Ideal, das es verwirklicht, wenn es diese Fähigkeit ausübt.

Das, was wir in unserer Untersuchung artikuliert haben, hat den Anspruch, eine Artikulation desjenigen Wissens zu sein, das wir als vernünftige Lebewesen von unseren Erkenntnisfähigkeiten haben. Wenn also unsere Beschreibung dessen, was Wissen ist, nämlich daß es ein Akt einer vernünftigen Erkenntnisfähigkeit ist, ein Ausdruck von Wissen ist, dann wissen wir damit *in eins*, daß wir im Besitz einer vernünftigen Erkenntnisfähigkeit sind. Andernfalls könnte diese Beschreibung kein Wissen zum Ausdruck bringen. Darin hat die Fähigkeitskonzeption ihre letzte Pointe: daß sie in genau demselben Sinn, in dem sie erklärt, wie jemand wissen kann, daß vor ihm eine weiße Teetasse steht, auch erklärt, wie jemand genau dasjenige Wissen von seinem Wissen haben kann, das wir beanspruchen, oben artikuliert zu haben. Denn sie zeigt ja, daß ein Lebewesen, das in der Lage ist, Überlegungen über sich anzustellen, als solches mit der Fähigkeit ausgestattet ist, genau dasjenige Faktum zu erkennen, das konstitutiv dafür ist, daß es ein solches Lebewesen ist: das Faktum seiner vernünftigen Erkenntnisfähigkeit. Doch daß ein vernünftiges Lebewesen mit einer solchen Fähigkeit ausgestattet ist, heißt weder, wie wir gesehen haben, daß es, wann immer es etwas glaubt, etwas erkennt. Noch heißt dies, daß es in den meisten Fällen, in denen es etwas glaubt, etwas erkennt. Es heißt vielmehr, daß vernünftige Lebewesen durch das Faktum einer Fähigkeit charakterisiert sind, kraft deren sie von einem Ideal geleitet werden, um dessen Verwirklichung sie sich immer wieder erneut bemühen, indem sie diese Fähigkeit ausüben: dem Ideal der Erkenntnis.

Literaturverzeichnis

Almeder, R., »Truth and Evidence«, in: *Philosophical Quarterly* 24 (1974), S. 365-368.

–, »On Seeing the Truth: A Reply«, in: *Philosophical Quarterly* 26, (1976) S. 163-165.

Alston, W., *The Reliability of Sense Perception*, Ithaca 1993.

–, »Internalism and Externalism in Epistemology«, in: *Philosophical Topics* XIV, no. 1 (1986), S. 179-221.

–, »Concepts of Epistemic Justification«, in: *The Monist* 68 (1985), S. 57-89.

Annas, J. / Barnes, J. (Hg.), *The Modes of Scepticism. Ancient Texts and Modern Interpretations*, Cambridge 1985.

Anscombe, G. E. M., *Absicht*, Freiburg, München 1986 (1963).

–, »The Intentionality of Sensation: A Grammatical Feature«, in: dies., *Metaphysics and the Philosophy of Mind. Collected Philosophical Papers II*, Oxford 1981, S. 3-20.

–, »Memory, ›Experience‹ and Causation«, in: dies., *Metaphysics and the Philosophy of Mind*, Oxford 1981, S. 120-130.

–, »Causality and Determination«, in: dies., *Metaphysics and the Philosophy of Mind*, S. 133-147.

–, »The Causation of Action«, in: C. Ginet (Hg.), *Knowledge and Mind. Philosophical Essays*, New York, Oxford 1983, S. 174-190.

–, »Thought and Action in Aristotle: What is ›Practical Truth?‹«, in: dies., *From Parmenides to Wittgenstein. Collected Philosophical Papers I*, Oxford 1981, S. 66-77.

Aristoteles, *Metaphysik*, übersetzt von F. F. Schwarz, Stuttgart 1970.

–, *Metaphysics*, übersetzt von D. W. Ross, Oxford 1924.

–, *Die Nikomachische Ethik*, übersetzt von O. Gigon, München 1991 (1967).

–, *Kategorien*, übersetzt von K. Oehler, Berlin 1986.

Audi, R., *Epistemology. A contemporary introduction to the theory of knowledge*, London, New York 1998.

Austin, J., *Sinn und Sinneserfahrung*, übersetzt von E. Cassirer, Stuttgart 1975.

–, »Fremdseelisches«, in: ders., *Wort und Bedeutung. Philosophische Aufsätze*, übersetzt von J. Schulte, München 1975, S. 55-102.

Ayer, A. J., *The Foundations of Empirical Knowledge*, London 1964.

–, »Replies«, in: G. F. Macdonald (Hg.), *Perception and Identity*, Ithaca, New York 1979, S. 277-333.

Ayers, M. R., *The Refutation of Determinism*, London 1968.

Baltzer, U., »Konstitutive Regeln: Die unerträgliche Leichtigkeit der Insti-

tution«, in: U. Baltzer/G. Schönrich (Hg.), *Institutionen und Regelfolgen*, Paderborn 2002.
Barnes, J., »Socrates and the Jury«, in: *The Aristotelian Society*, Suppl. Vol. LIV (1980), S. 193-206.
Baumann, P., »Im Auge des Betrachters – Über Wissen, Rechtfertigung und Kontext«, in: Th. Grundmann (Hg.), *Erkenntnistheorie. Positionen zwischen Tradition und Gegenwart*, Paderborn 2001, S. 72-89.
Beckermann, A., »Läßt sich der Wissensbegriffs retten?« in: *Zeitschrift für philosophische Forschung* 56 (2002), 4, S. 586-594.
–, »Wissen und wahre Meinung«, in: W. Lenzen (Hg.), *Das weite Spektrum der analytischen Philosophie*, Berlin, New York 1997, S. 24-43.
Bieri, P., »Einleitung«, in: ders. (Hg.), *Analytische Philosophie der Erkenntnis*, München 1994 (1987), S. 75-84.
Blackburn, S., »Knowledge, Truth and Reliability«, in: *Proceedings of the British Academy*, vol. LXXX (1984), S. 167-187.
BonJour, L., »The Dialectic of Foundationalism and Coherentism«, in: J. Greco/E. Sosa (Hg.), *The Blackwell Guide to Epistemology*, Oxford 1999, S. 117-142.
–, *The Structure of Empirical Knowledge*, Cambridge 1985.
–, »Externalist Theories of Empirical Knowledge«, in: *Midwest Studies in Philosophy* V (1980), S. 53-73.
–, »Can Empirical Knowledge Have a Foundation?«, in: E. Sosa/J. Kim (Hg.), *Epistemology. An Anthology*, Oxford 2000, S. 261-273 (zuerst erschienen: 1978).
Brandom, R., »Knowledge and the Social Articulation of the Space of Reasons«, in: *Philosophy and Phenomenological Research*, vol. LV, no. 4 (1995), S. 895-908.
–, *Making it Explicit: Reasoning, Representing, and Discursive Commitment*, Cambridge, Mass. 1994.
–, »Freedom and Constraint by Norms«, in: *American Philosophical Quarterly*, vol. 16, no. 3 (1979), S. 187-196.
Brendel, E., »Eine kontextualistische Lösung des Streits zwischen Internalisten und Externalisten in der Erkenntnistheorie«, in: Th. Grundmann (Hg.), *Erkenntnistheorie. Positionen zwischen Tradition und Gegenwart*, Paderborn 2001, S. 90-106.
Broadie, S., *Ethics with Aristotle*, Oxford 1991.
Brueckner, A., »Semantic Answers to Skepticism«, in: *Pacific Philosophical Quarterly* 73 (1992), S. 200-219.
–, »The Omniscient Interpreter Rides Again«, in: *Analysis* 51 (1991), S. 199-204.
–, »Brains in a Vat«, in: *Journal of Philosophy* 83 (1986), S. 148-167.

Burge, T., »Content Preservation«, in: *The Philosophical Review*, vol. 102, no. 4 (1993), S. 457-488.
–, »Interlocution, Perception and Memory«, in: *Philosophical Studies* 86 (1997), S. 21-74.
–, »Cartesian Error and the Objectivity of Perception«, in: P. Pettit/J. McDowell (Hg.), *Subject, Thought, and Context*, Oxford 1986, S. 117-136.
–, »Other Bodies«, in: A. Woodfield (Hg.), *Thought and Object*, Oxford 1982, S. 97-119.
Burnyeat, M., *Notes on Eta and Theta of Aristotle's Metaphysics*, Oxford 1984.
–, »Can the Skeptic Live His Skepticism«, in: ders. (Hg.), *The Skeptical Tradition*, Berkeley, Los Angeles 1983, S. 117-148.
–, »Aristotle on Learning to be Good«, in: A. Oksenberg Rorty (Hg.), *Essays on Aristotle's Ethics*, Berkeley und Los Angeles 1980, S. 69-92.

Cavell, S., *The Claim of Reason. Wittgenstein, Skepticism, Morality, and Tragedy*, Oxford 1979.
–, »Must We Mean What We Say?«, in: ders., *Must we mean what we say?*, Cambridge 1976, S. 1-43.
–, »Aesthetic Problems of Modern Philosophy«, in: ders., *Must we mean what we say?*, Cambridge 1976, S. 73-96.
Child, W., »Vision and Experience: The Causal Theory and the Disjunctive Conception«, in: *The Philosophical Quarterly* 42 (1992), S. 297-316.
–, *Causality, Interpretation and the Mind*, Oxford 1996.
Chisholm, R. M., *Theory of Knowledge*, Englewood Cliffs, NJ 1977.
–, The Myth of the Given«, in: E. Sosa/J. Kim (Hg.), *Epistemology. An Anthology*, Oxford 2000, S. 107-119 (zuerst erschienen: 1964).
Cleve, J. van, »Foundationalism, Epistemic Principles, and the Cartesian Circle«, in: *The Philosophical Review* 88 (1979), S. 55-91.
Coady, C. A. J., *Testimony. A Philosophical Study*, Oxford 1992.
Cohen, S., »Contextualism and Skepticism«, in: *Philosophical Issues* 10 (2000), S. 94-107.
–, »How to Be a Fallibilist«, in: *Philosophical Perspective* 2 (1988), S. 92-123.
–, »Knowledge, Context, and Social Standards«, in: *Synthese* 73 (1987), S. 3-26.
Conant, J., »Varieties of Skepticism«, erscheint in: J. Conant/A. Kern (Hg.), *Skepticism, Meaning and Justification*, London 2006.
Craig, E., »Davidson and the Sceptic: the Thumbnail Version«, in: *Analysis* 50 (1990), S. 213-214.
Crane, T., »The Nonconceptual Content of Experience«, in: T. Crane (Hg.), *The Contents of Experience. Essays on Perception*, Cambridge 1992, S. 136-157.

Dancy, J., »Arguments from Illusion«, in: *The Philosophical Quarterly*, vol. 45, no. 181 (1995), S. 421-438.
–, *An Introduction to Contemporary Epistemology*, Oxford 1985.
Davidson, D., »Der Mythos des Subjektiven«, in: ders., *Der Mythos des Subjektiven. Philosophische Essays*, übersetzt von J. Schulte, Stuttgart 1993, S. 84-107.
–, »Subjektiv, Intersubjektiv, Objektiv«, in: ders., *Dialektik und Dialog*, übersetzt von J. Schulte, Frankfurt am Main 1993, S. 64-94.
–, »Eine Kohärenztheorie der Wahrheit und der Erkenntnis«, in: P. Bieri, (Hg.), *Analytische Philosophie der Erkenntnis*, München 1994 (1987), S. 271-290.
–, »Handlungen, Gründe und Ursachen«, in: ders., *Handlung und Ereignis*, übersetzt von J. Schulte, Frankfurt am Main 1990, S. 19-42.
DeRose, K., »Solving the Skeptical Problem«, in: K. DeRose/T. Warfield (Hg.), *Skepticism. A Contemporary Reader*, Oxford 1999, S. 183-219.
–, »Contextualism and Knowledge Attributions«, in: *Philosophy and Phenomenological Research* 52 (1992), S. 913-929.
Descartes, R., *Meditationen über die Grundlagen der Philosophie*, Hamburg 1976.
Detel, W., »Wissen und Kontext«, in: M. Vogel/L. Wingert (Hg.), *Wissen zwischen Entdeckung und Konstruktion. Erkenntnistheoretische Kontroversen*, Frankfurt am Main 2003, S. 249-287.
Deutscher Verband für das Skilehrerwesen e.V. (Hg.), *Ski-Lehrplan*, Band 1, München, Wien und Zürich 1994.
Diogenes Laertius, *Lives of the Philosophers*, hg. von R. D. Hicks, London 1925.
Dretske, F., »Zwingende Gründe«, in: P. Bieri (Hg.), *Analytische Philosophie der Erkenntnis*, München 1994 (1987), S. 124-149.
–, »Epistemic Operators«, in: K. DeRose/T. Warfield (Hg.), *Skepticism. A Contemporary Reader*, Oxford 1999, S. 131-144 (zuerst erschienen: 1970).
–, *Seeing and Knowing*, Chicago 1969.
Dummett, M., »Wahrheit«, in: ders., *Wahrheit*, übersetzt von J. Schulte, Stuttgart 1982, S. 7-46.
–, »Was ist eine Bedeutungstheorie?«, in: ders., *Wahrheit*, Stuttgart 1982, S. 94-155.

Evans, G., *The Varieties of Reference*, Oxford 1982.

Feldman, R. / Conee, E., »Evidentialism«, in: *Philosophical Studies* 48 (1985), S. 15-34.
Firth, R., »Are Epistemic Concepts Reducible to Ethical Concepts?«, in: A. I. Goldman/J. Kim (Hg.), *Values and Morals*, Dordrecht 1978, S. 215-229.

Fogelin, R., *Pyrrhonian Reflections. On Knowledge and Justification*, Oxford 1994.
Foot, Ph., »Die Moral als ein System hypothetischer Imperative«, in: dies., *Die Wirklichkeit des Guten*, Frankfurt am Main 1991, S. 89-107.
Freeland, C., »Aristotle on Possibilities and Capacities«, in: *Ancient Philosophy* 6 (1986), S. 69-89.
Fricker, E., »Against Gullibility«, in: B. K. Matilal/A. Chakrabarti (Hg.), *Knowing from Words*, Amsterdam 1994, S. 125-161.
–, »The Epistemology of Testimony«, in: *The Aristotelian Society*, Suppl. Vol. LXI (1987), S. 57-83.

Gettier, L. E., »Ist gerechtfertigte, wahre Meinung Wissen?«, in: P. Bieri (Hg.), *Analytische Philosophie der Erkenntnis*, München 1994 (1987), S. 91-93.
Glendinning, S., *On Being with Others. Heidegger – Derrida – Wittgenstein*, London, New York 1998.
Glüer, K., »Bedeutung zwischen Norm und Naturgesetz«, in: *Deutsche Zeitschrift für Philosophie* 48 (2000), 3, S. 449-468.
–, »Putnam, James und die Wahrnehmung«, in: M.-L. Rater/M. Willaschek (Hg.), *Hilary Putnam und die Tradition des Pragmatismus*, Frankfurt am Main 2002, S. 151-172.
Goldman, A., »Epistemics: The regulative theory of cognition«, in: *The Journal of Philosophy* LXXV (1978), S. 509-523.
–, »Discrimination and Perceptual Knowledge«, in: *The Journal of Philosophy*, vol. LXXIII, no. 20 (1976), S. 771-791.
Goodman, N., »The Problem of Counterfactual Conditionals«, in: ders., *Fact, Fiction and Forecast*, Indianapolis 1965.
Greco, J., »Internalism and Epistemically Responsible Belief«, in: *Synthese* 85 (1990), S. 245-277.
Grice, P., »The Causal Theory of Perception«, in: *The Aristotelian Society*, Suppl. Vol. XXXV (1961), S. 121-152.
Grundmann, Th., *Analytische Transzendentalphilosophie*, Paderborn 1994.

Habermas, J., *Vorstudien und Ergänzungen zur Theorie des kommunikativen Handelns*, Frankfurt am Main 1984.
Hampshire, S., *Freedom of the Individual*, Princeton 1975.
Harmann, G., »Wissen, Gründe und Ursachen«, in: P. Bieri (Hg.), *Analytische Philosophie der Erkenntnis*, München 1994 (1987), S. 108-123.
Haugeland, J., *Having Thought. Essays in the Metaphysics of Mind*, Cambridge, Mass. 1998.
Hegel, G. W. F., »Verhältnis des Skeptizismus zur Philosophie. Darstellung seiner verschiedenen Modifikationen und Vergleichung des neuesten mit

dem alten«, in: ders., *Jenaer Schriften 1801-1807*, Suhrkamp-Werkausgabe Bd. 2, Frankfurt am Main 1986 (1970).
–, *Enzyklopädie der philosophischen Wissenschaften III*, Suhrkamp-Werkausgabe Bd. 10, Frankfurt am Main 1986 (1970).
Heidegger, M., *Die Grundbegriffe der Metaphysik. Welt – Endlichkeit – Einsamkeit*. Frankfurt am Main 1992 (1983).
–, *Aristoteles, Metaphysik IX. 1-3. Von Wesen und Wirklichkeit der Kraft*, Frankfurt am Main 1990 (1981).
–, *Die Grundprobleme der Phänomenologie*, Frankfurt am Main 1975.
–, *Sein und Zeit*, Tübingen 1986 (16. Aufl.).
Heil, J., »Doxastic Agency«, in: *Philosophical Studies* 43 (1983), S. 355-364.
Hinton, J. M., *Experiences*, Oxford 1973.
–, »Visual Experiences«, in: *Mind* 76 (1976), S. 217-227.
–, »Experiences«, in: *The Philosophical Quarterly*, vol. 17, no. 66 (1967), S. 1-13.
Hobbes, Th., *Leviathan*, hg. von Iring Fetscher, Berlin, Neuwied 1984 (1966).
Hume, D., *Eine Untersuchung über den menschlichen Verstand*, übersetzt von R. Richter, Hamburg 1983.
–, *Ein Traktat über die menschliche Natur*, übersetzt von Th. Lipps, Hamburg 1989.
Hyman, J., »Vision and Power«, in: *The Journal of Philosophy*, vol. XCI, no. 1 (1994), S. 236-251.
–, »Vision, Causation and Occlusion«, in: *The Philosophical Quarterly*, vol. 43, no. 171 (1993), S. 210-214.
–, »The Causal Theory of Perception«, in: *The Philosophical Quarterly*, vol. 42, no. 168 (1992), S. 277-296.
–, »The Evidence of our Senses« (Manuskript).

Irwin, T. H., »Reason and Responsibility in Aristotle«, in: A. Oksenberg Rorty (Hg.), *Essays on Aristotle's Ethics*, Berkeley, Los Angeles 1983, S. 117-156.

Jansen, L., *Tun und Können. Ein systematischer Kommentar zu Aristoteles' Theorie der Vermögen im neunten Buch der »Metaphysik«*, Frankfurt am Main 2002.

Kant, I., *Kritik der reinen Vernunft*, Suhrkamp-Werkausgabe Bd. III, Frankfurt am Main 1968.
–, »Was heißt: sich im Denken orientieren?«, in: *Schriften zur Metaphysik und Logik 1*, Suhrkamp-Werkausgabe Bd. V, Frankfurt am Main 1968.
–, *Logik*, in: *Schriften zur Metaphysik und Logik 2*, Suhrkamp-Werkausgabe Bd. VI, Frankfurt am Main 1968.

–, *Grundlegung zur Metaphysik der Sitten,* Suhrkamp-Werkausgabe Bd. VII, Frankfurt am Main 1968.
Kenny, A., *The Metaphysics of Mind,* Oxford 1989.
–, *Aristotle's Theory of the Will*, London 1979.
–, *Will, Freedom and Power*, London 1975.
–, »The Argument from Illusion in Aristotle's Metaphysics«, in: *Mind* 76 (1967), S. 184-197.
Kern, A., »Freiheit zum Objekt. Eine Kritik der Aporie des Erkennens«, in: A. Honneth (Hg.), *Dialektik der Freiheit*, Frankfurt am Main 2005, S. 53-82.
–, »Understanding scepticism: Wittgenstein's paradoxical reinterpretation of sceptical doubt« in: D. McManus (Hg.), *Wittgenstein and Skepticism*, London 2004, S. 200-217.
–, »Warum kommen unsere Gründe an ein Ende? Zum Begriff endlichen Wissens«, in: *Deutsche Zeitschrift für Philosophie* 52 (2004), 1, S. 25-43.
–, »Wissen vom ›Standpunkte eines Menschen‹«, in: A. Kern/Ch. Menke (Hg.), *Philosophie der Dekonstruktion. Zum Verhältnis von Normativität und Praxis*, Frankfurt am Main 2002, S. 216-239.
–, »Einsicht ohne Täuschung. McDowells hermeneutische Konzeption von Erkenntnis«, in: *Deutsche Zeitschrift für Philosophie* 48 (2000), 5, S. 915-937.
–, »Philosophie und Skepsis. Hume – Kant – Cavell«, in: *Deutsche Zeitschrift für Philosophie* 48 (2000), 1, S. 17-35.
Kornblith, H., »Justified belief and epistemically responsible action«, in: *The Philosophical Review* 92 (1983), S. 33-48.
Korsgaard, Chr., »Self-Constitution: Action, Identity and Integrity« (Manuskript).
Künne, W., »Bolzanos blühender Baum. Plädoyer für eine nicht-epistemische Wahrheitsauffassung«, in: S. Blasche u. a. (Hg.), *Realismus und Antirealismus*, Frankfurt am Main 1992, S. 224-243.
–, »Sehen. Eine sprachanalytische Betrachtung«, in: *Logos* 2 (1995), S. 103-121.
Kutschera, F. v., *Grundfragen der Erkenntnistheorie*, Berlin 1982.

Lear, J., *Aristotle. The desire to understand,* Oxford 1987.
Lehrer, K., »Testimony, Justification and Coherence«, in: B. K. Matilal/A. Chakrabarti (Hg.), *Knowing from Words*, Amsterdam 1994, S. 51-58.
Lewis, C. I., *Mind and the World Order*, New York 1956 (1929).
Lewis, D., »Elusive Knowledge«, in: K. DeRose/T. Warfield (Hg.), *Skepticism. A Contemporary Reader,* Oxford 1999, S. 220-239 (zuerst erschienen: 1974).
Liske, M.-T., »Vermögen als intrinsische Eigenschaften?«, in: Ch. Rapp (Hg.), *Metaphysik. Die Substanzbücher*, Berlin 1996, S. 253-287.

Mackie, J. M., *Truth, Probability and Paradox*, Oxford 1973.
Makin, S., »Aristotle on Modality«, in: *Proceedings of the Aristotelian Society*, Suppl. Vol. LXXIV (2000), S. 143-161.
Martin, M., »Perception, Concepts and Memory«, in: *Philosophical Review* 101 (1992), S. 745-763.
McDowell, J., »*De Re* Senses«, in: ders., *Meaning, Knowledge, and Reality*, Cambridge, Mass. 1998, S. 214-227.
–, »Criteria, Defeasibility, and Knowledge«, in: ders., *Meaning, Knowledge, and Reality*, Cambridge, Mass. 1998, S. 369-394.
–, »Knowledge and the Internal«, in: ders., *Meaning, Knowledge, and Reality*, Cambridge, Mass. 1998, S. 395-413.
–, »Knowledge by Hearsay«, in: ders., *Meaning, Knowledge, and Reality*, Cambridge, Mass., 1998, S. 414-443.
–, »The Role of *Eudaimonia* in Aristotle's Ethics«, in: ders., *Mind, Value, and Reality*, Cambridge, Mass. 1998, S. 3-22.
–, »Virtue and Reason«, in: ders., *Mind, Value, and Reality*, Cambridge, Mass. 1998, S. 50-73.
–, »Aesthetic Value, Objectivity, and the Fabric of the World«, in: ders., *Mind, Value, and Reality*, Cambridge, Mass. 1998, S. 112-130.
–, »Functionalism and Anomalous Monism«, in: ders., *Mind, Value, and Reality*, Cambridge, Mass. 1998, S. 325-340.
–, »Having the World in View: Sellars, Kant, and Intentionality«, in: *Journal of Philosophy*, vol. XCV, no. 9 (1998), S. 431-491.
–, *Mind and World*, Cambridge, Mass. 1996.
–, »Responses: Crispin Wright«, in: N. Smith (Hg.), *Reading McDowell*, London 2003, S. 286-291.
–, »Responses: Barry Stroud«, in: N. Smith (Hg.), *Reading McDowell*, London 2003, S. 277-299.
–, »Hegel's Idealism as Radicalization of Kant« (Manuskript).
–, »The disjunctive conception of experience as material for a transcendental argument« (Manuskript).
McGinn, C., »The Concept of Knowledge«, in: ders., *Knowledge and Reality*, Oxford 1999, S. 7-35.
Menke, Ch., »Geist und Leben. Zu einer genealogischen Kritik der Phänomenologie«, in: R. Bubner (Hg.), *Von der Logik zur Sprache*, Stuttgart 2006.
–, »Tugend und Reflexion«, in: ders., *Spiegelungen der Gleichheit*, Frankfurt am Main 2004, S. 142-183.
–, »Die Dialektik der Ästhetik: Der neue Streit zwischen Kunst und Philosophie«, in: J. Huber (Hg.), *Ästhetik Erfahrung. Interventionen* 13, Wien/New York 2004, S. 21-39.
–, »Können und Glauben. Die Möglichkeit der Gerechtigkeit«, in: A.

Kern/Ch. Menke (Hg.), *Philosophie der Dekonstruktion. Zum Verhältnis von Normativität und Praxis*, Frankfurt am Main 2002, S. 223-243.
–, »›Absolute Interrogation‹ – Metaphysikkritik und Sinnsubversion bei Jacques Derrida«, in: *Philosophisches Jahrbuch* 97 (1990), S. 351-366.
Moline, J., »Provided Nothing External Interferes«, in: *Mind* 84, no. 334 (1975), S. 244-254.
Moran, R., »Getting Told and Being Believed«, in: *Philosophical Imprint*, vol. 5 (2005).
–, *Authority and Estrangement. An Essay on Self-Knowledge*, Princeton 2001.

Nagel, T., »Moral Luck«, in: ders., *Mortal Questions*, Cambridge 1979, S. 24-38.
–, *The View from Nowhere*, Oxford 1986.
Nozick, R., *Philosophical Explanations*, Cambridge, Mass. 1981.

Owens, D., *Reason without Freedom. The Problem of Epistemic Normativity*, London 2000.

Peacocke, Ch., »Nonconceptual Content Defended«, in: *Philosophy and Phenomenological Research* 58 (1998), S. 381-388.
–, *A Study of Concepts*, Cambridge, Mass. 1992.
–, *Thoughts: An Essay on Content*, Oxford 1986.
Pears, D. F., »The Causal Theory of Perception«, in: *Synthese* XXXIII (1976), S. 25-40.
Pippin, R., »Kant on the Spontaneity of Mind«, in: ders., *Idealism as Modernism. Hegelian Variations*, Cambridge 1997, S. 29-55.
Platon, *Theaitetos*, übersetzt von F. Schleiermacher, Hamburg 1958.
Pollock, J. L., »Epistemic Norms«, in: ders., *Contemporary Theories of Knowledge*, Lanham 1985, Kap. 5.
Price, H., *Belief*, London 1969.

Putnam, H., »Skepticism«, in: M. Stamm (Hg.), *Philosophie in synthetischer Absicht*, Stuttgart 1998, S. 239-258.
–, *Vernunft, Wahrheit und Geschichte*, Frankfurt am Main 1980.

Quine, W. V. O., »Naturalisierte Erkenntnistheorie«, in: ders., *Ontologische Relativität und andere Schriften*, übersetzt von J. Schulte, Stuttgart 1975, S. 97-126.

Rapp, Ch., »Freiwilligkeit, Entscheidung und Verantwortlichkeit«, in: O. Höffe (Hg.), *Die Nikomachische Ethik*, Berlin 1996, S. 109-134.
Rawls, J., »Two Concepts of Rules«, in: ders., *Collected Papers*, Cambridge, Mass. 1999, S. 20-46.

Reid, T., *Inquiries and Essays*, Indianapolis 1983.
Rödl, S., *Kategorien des Zeitlichen. Eine Untersuchung der Formen des endlichen Verstandes*, Frankfurt am Main 2005.
–, »Natur und Norm«, in: *Deutsche Zeitschrift für Philosophie* 51 (2003), 1, S. 99-114.
–, »Interne Normen«, in: U. Baltzer/G. Schönrich (Hg.), *Institutionen und Regelfolgen*, Paderborn 2002, S. 177-192.
–, *Selbstbezug und Normativität*, Paderborn 1998.
Rorty, R., »Solidarität oder Objektivität?«, in: ders., *Solidarität oder Objektivität? Drei philosophische Essays*, übersetzt von J. Schulte, Stuttgart 1988 S. 11-37.
–, *Der Spiegel der Natur. Eine Kritik der Philosophie*, übersetzt von M. Gebauer, Frankfurt am Main 1981.
Ross, A., »Warum glauben wir, was man uns sagt?«, in: *Ratio* 28/1 (1986), S. 58-75.
Ryle, G., *Der Begriff des Geistes*, übersetzt von K. Baier, Stuttgart 1969.

Schantz, R., »The Given Regained. Reflection on the Sensuous Content of Experience«, in: *Philosophy and Phenomenological Research* 62 (2001), S. 167-180.
–, »Der Inhalt der Erfahrung«, in: Th. Grundmann (Hg.), *Erkenntnistheoretische Positionen zwischen Tradition und Gegenwart*, Paderborn 2001, S. 269-263.
–, *Der sinnliche Gehalt der Wahrnehmung*, München 1990.
Schiffer, S., »Contextualist Solutions to Scepticism«, in: *Proceedings of the Aristotelian Society* 3 (1996), S. 317-333.
Schildknecht, Ch., »Anschauungen ohne Begriffe? Zur Nichtbegrifflichkeitsthese von Erfahrung«, in: *Deutsche Zeitschrift für Philosophie* 51 (2003), 3, S. 459-475.
–, *Aspekte des Nichtpropositionalen*, Bonn 1999.
Schnädelbach, H., »Rationalität und Normativität«, in: ders., *Zur Rehabilitierung des animal rationale. Vorträge und Abhandlungen*, Frankfurt am Main 1992, S. 79-103.
Schneider, H. J., »Konstitutive Regeln und Normativität«, in: *Deutsche Zeitschrift für Philosophie* 51 (2003), 1, S. 81-98.
–, »Beruht das Sprechenkönnen auf einem Sprachwissen?«, in: S. Krämer/E. König (Hg.), *Gibt es eine Sprache hinter dem Sprechen?*, Frankfurt am Main 2002, S. 129-150.
–, »Spielregeln und Wissensansprüche« (Manuskript).
Scholz, O. R., »Autonomie angesichts epistemischer Abhängigkeit. Kant über das Zeugnis anderer«, in: V. Gerhardt/R.-P. Horstmann/R. Schumacher (Hg.), *Kant und die Berliner Aufklärung. Akten des IX. Internatio-*

nalen Kant-Kongresses, Berlin 2001, S. 829-839.
–, »Das Zeugnis anderer. Prolegomena zu einer sozialen Erkenntnistheorie«, in: Th. Grundmann (Hg.), *Erkenntnistheorie. Positionen zwischen Tradition und Gegenwart*, Paderborn 2001, S. 345-375.

Searle, J., *The Construction of Social Reality*, New York 1995.
–, *Speech Acts. An Essay in the Philosophy of Language*, Cambridge 1969.
Sellars, W., *Der Empirismus und die Philosophie des Geistes*, übersetzt von T. Blume, Paderborn 1999.
–, »Epistemic Principles«, in: H. Castaneda (Hg.), *Action, Knowledge, and Reality*, Indianapolis 1975, S. 332-449.
–, »Counterfactuals, Dispositions, and the Causal Modalities«, in: *Minnesota Studies in the Philosophy of Science*, Minneapolis 1958.
Sextus Empiricus, *Grundriß der pyrrhonischen Skepsis*, übersetzt von M. Hossenfelder, Frankfurt am Main 1968.
Shope, R. K., *The Analysis of Knowing*, Princeton 1983.
Snowdon, P., »How to interpret ›direct perception‹«, in: T. Crane (Hg.), *The Contents of Experience. Essays on Perception*, Cambridge 1992, S. 48-78.
–, »The Objects of Perceptual Experience«, in: *Proceedings of the Aristotelian Society*, Suppl. Vol. LXIV (1990), S. 121-150.
–, »Experience, Vision and Causation«, in: J. Dancy (Hg.), *Perceptual Knowledge*, Oxford 1988, S. 192-208 (zuerst erschienen: 1981).
Sosa, E., »Testimony and Coherence«, in: B. K. Matilal/A. Chakrabarti (Hg.), *Knowing from Words*, Amsterdam 1994, S. 59-67.
–, »The Analysis of ›Knowledge that p‹«, in: *Analysis* 25 (1964), S. 1-8.
Spohn, W., »How to Understand the Foundations of Empirical Belief in a Coherentist Way«, in: *Proceedings of the Aristotelian Society*, New Series 98, S. 23-40.
Steinvorth, U., *Was ist Vernunft?*, München 2002.
Stekeler-Weithofer, P., *Philosophie des Selbstbewußtseins. Hegels System als Formanalyse von Wissen und Autonomie*, Frankfurt am Main 2005.
–, »Plato and Parmenides on ideal truth: Invariant meaning, and participation«, in: W. Detel u. a. (Hg.), *Ideal and Culture of Knowledge in Plato*, Stuttgart 2003, S. 115-131.
Stern, R., *Transcendental Arguments and Scepticism. Answering the Question of Justification*, Oxford 2000.
Stine, G., »Skepticism, Relevant Alternatives, and Deductive Closure«, in: *Philosophical Studies* 29 (1976), S. 249-261.
Stout, R., *Things that happen because they should*, Oxford 1996.
Strawson, P. F., »Causation and Explanation«, in: B. Vermazen/M.B. Hintikka (Hg.), *Essays on Davidson: Actions and Events*, Oxford 1985, S. 115-135.

–, »Perception and its Objects«, in: G. F. Macdonald (Hg.), *Perception and Identity*, Ithaca, New York 1979, S. 41-60.
–, »Causation in Perception«, in: ders., *Freedom and Resentment and other Essays*, London 1974, S. 66-84.
Stroud, B., »Sense-Experience and the grounding of thought«, in: N. Smith (Hg.), *Reading McDowell*, London 2002, S. 79-91.
–, »Kantian Arguments, Conceptual Capacities, and Invulnerability«, in: ders., *Understanding Human Knowledge*, Oxford 2000, S. 155-176.
–, »Understanding Human Knowledge in General«, in: M. Clay/K. Lehrer (Hg.), *Knowledge and Skepticism*, Boulder 1989.
–, *The Significance of Philosophical Scepticism*, Oxford 1984.
–, »Kant and Skepticism«, in: M. Burnyeat (Hg.), *The Skeptical Tradition*, Berkeley, Los Angeles 1983, S. 413-434.
–, »Transcendental Arguments«, in: ders., *Understanding Human Knowledge*, Oxford 2000 (zuerst erschienen: 1969), S. 71-82.

Thompson, M., »Two Forms of Practical Generality«, in: Ch. Morris/A. Ripstein (Hg.), *Practical Rationality and Preference. Essays for David Gauthier*, Cambridge 2001, S. 121-152.
–, »The Representation of Life«, in: R. Hursthouse u. a. (Hg.), *Virtues and Reasons*, Oxford 1995, S. 247-296.
–, »Practice and Disposition« (Manuskript).
Tomassello, M., *Die kulturelle Entwicklung des menschlichen Denkens*, übersetzt von J. Schröder, Frankfurt am Main 2002.
Tugendhat, E., *Vorlesungen zur Einführung in die sprachanalytische Philosophie,* Frankfurt am Main 1976.

Vendler, Z., »Telling the Facts«, in: P. French u. a. (Hg.), *Contemporary Perspectives in the Philosophy of Language*, Minneapolis 1979, S. 220-232.
Vogel, M., »Wissen wir, was wir denken?«, in: M. Vogel/L. Wingert (Hg.), *Wissen zwischen Entdeckung und Konstruktion*, Frankfurt am Main 2003, S. 131-161.

Welbourne, M., »Testimony, Knowledge and Belief«, in: B. K. Matilal/A. Chakrabarti (Hg.), *Knowing from Words*, Amsterdam 1994, S. 297-313.
Wellmer, A., »Der Streit um die Wahrheit. Pragmatismus ohne regulative Ideen«, in: M. Sandbothe (Hg.), *Die Renaissance des Pragmatismus*, Weilerswist 2000, S. 253-269.
–, »Wahrheit, Kontingenz, Moderne«, in: ders., *Endspiele: Die unversöhnliche Moderne*, Frankfurt am Main 1993, S. 157-177.
Willaschek, M., *Der mentale Zugang zur Welt. Realismus, Skeptizismus und Intentionalität*, Frankfurt 2003.

Williams, B., »Moral Luck«, in: ders., *Moral Luck*, Cambridge 1981, S. 20-39.
–, *Descartes. The Project of Pure Enquiry*, Harmondsworth 1978.
–, »Deciding to believe«, in: ders., *Problems of the Self*, Cambridge 1973.
Williams, M., *Problems of Knowledge*, Oxford 2001.
–, »Understanding Human Knowledge Philosophically«, in: *Philosophy and Phenomenological Research*, vol. LVI, no. 2 (1996), S. 359-378.
–, *Unnatural Doubts. Epistemological Realism and the Basis of Scepticism*, Oxford 1992.
–, »Epistemological Realism and the Basis of Scepticism«, in: M. Williams (Hg.), *Scepticism*, Brookfield, Vernant 1993, S. 416-439.
Williamson, T., *Knowledge and its Limits*, Oxford 2000.
–, »Is Knowing a State of Mind?«, in: *Mind*, vol. 104 (1995), S. 533-564.
Wingert, L., »Die eigenen Sinne und die fremde Stimme. Über den mehrfachen Grund unserer Wissensansprüche«, in: M. Vogel/L. Wingert (Hg.), *Wissen zwischen Entdeckung und Konstruktion. Erkenntnistheoretische Kontroversen*, Frankfurt am Main 2003, S. 218-248.
Witt, Ch., *Ways of Being. Potentiality and Actuality in Aristotle's Metaphysics*, Ithaca, London 2003.
Wittgenstein, L., *Das Blaue Buch*, in: ders., *Werkausgabe* Bd. 5, Frankfurt am Main 1984.
–, *Bemerkungen über die Grundlagen der Mathematik*, in: ders., *Werkausgabe* Bd. 6, Frankfurt am Main 1984.
–, *Bemerkungen über die Farben*, in: ders., *Werkausgabe* Bd. 8, Frankfurt am Main 1984.
–, *Über Gewißheit*, in: ders., *Werkausgabe* Bd. 8, Frankfurt am Main 1984.
–, *Zettel*, in: ders., *Werkausgabe* Bd. 8, Frankfurt am Main 1984.
–, *Philosophische Untersuchungen*, Frankfurt am Main 1977.
Wolf, U., *Möglichkeit und Notwendigkeit bei Aristoteles und heute*, München 1979.
Wolff, M., *Das Körper-Seele-Problem. Kommentar zu Hegel, Enzyklopädie (1830), §389*, Frankfurt am Main 1992.
Woolhouse, R. S., »Counterfactuals, Dispositions, and Capacities«, in: *Mind*, vol. 82, no. 328 (1973), S. 557-565.
Wright, C., »(Anti-)Sceptics Simple and Subtle: G. E. Moore and John McDowell, in: *Philosophy and Phenomenological Research*, vol. LXV, no. 2 (2002), S. 330-348.
–, »Human Nature?«, in: N. Smith (Hg.), *Reading McDowell*, London 2003, S. 140-173.
–, »Scepticism and dreaming: imploding the demon«, in: *Mind* 100 (1991), S. 87-116.
–, »Facts and Certainty«, in: *Proceedings of the British Academy* (1985), S. 429-472.

Wright, G. H. von, »Laws of Nature«, in: ders., *Truth, Knowledge, and Modality*, Oxford 1984, S. 134-149.

Yourgau, P., »Knowledge and Relevant Alternatives«, in: *Synthese* 55 (1983), S. 175-190.

L. Zagzebski, L., »What is knowledge?«, in: J. Greco/E. Sosa (Hg.), *The Blackwell Guide to Epistemology*, Oxford 1999, S. 92-116.

–, *Virtues of the Mind. An inquiry into the nature of virtue and the ethical foundations of knowledge*, Cambridge 1996.

Namenregister

NF 135/2/4.06

Hilary Putnam. Vernunft, Wahrheit und Geschichte. Übersetzt von Joachim Schulte. stw 853. 294 Seiten

Willard Van Orman Quine
- Theorien und Dinge. Übersetzt von Joachim Schulte. stw 960. 257 Seiten
- Die Wurzeln der Referenz. Übersetzt von Hermann Vetter. stw 764. 204 Seiten

Richard Rorty
- Kontigenz, Ironie und Solidarität. Übersetzt von Christa Krüger. stw 981. 325 Seiten
- Der Spiegel der Natur: Eine Kritik der Philosophie. Übersetzt von Michael Gebauer. stw 686. 438 Seiten
- Wahrheit und Fortschritt. Übersetzt von Joachim Schulte. 515 Seiten. Gebunden. stw 1620. 516 Seiten

Eike von Savigny/Oliver Scholz (Hg.). Wittgenstein über die Seele. stw 1173. 304 Seiten

Moritz Schlick
- Fragen der Ethik. Herausgeben und eingeleitet von Rainer Hegselmann. stw 477. 208 Seiten
- Philosophische Logik. Herausgegeben und eingeleitet von Bernd Philippi. stw 598. 353 Seiten

Hans Julius Schneider. Phantasie und Kalkül. Über die Polarität von Handlung und Struktur in der Sprache. stw 1431. 595 Seiten

Joachim Schulte. Chor und Gesetz. Wittgenstein im Kontext. stw 899. 166 Seiten

NF 135/3/4.06

Joachim Schulte (Hg.). ›Texte‹ zum Tractatus. Aufsätze von Hidé Ishiguro, Anthony Kenny, Norman Malcolm, Brian McGuiness, David Pears, Frank Ramsey, Peter Simons. Herausgegeben und übersetzt von Joachim Schulte.
stw 771. 194 Seiten

John R. Searle
- Ausdruck und Bedeutung. Untersuchungen zur Sprechakttheorie. Übersetzt von Andreas Kemmerling.
stw 349. 212 Seiten
- Geist, Sprache und Gesellschaft. Übersetzt von Harvey P. Gavagai. 192 Seiten. Gebunden und stw 1670. 192 Seiten
- Intentionalität. Eine Abhandlung zur Philosophie des Geistes. Übersetzt von Harvey P. Gavagai. stw 956. 353 Seiten
- Sprechakte. Ein sprachphilosophischer Essay. Übersetzt von R. und R. Wiggershaus. stw 458. 306 Seiten

Gottfried Seebaß. Das Problem von Sprache und Denken.
stw 279. 495 Seiten

Gunnar Skirbekk (Hg.). Wahrheitstheorien. Eine Auswahl aus den Diskussionen über Wahrheit im 20. Jahrhundert.
stw 210. 532 Seiten

Stephen E. Toulmin
- Menschliches Erkennen. Kritik der kollektiven Vernunft. Übersetzt von Hermann Vetter. stw 437. 603 Seiten
- Voraussicht und Verstehen. Ein Versuch über die Ziele der Wissenschaft. Übersetzt von Eberhard Bubser. stw 358. 138 Seiten

Ernst Tugendhat
- Selbstbewußtsein und Selbstbestimmung. Sprachanalytische Interpretationen. stw 221. 365 Seiten
- Vorlesungen zur Einführung in die sprachanalytische Philosophie. stw 45. 535 Seiten

NF 135/4/4.06

Einzelausgaben

Letzte Schriften über die Philosophie der Psychologie. Das Innere und das Äußere 1949-1951. Herausgegeben von Georg Henrik von Wright und Heikki Nyman. 131 Seiten. Gebunden

Logisch-philosophische Abhandlung. Tractatus logico-philosophicus. Kritische Edition. Herausgegeben von Brian McGuinness und Joachim Schulte. Gebunden und stw 1359. 310 Seiten

Philosophische Untersuchungen: Kritisch-genetische Edition. Herausgegeben von Joachim Schulte in Zusammenarbeit mit Heikki Nyman, Eike von Savigny und Georg Henrik von Wright. 1164 Seiten. Gebunden

Philosophische Untersuchungen. Auf der Grundlage der kritisch-genetischen Edition neu herausgegeben von Joachim Schulte. Mit einem Nachwort des Herausgebers. BS 1372. 312 Seiten

Tractatus logico-philosophicus. Logisch-philosophische Abhandlung. es 12. 116 Seiten

Tractatus logico-philosophicus. Logisch-philosophische Abhandlung. BS 1322. Textkritisch revidiert und mit einem Nachwort von Joachim Schulte. 152 Seiten

Über Gewißheit. Herausgegeben von G. E. M. Anscombe und G. H. von Wright. Neu durchgesehen mit Rush Rhees. BS 250. 192 Seiten

NF 151/2/3.06

Vermischte Bemerkungen. Eine Auswahl aus dem Nachlaß. Herausgegeben von Georg Henrik von Wright unter Mitarbeit von Heikki Nyman. Neubearbeitung durch Alois Pichler. 205 Seiten. Gebunden

Vorlesungen 1930-1935. Cambridge 1930-1932. Aus den Aufzeichnungen von John King und Desmond Lee. Herausgegeben von Desmond Lee. Cambridge 1932-1935. Aus den Aufzeichnungen von Alice Ambrose und Margaret Macdonald. Herausgegeben von Alice Ambrose. Übersetzt von Joachim Schulte.
Gebunden und stw 865. 452 Seiten

Vortrag über Ethik. Und andere kleine Schriften. Herausgegeben und übersetzt von Joachim Schulte.
stw 770. 142 Seiten

Wittgensteins Vorlesungen über die Grundlagen der Mathematik, Cambridge, 1939. Nach den Aufzeichnungen von R. G. Bosanquet, Norman Malcom, Rush Rhees und Yorick Smythies. Übersetzt von Joachim Schulte.
Gebunden. 363 Seiten

Über Ludwig Wittgenstein

John Gibson/Wolfgang Huemer (Hg.). Wittgenstein und die Literatur. stw 1782. 450 Seiten

P. M. S. Hacker. Wittgenstein im Kontext der analytischen Philosophie. Übersetzt von Joachim Schulte.
634 Seiten. Gebunden

NF 151/3/3.06

NF 151/4/3.06

- Gesammelte Aufsätze. Band 1. Herausgegeben von Hans Joas. Übersetzt von Klaus Laermann u. a. 476 Seiten. Gebunden. stw 678. 475 Seiten
- Gesammelte Aufsätze. Band 2. Herausgegeben von Hans Joas. Übersetzt von Hans Günter Holl, Klaus Laermann u. a. 485 Seiten. Gebunden. stw 679. 484 Seiten

Charles W. Morris
- Pragmatische Semiotik und Handlungstheorie. Herausgegeben von Achim Eschbach. Übersetzt von Achim und Stefan Eschbach. stw 179. 423 Seiten
- Symbolik und Realität. Herausgegeben und übersetzt von Achim Eschbach. stw 342. 367 Seiten

Helmut Pape. Erfahrung und Wirklichkeit als Zeichenprozeß. Charles S. Peirce' Entwurf einer Spekulativen Grammatik des Seins. 530 Seiten. Kartoniert

Helmut Pape (Hg.). Kreativität und Logik. Charles S. Peirce und das philosophische Problem des Neuen. stw 1110. 361 Seiten

Charles Sanders Peirce
- Naturordnung und Zeichenprozeß. Schriften über Semiotik und Naturphilosophie. Herausgegeben von Helmut Pape. Übersetzt von Bertram Kienzle. stw 912. 484 Seiten
- Phänomen und Logik der Zeichen. Herausgegeben und übersetzt von Helmut Pape. stw 425. 182 Seiten
- Semiotische Schriften. Band I-III. Herausgegeben und übersetzt von Christian J. W. Kloesel und Helmut Pape. stw 1480-1482. 1445 Seiten. Auch einzeln lieferbar
- Das Denken und die Logik des Universums. Die Vorlesungen der Cambridge Conferences von 1898. Mit einem Anhang unveröffentlichter Manuskripte. Übersetzt von Helmut Pape. 412 Seiten. Gebunden

NF 110/2/3.06

Hilary Putnam und die Tradition des Pragmatismus.
stw 1567. 445 Seiten

Hans-Joachim Schubert. Demokratische Identität. Der soziologische Pragmatismus von Charles Horton Cooley.
484 Seiten. Gebunden

Gerd Wartenberg. Logischer Sozialismus. Die Transformation der Kantschen Transzendentalphilosophie durch Charles S. Pierce. 254 Seiten. Kartoniert

Zu Charles Sanders Peirce

Gerhard Schönrich. Zeichenhandeln. Untersuchungen zum Begriff einer semiotischen Vernunft im Ausgang von Charles Sanders Peirce. 450 Seiten. Gebunden

Die Welt als Zeichen und Hypothese. Perspektiven der Peirceschen Semiotik. Herausgegeben von Uwe Wirth.
stw 1479. 456 Seiten

NF 110/3/3.06